Terence Conran

Do It Yourself
Einbau Umbau Ausbau

100 Design-Ideen
für Wohnraum, Küche, Bad

Herausgegeben von
JOHN Mc GOWAN
und ROGER DuBERN

Mit Aufnahmen von
HUGH JOHNSON

CALLWEY

© Conran Octopus Limited 1989
Die Originalausgabe erschien 1991 unter dem Titel "Terence Conran's DIY BY DESIGN"
im Verlag Conran Octopus Limited in London.

2., unveränderte Auflage 1999
© 1993 by Georg D.W. Callwey GmbH & Co., München, Streitfeldstraße 35, 81673 München
http://www.callwey.de
e-mail: buch@callwey.de

Das Werk einschließlich aller seiner Teile ist urheberrechtlich geschützt. Jede Verwertung außerhalb der engen Grenzen des Urheberrechtsgesetzes ist ohne Zustimmung des Verlages unzulässig und strafbar.
Das gilt insbesondere für Vervielfältigungen, Übersetzungen, Mikroverfilmungen und die Einspeicherung und Verarbeitung in elektronischen Systemen.

Schutzumschlaggestaltung: Fotolito Longo, Bozen, unter Verwendung der Abbildungen
von Seite 151 und 159
ISBN 3 7667 1394 9
Englische Ausgabe:
Projekt-Leitung: Joanna Bradshaw, Lektorat: Richard Dawes, Assistenz: Simon Willlis, Gestaltung: Meryl Lloyd, Assistenz: Alison Shackleton, Zeichnungen: Paul Bryant, Grafik: Jean Morley, Photographie: Hugh Johnson, Stylistin: Claire Lloyd, Assistenz: Simon Lee, Peter Willett, Bildarchiv: Nadine Bazar, Herstellung der Originalausgabe: Shane Lask, Graham Darlow

Dank des Verlages:
Das vorliegende Buch entstand dank der engagierten Mitarbeit der Conran Studios, Julie Drake, Mike Goulding, Malcolm Harold und der Benchmark Woodworking Limited, Tabby Riley und Alex Willcock. Die Entwürfe, die in diesem Buch vorgestellt werden, sind von Sean Sutcliffe von der Benchmark Woodworking Limited realisiert worden.
Besonderer Dank gebührt Paul Bryant für seine fantastischen Illustrationen.

Bitte beachten Sie:
Bevor Sie in Ihrem Heim größere Umbauten in Angriff nehmen, sollten Sie sich über die geltenden baurechtlichen Auflagen informieren. Ebenso unerläßlich ist es, Fachleute zu konsultieren, wenn Sie Veränderungen an Installationsanlagen, Gas- und Elektroleitungen vornehmen wollen.
Alle Anleitungen in diesem Buch sind sorgfältig erprobt worden, dennoch können die Herausgeber keine Haftung für eventuell auftretende Sach- oder Personenschäden übernehmen.

Der Verlag dankt folgenden Firmen für das zur Verfügung gestellte Dekorationsmaterial:
78 Franke (UK) Ltd, The Conran Shop, David Mellor Design Ltd, Divertimenti, Philips Major Appliances Ltd, The Kitchen Range, Neff (UK) Ltd, Stephen Long Antiques, W H Newson & Sons Ltd; 80 Aston-Matthews Ltd, W H Newson & Sons Ltd, David Mellor Ltd, Heal & Sons Ltd; 83 The Conran Shop, Neff (UK) Ltd; 106 The Conran Shop; 144 The Conran Shop; 159 Authentics, INC Office Equipment, The Conran Shop; 167 General Plumbing Supplies; 196 The Conran Shop, Ideal Standard Ltd, CP Hart Ltd; 209 London Architectural Salvage Company, The Conran Shop, Ideal Standard Ltd; 214 Paul Jones, Eximious Ltd, Sam Walker; 242 Gallery of Antique Costume and Textiles.

Inhalt

Einführung 8

Teil 1
Werkzeuge, Materialien und Techniken 10
Werkzeuge 12
Materialien 16
Techniken 20

Projekt
Werkbank und Werkzeugschrank 38

Teil 2
Küche und Eßzimmer 48
Funktion und Design 50
Materialeffekte 52
Kücheneinrichtung 56
Küchenbeleuchtung 60
Technische Ausstattung 62
Raumaufteilung 64
Formgebende Details 66
Jedes Ding an seinen Platz 68
Küchenböden 70
Wirtschaftsräume 72
Eßzimmer 74

Projekte
Das Küchen-System: Grundeinheiten 84
Schranktüren und Lattenregal 90
Arbeitsplatten 92
Wandregale 94
Abtropfvorrichtung 97
Lattenregal mit Konsolen 100
Messerhalter 102
Wäschetrockengestell 103
Buffet mit Spiegeln 104
Regal mit Fächern 114
Küchenreling 115
Frei hängende Regale 116
Türfronten 117

Inhalt

Teil 3
Wohnzimmer, Arbeitsräume und Dielen 118
Design im Wohnraum 120
Funktion und Design 122
Formgebende Regale 124
Regale: Schatzinseln im Wohnraum 126
Maßgeschneiderte Regale 128
Kamine und Feuerstellen 130
Fußböden 132
Arbeitsräume 134
Ein Büro zu Hause 136
Der Eingangsbereich 138
Diele, Flur und Treppenhaus 140

Projekte
Regale und Schränke in Wandnischen 142
Die Schrankelemente 148
Wand mit schwebenden Regalböden 152
Ein Büro zu Hause 158
Heizkörperverkleidung 166
Ideen für das Arbeitszimmer 172
Anbringen neuer Sockelleisten 174
Glasregale 175

Teil 4
Bad und Schlafzimmer 176
Bad: Funktion und Design 178
Licht und Heizung 180
Materialeffekte 182
Badewanne und Dusche 184
Waschbecken und Waschtisch 186
Badezimmerschränke 188
Schlafzimmereinrichtung 190
Schlafzimmerschränke 192

Projekte
Gefliestes Badezimmer 194
Getäfeltes Badezimmer 208
Wandschrank mit Klapptüren 212
Faltbarer Raumteiler 222
Japanischer Wandschrank 230
Bett mit ausziehbarem Bettkasten 240
Schranktür mit Portalrahmen 252
Getäfelte Badewanne 253

Register 254

Bildnachweis 256

Einführung

Immer mehr Menschen finden Gefallen daran, ihre Häuser und Wohnungen selbst zu verschönen. Allenthalben wird repariert, umgebaut und gemalt, um den Wohnraum nach individuellen Wünschen stilvoll zu gestalten.

Dieses Buch möchte Sie ermutigen, die Ideen von Designern umzusetzen, aber auch traditionelles „Do-it-yourself" (DIY) wie Schreinern, Dekorieren, Fliesen usw. Sie sollen dabei nicht nur handwerklich, sondern auch gestalterisch angeregt werden.

Im Grunde sind es ganz einfache, alltägliche Gegenstände, die ich Ihnen in diesem Buch vorstelle, wie Regale für die sich stapelnden Bücher oder eine hübsche Badezimmereinrichtung. Eine ansprechende Ästhetik gerade solcher Details verleiht einer Wohnung Atmosphäre. Zu jedem Wohnraum lege ich Ihnen Entwürfe für eine komplette Neugestaltung vor, die Sie in den für Sie passenden Dimensionen nachbauen können. Sie können aber auch einige Grundideen übernehmen, mit deren Hilfe Sie *Ihre* vorhandene Einrichtung optimieren. Nehmen Sie beispielsweise die vorgestellten Küchenentwürfe. Sie zeigen, wie Sie eine vollkommen neue Küche entwerfen können, wie Sie diese Küche an die unterschiedlichsten Raumverhältnisse anpassen oder mit Ihrer bestehenden Küche kombinieren. So können die Grundideen aller Entwürfe Ihren Wünschen und Bedürfnissen angepaßt werden. Selbst wenn Sie sich für den exakten Nachbau eines Entwurfs entscheiden, wird durch die Wahl der Fliesen, des Holzes, der Farben und nicht zuletzt durch Ihre Einrichtungsgegenstände doch eine individuelle, eigenwillige Raumwirkung entstehen. Jeden der Entwürfe habe ich durch Ideen und Anregungen angereichert, um Ihnen bei Ihrem DIY zu helfen. Die Arbeit von Architekten und Designern, aber auch von begeisterten DIY-Anhängern zeigen die Möglichkeiten, die sich ergeben, wenn Stil und Design angewendet werden.

Ganz zu Anfang beschreibe ich die Herstellung einer Werkbank und eines Werkzeugschrankes. Wenn Sie diese Grundausstattung nachgebaut haben und daran Freude fanden, sind Sie gerüstet für Ihre weiteren Vorhaben.

Terence Conran

Teil 1
Werkzeuge, Materialien und Techniken

 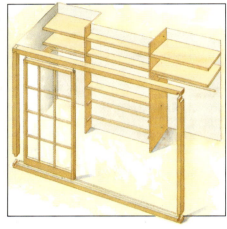 

Teil 1 des Buches beschreibt alle notwendigen technischen Informationen zum Nachbau der Entwürfe. Werkzeuge, Materialien und Techniken sind detailliert beschrieben und werden zum Teil durch Zeichnungen verdeutlicht. Zu jedem einzelnen Entwurf werden die benötigten Techniken aufgelistet (links oben auf jeder rechten Seite mit dem Seitenverweis), im Text erleichtern Ihnen Querverweise die Suche.

    Teil 2, 3 und 4 befassen sich mit Küche und Eßzimmer, Wohnzimmer, Arbeitsraum und Diele und Bad und Schlafzimmer. Einer anregenden Einleitung folgen konkrete DIY-Projekte. Eine Liste der zu verwendenden Werkzeuge und Materialien, eine Fotografie des fertigen Werkstücks, eine farbige Grafik, die den Zusammenbau skizziert, und Illustrationen, die Schritt für Schritt die Anleitung im Text verdeutlichen, erleichtern Ihnen die Arbeit.

    Bevor Sie tatsächlich mit einem Projekt beginnen, studieren Sie den Entwurf sorgsam. Damit Ihr Werk nicht nur nach Maß, sondern auch mit Muße vonstatten geht, sollten Sie zuerst einen Fachmann mit den eventuell nötig werdenden Veränderungen im Installations- und Elektrobereich betrauen.

Werkzeuge

Werkzeuge zur Arbeitsvorbereitung

Zahnspachtel. Ein etwa handgroßes Werkzeug aus biegsamem Kunststoff oder Metall mit gezahnten oder gekerbten Kanten, mit Hilfe dessen Leime und Kleber gleichmäßig und mit der erforderlichen Geschwindigkeit auf großen Flächen verteilt werden. Da das Arbeitstempo von der Größe der Zähne oder Kerben abhängt, legen die Hersteller von Leimen und Klebern in der Regel ihren Produkten einen passenden Spachtel bei; dies gilt vor allem für Kontakt-, Fliesen- und Bodenkleber.

Schraubstock und Anschlag (Bankhaken). Ein Schraubstock wird so an der Unterseite der Werkbank befestigt, daß die Backen mit der Oberfläche der Werkbank eine plane Fläche bilden. Die Backen sind verkleidet und haben eine Hartholzoberfläche, um Werkstück und Werkzeug vor Beschädigungen zu schützen. Manche Schraubstöcke sind außerdem mit einem kleinen, höhenverstellbaren Stahlstift versehen, der über die normale Backenhöhe herausgezogen werden kann. Mit Hilfe dieses Stahlstifts und eines am gegenüberliegenden Ende der Werkbank angebrachten Anschlags können lange oder unförmige Holzstücke fest eingespannt werden.

Schmiege. (1) Mit diesem besonderen Winkel wird Holz in jedem beliebigen Winkel angerissen. Die verstellbare Schiene ist dabei in jedem beliebigen Winkel durch einen Arretierstift gegen den Schaft festzuklemmen.

Streichmaß. (2) Beim Einrichten von Holzverbindungen können mit dem Streichmaß sowohl die Breite als auch die Stärke leicht angerissen werden. Bei diesem Werkzeug wird ein Anschlag mit einem Anreißstift aus Stahl auf einem Stab in jede beliebige Position verschoben und mit einer Flügelschraube arretiert. Dies ermöglicht eine präzise Positionierung des Stahlstifts.

Zapfenstreichmaß. (3) Dieses Werkzeug ist dem konventionellen Streichmaß ähnlich; zur Markierung dienen ein fester und ein verschiebbarer Stahlstift. Manche Zapfenstreichmaße sind mit einem zusätzlichen Stift an der Unterseite des Stabes versehen, so daß das Werkzeug auch als herkömmliches Streichmaß verwendet werden kann.

Profillehre. Die Profillehre besteht aus mehreren Stahl- oder Plastikstiften, die in einer Reihe auf einem Block angeordnet sind. Wird die Profillehre gegen ein Werkstück (z. B. eine Fußleiste) gedrückt, so folgen die Stifte dem Profil des Werkstücks.

Anreißnadel. Wird zum Anzeichnen des Schnitts für eine Säge oder ein Stemmeisen verwendet. Die Anreißnadel wird direkt an der Schiene eines Winkels oder eines Richtscheits entlanggezogen und garantiert so eine hohe Genauigkeit.

Gehrungsschneidlade. Eine einfache, nach oben offene Holzlade, die zur Führung der Säge bei Sägewinkeln von 45° oder 90° dient und so einen exakten Schnitt gewährleistet.

Lot und Kreide. Mit dem Lot wird die senkrechte Ausrichtung überprüft, um eine senkrechte Linie mit Kreide auf Wänden zu markieren. Dabei handelt es sich um ein spitz zulaufendes Gewicht an einer Schnur. Diese Schnur kann mit Kreide eingerieben werden. Sodann wird sie an der korrekten Stelle unterhalb der Decke an die Wand gehalten; sobald sich das Senkblei in Ruheposition befindet, wird die Schnur knapp oberhalb des Senkbleis vorsichtig an die Wand gedrückt und in der Mitte etwas weggezogen, damit sie an die Wand zurückschnellt und eine Linie hinterläßt. Etwas aufwendigere Modelle sind zusätzlich mit einer Aufwickelautomatik und einem Kreidebehälter ausgestattet, so daß die Schnur beim Ausziehen automatisch mit Kreide eingerieben wird.

Tragbare Werkbank. Eine zusammenklappbare, tragbare Werkbank ist beim Arbeiten mit Holz von großer Bedeutung. Natürlich hat auch eine große, fest aufgestellte Werkbank ihre Vorteile, der entscheidende Vorteil der tragbaren Werkbank jedoch ist ihr geringes Gewicht; sie kann mühelos zum jeweiligen Arbeitsplatz transportiert werden und bietet dort bei den letzten Änderungen und Anpassungen festen Halt für das Werkstück.

Eine tragbare Werkbank ist mit einem großen Schraubstock vergleichbar – die Arbeitsfläche besteht aus zwei Blöcken, die je nach Abmessung des Werkstücks und Art der Arbeit auf einen beliebigen Abstand eingestellt werden können; somit ist auch die Aufnahme von großen und unförmigen Gegenständen möglich.

Parallelreißer. Um einen Gegenstand sauber an einer Wand anliegend anzubringen (die meistens nicht 100 %ig eben ist), muß der Gegenstand mit Hilfe eines kleinen Holzklotzes und eines Bleistiftes an die Wand angepaßt werden (Techniken, S. 31). Ein Parallelreißer ist ein einfaches Stück Holz von zirka 25 x 25 x 25 mm. Dieser Klotz wird neben dem zu befestigenden Gegenstand an der Wand entlanggezogen; dabei zeichnet ein gegen die Gegenseite des Klotzes gedrückter Bleistift die Unebenheiten der Wand auf dem Gegenstand auf. Wird der Gegenstand entlang dieser Linie geschnitten, so liegt er ohne Spalt an der Wand an.

Wasserwaage. (9) Wird verwendet, um die waagrechte oder senkrechte Ausrichtung von Flächen zu prüfen. Eine Wasserwaage mit einer Länge von 100 cm eignet sich am besten. Aluminium- oder Stahlwasserwaagen sind sehr schlagfest und als Doppel-T-Träger- oder Rechtecksprofil ausgeführt. Daneben eignet sich vor allem beim Arbeiten auf engem Raum, wie z. B. in Nischen oder Schränken, eine kleine Wasserwaage (250 mm Länge). Bei großen Oberflächen kann diese kleine Waage zusammen mit einem Richtscheit eingesetzt werden.

Rollbandmaß. Am besten eignet sich ein feststellbares Band aus Metall oder Plastik mit einer Länge von 3 m oder 5 m. Ein Sichtfenster im Gehäuse erleichtert das Ablesen des genauen Maßes.

Stahllineal. Bei Stahllinealen sind die Längenunterteilungen sehr genau und beständig. Sehr nützlich ist ein Lineal mit metrischer Einteilung auf der einen Seite und dem englischen Maßsystem auf der anderen. Außerdem kann das Lineal als Richtscheit zum Aufzeichnen von Schnitt- und Sägekanten verwendet werden.

Richtscheit. Kann aus einem Stück Holz von 50 x 25 mm gefertigt werden. Mit dem Richtscheit und einer Wasserwaage läßt sich feststellen, ob eine Fläche eben ist oder ob zwei bestimmte Punkte auf einer Linie liegen.

Schneidemesser. Ein scharfes Messer, mit dem Schnittlinien sehr genau vorgezeichnet und eine Vielzahl von Schneidarbeiten ausgeführt werden können. Am sichersten ist ein Schneidemesser, dessen Klinge in das Gehäuse zurückgeschoben werden kann.

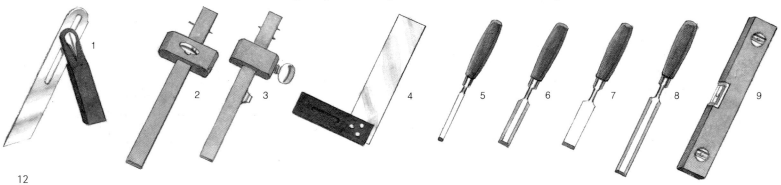

Werkzeuge, Materialien und Techniken
Werkzeuge zum Schärfen und Schneiden

Anschlagwinkel. Ein L-förmiges Präzisonswerkzeug aus einer Stahlschiene und einem Anschlag (oder Griff), die sowohl an der Außen- als auch an der Innenkante einen exakten rechten Winkel bilden. Wird für rechtwinklige Markierungen und zum Prüfen von rechten Winkeln verwendet.

Zusatzwerkzeuge

Bohrständer. Gewährleistet beim Einsatz der Bohrmaschine eine sehr hohe Genauigkeit, z. B. bei Dübelverbindungen (Techniken, S. 30). Das Loch wird absolut senkrecht und mit kontrollierter Tiefe gebohrt. Der Bohrer wird über einen federgelagerten Hebel abgesenkt, was gute Kontrolle und hohe Genauigkeit sicherstellt.

Metalldetektor. Entdeckt Metallgegenstände wie elektrische Kabel sowie Wasser- und Gasleitungen, die in Wänden, Decken und Böden verlaufen. Elektrisches Gerät, das eine Summton erzeugt oder aufblinkt, sobald ein Metallgegenstand entdeckt wird.

Werkzeuge zum Schärfen und Schneiden

Stemmeisen. Werden zum Ausstemmen von Nuten und Kerben oder zum Abtragen dünner Späne verwendet. Beim Ausheben von Einkerbungen wird mitunter außerdem ein Holzhammer verwendet. Bei neuen Stemmeisen muß die noch stumpfe Schneidfase vor Gebrauch mit einem Ölabziehstein geschärft werden.

Lochbeitel. (5) Wird zusammen mit einem Holzhammer zum Ausstemmen tiefer Schlitze verwendet.

Stechbeitel. (7) Für den allgemeinen Heimwerkerbedarf geeignet.

Stemmeisen mit Fase. (6) Für den Gebrauch bei schwierigen Holzverbindungen, z. B. zum Ausstemmen von Schwalbenschwänzen.

Balleisen. (8) Die lange Klinge erleichtert das Ausstechen tiefer Verbindungen oder Einschnitte.

Bohrführung. Eine einfache, auf einem Holzstück festgeklammerte Bohrführung stellt sicher, daß der Bohrer genau in der Mitte des zu bohrenden Loches ansetzt und das Loch genau senkrecht gebohrt wird.

Bohrmaschinen

Handbohrer. (10) Zum Bohren von Schraubenlöchern oder tiefen Löchern, vor allem in Holz, aber auch in Metall. Vor allem nützlich, wenn keine Spannungsquelle vorhanden ist. Der Bohrer wird über einen Kurbelgriff und einen Zahnradantrieb im Bohrfutter gedreht.

Elektrische Bohrmaschine. Verschiedene Ausführungen verfügbar, von der Eingangbohrmaschine für weiche Materialien bis zur Mehrgangbohrmaschine mit elektronischer Steuerung. Für die meisten Arbeiten eignet sich ein Gerät der mittleren Klasse, z. B. eine Zweigangmaschine mit Schlagbohrfunktion. Die beiden Gänge reichen für die meisten harten Materialien, und mit der Schlagbohrfunktion wird selbst in die härtesten Wände gebohrt.

Bohrerarten

Als Zubehör zur Bohrmaschine ist eine Reihe von Bohrern unterschiedlicher Größe und Art erforderlich.

Schlangenbohrer. (17) Hat einen spitz zulaufenden, vierkantigen Schaft, der in eine Bohrwinde paßt. Mit diesem Bohrer werden bis zu 250 mm tiefe Löcher in Holz gebohrt. Der Durchmesser beträgt zwischen 6 mm und 38 mm. Durch die mit einem Schraubengewinde versehene Spitze wird der Bohrer in das Holz hineingezogen.

Spitzbohrer. (16) Wird mit der elektrischen Bohrmaschine verwendet. Am Ende des Schafts befindet sich eine Spitze. Durchmesser: 19 mm bis 38 mm. Der optimale Effekt wird bei einer hohen Drehzahl von 1000 bis 2000 U/min. erzielt. Mit diesem Bohrer kann auch gegen die Faser, in die Stirnfläche von Holz sowie in Preßplatten gebohrt werden.

Senkbohrer. (15) Anschließend an das Bohren von Schraubenlöchern in Holz wird mit dem Senkbohrer eine Versenkung für den Schraubenkopf gebohrt, damit dieser in der Oberfläche des Werkstücks versenkt liegt. Für Bohrwinden und Elektrobohrer sind verschiedene Arten mit Kopfdurchmessern von 9 mm, 12 mm und 15 mm erhältlich. Gewöhnliche Bohrer sind nur bei Holz verwendbar, während Schnellarbeits-Stahlbohrer bei Holz, Kunststoff oder Metall einsetzbar sind.

Wendelbohrer. (13) Werden mit elektrischen Bohrmaschinen zum Bohren von kleinen Löchern in Holz und Metall verwendet. Gewöhnliche Bohrer sind nur bei Holz verwendbar, während für das Bohren in Metall ein Schnellarbeits-Stahlbohrer benötigt wird.

Holzzentrierbohrer. (12) Zum Bohren von Dübellöchern in Holz. Die Zentrierspitze sowie die beiden seitlichen Führungskanten der Spitze halten den Bohrer in der Mitte des Bohrlochs. Durchmesser: von 3 mm bis 12 mm.

Steinbohrer. (14) Ein mit Hartmetallspitze ausgestatteter Bohrer zum Bohren in Stein und Beton z. B. zum Setzen einer Steckdose. Für das Bohren in Beton gibt es auch speziell gehärtete Bohrer.

Lochbohrer (Forstnerbohrer). (18) Wird vor allem verwendet, um flache Lochvertiefungen mit 25 mm oder 35 mm Durchmesser in Schränke und Schranktüren zu bohren, in denen Topfscharniere versenkt werden. Forstnerbohrer werden auf elektrischen Bohrmaschinen verwendet, am besten mit einem Bohrständer; die Bohrtiefe sollte maximal 12 mm betragen.

Schleifstein und Schärflehre. Während des Schärfens von Stecheisen und Hobelklingen am Schleifstein hält die Schärflehre das Werkzeug im richtigen Winkel. Ein Schleifstein ist ein rechteckiger, beidseitig mit Sand beschichteter Steinblock. Da während des Schleifens Öl als Schmiermittel verwendet wird, sollte ein Ölkännchen bereitstehen.

Die Schärflehre ist ein relativ einfaches Werkzeug für leichtes und effektives Schärfen. Die Klinge des zu schärfenden Werkzeugs wird in einem bestimmten Winkel in die Schärflehre eingespannt, die sodann mehrmals am Schleifstein entlanggerollt wird.

Oberfräse. (19) Dieses tragbare Elektrowerkzeug wird zum Schneiden von Aussparungen, Vertiefungen und verschiedensten Verzapfungen in Holz verwendet; außerdem er-

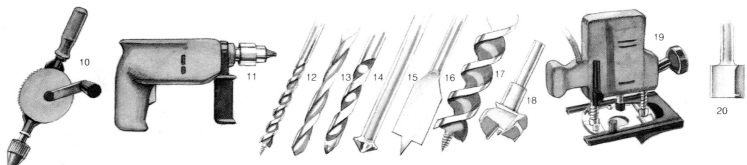

Werkzeuge

halten Brettkanten durch Oberfräsen ein dekoratives Profil. Für diese Arbeit stehen eine ganze Reihe von Bohrern in unterschiedlicher Größe und Form zur Verfügung. Die Drehgeschwindigkeit der Fräsköpfe (20) ist sehr hoch (etwa 25.000 U/min), so daß das Holz sauber und gleichmäßig geschnitten wird. Obwohl es auch Handfräsen gibt, die kleinen Hobeln ähneln, sind in diesem Buch mit Fräsen immer Elektrowerkzeuge gemeint.

Sägen

Handkreissäge. (1) Zum Schneiden von großen Hölzern bzw. Platten. Auch Rundungen und Winkel können gesägt werden. Das Standardmodell hat einen Druckmesser von 187 mm. Da Handkreissägen durchaus gefährlich sein können, ist bei ihrer Handhabung Vorsicht geboten. Bringen Sie Ihre Finger nicht in die Nähe des Sägeblatts und stellen Sie die Schnittiefe genau ein, damit keine, unter dem Werkstück liegenden Gegenstände beschädigt werden. Die Handkreissäge sollte mit einer oberen und einer unteren Schutzhaube ausgestattet sein. Um Beschädigungen an Werkbank bzw. Boden zu vermeiden, empfiehlt es sich, das Werkstück auf Resten von Verschnittholz abzulegen.

Laubsäge. (2) Zum Aussägen von Rundungen und Bögen jeder Art. Das sehr schmale Sägeblatt kann beim Sägen gedreht werden, so daß der Bügel über die Kante des Werkstücks hinausgeführt wird. Es wird nahe der Kante des auszusägenden Stücks ein Loch gebohrt, durch das das lose Sägeblatt hindurchgeführt und wieder eingespannt wird.

Zapfensäge. (3) Diese kleinere Form der Rückensäge mit feinerer Zahnung eignet sich bestens zum Sägen präziser Schnitte, z. B. für Schwalbenschwanzverbindungen.

Fuchsschwanz. (4) Handsäge für grobere Schnitte in Holz und Spanplatten. Das flexible Blatt hat eine Länge von 510 mm bis 660 mm.

Stichsäge. (7) Für eine Vielzahl von Materialien verwendbar, und deshalb vielseitiger als die Kreissäge, allerdings nicht so schnell und leistungsstark. Mit einer Stichsäge werden auch Rundungen, Aussparungen, Winkel und Löcher in Platten gesägt. Bei den guten Modellen ist die Geschwindigkeit verstellbar – langsam für harte und schnell für weichere Materialien. Bei den neueren Modellen führt das Blatt eine Pendelbewegung aus, bewegt sich also nach vorne und zurück sowie nach oben und unten. Dadurch werden vor allem gerade Schnitte schneller ausgeführt.

Stichsäge auf Stoß. (5) Zum Aussägen von Löchern und anderen Aussparungen in Holz, wenn keine elektrische Stichsäge verfügbar ist. Mit der schmalen, kegelförmigen Klinge werden z. B. Schlüssellöcher gebohrt. Zunächst wird ein Loch gebohrt und dann mit der Säge der Schnitt ausgeführt. Handstichsägen eignen sich auch zum Aussägen von Löchern und Aussparungen für Spültische.

Rückensäge. (6) Zum Aussägen des Zapfens einer Zapfenverbindung. (Techniken, S. 28). Außerdem geeignet für andere feine und präzise Schnitte. Verstärkter Rücken, Länge des Blatts 250 mm bis 300 mm.

Hobelraspel. Erhältlich in Längen zwischen 150 mm und 250 mm und vor allem für die erste Grobbearbeitung von Holz. Um eine glatte Oberfläche herzustellen, ist jedoch anschließend eine Feinbearbeitung von Hand erforderlich. Zwischen den Zähnen der Stahlblätter befinden sich kleine Löcher, durch die die Holzspäne abgeführt werden. Stumpfe Blätter werden einfach ausgewechselt.

Zusatzwerkzeuge

Metallsäge. Die herkömmlichen Metallsägen haben einen Holzgriff und einen robusten Rahmen aus Metall. Das Blatt wird mit einer Flügelmutter gespannt. Modernere Modelle haben einen U-förmigen Rahmen, der entsprechend der Länge des Sägeblatts verstellbar ist. Eine kleine Metallsäge eignet sich vor allem zum Sägen kleiner Gegenstände und zum Arbeiten auf engem Raum.

Handwerkzeuge

Schleifpapier siehe Schleifblock. (S. 15)

Werkzeuge zum Spannen. Zum festen Einspannen von zu leimenden Holzstücken. Es gibt viele Arten von Schnellschraubzwingen, wobei typisch immer ein beweglicher Arm mit Stahlspindel mit Holzgriff und Kugeldruckplatte ist. Beim Festspannen eines Werkstücks während des Leimens sind Holzkeile mitunter sehr nützlich. Durch diagonales Auseinandersägen eines Holzblocks erhält man zwei Schiebekeile. Auf Seite 21 wird die Einrichtung und Verwendung dieser Befestigungshilfe beschrieben.

Schraubknecht. Ist aufgrund seiner großen Spannweite zum Verspannen großer Werkstücke unerläßlich.

Bandspanner. Ein Gurtband aus Nylon preßt den Rahmen schon beim Zusammenbau fest zusammen. Das Material ist dem Sicherheitsgurt im PKW ähnlich. Das Gurtband wird um den Rahmen gelegt, von Hand so fest wie möglich angezogen und schließlich über einen Schraubmechanismus oder eine Knarre festgezurrt. Gurtbänder stellen eine billigere Alternative zu Schraubknechten dar.

Schraubzwinge. (8) Die G- oder C-förmige Schraubzwinge mit einer Spannweite von mindestens 200 mm ist für die hier behandelten Projekte am besten geeignet. Das festzuspannende Werkstück wird zwischen die Spannarme gelegt, die dann über eine Flügelschraube, einen Drehgriff oder einen ähnlichen Griff angezogen werden. Bei manchen Modellen ist einer der Spannarme auf dem Steg verschiebbar, und das Werkstück wird nach dem Verschieben des Spannarms durch Drehen des Griffs festgespannt. In jedem Fall ist das Werkstück durch Hölzer zwischen den Spannarmen und seiner Oberfläche vor Beschädigungen zu schützen.

Hämmer und Zangen

Kreuzschlaghammer. (10) Der kleine, kegelförmige Kopf dieses Hammers wird zum Anheften verwendet.

Kleiner Hammer. Eine kleinere Version des Kreuzschlaghammers; wird für leichtere Arbeiten verwendet.

Zimmermannshammer. (9) Das geschwungene Ende des Hammerkopfes wird zum schnellen und sauberen Ziehen von Nägeln verwendet.

Holzhammer. Wird vor allem bei der Arbeit mit dem Lochbeitel verwendet. Bei Stecheisen mit schlagfestem Schaft kann auch ein Fäustel verwendet werden. Der flache Holz-

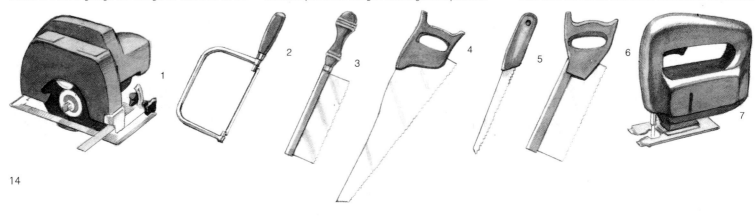

Werkzeuge, Materialien und Techniken
Handwerkzeuge

kopf bietet eine große Kontaktfläche mit dem zu bearbeitenden Werkstück.

Versenker. Wird zusammen mit einem Hammer eingesetzt, um Nägel und Stifte unter die Oberfläche zu treiben. Die Löcher können anschließend verkittet werden. Das spitze Ende ist leicht abgestumpft und paßt somit genau auf den Nagelkopf.

Beißzange. Zum Entfernen von Nägeln und Klammern aus Holzteilen. Die gerundeten Backen werden bündig zur Oberfläche am Nagel angesetzt und zum Entfernen des Nagels in einer Wiegebewegung hin- und herbewegt.

Oberflächenwerkzeuge

Schwingschleifer. Gibt Holzoberflächen ein feines, glattes Finish. Ein sandbeschichtetes Schleifblatt wird auf die Grundplatte des Schwingschleifers, den Schleifschuh, gespannt. Dabei sind Körnungen von fein bis grob erhältlich, die entsprechend der Rauheit der zu bearbeitenden Oberfläche auszuwählen sind. Aufgrund der starken Staubentwicklung sollte beim Einsatz von Schwingschleifern grundsätzlich eine Maske getragen werden.

Putzhobel. (11) Ein vielseitig verwendbarer Handhobel zum Glätten und Begradigen von Oberflächen und Kanten. Der Hobel ist etwa 250 mm lang, das Hobeleisen hat eine Breite von 50 mm bis 60 mm. Je breiter das Hobeleisen, um so besser das Oberflächenfinish bei großen Holzflächen. Schnittiefe und seitliche Ausrichtung sind verstellbar.

Bandschleifer. (14) Für ein präzises Finish von Holzoberflächen. Das Modell für den Einhandbetrieb ist leicht und überall einsetzbar, während die schwerere Zweihandversion für die Arbeit an der Werkbank gedacht ist. Auch zum „Brechen" von Schrägen und Kerben.

Langhobel. (13) Länger als ein Putzhobel. Vielseitig verwendbar. Besonders geeignet bei langen Kanten.

Rauhbank. (12) Zweihandhobel, geeignet für gröbere Arbeiten, zum Abschrägen von Kanten und zum Glätten von Stirnflächen.

Raspel. Eine Art rauhe Feile für Holz. Erhältlich mit flachem oder halbrundem Blatt. Wird z. B. verwendet, um Holzkanten an eine Wand anzupassen.

Schleifblock und Schleifpapier. Der Schleifblock wird mit Schleifpapier bezogen und zum Glätten ebener Oberflächen verwendet. Das Schleifpapier wird um den Block aus Kork, Gummi oder Weichholz gelegt. Es darf dabei keine Falten werfen. Ohne Schleifblock ist mit dem Schleifpapier kaum eine ebene Oberfläche zu erzielen. Schleifpapier ist in Körnungen von grob bis fein erhältlich und wird entsprechend der Rauheit der zu bearbeitenden Fläche ausgewählt: grob für rauhe Oberflächen, fein für das Finishing.

Schraubendreher(-zieher). Jeder Schraubendrehertyp hat seine Vorteile, so daß letztlich die persönliche Präferenz ausschlaggebend ist. Es gibt verschiedene Formen und Größen, wobei die Hauptunterschiede in der Art der Spitze (für Schlitz- oder Kreuzschlitzschrauben) sowie in der Länge und Form des Griffs liegen, der glatt, gerippt oder kugelförmig sein kann. Für Kreuzschlitzschrauben eignet sich ein Kreuzschlitzdreher.

Im Idealfall legen Sie sich eine Reihe von Schraubendrehern für die verschiedenen Schraubengrößen zu. Sehr praktisch sind Knarrenschraubendreher, bei denen der Griff in die Ausgangsposition zurückgedreht werden kann, ohne die Hand umzusetzen. Der Drillschraubendreher ist ebenfalls sehr praktisch (aber auch teurer); er wird eher wie eine Fahrradpumpe betätigt.

Elektrischer Schraubendreher. Ein relativ neues und teures, aber zeit- und kraftsparendes Werkzeug. Wird vor allem für Kreuzschlitzschrauben verwendet.

Schneckenbohrer mit Ringgriff. Zum Vorbohren von Holz für das leichtere Eindrehen einer Schraube. Der Schneckenbohrer wird durch eine fortlaufende Drehbewegung in das Holz gedreht.

Zusatzwerkzeuge

Metallfeile. Zum Runden und Endbearbeiten von Metallkanten. Bei den meisten Feilen kann das Feilenblatt aus dem Schaft herausgezogen und ausgewechselt werden. Flach- oder Halbrundfeilen. (eine Seite flach, die andere gewölbt) sind am vielseitigsten einsetzbar.

Tacker. (Heftapparat) Dieses Werkzeug schießt auf Knopfdruck Klammern in Oberflächen aus Stoff bzw. dünnem Holz oder Spanplatten. Der Vorteil gegenüber dem herkömmlichen Nageln mit dem Hammer liegt in der einhändigen Bedienung, wodurch das Werkstück mit der anderen Hand festgehalten werden kann.

Elektrotacker. (Heftapparat) Einfache Betätigung. Schießt stärkere Klammern in dickere Oberflächen, z. B. Decken. Es empfiehlt sich, Hefter und Klammern vom selben Hersteller zu kaufen, um Störungen und Probleme zu vermeiden.

Pinsel. Zum Streichen und Lackieren legt man sich am besten drei Pinsel unterschiedlicher Größe zu - 25 mm, 50 mm und 75 mm. Pinsel entsprechend der Größe der zu streichenden Fläche auswählen - kleine Pinsel für kleine, große Pinsel für große Flächen.

Farbspritzgerät. Erzielt bei fachgerechtem Umgang eine sehr glatte Oberfläche. Da Farbspritzgeräte (mit Spritzpistole und Kompressor) relativ teuer sind, ist es sicher am Anfang empfehlenswert, ein Gerät zu mieten statt zu kaufen. Immer parallel zur Oberfläche arbeiten und dabei eher zwei dünne Farbschichten anstatt einer dickeren auftragen.

Schraubenschlüssel. Zum Anziehen von Schrauben und Bolzen werden Maul- oder Ringschlüssel verwendet. Wenn kein passender Schlüssel verfügbar ist, kann auch ein verstellbarer Schraubenschlüssel verwendet werden.

Spritzpistole. Zum Abdichten von Ritzen und Fugen in Naßbereichen. (z. B. Duschwannen) mit einem Dichtungsmittel aus Kunststoff (farbig oder farblos). Die Kartusche wird in eine Halterung eingelegt, wobei das Dichtungsmittel mittels eines Kolbens durch die Düse am Ende der Kartusche ausgepreßt wird.

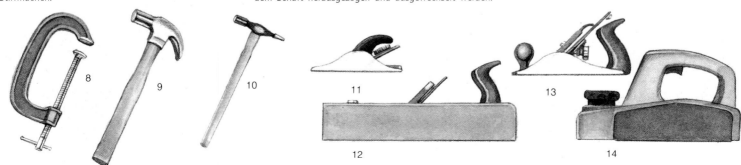

8   9   10   11   12   13   14

Materialien

Holz

Holz wird mit Weichholz und Hartholz in zwei allgemeine Kategorien eingeteilt. Unter Weichholz versteht man das Holz von Nadelbäumen, unter Hartholz dasjenige von Laubbäumen. Holz ist grundsätzlich vor dem Kauf auf Schäden zu prüfen. Vom Kauf von Holz mit zu großen Rissen ist abzuraten; kleinere Risse an der Oberfläche hingegen können mit Hobel, Schleifpapier oder Holzkitt beseitigt werden. Verzogenes Holz ist zur Bearbeitung völlig ungeeignet; ob eine Brett verzogen ist, läßt sich feststellen, indem man an den Kanten entlangschaut.

Neu gekauftes Holz sollte etwa 10 Tage gelagert werden, da es aufgrund der Lagerung im Freien „feucht" ist. Während der Trocknung zieht sich feuchtes Holz leicht zusammen („Schwinden"); wenn es dabei nicht flach auf dem Boden gelagert wird, verzieht es sich. Nach sofortiger Verarbeitung von soeben gekauftem Holz stellen sich mitunter Schwierigkeiten erst an der fertigen Arbiet ein, wenn das Holz trocknet. Um dem Verziehen entgegenzuwirken und den Trocknungsprozeß zu begünstigen, werden Holzplatten so gestapelt, daß kleine Holzklötze zwischen den einzelnen Platten für eine gute Belüftung sorgen. Dadurch wird der Feuchtigkeitsgehalt auf etwa 10 Prozent gesenkt und das Holz für die Verarbeitung vorbereitet.

Weichholz. Obwohl Weichholz oft als Kiefern- oder Tannenholz bezeichnet wird, wird es aus vielen verschiedenen Baumarten hergestellt. Es ist im Vergleich zu Hartholz billiger und wird für allgemeine Holzarbeiten verwendet. Standardlänge: zwischen 1,8 m und 6,3 m (mit Zwischenschritten von 30 cm); Standardstärke: zwischen 12 mm und 75 mm; Standardbreite: zwischen 25 mm und 225 mm.

Dabei ist zu beachten, daß der Begriff Standardgröße sich auf das gesägte Maß ab Sägemühle bezieht. Dieses Weichholz im unbearbeiteten Zustand eignet sich jedoch nur für Holzarbeiten wie Bodendielen und Grundrahmen, die keine hundertprozentig plane Oberfläche erfordern. Für die in diesem Buch beschriebenen Projekte jedoch, bei denen das Aussehen sowie die Genauigkeit eine große Rolle spielen, ist gehobeltes Holz erforderlich. Da beim Hobeln von jeder Fläche eine dünne Schicht abgetragen wird, liegt dieses vorgehobelte Holz in seinen Abmessungen ca. 5 mm unter den Nennmaßen. Deshalb sind die Standardmaße eher als grobe Orientierung und nicht als exakte Maßangaben anzusehen; allerdings geht der Heimwerkerhandel immer mehr dazu über, vorgehobeltes Weichholz nach den tatsächlichen Maßen und nicht nach Nennmaßen zu verkaufen.

Hartholz. Das teurere und schwerer erhältliche Hartholz ist oft bei einem Holzfachhändler zu bestellen bzw. zu beziehen. Viele Schreinereien und Sägemühlen schneiden das Hartholz genau auf die erforderlichen Abmessungen zu. Der Heimwerker verwendet Hartholz in der Regel nur für Profil- und Kantenleisten zur Aufwertung von gesägten Holzkanten. Die meisten Hartholzleisten werden heutzutage aus dem blaßgelben Ramin oder aus Rotholz hergestellt.

Plattenwerkstoffe

Faserplatten. Faserplatten werden maschinell aus Holz und anderen Fasern gefertigt. Sie sind vielseitig verwendbar, relativ billig und von einheitlicher Qualität. Im Unterschied zu Naturholz sind sie großflächig erhältlich. Dabei hat jeder Faserplattentyp seine besonderen Vorteile. Alle Faserplatten haben eine Standardgröße von 2440 mm x 1220 mm und werden von den meisten Holzhändlern maßgerecht zugeschnitten.

Hartfaserplatten. Diese bekanntesten Faserplatten sind in Stärken von 3 mm, 5 mm und 6 mm erhältlich. Da Hartfaserplatten über eine relativ geringe Festigkeit verfügen und z. B. in Rahmenkonstruktionen einer Unterkonstruktion bedürfen, werden sie vor allem für Verkleidungen verwendet. Hartfaserplatten von hoher Dichte kommen bei der Verkleidung von Trennwänden zum Einsatz, während leicht gepreßte Platten z. B. für Pinwände verwendet werden.

Halbharte Faserplatten. Weicher und schwächer als Hartfaserplatten. Werden deshalb oft in größerer Stärke, normalerweise 12 mm, verwendet.

Mitteldichte Faserplatten (MDF). Diese guten, allgemein verwendbaren Platten werden unter hohem Druck gepreßt. Dieses Holz splittert nicht beim Schneiden, sondern ergibt eine saubere, präzise geschnittene Kante, die im Gegensatz zu anderen Faserplatten nicht verdeckt werden muß. Außerdem nehmen diese Platten selbst an den Kanten Farbe gut an. Stärke: zwischen 6 mm und 35 mm.

Spanplatten. Bestehen aus unter Druck zusammengepreßten Holzspänen und sind starr, dicht gepreßt und relativ schwer. Zusammen mit entsprechenden Stützkonstruktionen sind Spanplatten recht stabil und tragfähig. Die Sägeschnittkanten sind in manchen Fällen nicht sehr sauber und die Sägen werden gerne stumpf. Da herkömmliche Schrauben in Spanplatten nicht sehr gut halten, empfiehlt es sich, Schrauben mit durchgängigem Gewinde zu verwenden (**Materialien, S. 18**). Spanplatten mit der Kennung V 100 sind feuchtigkeitsbeständig und begrenzt wetterbeständig. Stärken: zwischen 6 mm und 40 mm, wobei Stärken von 12 mm, 19 mm und 25 mm am geläufigsten sind.

Spanplatten sind in großer Vielfalt mit Rundumfurnier aus Naturholz, PVC, Melamin oder Kunststoff erhältlich. Kunststoffbeschichtete Platten werden oft in verschiedenen Farben und mit Holzimitationseffekt angeboten. Bei Regalen sind Spanplatten in kleinen Abständen auf Bodenhaltern oder Trägern abzustützen. Aus Gesundheitsgründen sollten nur Platten gekauft werden mit der Kennung V 20, E 1; nur diese sind nahezu formaldehydfrei.

Furnierplatten. Furnierplatten werden durch kreuzweises Übereinanderleimen dünner Furnierschichten hergestellt. Dies verleiht der Platte eine hohe Festigkeit und verhindert Verwerfungen. In der Regel bestehen Furnierplatten aus drei, fünf oder sieben Schichten. Sogenanntes Innensperrholz ist für die Verwendung in trockenen Räumen, während wetterfestes Sperrholz (AW 100) sich für Einbauten in Naßbereichen eignet, wo eine hohe Luftfeuchtigkeit herrscht, wie z. B. in Badezimmern. Furnierplatten sind z. B. mit Teak-, Eiche- oder Mahagoni-Furnier oder dekorativen Kunststoff-Beschichtungen erhältlich. Die Standardstärken betragen 3 mm, 6 mm, 12 mm und 19 mm.

Tischlerplatten. Tischlerplatten sind Sandwichplatten aus einer Mittellage aus Naturholzstreifen zwischen darübergeleimten Holzfurnieren, die in der Regel aus fernöstlichem Rotholz oder aus dem etwas teureren, aber qualitativ höherwertigen, einfachen Birkenholz hergestellt wer-

Leisten (s. Seite 18)

Quadratische Leiste　　Rechteckige Leiste　　Hohlkehlleiste　　Viertelstab　　Winkelleiste

Werkzeuge, Materialien und Techniken
Holz und Oberflächenbehandlung

den. Andere, aufwendigere Varianten haben ein doppeltes Deckfurnier aus Sperrholz und einem Tropenholz. Beim Sägen der sehr festen Tischlerplatten entstehen oftmals unschöne Schnittkanten, indem sich z. B. zwischen den Kernlagen Hohlräume zeigen; hierdurch sind Kantenverbindungen mitunter schwer herzustellen. Für Tischlerplatten gelten dieselben Qualitätsgrade wie für Sperrholz; die Standardstärken betragen 12 mm, 19 mm und 25 mm. Aufgrund ihrer nicht so hohen Steifigkeit eignen sich Tischlerplatten nicht besonders für lange Regalbretter.

Stäbchenverleimte Platten. Eine qualitativ höherwertige Variante von Tischlerplatten ohne Hohlräume zwischen den Kernstreifen. Diese kostspielige Ausführung sollte nur verwendet werden, wenn die besonderen Qualitätsanforderungen den Preis rechtfertigen.

Nut- und Federbretter. Werden vor allem für die Verkleidung von Rahmenkonstruktionen und Wänden verwendet. Jedes Brett ist mit einer Feder auf der einen Seite und einer Nut auf der anderen gearbeitet. Die Feder fügt sich genau in die Nut des nächsten Bretts; diese Verbindung kann sich je nach Temperatur und Luftfeuchtigkeit ausdehnen bzw. zusammenziehen, ohne daß dabei Spalten zwischen den Brettern entstehen.

Normale Paneele werden wie Fußbodendielen zusammengeschoben, während für Verkleidungsarbeiten verwendete Bretter ein Dekor aufweisen; dabei handelt es sich um einen Wulst oder häufiger um eine abgeschrägte Kante, durch die sich ein sehr dekoratives V-Profil ergibt.

Klebstoffe und Glättungsmittel

Klebstoffe. Moderne Klebstoffe (Kleber und Leime) sind von hoher Klebkraft und Belastbarkeit. Wenn Probleme auftreten, so liegt dies meistens an der Verwendung des falschen Klebstoffes bzw. Nichtbeachtung der Gebrauchsanweisung des Herstellers. Im allgemeinen wird für Arbeiten in geschlossenen Räumen ein Klebstoff auf PVA-Basis (Polyvinylacetat) verwendet – dabei hat jeder Klebstoffhersteller seine eigene Marke. In Naßbereichen empfiehlt sich die Verwendung eines wasserfesten Holzleims.

Für Keramikfliesen ist ein spezieller Kleber von dicker, butterähnlicher Konsistenz erforderlich, der bereits fertig zubereitet in Eimern erhältlich ist. Kommen Fliesen regelmäßig mit Wasser in Berührung, wie z. B. an Spültischen, ist ein hydraulischer Dünnbettmörtel zu verwenden.

Glättungsmittel. Wenn das Holz einen Anstrich erhält, wird die konventionelle Dispersionsspachtel verwendet, mit der auch Risse in Wänden gekittet werden. Diese Spachtel trocknet weiß aus und bleibt unter jeder anderen Oberflächenbehandlung sichtbar. Bei durchsichtiger Oberflächenbehandlung sind daher Risse und Löcher mit einem besonderen Holzkitt zu verschließen. Diese dickflüssigen, pastenartigen Massen sind in verschiedenen Holzfarben erhältlich. Die gewünschte Farbe läßt sich gegebenenfalls auch durch Vermischen verschiedener Kitte oder durch Zugabe von farbiger Holzbeize erzielen. Die Farbe des Kittes sollte etwas blasser sein als die des Holzes, da Kitte in der Regel bei Auftragen der Endbehandlung nachdunkeln. Es empfiehlt sich, zunächst mit einem Verschnittstück des entsprechenden Holzes einige Farbtests durchzuführen.

Bei besonders anspruchsvollen Oberflächen verhindert ein Einlaßgrund (Schnellschliffgrund), daß die Deckfarbe in das Holz eindringt. Die farblos erhältliche Grundierung kann mit Terpentinersatz verdünnt werden; Auftrag mit Pinsel oder Roller.

Oberflächenbehandlung / Finish

Die Art der Oberflächenbehandlung hängt davon ab, ob das Holz bzw. das Brett verdeckt bleibt oder ob es angestrichen, lackiert oder im Gegenteil durch eine klare Schutzschicht hervorgehoben werden soll.

Lacke
Schnelltrocknende Zelluloselacke stellen die beste Art der Oberflächenbehandlung für Holzmöbel dar. Sie sind gegen Hitze, Kratzer und Lösungsmittel unempfindlich und ergeben bei Auftrag mit Farbspritzgeräten ausgezeichnete Oberflächen.

Mattierungen
Schellack. Bezeichnung für eine bestimmte Mattierung und gleichzeitig Sammelbezeichnung für alle mit Schellack und Alkohol hergestellten Mattierungen. Ideal für einen hellen bis mittleren Braunton. Nur spezifische Schutzwirkung für das Holz.

Ballenmattierung. Erzielt gegenüber dem normalen Schellack einen eher goldenen bzw. orangefarbenen Ton.

Farblose Zellulose-Schellack-Mattierung. Bei dieser Mattierung scheint die natürliche Farbe des Holzes hindurch. Das saubere Auftragen von Schellack erfordert viel Geduld, weshalb viele Heimwerker einen klaren Polyurethan-Lack mit einer anschließenden herkömmlichen Wachspolitur bevorzugen.

Farben
Farbanstrich. Für Holz eignen sich flüssige Lacke auf Ölbasis, die auf eine entsprechende Grundierung aufgetragen werden. Im allgemeinen empfehlen sich eher zwei dünne Aufträge als ein dicker. Als Alternative bieten sich nichttropfende Farben von gelartiger Konsistenz an, bei denen keine Grundierung erforderlich ist. Zur Erzielung qualitativ hochwertiger Oberflächen ist unter Umständen dennoch ein zweiter Anstrich erforderlich. Zum Aufsprühen ist auf jeden Fall normale Flüssigfarbe zu verwenden.

Firnis. Wird in der Regel mit dem Pinsel aufgetragen, kann aber auch aufgesprüht werden. In den Varianten hochglanz, seidenmatt und matt erhältlich. Firnisse gibt es in verschiedenen Farben, so daß das Holz in einem Gang umgefärbt und geschützt werden kann. Firnis dringt nicht in das Holz ein, so daß bei Kratzern die ursprüngliche Farbe wieder zum Vorschein kommt. Aus diesem Grunde wird in manchen Fällen mit (pigmenthaltigen) Holzbeizen gearbeitet, die in das Holz eindringen. Da sie jedoch keinen Oberflächenschutz bieten, ist zusätzlich eine Mattierung aufzutragen.

Halbrundstab

Zweifach gerundeter Stab

Falzleiste

Wellenstab

Rundstab mit Plättungen

Leisten, Dübel, Schrauben und Beschläge

Leisten. Leisten werden zur Verzierung und als Abdeckung von Hohlräumen oder Befestigungen in einer Holzkonstruktion verwendet. Der Begriff „Leiste" umfaßt die verschiedensten Arten von einfachen, dünnen Rundstäben bis hin zu Kranzprofilen und Sockelleisten. Mit einer Vielzahl von Fräsköpfen werden die verschiedensten Formen und Größen hergestellt. Sollte das gewünschte Profil einmal tatsächlich nicht im Handel erhältlich sein, so stellen Sie es mit der Oberfräse selbst her.

Leisten werden aus Hartholz geschnitten – in der Regel aus dem dichten und harten Rotholz oder aus dem blaßgelben Ramin. Bei Holzfachhändlern sind auch Leisten aus Tropenhölzern wie Mahagoni erhältlich, die allerdings relativ teuer sind. Aus diesem Grund bietet es sich unter Umständen an, eine billigere Leiste anzustreichen oder zu lackieren, um die gewünschte Farbe zu erzielen.

Zierleisten (s. Abbildungen S. 16, 17) sind in Standardlängen von 2 m oder 3 m erhältlich. Die folgenden Formen gibt es in den verschiedensten Größen und sie eignen sich besonders als Kantenabschluß für Holzplatten: Halbrundstäbe, zweifach gerundete Stäbe, Falzleisten, Wellen- und Rundstäbe mit Plättungen. Quadratische und rechteckige Leisten sind in Größen zwischen 6 x 6 mm bis 12 x 38 mm erhältlich.

Viertelstäbe und Hohlkehlstäbe werden verwendet, um beispielsweise einen Luftspalt zwischen den stoßenden Teilen einer Konstruktion zu kaschieren. Winkelleisten sind eine einfache Variante der Hohlkehlstäbe und werden an der Innen- oder Außenseite von Verbindungen angebracht.

Beim Kauf von Leisten ist darauf zu achten, daß sie über die gesamte Länge gerade und frei von Ästen sind, die unter Umständen herausfallen und ein Loch hinterlassen könnten. Außerdem sind Leisten auf Flecken durch Pilzbefall zu prüfen, besonders wenn Klarlack aufgetragen werden soll. Werden für denselben Zweck mehrere Leisten benötigt, so ist darauf zu achten, daß die Leisten hinsichtlich Farbe sowie Kanten- und Faserverlauf genau zueinander passen, da sonst die Gefahr von unebenen Oberflächen oder ungeraden Kanten besteht.

Latten. Mit dem Begriff „Latte" wird allgemein eine bestimmte Art der Schnitthölzer bezeichnet. Die Standardgröße beträgt 30 x 50 mm oder 40 x 60 mm.

Holzlatten erfüllen vor allem zwei Aufgaben: Sie werden als Regalleisten an die Wand geschraubt oder in Rahmenkonstruktionen so befestigt, daß sie im Verbund mit Täfelungen, Platten bzw. Verkleidungen eine neue „Wand" bilden.

Holzdübel. Für Verbindungen bei Rahmenkonstruktionen oder zum Zusammenfügen von Platten in stumpf gestoßenen oder Eckverbindungen.

Hartholzdübel haben einen Durchmesser zwischen 6 und 10 mm. Holzdübel können Sie selbst auf die erforderliche Länge schneiden oder in Längen von 25 mm oder 38 mm im Handel kaufen. In der Regel beträgt die Länge des Dübels das 1 1/2-Fache der Stärke der zusammenzufügenden Bretter.

Holzdübel werden zusammen mit Leim eingesetzt. Nach der Herstellung der Verbindung muß überschüssiger Leim austreten können. Dies wird durch längsgerippte Dübel mit abgeschrägten Enden möglich. Bei geraden Dübeln werden die Seiten mit einer Säge fein gerippt und die Enden abgeschrägt.

Nägel

Nägel werden für einfache Rahmenkonstruktionen verwendet.

Drahtstifte. Diese Nägel mit großen, flachen Rundköpfen werden für stabile Verbindungen verwendet, wo die weniger dekorativen Nagelköpfe abschließend verkleidet werden.

Schlagschrauben. Für besonders stabile Befestigungen bestens geeignet.

Drahtstifte mit Senkkopf. Diese Nägel werden dort eingesetzt, wo das Aussehen eine Rolle spielt. Der Nagelkopf wird bündig mit der Oberfläche eingeschlagen und ist sehr unauffällig. Diese Nägel werden zum Nageln von dünnen an dickere Hölzer verwendet; dabei besteht vor allem nahe den Bretterenden oder bei zu langen Nägeln die Gefahr des Splitterns oder Reißens.

Paneelstifte. Zum Befestigen dünner Holzpaneele. Die kleinen, unauffälligen Köpfe werden bündig mit der Oberfläche eingeschlagen oder in dieser versenkt.

Hartfaserstifte. Verkupferte Stifte mit quadratischem Querschnitt. Der rautenförmige Kopf wird in der Oberfläche versenkt – ideal zur Befestigung von Hartfaser- und anderen Platten in Feuchtbereichen, wo Stahlstifte schwarze Flecken verursachen könnten.

Stahlnägel. Zur Befestigung von Holzlatten an Wänden als Alternative zum Dübeln und Verschrauben. Für belastbare Befestigungen eignen sich gehärtete Stahlnägel.

Schrauben

Alle Schraubentypen sind als herkömmliche Schlitzschrauben oder als Kreuzschlitzschrauben erhältlich. Letztere eignen sich vor allem bei Verwendung eines elektrischen Schraubendrehers.

In den meisten Fällen werden Schrauben mit Senkköpfen verwendet, die bündig mit der Oberfläche eingedreht werden. Halbrundkopf-Schrauben dienen vor allem zur Befestigung von Metallteilen wie z. B. Regalträgern oder Türbolzen, deren Schraubenlöcher ausgestanzt und nicht gesenkt sind. Linsensenkkopf-Schrauben werden oft in Verbindung mit Unterlegscheiben verwendet, wenn ein sauberes Aussehen wichtig ist.

Holzschrauben. Diese Schrauben haben direkt unterhalb des Kopfes einen glatten Schaft, durch den beim Zusammenfügen von Holzstücken ein besonders guter Zusammenhalt erzielt wird. Allerdings besteht auch die Gefahr, daß das Holz aufgrund dieses glatten Schafts splittert.

Schrauben mit durchgängigem Gewinde. Schneller einzudrehen als herkömmliche Holzschrauben, bei geringerer Splittergefahr. Außer bei besonders langen Ausführungen ist bei diesen Schrauben der gesamte Schaft mit einem Gewinde versehen und bietet dadurch einen hervorragenden Halt in Holz sowie in Faser-, Span-, Tischler- und Furnierholzplatten. Die besseren Ausführungen sind verzinkt und gehärtet und weisen somit sowohl eine bessere Korrosionsbeständigkeit als auch einen durch schlecht passende Schraubendreher nur schwer verformbaren Schraubkopf auf.

Nägel und Schrauben
1. Unterlegscheibe; 2. Schwerlastdübel; 3. + 4. Rahmenbefestigung (Nylondübel und Schraube); 5. Furnierstift; 6. Hartfaserstift 7. Paneelstift; 8. Drahtstift; 9. Drahtstift mit Senkkopf; 10. Schlagschraube; 11. Stahlnagel; 12. Senkkopf-Schraube mit Schlitz; 13. Senkkopf-Schraube mit Kreuzschlitz; 14. Halbrund-Holzschraube mit Schlitz; 15. Linsensenkkopf-Schraube mit Schlitz; 16. Zierkopfschraube; 17. Spax-Schraube

Werkzeuge, Materialien und Techniken
Schrauben, Schließvorrichtungen, Scharniere

Wandbefestigungen
Die Art der Wandbefestigung hängt vom Wandtyp sowie von der Größe und dem Gewicht des zu befestigenden Gegenstands ab.

Dübel. Mit der Bohrmaschine und dem passenden Bohrer wird ein Loch von der Größe der zu verwendenden Schraube gebohrt. Den Dübel in das Bohrloch stecken und die Schraube durch den zu befestigenden Gegenstand in den Dübel eindrehen und festziehen.

Befestigung an massiven Wänden. Bei massiven Wänden werden zur Befestigung von Gegenständen Dübel verwendet. Dabei werden heutzutage fast ausschließlich Plastikdübel für die verschiedensten Schraubengrößen (von Nr. 8 bis Nr. 12) eingesetzt.

Befestigung an Fachwerkwänden. Zur sicheren Befestigung von Gegenständen an diesen Wänden werden Schrauben in die Ständer (senkrechte Rahmen) der Konstruktion gedreht. Befinden sich die Ständer nicht an den gewünschten Stellen, so sind waagrechte Holzlatten an den Ständern anzubringen.

Befestigung an Hohlwänden. In alten wie auch in moderneren Häusern sind gelegentlich Hohlwände anzutreffen, die in der Regel aus Gipskartonplatten bestehen. Für diese Wände gibt es die verschiedensten Arten der Befestigung, z. B. Federspreizdübel, Klappdübel und Nylonkippdübel, die fast alle nach demselben Prinzip funktionieren: spreizbare Arme stützen sich an der Rückseite der Gipsplatten oder der Latten ab und garantieren so einen guten Halt.

Schwerlastdübel. Für schwere Gegenstände wie z. B. Oberschränke in Küchen empfiehlt sich die Befestigung mit einem Schwerlastdübel. Dieser Dübel, für den ein Bohrloch von etwa 10 mm Durchmesser erforderlich ist, ist mit einer eigenen, relativ schweren Maschinenschraube versehen. Beim Eindrehen der Schraube breitet sich der Dübel im Bohrloch aus und sorgt für eine feste Verankerung in der Wand.

Schließvorrichtungen
Magnetische Schnäpper. Magnetische Schnäpper eignen sich besonders für kleinere Türen, bei denen die Gefahr des Verziehens kaum besteht. Zwischen auf dem Rahmen des Schranks sitzenden Magneten und der Schließplatte an der Tür ist auf eine einwandfreie Kontaktfläche zu achten. Ein weiterer wichtiger Punkt ist die Magnetkraft; bei kleineren Schranktüren ist eine „Zugkraft" des Magneten von 2–3 kg ausreichend, während sie bei größeren Kleiderschranktüren 5–6 kg betragen sollte.

Magnetische Druckschnäpper sind ebenfalls sehr praktisch. Beim Drücken gegen die geschlossene Türe springt diese einen kleinen Spalt weit auf und wird dann mit der Hand vollends geöffnet.

Mechanische Schnäpper. Die gängigste Ausführung sind Kugelfederschnäpper und Rollenschnäpper. Da die saubere Ausrichtung auch hier von grundlegender Bedeutung ist, sind verstellbare Ausführungen zu empfehlen. Mechanische Druckschnäpper werden durch Drücken gegen die Türe betätigt, so daß auf Türgriffe verzichtet werden kann.

Schieberiegel. Schieberiegel sind besonders geeignet für Schränke in Küchen oder Badezimmern, wo sich die Türen mitunter aufgrund der Luftfeuchtigkeit verziehen.

Scharniere
Am einfachsten ist die Anbringung von Scharnieren, die nicht in die Tür oder den Türrahmen eingelassen werden müssen: Aufsatzscharniere, Deko-Aufsatzscharniere (für leichte Türen) und gekröpfte Scharniere. (für Küchenschränke). Klavierbänder eignen sich besonders zur Befestigung von Klapptüren. Sie sind in einer Länge von 1,8 m erhältlich und werden mit einer Metallsäge auf das erforderliche Maß zugeschnitten. Zur Befestigung schwerer Türen oder zur Erzielung einer ansehnlichen Oberfläche sind Fitschen bzw. Angelbänder zu empfehlen, die in die Türen oder Rahmen eingelassen werden.

Verstellbare, verdeckte Topfscharniere werden vor allem für Türen aus Spanplatten und mitteldichten Faserplatten verwendet. Zum Bohren der zylindrischen, flachen Löcher ist ein Forstnerbohrer erforderlich, und die Scharniere sind auch nach dem Einpassen verstellbar.

Gleitschienen für Schiebetüren
Schiebetüren können entweder hängend (an oben liegenden Schienen) oder stehend (in am Boden verlaufenden Schienen) bewegt werden. Die Türen gleiten dabei einfach in Führungsnuten in den Schienen. Schienen für Glastüren oder Türen aus leichten Faserplatten sind in der Regel aus PVC gefertigt und in verschiedenen Farben erhältlich.

Schienen für hängende Schiebetüren. Bei diesen Schiebetüren laufen kleine, an der Oberkante der Tür befestigte Gleiter oder verstellbare Rollen in der am oberen Rand der Türöffnung befestigten Führungsschiene. Eine Bodenführung sorgt dafür, daß die Tür gerade läuft.

Bodenschienen. Die Tür läuft auf kleinen Rollen in der am Boden befestigten Schiene. Eine Führung an der Oberkante der Tür gewährleistet einen geraden Lauf.

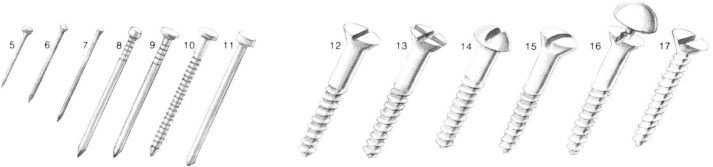

Techniken: Sägen und Schneiden

Holz

Holz wird entweder gesägt oder gehobelt geliefert. Gesägtes Holz ist von rauher Oberfläche, hat allerdings den Vorteil einer genaueren Einhaltung der bestellten Abmessungen. Gehobeltes Holz dagegen ist auf allen Seiten glatt, jedoch werden durch das Hobeln ca. 5 mm von der Nennbreite und -stärke abgetragen. Gesägtes Holz eignet sich ideal für die Errichtung von Rahmenkonstruktionen, während für Arbeiten, bei denen eine glatte Oberfläche wichtig ist, auf gehobeltes Holz zurückgegriffen werden sollte. Es sollte auf gerades und weitgehend astfreies Holz ebenso geachtet werden wie auf eine unbeschädigte Oberfläche. Zur Errichtung von Rahmenkonstruktionen mit genau vorgegebener Stärke (wie z. B. bei den Küchenmöbeln, S.86) ist mitunter das genaue Maß schwierig zu finden. Hier bietet sich gegebenenfalls das Abhobeln auf die gewünschte Stärke an.

Die gewünschte glatte Oberfläche wird nach der Montage durch Schleifen hergestellt; dies geschieht entweder von Hand mit Hilfe von **Schleifpapier**, das um einen **Schleifblock** herumgelegt wird, oder mit Hilfe eines **elektrischen Schwingschleifers**. In beiden Fällen ist mit mittelfeinem Papier zu beginnen und mit feinkörnigem Papier abzuschließen. Das Schleifen erfolgt grundsätzlich mit der Faser, da ein Arbeiten gegen die Faser zu verkratzten Oberflächen führt.

Holzoberflächen. Soll die Oberfläche lackiert, mattiert oder angestrichen werden, so ist mit einem Pinsel bzw. einem Lumpen zu arbeiten. Alternativ hierzu arbeitet der professionelle Möbelhersteller oftmals mit einem schnelltrocknenden Zelluloselack (**Materialien, S. 17**), der mit der **Spritzpistole** aufgetragen werden kann. Vor dem Spritzen sind sämtliche Löcher mit einem färbbaren Holzkitt zu verschließen, und die Oberfläche ist gegebenenfalls vor dem Glattschleifen zu beizen. Die erste Lackschicht wird als Porenverschluß aufgetragen. Nach 30 bis 60 Minuten Trocknungszeit wird sie mit feinem Schleifpapier abgeschliffen. Sodann wird die zweite Lackschicht als Deckschicht aufgetragen.

Messen und Markieren

Schnittlinien sind zunächst mit einem harten Bleistift zu markieren, bevor sie mit Hilfe eines **Schneidemessers**, eines **Richtscheits** oder eines **Anschlagwinkels** entlang eines **Lineals** nachgezogen werden; hierdurch entsteht eine scharfe und splitterfreie Linie.

Zur Markierung von Kantholz wird mit dem Anschlagwinkel gearbeitet; der Anschlag bzw. Griff wird dabei im rechten Winkel an die Seitenkante angelegt. Sodann wird mit einem Messer (besser als mit dem Bleistift) eine Linie über das Kantholz gezogen und mit Hilfe des Winkels über die seitlichen Kanten nach unten durchgezogen; von diesen seitlichen Linien ausgehend wird sodann die Unterkante markiert.

Die Genauigkeit der Markierung wird mit dem Anschlagwinkel geprüft, der so anzulegen ist, daß die Entsprechung von Ober- und Unterseite zu erkennen ist.

Zur Vermessung und Kennzeichnung mehrerer, gleich langer Teile werden diese am besten gebündelt und sodann gleichzeitig markiert.

Abstandhalter

Hierbei handelt es sich um 19 oder 25 mm starke Kantenabschnitte, mit Hilfe derer sichergestellt wird, daß Leisten oder Latten immer im gleichen Abstand an Rahmen befestigt werden. Zur Bestimmung der Länge dieser Abstandhalter sind sämtliche Latten am einen Ende des Rahmens aneinander zu legen; sodann ist die Restlänge des Rahmens zu bestimmen und durch die Anzahl von Abständen zu teilen, die sich aus der Anzahl von Latten ergibt. Das sich dabei ergebende Maß gibt die Schnittlänge der Abstandhalter, so daß jede Latte in genau dem richtigen Abstand befestigt wird.

Verstrebungen

Zur Herstellung einer Tür oder einer ähnlichen Rahmenkonstruktion ist absolute Rechtwinkeligkeit von entscheidender Bedeutung. Dies ist mit Hilfe von zwei Verstrebungstechniken zu erreichen.

Das 3-4-5-Prinzip. Entlang zweier rechtwinklig zueinander stehender Hölzer sind einmal 3 und einmal 4 Einheiten abzumessen, bevor eine Verstrebungslatte genau auf die eine der zwei Markierungen genagelt wird. Sodann rechtwinklig ausrichten, wobei die Latte bis zur anderen Markierung 5 Einheiten mißt und die Basis eines Dreiecks bildet. Die überstehenden Lattenenden bündig mit dem Rahmen absägen, die Latte jedoch bis zur Montage des Rahmens befestigt lassen. Bei größeren Türen sind an den gegenüberliegenden Ecken zwei Latten zu nageln.

1 Markieren von Kanthölzern (Länge und Umfang)
Mit dem Schneidemesser entlang des Anschlagwinkels die Oberseite markieren, über die Kanten weiterfahren und die Seiten markieren; schließlich die Unterseite ausgehend von den Seitenlinien durchziehen.

2 Gleichmäßiges Anbringen von Latten mit Hilfe von Abstandhaltern
Die Latten von einem Ende des Rahmens aus zusammenlegen und die restliche Rahmenlänge vermessen. Dieses Maß durch die Anzahl der erforderlichen Zwischenräume dividieren. Das Ergebnis entspricht der Länge der Abstandhalter.

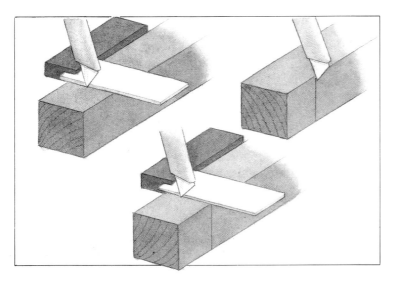
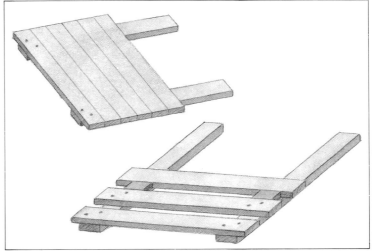

Werkzeuge, Materialien und Techniken
Sägen und Schneiden

Arbeiten mit dem Anschlagwinkel. Eine Latte wird zunächst auf den einen Rahmen und sodann nach rechtwinkliger Ausrichtung mittels Anschlagwinkel auf den anderen Rahmen aufgenagelt.

Herstellen von Schiebekeilen
Schiebekeile eignen sich bestens zur Befestigung großer Rahmen auf der Werkbank. Die Keile werden durchweg zu zweit verwendet, bei größerer Rahmen sind jedoch mitunter mehrere Paare erforderlich.

Ein Paar Keile wird jeweils aus einem Kantholz hergestellt; Hartholz eignet sich dazu am besten. Abmessung der Keile: 38 x 38 x 330 mm. Zur Herstellung der Keile wird das Kantholz diagonal in zwei Stücke zersägt.

Benutzung der Keile: Zunächst eine Holzlatte mit Nägeln an der Werkbank befestigen. Das zu befestigende Werkstück gegen die Latte legen. Sodann eine weitere Latte parallel zur ersten und in einem Abstand von ca. 45 mm vom Werkstück entfernt aufnageln. Die Keile kommen nun zwischen das Werkstück und die zweite Latte und werden mit zwei Hämmern gegeneinander bewegt, wodurch das Werkstück arretiert wird.

Sägen und Schneiden
Quersägen von Hand. Das Holz wird mit einer Hand so festgehalten, daß die Schnittlinie (siehe: Meß- und Markierwinkel, S. 20) bei Rechtshändern rechts über das Ende der Werkbank hinaussteht. Der erste Schnitt wird bei senkrechtem Sägeblatt gezogen, wobei die Zähne der Säge auf der Verschnittseite greifen. Damit die Säge nicht springt, wird das Sägeblatt mit dem Daumen der anderen Hand abgestützt.

Längssägen von Hand. Das Kantholz oder Brett wird ungefähr in Kniehöhe gehalten, während der erste Schnitt wie oben beschrieben ausgeführt wird; sodann die Linie auf der Verschnittseite entlang sägen und nur beim Schieben der Säge Druck ausüben. Entfernt das Blatt sich von der Linie, so kann dieses Problem mit Hilfe einer Holzlatte gelöst werden, die genau entlang der Linie auf der „guten" Seite befestigt wird, um den Schnitt zu führen.

Arbeiten mit einer Handkreissäge. Befindet sich die Schnittlinie in der Nähe einer Kante, so ist die Führung der Säge so einzustellen, daß das Blatt auf der Verschnittseite der Linie schneidet. Bei breiten Hölzern oder ungeraden Kanten wird mit einer von oben befestigten Latte erreicht, daß das Blatt auf der Verschnittseite schneidet, während es die Latte entlanggeführt wird.

Gerade Schnittlinien. Beim Sägen von Platten oder Brettern mit einer Handkreissäge oder einer Stichsäge wird am besten eine Führungslatte parallel zur Schnittlinie von oben aufgebracht, so daß die Grundplatte der Säge mit ihrer Kante die Latte entlanggeführt wird. Die Latte ist sehr sorgfältig anzulegen, damit immer auf der Verschnittseite gearbeitet wird. Bei Verwendung einer Kreissäge kann es je nach der Seite der Schnittlinie, an der die Latte befestigt wird, zu Berührungen des Motorgehäuses mit der Latte oder den Schraubzwingen kommen. In diesem Falle hilft anstelle der Latte ein breiter Streifen glattkantiges Sperrholz, das in ausreichender Entfernung angebracht wird, damit die Säge nicht in Berührung mit den Schraubzwingen kommt.

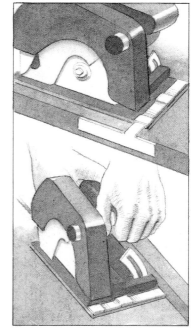

6 Sägen mit der Handkreissäge
Ganz oben: Sägen im Randbereich mit der Führung der Säge. Oben: Das Sägen entlang einer Führungslatte.

3 Verstreben von Rahmen
Eine Latte so über die Ecke eines Rahmens nageln, daß ein rechtwinkeliges Dreieck in den Proportionen 3 – 4 – 5 entsteht; Überstände bündig ablängen.

4 Herstellen von Schiebekeilen
Den Abschnitt eines Kantholzes diagonal durchsägen. Parallel zur ersten Latte eine zweite aufnageln und so die Keile dazwischen verspannen.

5 Querschneiden von Hand
Zu Beginn des Sägens das Sägeblatt mit dem Daumen der anderen Hand abstützen. Fast durchschnittenes Teil festhalten, da sonst die Schnittkante reißen könnte.

7 Sägen mit der Rückensäge
Das Sägen wie gewohnt senkrecht beginnen. Bei zunehmend tieferem Einschnitt das Sägeblatt waagerecht halten.

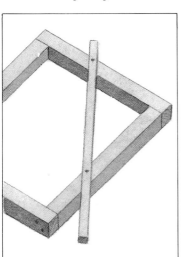
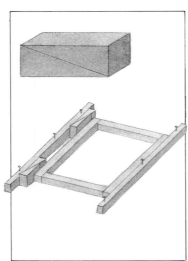
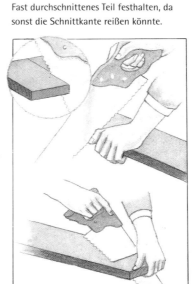

Techniken: Sägen und Hobeln

Sägen von Kreisbögen

Mit der Stichsäge. Der Kreisbogen wird auf der Platte aufgezeichnet. Falls kein Zirkel zur Verfügung steht, besteht ein guter Behelf darin, eine Fadenschlinge an einem Zeichenstift in der Mitte des Kreises zu befestigen, einen Bleistift senkrecht in der Schleife zu führen und im richtigen Abstand den Kreis zu ziehen.

Um sauber und splitterfrei zu sägen, ist die Schneidelinie sorgfältig mit einem Spitzenzirkel anzureißen. Vor Beginn des Sägens ist im Kreis und dicht bei der Linie ein Loch von 10 mm Durchmesser zu bohren. Durch dieses Loch wird das Sägeblatt eingeführt; beim anschließenden Sägen sorgfältig darauf achten, daß das Sägeblatt auf der Verschnittseite schneidet. Durch die Vorbehandlung der Schnittlinie mit dem Spitzenzirkel wird die Linie sauberer eingehalten und ein glatter Schnittrand erreicht.

Mit der Laubsäge. Wie oben beschrieben, den Kreis markieren, die Schnittlinie mit dem Spitzenzirkel vorbereiten und ein Loch innerhalb des Kreises bohren. Das Sägeblatt an einem Ende aus dem Bogen nehmen, durch das Loch führen und wieder einspannen. Während des Aussägens wird das Werkstück am besten senkrecht verspannt.

Das Sägeblatt kann im Bogen so gedreht werden, daß dieser um das Werkstück kommt; jedoch ist die Bewegungsfreiheit bei der Laubsäge eingeschränkt. Befindet sich der Kreisausschnitt zu weit von einem Rand entfernt, so ist es besser, mit einer Stichsäge oder mit einer Hand-Stichsäge zu arbeiten.

Mit einer Hand-Stichsäge. Die Hand-Stichsäge besteht lediglich aus einem steifen, dreieckig zugespitzten Sägeblatt und einem einfachen Griff. Sehr praktische Stichsägeblätter gibt es auch zum Einspannen in das Heft eines normalen Messers.

Da diese Säge keinen Bügel oder Bogen besitzt, eignet sie sich ideal für das Sägen von Kreisbögen und anderen Öffnungen wie z. B. Schlüssellöcher an jeder beliebigen Stelle einer Platte.

Die Vorbereitung des Kreisausschnitts erfolgt genauso wie bei Arbeiten mit den anderen Sägentypen. Beim Sägen mit der Hand-Stichsäge kommt es darauf an, das Sägeblatt genau senkrecht zu halten und ohne allzu großen Druck schnelle und kurze Schnitte zu führen.

Sägen von Rundungen

Diese Technik unterscheidet sich grundsätzlich kaum vom Sägen von Kreisbögen, wobei allerdings vor Beginn des Sägens kein Loch gebohrt werden muß. Es eignen sich gleichermaßen die Stichsäge, die Laubsäge oder die Hand-Stichsäge. Eine Laubsäge ist für diese Schnitte ideal, da der Verschnitt zum größten Teil mit einer gewöhnlichen Handsäge entfernt werden kann und da in der Regel im Randbereich gesägt wird, wo der Rahmen der Säge nicht stört.

Herstellen von Nuten und Einschnitten

Die leichteste Technik, Nuten oder Einschnitte herzustellen, ist natürlich die Benutzung der Oberfräse mit einem Fräskopf, der genau auf die erforderliche Tiefe eingestellt wird. Hier ist mit einem Fräskopf mit geraden Flanken zu arbeiten. Im Idealfall weist er genau die Breite der Nut oder des Einschnitts auf und ermöglicht das Arbeiten in nur einem Gang. Ist dies nicht möglich, so ist zunächst mit einem schmäleren Fräskopf zu arbeiten und die Nut in zwei oder mehr Gängen zu erstellen. Der erste Schnitt erfolgt auf der Verschnittseite der Linie, wobei entlang des Einschnitts eine Latte befestigt wird, um das Gehäuse der Oberfräse entsprechend zu führen. Ist eine tiefe Nut erforderlich, so ist mitunter zunächst ein flacherer Schnitt erforderlich, bevor tiefer abgetragen wird.

Werden Einschnitte von Hand ausgeführt, so wird die Nut zunächst mit dem Schneidemesser markiert, was eine saubere Oberfläche garantiert. Das Werkstück wird auf der Werkbank gehalten, und mit einer Rückensäge werden innerhalb der markierten Linien senkrechte Schnitte in der Tiefe der Nut ausgeführt. Bei breiten Nuten werden auch in das Verschnittholz mehrere senkrechte Schnitte gelegt. Nun das Verschnittholz mit dem Beitel entfernen und dabei von jeder Seite in Richtung Mitte arbeiten. Schließlich wird mit der flachen Seite des Beitels nach unten der Boden des Einschnitts so lange abgetragen, bis er regelmäßig und eben ist.

Sägen von Falzen

Ein Falz ist eine L-förmige Stufe in einer Seite eines Kantholzes.

Um einen Falz von Hand zu sägen, wird seine Breite mit Hilfe des Streichmaßes über die gesamte Oberseite des Werkstücks sowie an beiden Seiten markiert. Die Tiefe des Falzes ist an allen drei Seiten zu kennzeichnen. Das Werkstück niederhalten und auf der Verschnittseite der Markierungslinie die erforderliche Tiefe einsägen.

❶ Längssägen von Hand
Eine gerade Führungslatte entlang der Schnittlinie befestigen und direkt neben ihr sägen. Der Schnitt wird durch einen Keil offengehalten.

❷ Arbeiten mit der Stichsäge
Eine entlang der Schnittlinie befestigte Latte sichert einen geraden Schnitt. Der Kreis wird entlang der Linie ausgesägt.

❸ Sägen von Kreisbögen per Hand
1 – Ein kleines Loch bohren und mit Hilfe der Hand-Stichsäge einen Kreis aussägen.
2 – Sägen mit der Laubsäge.

❹ Ausstemmen von Nuten
Nach dem Einsägen der beiden Seiten wird das Verschnittholz von jeder Seite ausgestemmt. Anschließend den Grund sauber begradigen.

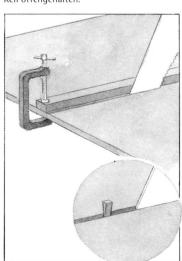
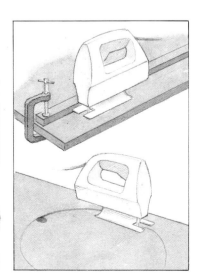
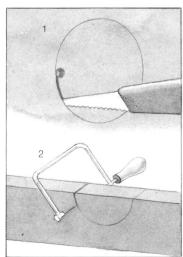

Werkzeuge, Materialien und Techniken
Sägen und Hobeln

Sodann mit dem Beitel in Faserrichtung Stück für Stück abtragen.

Besonders leicht sind Falze mit Hilfe der Oberfräse anzubringen; in diesem Falle ist eine Markierung allenfalls zur leichteren Führung erforderlich. Diese Arbeit sollte jedoch an Verschnittholz geübt werden, damit die Oberfräse sicher die richtige Tiefe und Breite schneidet.

Bei der Arbeit mit einem geraden Fräskopf ist die Führungsbacke der Fräse so einzurichten, daß zunächst die richtige Breite geschnitten wird; sodann einstechen und die richtige Frästiefe einstellen. Ist die Fräse einmal richtig angesetzt, so wird sie flach gehalten und gegen die Drehrichtung des Fräswerkzeugs bewegt.

Wird eine Fräse mit Führungsbolzen verwendet, so reicht es, die Frästiefe einzustellen und zur Herstellung des Einschnitts die Fräse an der Seite des Werkstücks entlangzubewegen. Da die Fräse alle Unregelmäßigkeiten im Holz aufnimmt, ist auf einwandfreies, gerades Holz zu achten.

Herstellen eines V-Blocks

Mit Hilfe eines V-Blocks werden runde Werkstücke während der Bearbeitung praktisch und einfach fixiert. Der Block wird aus einem Abschnitt von Kantholz (75 x 50 mm) und in etwas größerer Länge als das zu fixierende Werkstück hergestellt. Der V-Ausschnitt wird auf der 75 mm starken Seite des Kantholzes in einer Tiefe von 25 mm erstellt. Dazu wird die Kreissäge auf 45° eingestellt. Das Kantholz fest einspannen und die Säge zur Sicherung eines geraden Schnitts mit der Führung einsetzen. Ein Schnitt erfolgt nach oben, der andere nach unten. Auch hier sollte die präzise Einstellung von Tiefe und Breite des Schnitts an Verschnittholz geübt werden. Alternativ bietet sich auch die Oberfräse mit V-Fräskopf an. Mitunter sind zwei oder drei Fräsgänge erforderlich, um die V-Kerbe in der erforderlichen Tiefe und Breite zu erhalten.

Hobeln

Hobeln von Hand. Ausreichende Schärfe und richtige Einstellung der Hobelklinge sind von entscheidender Bedeutung. Man steht auf der einen Seite des zu hobelnden Werkstücks. Auf lockeren und bequemen Stand achten und die Füße etwas auseinandernehmen. Gehobelt wird von einem Ende des Werkstücks zum anderen, wobei mit einem festen Druck auf die Führungshand begonnen wird, der sodann auf beide Hände und schließlich gegen Ende des Hobelgangs auf die andere Hand übertragen wird. Wird der Hobel in einem leichten Winkel zur Faser versetzt, so erleichtert dies mitunter das Hobeln.

Arbeiten mit dem Bandschleifer. Krawatte und lose Bekleidungsstücke ablegen. Mit Augenschutz und Staubmaske arbeiten. Man beginnt mit geringem Druck und erhöht ihn soweit erforderlich. Wichtig ist das feste Verspannen des Werkstücks. Man steht bequem auf der einen Seite des Werkstücks und hält den Bandschleifer mit beiden Händen; auch hier beginnt die Arbeit an dem einen Ende, und das Gerät wird regelmäßig bis zum anderen Ende über die Oberfläche bewegt. Um eine wellige Oberfläche zu vermeiden, ist der Bandschleifer stetig und nicht zu schnell zu bewegen.

Bohren

Mit Hilfe des **Senkbohrers** wird sichergestellt, daß Schraubenköpfe eben in der Oberfläche von Sperrholz, Spanplatten und Hartholz zu liegen kommen.

Damit das Holz so wenig wie möglich splittert oder reißt, ist vor dem weiteren Aufbohren zunächst mit geringerem Querschnitt vorzubohren. Bei kleineren Schrauben reicht hierzu ein gewöhnlicher **Schneckenbohrer**.

Das **Schraubenloch** sollte von etwas geringerem Durchmesser sein als der Schaft der Schraube.

Das vorgebohrte Loch hat in etwa den halben Durchmesser des eigentlichen Schraubenlochs. Seine Tiefe erreicht nicht ganz die Länge der Schraube.

Präzises Bohren von senkrechten Löchern. Hierzu ist der Bohrer am besten auf einen Bohrständer zu montieren. Ist dies nicht möglich, so wird ein Anschlagwinkel so neben den Bohrer gestellt, daß der Griff neben dem Bohrloch auf der Oberfläche des Werkstücks ruht, während die Klinge parallel zum Bohrer nach oben ragt. Dank dieser Plazierungshilfe wird ein senkrechtes Halten der Bohrmaschine vereinfacht, wodurch präzise senkrecht gebohrt wird. Steht ein Helfer bereit, so kann dieser die Ausrichtung von Bohrer und Anschlagwinkel von beiden Seiten beurteilen und gegebenenfalls korrigieren.

5 Herstellen eines V-Blocks
In ein Kantholz (75 x 50 mm) wird unter 45° mit der Handkreissäge eine V-Kerbe geschnitten.

6 Bohren von senkrechten Löchern
Bohren mit einem Bohrständer sorgt für exakt gerade Löcher von kontrollierter Tiefe.

7 Führung für freihändiges Bohren
Mitunter hilft beim freihändigen Bohren ein neben dem Bohrer aufgestellter Anschlagwinkel und ermöglicht so größere Präzision.

8 Bohrtiefenmarkierung
Zur exakten Kontrolle der Bohrtiefe gibt es verschiedene Führungen in Ringform mit Feststellschraube oder einfach ein Klebeband.

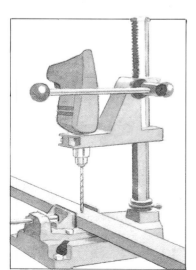
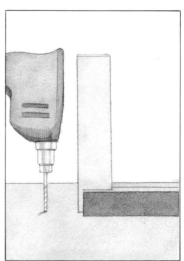

Techniken: Wandbefestigungen

Schrauben
Beim Verschrauben von zwei Holzteilen ist darauf zu achten, daß die Schraube zur Hälfte in das untere Teil eindringt. Die Stärke der Schraube sollte höchstens ein Zehntel der Holzbreite ausmachen. Der Abstand der Schraube zu Seitenkante des Werkstücks entspricht dem fünffachen Schraubendurchmesser, derjenige zum Ende dem zehnfachen Durchmesser.

Nageln
Die richtige Nagellänge beträgt zweieinhalb bis dreimal die Stärke des zu nagelnden Holzes. Auf keinen Fall darf der Nagel durch beide Holzteile hindurchtreten. Wann immer dies möglich ist, sollte durch das dünnere Holz in das dickere Holz hineingenagelt werden. Nägel greifen am besten, wenn sie leicht schräg eingeschlagen werden. In Reihe stehende Nägel sollten abwechselnd von links und von rechts oder von vorne und von hinten schräg genagelt werden. Verbindungen von Rahmenkonstruktionen werden gewöhnlich in dieser Schrägnagelung ausgeführt. Dabei sind senkrecht stehende Rahmen durch einen Hilfsklotz zu fixieren, um beim Nageln des ersten Nagels seitliche Bewegungen zu vermeiden.

Damit Holz besonders im Kantenbereich nicht reißt, sind die Nägel mit einem Hammer vor dem Nageln an der Spitze abzustumpfen. Stumpfe Nägel durchdringen die Holzfasern mühelos, während spitze Nägel sie eher keilförmig auseinandertreiben, was zum Reißen führt.

Wandbefestigungen
Massive Wände. Befestigungen an massiven Wänden erfolgen gewöhnlich mit Hilfe von Holzschrauben in Dübeln aus Kunststoff oder Fasermaterial. Vor dem Bohren ist mit dem Metalldetektor sicherzustellen, daß keine Rohrleitungen oder Kabel in der Wand verlaufen. Das Dübelloch wird mit der Bohrmaschine und einem Steinbohrer gebohrt. Auf der Dübelpackung steht die richtige Bohrergröße. Bei harten Wänden ist die Schlagbohrerfunktion vorzuziehen. Die Schraube muß lang genug gewählt werden, um bei freiliegendem Mauerwerk ca. 25 mm und bei verputzten Wänden ca. 35 mm durch den Dübel in die Wand zu gehen.

Bei bröckeligen Wänden ist eine in Heimwerkerläden erhältliche Dübelmasse auf Zementbasis anzurühren. Vor ihrer Erstarrung ist die Schraube um eine halbe Umdrehung zurückzudrehen (innerhalb von ca. 5 Minuten). Nach Erstarrung (ca. 1 Stunde) wird die Schraube herausgedreht.

Geht der Bohrer nach Durchtreten der Putzschicht zu leicht in die Wand und tritt aus dem Loch ein hellgrauer Staub aus, so besteht die Wand aus Leichtbausteinen. In diesem Falle ist mit besonderen Klapp- oder Spreizdübeln zu arbeiten.

Schnelle Befestigungen für leichte bis mittlere Belastung sind an Massivwänden auch mit Stahlnägeln möglich. Die Länge ist so zu wählen, daß der Nagel über den zu befestigenden Gegenstand hinaus bei Sichtmauerwerk um 15 mm und bei Putzwänden um ca. 25 mm eintritt. Wegen der Gefahr von splitternden Nägeln ist dabei ein Augenschutz zu tragen; weder durch den zu befestigenden Gegenstand noch in die Wand mit zu großem Kraftaufwand nageln.

Verputzte Lattenwände. Das direkte Einschrauben in die senkrechten Rahmenhölzer der Wand bietet die belastbarste Befestigung. Bei der Ortung dieser Rahmen hilft ebenfalls der Metalldetektor.

Leichtere Befestigungen erfolgen durch Aufschrauben auf die Holzlatten. Diese werden mit einem spitzen Gegenstand (Ahle, Handbohrer) georet. Hierbei mit Doppelgewindeschrauben arbeiten. Mittlere Befestigungen an verputzten Lattenwänden erfolgen durch Bohren zwischen den Latten und Anbringen einer Hohlwandbefestigung wie Federspreizdübel, Klappdübel oder Nylon-Kippdübel.

Fachwerkwände. Hochbelastbare Befestigungen an verputzten Riegelwänden erfolgen ebenfalls durch Verschraubung an den senkrecht verlaufenden Rahmen. Diese finden sich leicht durch Abklopfen der Wand: An dichter klingenden Stellen wird mit einem spitzen Gegenstand der feste Untergrund bestätigt. Manche Heimwerker führen durch ein kleines Loch einen festen Draht waagerecht ein, bis dieser auf einen Rahmen stößt.

Sollen Löcher in der Oberfläche vermieden werden, so wird mit dem Metalldetektor gearbeitet. Wird dieser regelmäßig über die Wand bewegt, so zeigt er ein Nagelmuster, das mit einem Stift auf der Wand markiert wird. Senkrecht verlaufende Nagelreihen sind ein Hinweis auf Rahmen. Auch die neueren, elektronischen Streben- und Balkendetektoren bieten sich hier an. Sie zeigen Änderungen in der Dichte verschiedener Baumaterialien, anhand derer senkrechte Rahmen oder Pfosten georet werden.

❶ Ausführungen von Bohrungen für Holzschrauben
Ein Schaftloch bohren. Mit dem Senkbohrer nachbohren, sodann Kernloch bohren (etwas weniger als Schraubenlänge). Zum Versenken der Schraube, Schaftbohrung im Durchmesser des Schraubenkopfes ausführen, restliche Tiefe wie Kreis gezeigt bohren.

❷ Holzverbindungen durch Nageln
Der Nagel ist 2 1/2- bis 3-mal so stark wie das zu befestigende Holz. Die Montage von Rahmen auf dem Arbeitstisch erfolgt durch Nageln gegen eine Latte. Kreis: Damit das Holz nicht reißt, sind die Nägel abzustumpfen.

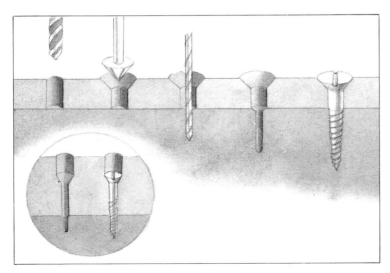

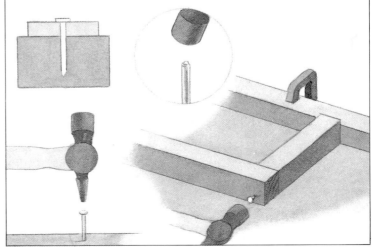

Werkzeuge, Materialien und Techniken
Wandbefestigungen

Ist eine Befestigung an Rahmen nicht möglich, so sind leichtere Befestigungen mit Hilfe eines entsprechenden Dübels auch an Gipskartonplatten möglich. Die Größe des erforderlichen Lochs steht in der Regel auf der Packung, und zum Bohren in Gipskartonplatten reicht ein gewöhnlicher Spiralbohrer.

Hohlwände. Hohlwände bestehen aus einer verputzten, massiven Innenmauer aus Ziegeln oder anderen Bausteinen, vor der eine weitere, identische Wand im Abstand von ca. 50 mm aufgemauert ist.

Beim Beklopfen klingen Hohlwände massiv. Zu Befestigungszwecken sind sie auch wie massive Wände zu behandeln (siehe S. 24).

Abgeschrägte Befestigungslatten
Derartige Latten bieten eine sehr sichere Methode zur Wandbefestigung schwerer Gegenstände. Die Latten werden durch diagonales Durchsägen von Brettern unter 45° hergestellt. Es ergeben sich zwei ineinandergreifende Halbblätter, von denen eine mit dem längeren Ende der Schrägkante nach vorn auf die Wand aufgeschraubt wird. Die andere Latte wird mit der längeren Seite der Abschrägung nach unten an den zu befestigenden Gegenstand geschraubt. Beim Einhängen greifen die beiden Latten fest ineinander und bieten eine hochbelastbare Befestigung.

Die Latten sind in Längsrichtung aus einem Brett zu sägen (100 x 25 mm), die Schrauben an beiden Latten werden im Abstand von 200 mm gesetzt. Mit Holzschrauben Nr. 10 arbeiten – Länge 38 mm für den aufzuhängenden Gegenstand und 65 mm in die Wand. In die Wand werden die Schrauben gedübelt.

Winkelverbinder
Hierbei handelt es sich um vorgebohrte, rechtwinklige Stahlbleche, mit Hilfe derer Holzrahmen mit Schrauben an Decken und Wänden (allerdings unsichtbar) befestigt werden (siehe S. 92).

Legen Sie fest, an welchen Stellen Winkel angebracht werden sollen; halten Sie den Winkel an und markieren Sie durch eines der Schraublöcher im Winkel die Stelle mit dem Bleistift. Sodann vorbohren und den Winkel mit einer Schraube befestigen. Das gleiche nun mit den anderen Winkeln wiederholen. Den Rahmen in Position bringen und auf genau senkrechte Stellung achten. Sodann markiert man an Wand oder Decke genau den Mittelpunkt der Löcher im Winkel, nimmt den Rahmen zur Seite und bohrt an den markierten Stellen die Löcher für die Dübel. Dübel einsetzen und vor Ansetzen des Rahmens und Anschrauben der Winkel nochmals den genauen Sitz der Winkel am Rahmen prüfen. Nun für die übrigen Schrauben vorbohren und Schrauben eindrehen.

③ Festigkeit durch Schrägnageln
Das Zusammenfügen von Rahmen erfolgt durch Schrägnageln. (Nägel im Winkel eingeschlagen). Dies hält die Verbindung fester zusammen.

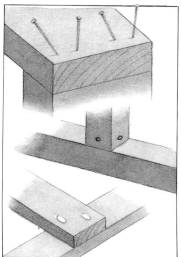

④ Nagelversenker
Nagelköpfe mit Hilfe des Nagelversenkers unter die Oberfläche abgesenkt werden; sodann bündig mit der Oberfläche verspachteln.

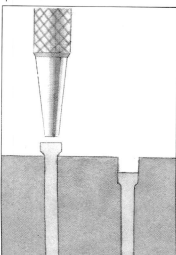

⑤ Einsatz abgeschrägter Latten
Befestigungen an Wänden mit abgeschrägten Latten; dazu werden Bretter in der Länge unter 45° geschnitten.

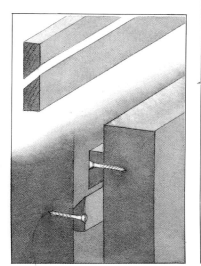

Arten der Wandbefestigung

Dübel für massive Wände

Dübel für Hohlwände

Federspreizdübel für Hohlwände und Decken

Klappdübel für Hohlwände

Nylonkippdübel (oben)
Dübel für Gipskartonplatten (unten)

Techniken: Holzverbindungen

Holzverbindungen

Stumpfe Verbindungen. Dies sind die einfachsten Rahmenverbindungen überhaupt. Die Enden der zu verbindenden Hölzer müssen exakt und gerade geschnitten sein, um eine saubere Stoßverbindung zu ergeben. Es gibt Eck- und T-Verbindungen, die zur Erhöhung der Festigkeit sowohl geleimt als auch genagelt werden. Für derartige Verbindungen eignen sich auch Wellenbänder bzw. Wellennägel, besonders an nicht einsehbaren Stellen.

Eckverbindungen. Dies sind einfache, zerlegbare Verbindungsteile, die angeschraubt werden, um Bretter im rechten Winkel miteinander zu verbinden. Mitunter werden sie zur leichteren Montage gleich in zwei Teilen geliefert, und auch die einteilige Ausführung ist leicht anzuschrauben. Diese Verbindungsstücke sehen nicht gerade attraktiv aus, sind aber wiederum im nicht einsehbaren Bereich äußerst praktisch.

Gehrungsverbindungen. Diese beliebten Verbindungen kennen wir von Bilderrahmen her; sie eignen sich aber auch für andere rechtwinklige Verbindungen. Mit Hilfe einer Gehrungsschneidlade werden Hölzer unter 45° gesägt. Eine einfache Gehrungsverbindung wird geleimt und mit Drahtstiften genagelt. Stärkere Verbindungen ergeben sich durch die Verwendung von Dübeln bzw. durch das Einsetzen von Gehrungsblättchen in schräg eingesägte Schlitze.

Überblattung. Auch als einfache Überblattung bezeichnete Verbindung von Hölzern ähnlicher Stärke zur Bildung einer Eck- oder T-Verbindung oder einer sogenannten Kreuzüberblattung. Jedes Holz wird im Verbindungsbereich auf halbe Stärke eingesägt. Mit Hilfe eines **Anschlagwinkels** wird die Breite des Ausschnitts markiert und mit dem **Streichmaß** die Tiefe bei der halben Stärke angerissen. Das Verschnittholz ist mit dem Bleistift zu schraffieren, um die richtige Seite abzutragen. Zur Erstellung einer Ecküberblattung wird wie bei Zapfverbindungen (siehe S. 28) gesägt. Bei einer T-Verbindung oder Kreuzüberblattung werden die beiden Flanken des T-förmigen Ausschnitts bis zur markierten Mittellinie eingesägt und das Verschnittholz mit dem Stemmeisen ausgestemmt.

Genutete Verbindungen. Diese vorwiegend für Regale gewählte Verbindung besteht im wesentlichen aus einer Nut, in die

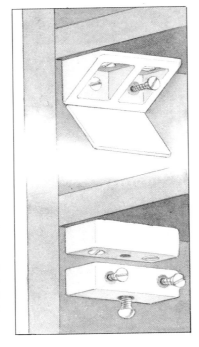

❷ Eckverbindungen
Ideal für die rechtwinklige Verbindung von Brettern und Rahmen. Oben: Einteilige, unten: Zweiteilige Verbindung. Beide sind mittels Schrauben leicht zu montieren.

❶ Einfache stumpfe Verbindungen
Eck- (oben) sowie T-Verbindungen. (unten) werden durch Schrägnageln oder mit Hilfe von Wellennägeln befestigt.

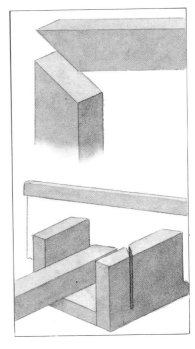

❺ Das Schneiden von Gehrungen
Mit Gehrverbindungen werden rechtwinklige Verbindungen hergestellt. Der Winkel von 45° wird mit der Gehrungsschneidlade und der Rückensäge gesägt.

❸ Verschiedene Überblattungen
Oben: Überblattung als Eckverbindung.
Unten links: T-Überblattung.
Unten rechts: Kreuzüberblattung.

❹ Ausführen einer Überblattung von Holzlatten
Die Breite des Einschnitts markieren. Die halbe Holzstärke mit dem Streichmaß markieren. Die Verschnittfläche schraffieren, auf beiden Seiten mit der Rückensäge einsägen und das Verschnittholz mit dem Stemmeisen ausstemmen.

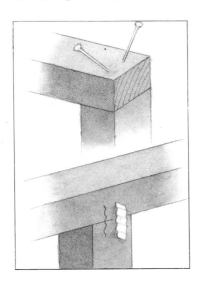

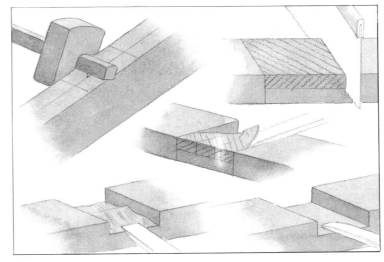

Werkzeuge, Materialien und Techniken
Holzverbindungen

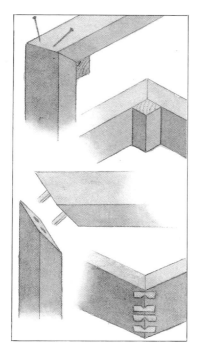

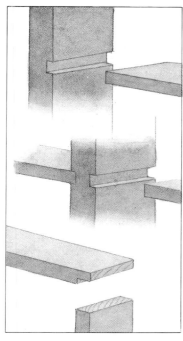

ein Regalboden eingelegt wird. Die durchgehende oder offene Nut verläuft über die gesamte Breite, während die abgesetzte oder verdeckte Nut nur in einen Teil der Wange gesägt wird. Das Verschnittholz wird von beiden Seiten ausgestemmt, im Falle der abgesetzten Nut jedoch immer von der Mitte nach außen. Erleichtert wird diese Arbeit mit der Fräse, wobei das Brett oder der Rahmen durch eine parallel angebrachte Hilfslatte gehalten wird.

Auf ähnliche Weise werden Falzverbindungen gesägt, die im Prinzip wie Nutverbindungen, jedoch an den Enden von Brettern und Rahmen, gesägt werden.

Nut- und Feder-Verbindung

Dies ist eine genutete Verbindung, die an den Ecken von Rahmenkonstruktionen eingesetzt wird; sie ist wesentlich stabiler als die einfache Überblattung, da die gesägte Feder in einer Nut im Gegenstück ruht. Zusätzliche Festigkeit erhält die Verbindung durch Leim und Nagelung bzw. Verschraubung. Da über die Nut hinaus jedoch nur noch wenig Holz zur Verfügung steht, wird dieses Teil während der Erstellung der Verbindung in Überlänge belassen, und das überstehende Stück wird erst nachher bündig mit der Verbindung sauber abgesägt. Die Stärke der Feder beträgt maximal die Hälfte des einzupassenden Verbindungsstücks.

Die Verbindung wird zunächst mit Hilfe von Schneidemesser, Anschlagwinkel und Streichmaß markiert. Die Tiefe der Nut liegt zwischen einem Drittel und der Hälfte der Rahmenstärke. Die Seitenflanken der Nut werden mit Hilfe der Rückensäge oder der besonders sorgfältig geführten Kreissäge eingesägt. Eine Latte entlang der Nut erhöht die Präzision des geraden Schnitts. Das Verschnittholz wird sodann mit dem Stemmeisen ausgestemmt, wobei jeweils von den Rändern zur Mitte hin gearbeitet und das Stemmeisen mit der flachen Seite nach unten gehalten wird. Auch das Abtragen mit der Fräse ist möglich (siehe: **Herstellen von Nuten und Einschnitten, S. 22**).

Nun wird das senkrechte Teil des Rahmens so markiert, daß die zu sägende Feder genau in die Nut paßt. Dies geschieht mit dem Streichmaß. Zur Ausbildung der Feder wird die Einkerbung mit der Fräse oder mit der Rückensäge ausgeführt (siehe: **Herstellen von Nuten und Einschnitten, S. 22**).

Nach Fertigstellung des Rahmens Überstände bündig ablängen.

6 Verbinden von Gehrungen
Oben: Leimen und Nageln einer einfachen Gehrverbindung. Unten: Verstärkung mit Eckklotz, Dübeln oder Gehrungsblättchen.

8 Genutete Verbindungen
Oben: Durchgehende/offene Nutverbindung
Mitte: Durchgehende Nutverbindung auf beiden Seiten eines Mittelpfostens
Unten: Genutete Verbindung im Eckbereich

7 Schritt-für-Schritt zu einer durchgehenden Nutverbindung
Die Breite der Nut gemäß der Stärke des einzufügenden Holzes mit anreißen. Die Tiefe mit dem Streichmaß anreißen. Die beiden Flanken der Nut mit Rückensäge einsägen. Das Verschnittholz mit dem Stemmeisen von beiden Seiten ausstemmen.

9 Schritt-für-Schritt zu einer Nut- und Feder-Verbindung
Das Holz wird in Überlänge belassen, um ein Abbrechen des Teils auf der kurzen Seite der Nut zu verhindern. Die Breite des zu fügenden Teils markieren. Die Nut wie bereits beschrieben markieren und schneiden. Den Überstand absägen.

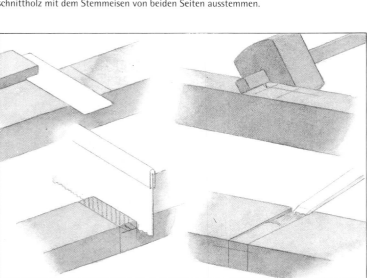

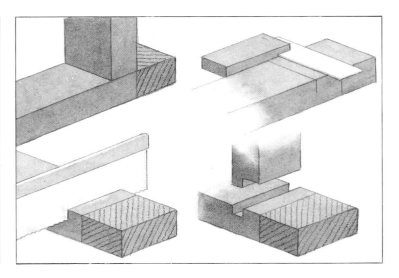

Techniken: Holzverbindungen

Schlitz und Zapfen. Eine Schlitz- und Zapfenverbindung wird mit dem Zapfenstreichmaß angerissen. Der Zapfen wird auf ein Drittel der Holzstärke angerissen. In derselben Stärke wird am anderen Verbindungsteil der Schlitz markiert. Seine Länge entspricht genau der Breite des Zapfens. Das Verschnittholz wird zum größten Teil mit dem Holzbohrer entfernt, der etwas schmaler als der Schlitz gewählt wird. Sodann ist von der Mitte nach außen der Schlitz mit dem Stemmeisen in der erforderlichen Tiefe auszuarbeiten. Bei Ausführung eines durchgehenden Schlitzes (bei dem auf der anderen Seite der Zapfen sichtbar wird) das Holz nach der Hälfte drehen und den Schlitz von der anderen Seite fertigstellen.

Das mit dem Zapfen zu versehende Holz wird senkrecht und etwas vom Körper wegstehend im Schraubstock eingespannt, um mit Hilfe der Rückensäge sorgfältig bis zur Markierungslinie schräg einzusägen. Danach den Anstellwinkel des Holzes so verändern, daß über die andere Ecke ebenfalls bis zur Markierungslinie herabgesägt werden kann. Die letzten, geraden Schnitte erfolgen bei senkrecht stehendem Holz bis hinunter zur Markierungslinie. Schließlich wird das Holz plan fixiert und recht-

❶ Schlitz- und Zapfenverbindung
Oben: Gewöhnliche Schlitz- und Zapfenverbindung. Unten: Durchgehende Schlitz- und Zapfenverbindung.

❷ Markieren und Schneiden einer Schlitz- und Zapfenverbindung
Die Länge des Zapfenschlitzes nach der Größe des zu bearbeitenden Holzes markieren. Das Zapfenstreichmaß auf die Breite des verwendeten Stemmeisens einstellen, mit dem der Schlitz gearbeitet wird (das Stemmeisen ist im Idealfall etwa ein Drittel so breit wie das zu bearbeitende Holz). Den Schlitz ebenso wie den Zapfen mit dem Zapfenstreichmaß markieren. Den Schlitz ausbohren und mit dem Stemmeisen ausstemmen. Der Zapfen wird mit der Rückensäge gesägt.

❸ Ausführen einer Verbindung mit abgestuftem Zapfen
Das Querholz in Überlänge lassen. Wie oben geschildert markieren, jedoch eine weitere Auflagefläche oben vorsehen. Den Schlitz ausarbeiten und sodann die Seiten bis zu den Markierungslinien heruntersägen; mit dem Stemmeisen endbearbeiten. Den Zapfen wie gezeigt absägen.

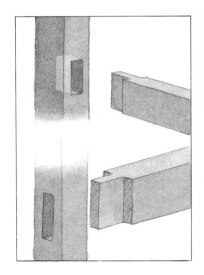

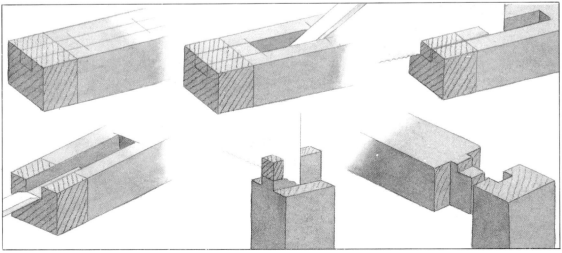

Werkzeuge, Materialien und Techniken
Holzverbindungen

winklig zu dem in der Mitte gebildeten Zapfen eingesägt, um das abfallende Teil auszusägen. Ebenso wird auf der anderen Seite des Zapfens verfahren. Vor dem Verleimen der Verbindung sorgfältig auf genaue Passung der zwei Teile achten. Zusätzliche Festigkeit und ein besseres Aussehen ergeben sich, wenn an jedem Ende des Zapfens eine kleine, zusätzliche Auflagefläche ausgeführt wird; entsprechend muß der Schlitz schmäler ausgeführt werden. Derartige Verbindungen kommen bei dem ausgeführten Kleiderschrank mit Scharnierentüren zum Einsatz. (Anleitungen siehe S. 218).

Abgestufter Zapfen. Für Verbindungen an den Ecken größerer Rahmen (siehe die Türen des japanischen Kleiderschranks auf S. 238) wird in den Zapfen mitunter ein sogenannter Beizapfen oder eine zusätzliche Auflagefläche gesägt, wodurch sich die effektive Breite des Zapfens erhöht und die Verbindung erheblich an Festigkeit gewinnt.

Die Verbindung wird wie bei normalen Schlitzen und Zapfen mit Anschlagwinkel, Schneidemesser und Streichmaß angerissen, wobei jedoch im oberen Bereich des Zapfens wie in der Abbildung gezeigt eine

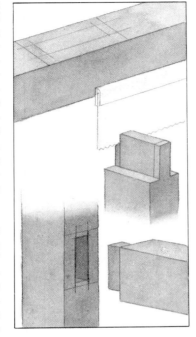

5 Zapfen mit zusätzlicher Auflage
Festigkeit und Aussehen werden verbessert, wenn an jedem Ende des Zapfens eine zusätzliche Auflagefläche gesägt wird. Exakt senkrecht sägen.

zusätzliche Auflagefläche auszuführen ist. Auch dieses Holz wird während der Bearbeitung in Überlänge belassen, um ein Ausbrechen im Schlitzbereich zu verhindern. Der Überstand wird erst nach Zusammenfügen der Verbindung sauber abgesägt.

Versetzter Zapfen. Wird der Zapfen der geschilderten Verbindung an eine Außenseite des Holzes versetzt, so entsteht die in der Abbildung unten gezeigte, einseitige Zapfverbindung. Auf diese Weise entstehen sehr solide Verbindungen dort, wo schmale Teile wie die Gitterstäbe in den Türen des japanischen Kleiderschrankes (siehe Seite 238) mit den stärkeren Rahmen verbunden werden. Die Schlitze in den Rahmen kommen, um eine höhere Festigkeit zu erzielen, dabei weiter nach hinten in den Rahmen, und dank der einseitigen Zapfen an den Gitterstäben liegt deren Vorderseite bündig mit der Vorderseite der Tür. Eine einseitige Zapfenverbindung wird genauso ausgeführt wie die bereits beschriebene Überblattung (siehe S. 26).

Schwalbenschwanzverbindung. Diese Verbindungen werden so ausgeführt, daß die fingerähnlich hervorstehenden Zinken auf beiden Seiten der Verbindung ineinandergreifen; dies verleiht der Verbindung eine besonders hohe Festigkeit und sie kann nur so getrennt werden, wie sie zusammengesetzt wurde.

Mit der Schmiege wird der Schwalbenschwanzzinken an einem Brett markiert und mit Hilfe einer Schwalbenschwanzsäge oder einer besonders feinen Rückensäge so herausgesägt, daß in der Mitte ein Zinken stehenbleibt.

Stärke und Form des Zinkens werden nun auf dem Gegenstück markiert; die Markierung ist mit Hilfe des Anschlagwinkels ringsum durchzuziehen. Sodann wird das Verschnittholz zwischen den zwei äußeren Schwalbenschwänzen mit der Schwalbenschwanzsäge entfernt. Der Grund dieses Einschnitts wird mit der Bogensäge gesägt und anschließend mit dem Stemmeisen sauber ausgestemmt.

4 Versetzter Zapfen
Der Zapfen ist zu einer Seite versetzt. Wie unten gezeigt markieren und sägen.

6 Markieren und Sägen einer Schwalbenschwanzverbindung
Die Stärke des gegenüberliegenden Teils am Holz mit einer Linie markieren. Mit dem Zapfenstreichmaß wird die Oberseite des Zinkens markiert. Die Seiten des Zinkens werden mit der auf 1/6 eingestellten Schmiege markiert. Den Zinken mit der Rückensäge aussägen und an das andere Teil halten. Den Schwalbenschwanz anreißen und das Verschnittholz mit der Bogensäge aussägen. Zur Verbesserung der Passung den Grund sorgfältig mit dem Stemmeisen ausstemmen.

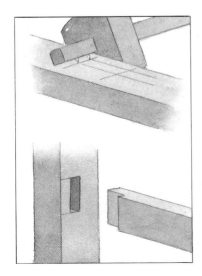
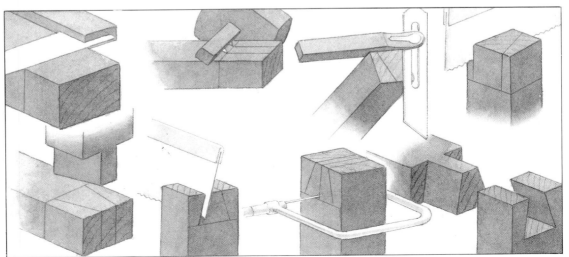

Techniken: Holzverbindungen und Anreißen

Dübelverbindungen. Mit Hilfe von Holzdübeln lassen sich besonders feste, einfache und verdeckte Holzverbindungen herstellen.

Es empfiehlt sich die Arbeit mit fertigen, längsgerippten Dübeln mit abgeschrägten Enden (siehe: **Werkstoffe S. 18**). Die Dübel sind gewöhnlich zwischen 6 und 25 mm stark und zwischen 10 und 50 mm lang. Die Länge des Dübels entspricht im Normalfall der eineinhalbfachen Stärke des zu fügenden Holzes. Werden stärkere Dübel benötigt (wie bei Rahmen von Küchentüren und Regalen in Nischen oder Schränken), so wird der Dübel am besten selbst angefertigt. Um das Ablaufen des Leims und den Austritt der Luft zu erleichtern, sind Längsrillen in den Dübel zu schneiden und die Enden abzuschrägen. Die Länge selbst hergestellter Dübel beträgt mitunter die zweifache Holzstärke.

An beiden Hölzern ist mit dem **Streichmaß** die Mittellinie anzureißen und mit dem Bleistift zu kennzeichnen. Sodann die Dübellöcher mit Hilfe des **Bohrständers** oder des **Anschlagwinkels** auf halbe Dübellänge bohren. Es wird zunächst in einem Teil gebohrt; in die Bohrlöcher werden Zentrierspitzen eingesetzt, mit Hilfe derer das Gegenstück markiert wird. Die beiden Teile sorgfältig ausrichten, so daß die Zentrierspitzen durch leichten Druck die genaue Stelle der Bohrlöcher am Gegenstück kennzeichnen. Wiederum auf halbe Dübellänge bohren und etwas Spielraum für den Leim zugeben.

Geht es eher um genaueste Plazierung als um Festigkeit, wie z. B. bei Arbeitsplatten, so sind die Dübel zu drei Viertel ihrer Länge in einem Teil und zu einem Viertel in dem anderen zu versenken.

Bevor die Dübel mit dem Holzhammer in das erste Teil eingetrieben werden, sind die Löcher mit Leim anzufüllen. Grundsätzlich beide Teile der Verbindung leimen; nach dem Zusammenfügen sind die Teile einzuspannen, bis der Leim abgebunden hat.

Leimen

Sämtliche Verbindungen gewinnen durch Leimen an Festigkeit. Dabei ist auf saubere und gut passende Teile und Oberflächen zu achten. Bis zum Abbinden des Leims sind die Teile zusammenzuspannen, dabei jedoch darauf achten, daß der Leim nicht durch zu hohen Druck aus der Verbindung gepreßt wird. Bei Teilen, die in Feuchtbereichen und Naßzellen zum Einsatz gelangen, ist auf wasserfesten Leim zu achten.

❶ Verschiedene Dübelverbindungen
Dübel verbinden die Kanten von Platten ebenso wie die Ecken von Rahmen.
Sie können versenkt oder durchgehend eingesetzt werden.

❷ Plattenverbinden mit Dübeln
Rechts: Die Position der Dübel anreißen, Löcher bohren und Zentrierspitzen einsetzen. Damit das zweite Teil markieren.

❸ Dübeln von Rahmen
Nach dem Herstellen des Rahmens werden die Dübellöcher gebohrt.
Dübel einschlagen und nach Trocknen des Leims die Enden bündig ablängen.

❹ Dübelführung
Sollen die Dübel unsichtbar bleiben, so wird damit das gerade Einsetzen von Dübeln in beide Teile erleichtert.

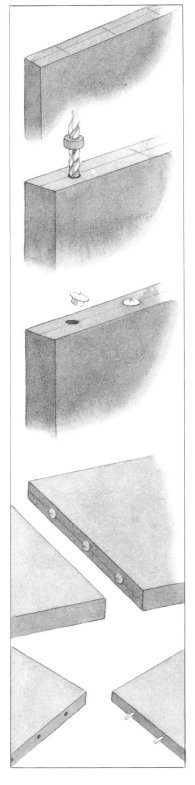
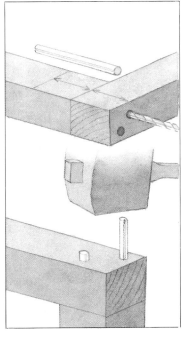
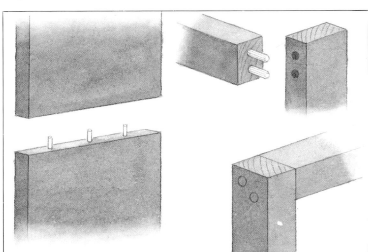
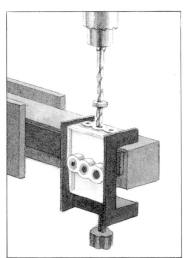

Werkzeuge, Materialien und Techniken
Holzverbindungen, Anreißen und Nivellieren

Bei nicht genau passenden Teilen ist an Stelle des PVA-Leims mit einem Zwei-Komponenten Fugenleim zu arbeiten.

Anreißen und Nivellieren

Anreißen längerer Teile. Bei dem Anlegen von Arbeitsplatten, Regalen oder senkrecht an Wänden stehenden Brettern und Platten ist meist zu beobachten, daß das Teil nicht überall bündig an der Wand anliegt. Nur in den seltensten Fällen sind Wände absolut eben. Um freie Stellen zu vermeiden, ist das Teil sorgfältig entlang der Wand anzureißen.

Dazu wird es so gut wie möglich in seiner endgültigen Lage angebracht. Bei Arbeitsplatten auf genaueste Nivellierung und Rechtwinkligkeit achten. Bei Pfosten bzw. Rahmen muß die vordere Kante genau senkrecht stehen. Dort, wo der Abstand von der Wand am größten ist, wird das Teil soweit abgesetzt, daß eine Lücke von 25 mm zur Wand entsteht. Sodann einen 25 mm starken Holzklotz zwischen das Teil und die Wand halten und an sein anderes Ende einen Bleistift anlegen, der die Konturen der Wand in Form einer entsprechenden Linie auf dem Teil festhält. Diese Linie wird mit der elektrischen oder einer Hand-Stichsäge gesägt. Befindet sie sich zu dicht an der Kante, so ist statt der Säge eine Holzfeile oder eine Raspel zu verwenden. Das Teil sollte nunmehr sauber an der Wand anliegen und ihren Konturen folgen.

Anreißen in Nischen. In Nischen ist das Anreißen schwieriger, da ein waagerechtes Brett gewöhnlich erst dann sauber paßt, wenn es bereits angerissen ist. Mit Hilfe eines großen Holzwinkels, der nach dem auf S. 20 beschriebenen 3-4-5-Prinzip herzustellen ist, wird geprüft, ob die beiden Seitenwangen gerade und winkelig sind. Trifft dies zu, so wird in der erforderlichen Höhe das Brett sorgfältig zwischen den Wangen vermessen und das Brett bereits auf die richtige Länge abgesägt, um es nur noch nach vorstehender Beschreibung an die Hinterwand anzupassen.

Sind die Seitenwände der Nische nicht gerade und winklig, so ist der einzusetzende Boden am besten mit Hilfe einer Pappschablone auszumessen. (siehe: **Arbeiten mit Schablonen**). Dabei werden in einem Arbeitsgang die Seiten- und die Rückwand angerissen.

Arbeiten mit der Profillehre. Diese Vorrichtung (siehe: **Werkzeuge, S. 12**) dient zur Ausführung komplizierter Formen und ist besonders praktisch, wenn z. B. eine Arbeitsplatte um eine Zierleiste herum angepaßt werden muß. Die Profillehre ist mit einer Reihe von beweglichen Stiften oder schmalen Kunststoffstreifen auf einer Mittelschiene bestückt. Wird sie gegen eine unregelmäßige Form gehalten, so passen die Stifte sich dieser an. Wird die so eingestellte Lehre an das einzupassende Werkstück gehalten, so braucht die Linie nur noch mit dem Bleistift nachgezogen zu werden. Nach der Benutzung werden die Stifte wieder ausgerichtet.

Arbeiten mit Schablonen aus Pappe oder starkem Papier. Bei Arbeiten im Bereich von komplizierten Formen wie z. B. Rohrleitungen ist am besten eine Schablone für das komplizierte Teil zu fertigen. Die Schablone wird notfalls geschnitten und gefaltet, um dem Teil so nahe wie möglich zu kommen. Entspricht sie dem Teil wie gewünscht, so wird sie auf das Werkstück gelegt und übertragen. Mitunter wird sie auch aufgeleimt und sodann ausgeschnitten.

Nivellierlatten. Beim Nageln von Latten an Wände mit Hilfe von **Stahlnägeln** werden die Latten zunächst auf den Boden gelegt und die Nägel fast vollständig durchgeschlagen. An der Wand wird eine **Wasserwaage** angelegt und die obere Kante der Latte mit dem Bleistift angerissen. Sodann die Latte halten und einen der Stahlnägel in der Mitte halb einschlagen. Nun die Oberkante der Latte mit der angerissenen Linie abgleichen, die Wasserwaage aufsetzen und unter präziser Kontrolle der Lotlibelle den Nagel am anderen Ende in die Wand schlagen. Vor der Befestigung der übrigen Nägel nochmals die waagerechte Lage der Latte überprüfen.

Beim Anschrauben von Latten werden zunächst die am Boden liegenden Latten wie beschrieben durchbohrt. Dann die Latte anlegen und mit Hilfe eines Stiftes eine Endlochbohrung auf die Wand übertragen. An dieser Stelle in die Wand bohren und Dübel einsetzen (siehe: **Wandbefestigung, S. 24**) und die Latte anschrauben. Wie oben beschrieben nivellieren und die übrigen Bohrlöcher markieren, bevor die Latte abgesetzt wird, um in die Wand zu bohren und zu dübeln. Abschließend wird die Latte an der Wand verschraubt.

5 Anreißen von Teilen zur Wandbefestigung
An der Stelle des größten Hohlraums das Teil auf 25 mm zur Wand stellen. Mit dem an einem 25 mm starken Holzklotz geführten Bleistift am Teil eine Linie anreißen, indem Holzklotz und Bleistift entlang der Wand am Teil heruntergeführt werden.

6 Befestigung von Nivellierlatten an der Wand
Bei Befestigung mit Stahlnägeln zunächst die Latten durchnageln. Sodann Latte anhalten und die Wand markieren. An einem Ende einnageln und nochmals auf waagerechten Sitz prüfen. Schließlich die anderen Nägel einschlagen.

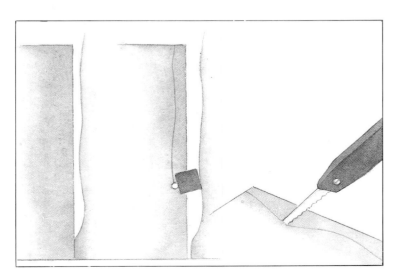

Techniken: Befestigen von Türen und Scharnieren

Nivellieren von Küchenbauteilen. Fußböden sind nur selten wirklich eben, so daß beim Einbau von Küchenbauteilen von der höchsten Fußbodenstelle im Raum auszugehen ist. Die Teile werden zusammengesetzt und vorübergehend aufgestellt. Dann wird eine lange, gerade Holzlatte über die Deckplatten der Einzelmöbel gelegt. Eine Wasserwaage auf dieser Latte zeigt das höchste Einzelteil an, und von diesem ausgehend sind alle übrigen Möbel in ihrer Höhe auszurichten. Dazu werden Sperrholz- bzw. Hartfaserstücke untergelegt. Danach kann die Arbeitsplatte mit Spüle, Anschlüssen usw. montiert werden.

Sind die Teile erst noch auszuführen, so kann natürlich auch jedes einzelne genau in der richtigen Höhe gebaut werden, um Bodenunebenheiten auszugleichen. Dies bietet sich besonders in alten Gebäuden an, die sich durchweg durch unebene Böden auszeichnen. Dazu werden zunächst gerade Latten dort am Boden ausgelegt, wo Einbaumöbel installiert werden sollen – eine Latte vorn und eine hinten. Wiederum ist vom höchsten Punkt auszugehen und sind niedrigere Stellen durch Unterleghölzer auszugleichen. Auf den Latten die Stellung der Einbauteile markieren und an jedem Einzelpunkt den Abstand zum Boden messen. Um dieses Maß ist das einzelne Möbel höher auszuführen.

Bestimmen der Senkrechten. Mit Hilfe eines Lots kann eine senkrechte Linie an die Wand gezeichnet werden. An der gewünschten Stelle einen Nagel einschlagen und die Schnur des Lots daran befestigen. Wenn die Schnur sich nicht mehr bewegt, ein Holzklötzchen so an die Wand halten, daß es die Schnur berührt und die Wand an dieser Stelle markieren. Dies an einigen weiteren Stellen wiederholen. Die Schnur kann auch mit Kalk eingerieben werden. In diesem Falle wird sie, wenn sie sich nicht mehr bewegt, unten festgehalten und angeschlagen, so daß sie eine senkrechte Kalklinie hinterläßt.

Einhängen von Türen
Einhängen der Türen von Küchen- bzw. Kleiderschränken. Es gibt zwei Methoden zur Befestigung von Scharniertüren. Sie werden entweder zwischen die Seitenrahmen eingelassen oder so aufgesetzt, daß sie die Seitenrahmen abdecken. Innenliegende Türen sehen attraktiv aus, sind jedoch auch schwieriger einzubauen als Aufsatztüren, da rings um die Türöffnung ein gleich breiter Spalt erzielt werden muß. Aufsatztüren bedecken den Rahmen und kaschieren damit Unregelmäßigkeiten im Türspalt. Außerdem sind die bei ihnen gewöhnlich verwendeten, verdeckten Scharniere einstellbar und ermöglichen somit ein besseres und genaueres Justieren der Tür.

Schiebetüren in Küchen- und Kleiderschränken. Kleinere Türen werden in Schienen mit doppelter Führungsnut bewegt, die aus Holz oder Kunststoff als U-Profile ausgeführt werden. Dabei wird an der unteren Vorderkante eine flachere Schiene und an der Unterkante des oberen Rahmens eine tiefere Schiene befestigt. Die Nuten in der Schiene entsprechen genau der Türstärke, die obere Schiene ist exakt senkrecht über der unteren zu montieren. Schiebetüren werden so ausgeführt, daß sie um ca. 45 bis 50 mm übereinandergreifen. Bei der Berechnung ihrer Höhe sind zu dem Maß ab Grund der Nut in der oberen Schiene 6 mm hinzuzurechnen. Nach Zusammenbau des Möbels wird die Tür zunächst in die obere Schiene und sodann in die untere Schiene eingesetzt.

Schwerere Türen werden oben oder unten auf Rollen gelagert. Die Anbringung der Rollen ist bei Beachtung der Anleitung des Herstellers problemlos. Selbst wenn die Gleitschiene nicht genau waagerecht montiert wurde, findet sich gewöhnlich eine Einstellung, in der die Türen sauber öffnen und schließen.

Die Montage von Scharnieren
Innenliegende Türen. Aufsetzscharniere sind am einfachsten zu montieren. Sie werden lediglich auf die Kanten von Tür und Rahmen aufgeschraubt und müssen nicht eingesetzt werden. Sie sind allerdings nach der Montage auch nicht einstellbar. Das innere Band des Scharniers wird an die Kante der Tür und das äußere an die Innenseite des Rahmens geschraubt.

Die Scharniere sind im gleichen Abstand zur Ober- und Unterkante der Tür zu befestigen. Bei hohen oder sehr schweren Türen ist in der Mitte ein drittes Scharnier vorzusehen. Die Anbringung des Scharniers an der Türkante ist so vorzusehen, daß das Gelenkteil sich an der Vorderseite der Tür ausrichtet. Sodann vorbohren und das innere Band anschrauben. Die Tür halten oder in der richtigen Höhe abstützen und auf saubere Ausrichtung oben und unten achten, bevor die Konturen des Scharniers am Rahmen markiert werden. Die Tür absetzen und die Linien mit einem Anschlagwinkel

❶ Arbeiten mit der Profillehre
Um komplizierte Formen anzureißen, wird die Lehre gegen den Gegenstand gedrückt; sie kann dann als Schablone verwendet werden.

❷ Eine Technik zum Nivellieren von Kücheneinbauteilen
Die Küchenteile oder auch nur die Rahmen vorübergehend aufstellen. Mit gerader Holzlatte und Wasserwaage das höchste Teil bestimmen. Die übrigen Teile mit Sperrholz oder Hartfaserstücken auf die gleiche Höhe bringen.

❸ Einbau von Schiebetüren
Schwere Türen werden am besten auf der unteren Schiene gelagert. Die Bodenschiene anschrauben und in die Unterkante der Tür Rollen einsetzen.

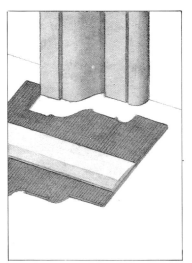
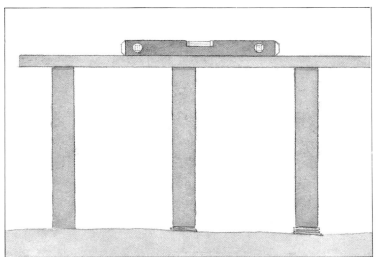
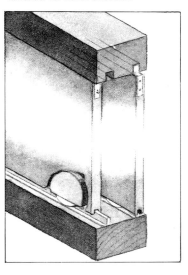

Werkzeuge, Materialien und Techniken
Einhängen von Türen

durchziehen. Die Tür sodann in offener Stellung hinhalten und die äußeren Scharnierbänder so anschrauben, daß sie genau an den Markierungslinien anliegen.

Fitschen- oder Angelbänder, auch als Fischbänder bezeichnet, sind herkömmliche Bandscharniere; sie bestehen meistens aus Stahl und bei anspruchsvolleren Arbeiten aus Messing. Sie werden ebenso montiert wie Aufsetzscharniere, nur müssen die Bänder mit Stemmeisen oder Oberfräse in das Holz eingesetzt werden.

Die Scharniere sind wie bei Aufsetzscharnieren anzureißen. Dabei beachten, daß die Schrauben nicht in die Hirnfläche des Querrahmens geschraubt werden, wo sie sich leicht wieder herausdrehen.

Zuerst wird mit dem Messer die Länge der Scharniere angerissen, sodann mit dem Streichmaß die Breite des Scharniers und die Stärke des Bandes. Mit senkrecht gehaltenem Stemmeisen und Holzhammer zunächst entlang der Konturenlinie ausstemmen und sodann eine Reihe von senkrechten Schnitten über die gesamte Breite des Einschnitts anbringen. Das Verschnittholz sorgfältig mit dem Stemmeisen herausarbeiten und den Grund mit dem flach gehaltenen Stemmeisen sauber ausstemmen.

Der Einschnitt kann auch größtenteils mit der Oberfräse hergestellt werden; dabei ist besonders sorgfältig vorzugehen. Abschließend werden die Ecken mit dem Stemmeisen sauber nachgearbeitet.

Aufsetztüren. Für diese Türen werden meistens die modernen, einstellbaren Scharniere in verdeckter Ausführung verwendet. Es gibt zahlreiche verschiedene Ausführungen, denen durchweg vollständige Montageanleitungen beigelegt werden. Einige werden einfach aufgesetzt und lediglich an der Innenseite der Tür aufgeschraubt. Meistens wird jedoch mit einem Forstnerbohrer ein großes, flaches Loch gebohrt, in das der Scharnierkörper auf der Rückseite der Tür eingelassen wird. Sodann wird die Grundplatte auf den Seitenrahmen aufgeschraubt. Schließlich wird das Scharnier auf die Grundplatte geschoben, und die Paßschrauben werden so eingestellt, daß die Tür perfekt sitzt.

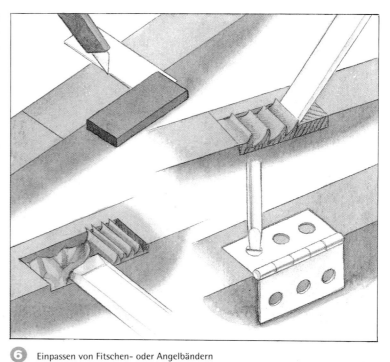

❻ Einpassen von Fitschen- oder Angelbändern
Mit Hilfe von Anschlagwinkel und Schneidmesser die Länge des Scharniers und mit dem Streichmaß die Breite und Stärke des Scharnierbandes markieren. Mit senkrecht gehaltenem Stecheisen den Ausschnitt einschneiden. Sodann über die gesamte Breite senkrechte Schnitte setzen, das Abfallholz abtragen und die Bündigkeit des Bandes prüfen. Sodann das Band anschrauben.

❹ Montieren von Aufsetzscharnieren
Diese Scharniere sind am einfachsten zu montieren. Das äußere Band wird an den Rahmen und das innere an die Tür geschraubt.

❺ Montieren von Angelbändern
Diese Scharniere werden in Tür und Rahmen so eingesetzt, daß die Bänder bündig an der Oberfläche liegen.

❼ Montieren verdeckter Aufsetzscharniere
Diese Scharniere werden einfach an die Innenseiten von Tür und Rahmen geschraubt.

❽ Montieren von Topfen-Scharnieren
Für den Scharnierkörper ein flaches Loch bohren. Der Arm an der Grundplatte ist einstellbar.

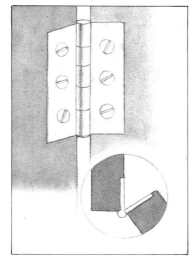
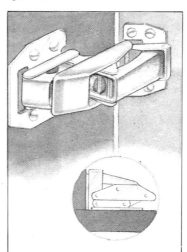
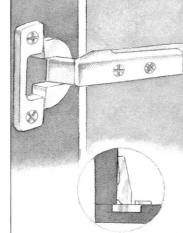

Techniken: Montieren von Schließvorrichtungen

Schließvorrichtungen

Viele verdeckt eingebaute Scharniere sind mit Schließvorrichtungen ausgestattet, so daß diese nicht eigens montiert werden müssen. Bei herkömmlichen Scharnieren wird gern mit Magnetschnäppern gearbeitet. Der Magnet wird an der Kante des Schrankkorpus befestigt und die Schließplatte auf ihn aufgesetzt. Dann wird die Tür geschlossen und so fest angedrückt, daß die Schließplatte einen Eindruck auf der Tür hinterläßt. Die Platte wird dann einfach auf die Tür geschraubt.

Kugelschnäpper sind besonders praktische Verschlüsse. Im mittleren Abschnitt der Türkante wird ein Loch für den Kugelschnäpper gebohrt; dieser wird eingesetzt und die Tür so geschlossen, daß er an der Kante des Schranks einen Eindruck hinterläßt. Sodann wird das Schließblech sorgfältig am Rahmen angebracht. Bei versenktem Schließblech sind die Konturen mit dem Schneidemesser anzureißen. Sodann wird das Blech so eingesetzt, daß es bündig mit der Oberfläche liegt und der Schnäpper einwandfrei arbeitet.

Anbringen von Türhebern

Die jeweiligen Einbauanleitungen für diese Mechanismen hängen von der Technik im einzelnen ab; grundsätzlich werden sie jedoch alle an der Korpusseite in der Nähe der Oberkante im Schrank angeschraubt. Pro Tür sind zwei Mechanismen erforderlich; sie öffnen die Tür nach oben und nach außen, ohne daß diese an die Decke schlägt.

Bei der in unserem Kleiderschrank mit Scharniertüren auf Seite 212 verwendeten Ausführung wird der Mechanismus unmittelbar unter dem Dach des Schranks seitlich und in unmittelbarer Nähe der Vorderkante an den Rahmen geschraubt. Er wird durch drei Schrauben gehalten. Das Klappband wird mit zwei Schrauben an dem zu öffnenden Teil befestigt; die oberste Schraube wird um die Stärke des Schrankdachs plus 28 mm von der oberen Kante der Klapptür nach unten vesetzt, damit diese beim Öffnen weder den Schrank noch die Decke berührt.

Anbringen von Schlössern

Die sauberste Lösung für Schränke bietet ein Blind- oder Einsteckschloß. Die Mittellinie wird an der Türkante angerissen, um sodann die Breite und Stärke des Schlosses zu markieren. Mit einem Schlangenbohrer von gleicher Stärke wie das Schloß wird eine Reihe von ineinandergreifenden

① Magnetischer Schnäpper
Den Schnäpper an der Innenseite des Schranks und die Schließplatte auf die Tür schrauben.

② Anbringen von Kugelschnäppern
Im mittleren Abschnitt der Türkante ein Loch bohren und den Kugelschnäpper einsetzen. Schließplatte an der Tür befestigen.

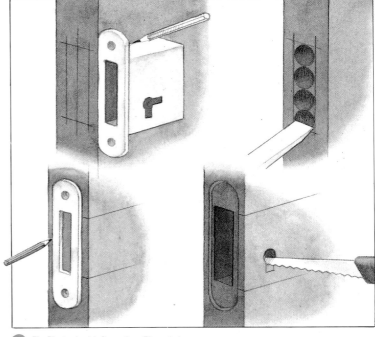

③ Ein Einsteckschloß an einer Tür anbringen
1 – Mittellinie an der Türkante anreißen und Breite und Stärke des Schlosses markieren. 2 – Mit einem Schlangenbohrer das Abfallholz beseitigen und den Schlitz mit dem Stemmeisen sauber ausstemmen. 3 – Das Schloß in den Einsteckschlitz einsetzen und um das Abdeckblech herum markieren. 4 – Eine Einkerbung ausstemmen und das Schlüsselloch mit der Handstichsäge aussägen.

④ Befestigen eines Türhebers
Unten sind zwei Türheberausführungen dargestellt. Der linke Türheber besteht aus Scharnier und Klappenhalter so wie er auch im Kleiderschrank mit Scharniertüren verwendet wird. Daneben ist ein herkömmlicher Klappenhalter abgebildet.

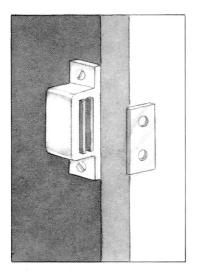
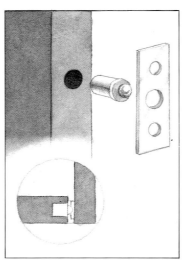
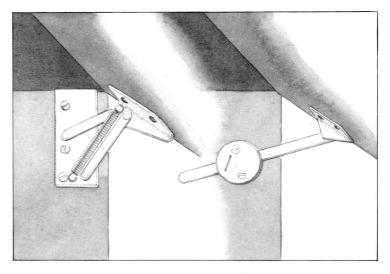

Werkzeuge, Materialien und Techniken
Anbringen von Türhebern und Schlössern

Löchern gebohrt, um den Großteil des Verschnittholzes zu beseitigen. Dann den Schlitz mit dem Stemmeisen ausstemmen. Das Schloß in den Einsteckschlitz einsetzen, um das Abdeckblech herum markieren und eine Vertiefung entlang der Kontur ausstemmen. Nun wird das Schloß im Hinblick auf das Schlüsselloch vermessen, und das Loch wird auf der Vorderseite der Tür aufgezeichnet, bevor gebohrt und ein Schlitz für den Schlüssel gesägt wird. Die Tür schließen, den Schließriegel zur Markierung der richtigen Stelle am gegenüberliegenden Rahmen herausdrehen und dort den Schloßkasten anbringen.

Ein einfaches Schrankschloß wie bei dem Werkzeugschrank auf Seite 45 ist leicht zu montieren und von einfacher Funktion. Nach dem Aussägen des Schlüssellochs mit der Lochsäge wird es einfach an die Rückseite der Tür geschraubt.

Zunächst wird eine feste Papierschablone in den Umrissen des Schlosses mit einem sorgfältig plazierten Ausschnitt für das Schlüsselloch hergestellt. Diese wird auf die Tür gehalten, um das Schlüsselloch anzureißen. Im oberen Bereich wird ein Loch in der richtigen Größe gebohrt, unter dem mehrere kleinere Löcher folgen, die mit der entsprechenden Säge zur endgültigen Form des Schlüssellochs ausgesägt werden.

Das Schloß nun hinter der Tür anhalten und den Schlüssel zur Überprüfung der Schloßstellung einsetzen. Nun die Befestigungspunkte für das Schloß markieren und vorbohren und sodann das Schloß anschrauben. Mitunter wird ein Messingeinsatz für das Schlüsselloch mitgeliefert, der bündig mit der Vorderseite in das Loch eingesetzt wird.

Bei unserem Werkzeugschrank (genaue Anleitungen siehe S. 47) ist ein Teil des Türseitenrahmens abzutragen, damit das Schloß bündig mit der Türkante sitzt. Hierzu ist das Schloß an der Innenseite gegen die Türkante zu halten, um seine Konturen anzuzeichnen. Innerhalb des angezeichneten Bereichs wird durch den Seitenrahmen gebohrt und das Verschnittholz sorgfältig mit dem Stechbeitel entfernt, so daß das Schloß sauber an der Türhinterseite paßt.

Nach Einbau des Schlosses wird die Tür geschlossen und der Schlüssel betätigt, wodurch der Schließriegel an der Kante der anderen Tür einen Abdruck hinterläßt. An dieser Stelle ist für den Schließriegel mit dem Stemmeisen ein Einschnitt auszustemmen, in den das mit dem Schloß gelieferte Schließblech eingesetzt wird. Seine Form wird mit dem Messer angerissen. Damit es bündig mit der Oberfläche zu liegen kommt, wird mit dem Stemmeisen eine flache Vertiefung ausgestemmt.

Ein eingesägtes Schrank- oder Schubladenschloß ist schwieriger zu montieren, da hinter der Vorderseite von Schrank oder Schublade eine Aussparung ausgestemmt werden muß. Dabei ist eine doppelte Aussparung für den Schließmechanismus und für die Gegenplatte erforderlich, da beide Teile eingesetzt werden müssen, um ein sauberes Aussehen und eine gute Schließfunktion zu gewährleisten.

Das Schloß wird hingehalten und die Form der Gegenplatte auf der Rückseite und an der Kante der Tür angerissen. Auch der Einschnitt für den Mechanismus wird so angerissen. Er wird zunächst mit dem Stemmeisen ausgeführt, bevor die flachere Vertiefung für die Gegenplatte an die Reihe kommt. Wenn das Schloß gut paßt, ist das Schlüsselloch auszusägen, bevor das Schloß angeschraubt wird. Den Schlüssellocheinsatz und das Schließblech nach obiger Beschreibung einsetzen und die Schließfunktion überprüfen.

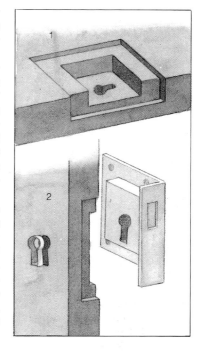

7 Schrankschloß montieren
1 – Mit dem Stecheisen Einschnitte ausarbeiten: für Schließmechanismus und Gegenplatte. 2 – Wenn das Schloß gut sitzt, das Schlüsselloch ausschneiden

5 Aufgesetztes Schrankschloß montieren
Schablone mit Umrissen des Schlosses anfertigen. 1 – Die Schablone auf die Tür halten und anzeichnen. 2 – Ein Loch bohren und mit der Säge ausweiten. 3 – Das Schloß bei eingestecktem Schlüssel gegen die Tür halten. 4 – Das Schloß anschrauben.

6 Schrankschloß in Türseitenrahmen einsetzen
1 – Das Schloß an der Innenseite gegen die Türkante halten und seine Konturen anzeichnen. 2 – Innerhalb des angezeichneten Bereichs bohren und das Verschnittholz mit dem Stemmeisen entfernen. 3 – Das Schloß einsetzen und genau einpassen.

Techniken: Fliesenlegen

Das Verlegen sorgfältig planen und auf gleiche Seitenabstände achten

Erste Reihe an einer Latte ausrichten.

Sauberes Verlegen im Fensterbereich

Überlappend verlegen an Kanten

Verlegen von Restfliesen an Ecken

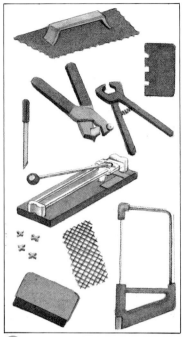

① Die Werkzeuge des Fliesenlegers
Von oben nach unten: Zahnspachtel, (Metall oder Kunststoff); Anreißnadel; Schneid- und Brechzange; Lochzange; Fliesenschneidgerät; Abstandskreuze; Feile; Säge; Fugengummi

② Herstellen des Eichstabs
Eine Reihe Fliesen im richtigen Abstand hinlegen und die Breite einschließlich Fuge sorgfältig auf der Latte markieren.

Planung. Beim Verlegen von Fliesen ist eine sorgfältige Vorbereitung von größter Bedeutung. Die Fliesen sind absolut plan zu verlegen, und nach dem Verlegen dürfen keinerlei Schnittkanten sichtbar sein. Nur ab Werk glasierte Fliesen bzw. solche mit abgerundeten Kanten dürfen im Sichtbereich verlegt werden. Im Zusammenhang mit den Rahmen der baukastenartig aufgebauten Küchenmöbel (siehe S. 86) ist zu beachten, daß die Breite der Rahmen so auf die Fliesenabmessungen abgestimmt ist, daß die vorderste Fliesenreihe bündig mit den Seiten der Rahmen abschließt. Die Fliesen an Seiten- und Rückwänden sind so angeordnet, daß die geschnittenen Fliesen sich direkt hinter den einzelnen Möbelkomponenten befinden. Analog hierzu gilt, daß Fliesen, die geschnitten werden müssen, im Bodenbereich verlegt werden, weil sie dort weniger auffallen.

Beim Fliesen von planen Wandflächen wird von der Mitte ausgegangen, um in allen Ecken geschnittene Fliesen von gleicher Größe zu verwenden. Befindet sich in der Wand eine Fensternische, so müssen die Fliesen an den Kanten ausgerichtet werden. In beiden Fällen werden die Fliesen so angeordnet, daß im Bereich von Fußboden oder Sockelleisten die geschnittenen Flie-

sen verlegt werden. Man erstellt einen Verlegeplan. Damit lassen sich teilverfliese Wände oder Badewanneneinfassung so fliesen, daß immer oben ganze Fliesen verlegt werden. Mitunter sind Kompromisse im Hinblick auf die Gesamtanordnung in einem Raum nicht zu vermeiden. Fensterleibungen sind rundum in Fliesen mit glasierten Kanten auszuführen; geschnittene Fliesen stoßen stumpf gegen den Fensterrahmen.

Fliesenanordnung. Zunächst wird aus einer einfachen Holzlatte (ca. 38 × 12 mm) ein Eichstab hergestellt, auf dem mit Bleistiftlinien die Fliesenbreite einschließlich der Abstandsfugen angerissen wird. Hierzu wird eine Reihe von Fliesen mit eingelegten Abstandskreuzen entlang des Eichstabs gelegt, sofern nicht Fliesen mit angesetzten Abstandshaltern verwendet werden. Die Mittellinie jeder einzelnen Fliese wird auf dem Eichstab angezeichnet. Bei Verlegen von rechtwinkligen Fliesen ist neben der Breite auch für die Länge ein zweiter Eichstab erforderlich.

Mit Hilfe des Eichstabs wird nun die Lage der Fliesen sorgfältig geplant. Stimmt das Verlegemuster, so wird eine absolut gerade Holzplatte (ca. 38 × 12 mm) horizon-

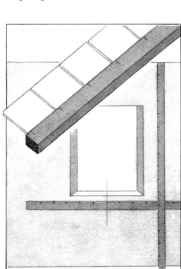

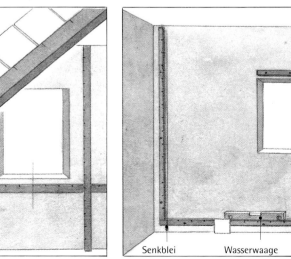

Senkblei   Wasserwaage

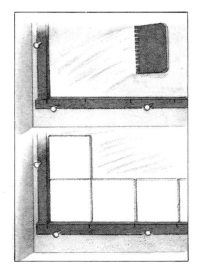

③ Ausrichten der Wand
In der Mitte, z. B. im Fensterbereich, beginnen und die Latte im Abstand einer Fliese über dem Boden befestigen.

④ Fliesen verlegen
An den Seiten auch senkrechte Latten anbringen. Den Kleber in der Ecke auftragen und die Fliesen fest andrücken.

Werkzeuge, Materialien und Techniken
Fliesen verlegen

tal und quer über die gesamte Breite des zu verfliesenden Bereichs gelegt, an der sich die erste Reihe Fliesen ausrichtet. Sodann werden senkrechte Latten auf beiden Seiten befestigt, gegen die die beiden seitlichen Reihen gelegt werden und die für rechtwinklige Ausrichtung sorgen. Mit Hilfe des Eichstabs wird an diesen Latten die Breite und gegebenenfalls Länge der Fliesen markiert, um genau im Winkel zu arbeiten. Beim Fliesen einer verputzten Wand werden die Latten vorübergehend mit halb eingeschlagenen Stahlnägeln befestigt. Beim Fliesen von Holz oder Sperrholz wird mit gewöhnlichen Drahtstiften gearbeitet.

Die Werkzeuge des Fliesenlegers

Zahnspachtel. Ein einfaches, gleichmäßig gezahntes Kunststoffwerkzeug, mit dem eine Schicht Fliesenkleber aufgetragen und gezahnt wird.

Fliesenschneider. Dieses Werkzeug gibt es in verschiedenen Ausführungen. Manche ähneln einem Bleistift und tragen eine Wolfram-Karbidspitze, mit der die Oberfläche angerissen wird. Besser sind Fliesenschneid- und Brechzangen. Bei ihnen wird die Schnittlinie mit einem Schneiderad angerissen und mit der Zange gebrochen. Am besten ist sicherlich ein Fliesenschneidgerät mit Auflage und Hebel.

Fliesensäge. Die Fliesensäge trägt ein Wolfram-Karbid-Rundsägeblatt in einem Halterahmen. Mit ihr werden Fliesen auf jede beliebige Form geschnitten. Sie werden dazu im Schraubstock eingespannt.

Abstandkreuze. Fliesen werden heutzutage mit geraden Kanten und nicht mehr wie früher mit den angearbeiteten Stegen angeboten. Fliesen der alten Ausführung werden einfach stumpf zusammengelegt und bekommen automatisch den richtigen Fugenabstand. Bei den heutigen Fliesen allerdings sollte beim Verlegen mit Abstandkreuzen gearbeitet werden. Dadurch ergeben sich regelmäßige Fugen, die sodann mit dem Fugenmörtel ausgefugt werden.

Lochzange. Eine zangenähnliche Vorrichtung, mit der schmale Streifen entfernt werden, die für den herkömmlichen Fliesenschneider zu klein sind.

Fliesenfeile. Zur Bearbeitung von scharfen und unregelmäßigen Fliesenkanten.

Fugengummi. Flexibler Gummispachtel zum Ausfugen.

Schwamm. Wird zum Abwischen von Kleber und Fugenmörtel von der Oberfläche der verlegten Fliesen verwendet.

Verlegen. In einer unteren Ecke beginnen und auf einer Fläche von ca. einem Quadratmeter Kleber verteilen. Mit Hilfe des gewöhnlich mitgelieferten Zahnspachtels den Kleber gleichmäßig verteilen. Immer in einer Ecke beginnen und die Fliesen mit leichter Drehbewegung in das Kleberbett eindrücken. Beim Verlegen von Fliesen mit geraden Kanten sind regelmäßige Fugen nur mit Abstandkreuzen zu erzielen. Diese werden entweder in die Fugen eingelegt und verbleiben dort, oder sie stehen hervor und werden nach ca. einer Stunde herausgezogen und anderweitig verwendet. In dieser Phase nur ganze Fliesen verlegen. Geschnittene Fliesen im Bereich von Hindernissen werden später eingebracht.

Schneiden von Randfliesen. Nach dem Fliesen des Hauptbereichs ca. 12 Stunden bis zur Abnahme der Latten warten. In den Randbereichen werden nun geschnittene Fliesen verlegt. Dazu die Flächen ausmessen und Raum für die Abstandkreuze zugeben. Die Bruch- oder Schnittlinie wird mit dem Fliesenschneider angerissen. Auf diese Fliesen wird der Kleber direkt mit dem Zahnspachtel aufgebracht. Die Fliesen ansetzen und Schnittkanten, soweit erforderlich, mit der Fliesenfeile bearbeiten.

Schneiden von komplizierten Formen. Um z. B. im Bereich von Rohren zu verlegen, wird die Fliese entlang der Mittellinie des Rohrs gebrochen. Sodann die Konturen des Rohrs an der Fliesenoberfläche anreißen und die Form mit dem Rundblatt aus Wolfram-Karbid im Rahmen einer normalen Metallsäge aussägen. Alternativ kann die Kontur des Rohrs auch in kleinen Stücken mit der Zange herausgearbeitet werden. Fliesen für die Einrahmung von Becken und Fensteröffnungen werden auf dieselbe Weise vorbereitet. Mitunter ist dabei die Arbeit mit der Säge sicherer, zumal wenn Ausschnitte dicht im Bereich der Fliesenkanten liegen.

Abschlußarbeiten. Sind die Fliesen verlegt und der Kleber durchgehärtet, so wird mit dem Fugengummi der wasserfeste Fugenmörtel aufgetragen. Unmittelbar vor Abbinden des Mörtels wird er mit einem schmalen Rundstab nochmals besonders in die Fugen gedrückt, und der überschüssige Fugenmörtel wird mit einem naßen Schwamm abgewaschen. Nach Trocknen des Fugenmörtels wird die Oberfläche abschließend poliert.

5 Zuschneiden von Fliesen
An der glasierten Seite anreißen und die Fliese sodann mit Hilfe eines Schneidwerkzeugs brechen. Schwierige Formen sägen.

6 Verlegen im Bereich von Rohren
Das Loch auf der Fliese anreißen. Die Fliese entlang einer Mittellinie brechen. Ausschnitt sägen oder mit der Zange entfernen.

7 Verfugen von Fliesen
Mit dem Fugengummi den Fugenmörtel in die Fugen drücken. Fugen mit Rundstäben eventuell nacharbeiten.

8 Bohren in Fliesen
Die zu bohrende Stelle mit Klebeband abdecken. Mit dem Steinbohrer sorgfältig arbeiten.

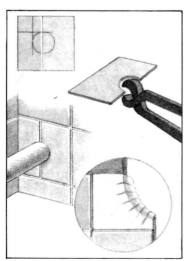

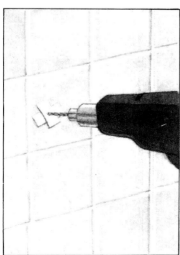

Werkbank und Werkzeugschrank

Werkbank und Werkzeugschrank sind wesentliche Bestandteile Ihrer Heimwerkerausstattung. Um die Arbeit so angenehm und effizient als möglich zu machen, brauchen Sie eine solide Arbeitsfläche und einen sicheren Aufbewahrungsort für Ihr Werkzeug.

Beginnen Sie mit der Werkbank: Anstatt einer klassischen Werkbankplatte können Sie genausogut eine sperrholzbeschichtete, feuerhemmende Tür mit Holzkern verwenden. Diese Lösung ist bei vergleichbarer Qualität billiger. Der Tischrahmen wird aus Kiefer gefertigt und beherbergt ein Sperrholzregal für großes Werkzeug. Ein Schraubstock für Holzarbeiten und ein verstellbarer Bankhaken komplettieren Ihre Werkbank.

Den dreiteiligen Werkzeugschrank befestigen Sie mittels Leisten an der Wand. Die beiden Außenflügel fungieren als Schranktüren. Sie können nach getaner Arbeit zugeklappt und abgeschlossen werden. Werkzeug wegzuschließen hat sich bei mir zu Hause bewährt, denn sonst pflegen meine Werkzeuge auf mysteriöse Weise zu verschwinden. Im Werkzeugschrank finden alle Werkzeuge, Anschlüsse, Nägel, ja das kleinste Schräubchen ihren Platz. Sie sind gut sichtbar, also auch auffindbar. Kaum etwas kostet mehr Nerven, als während der Arbeit fehlendes Werkzeug suchen zu müssen!

Zwei Arbeitslampen sorgen für gutes Licht; sie werden oben einfach mit entsprechenden Halterungen angeschraubt. Im Zwischenraum zwischen Wand und Schrank können die Kabel für die Steckdosen gut verlegt werden.

Mit etwas Klarlack verleihen Sie Ihrem Werk den letzten optischen Schliff. Genießen Sie Ihr Werk und machen Sie recht häufig davon Gebrauch.

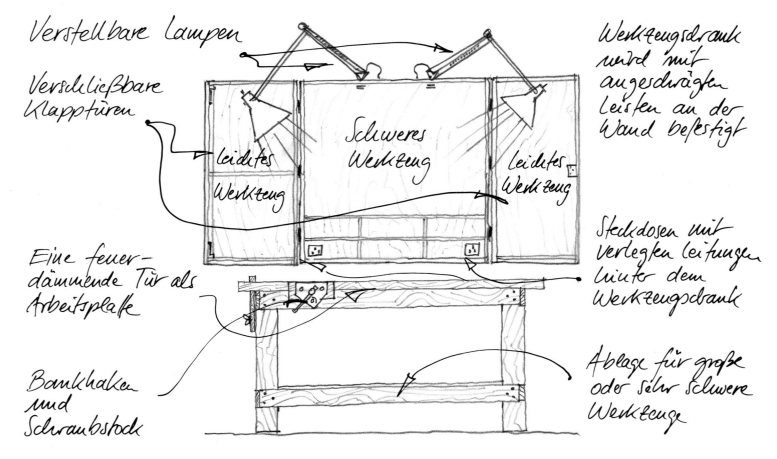

Werkbank

Die Grundlage für saubere Holzarbeiten ist eine stabile Werkbank, und bei der Herstellung Ihrer eigenen Werkbank sammeln Sie erste, wichtige Erfahrungen.

Im Interesse sauberer Ausführung und ausreichender Stabilität wird die obere und die untere Querverstrebung in die Beine der Werkbank eingelassen. Aus Gründen der Einfachheit und der Zeitersparnis ist es jedoch auch möglich, die Verstrebungen seitlich an den Beinen zu verschrauben und sie zusätzlich mit PVA-Leim zu verleimen.

Für die Arbeitsfläche der Werkbank ist eine feuerfeste, glatte Massivplatte aus Hartholz (1980 x 610 mm) zu verwenden. Diese sollte an den Enden der Rahmenkonstruktion um 100 mm, an der Rückfront um 12 mm und an der Vorderfront um mindestens 25 mm überstehen. Dieser Überstand ermöglicht das Festklemmen von Werkstücken mit Schraubzwingen. Die Gesamthöhe der Werkbank von 940 mm ist die ideale Arbeitshöhe für eine 1,80m große Person. Im Einzelfall kann natürlich eine Anpassung dieser Arbeitshöhe vorgenommen und die Länge der Beine dementsprechend geändert werden.

Die Länge der Querverstrebungen ist abhängig von der Größe der verwendeten Massivholzplatte (den erforderlichen Überstand berücksichtigen) sowie von der Art der Befestigung an den Tischbeinen (eingelassen oder außen aufgesetzt). Die Querverstrebungen an den Längsseiten werden zur Ausbildung von stabilen Verbindungen in diejenigen an den Stirnseiten eingelassen. Bei der Bauweise mit eingelassenen Verstrebungen ist zu beachten, daß die oberen Streben dicker sind als die unteren. Folglich sind die oberen Längsstreben kürzer als die unteren, und zwar um die Differenz in der Stärke der oberen und unteren Querverstrebungen.

Materialien

Teil	Stückzahl	Material	Länge
Beine	4	150 x 150 mm, vorgehobeltes Weichholz	902 mm
Obere Verstrebungen	2 lang; 2 kurz	133 x 32 mm, vorgehobeltes Weichholz	entsprechend Größe der Arbeitsplatte
Untere Verstrebungen	2 lang; 2 kurz	150 x 25 mm, vorgehobeltes Weichholz, für saubere Einpassung der oberen Verstrebungen auf 133 mm gesägt	entsprechend Größe der Arbeitsplatte
Arbeitsplatte	1	feuerfeste, glatte Massivplatte aus Hartholz	1980 x 610 mm
Auflageleisten	2	50 x 38 mm, vorgehobeltes Weichholz	Abstand Bein-Innenkanten
Ablage	1	12 mm Sperrholz	entsprechend Größe der Arbeitsplatte
Schraubstock	1		
Querstäbe	2	25 mm Dübelholz	entsprechend Tiefe der Werkbank

Werkzeuge

Zusammenklappbare, tragbare Werkbank mit Schraubstock
Schneidemesser
Stahllineal
Anschlagwinkel
Fuchsschwanz
Rückensäge
Stemmeisen, ca. 19 mm breit, mit Fase
Stemmeisen, ca. 25 mm breit
Holzhammer
Hand- oder Elektrobohrmaschine
Wendelbohrer
Senkbohrer
Streichmaß
Gurtband (oder Seil und Holzverschnittstück für Rührkreuz)
Kreuzschlitz- oder Schlitzschraubendreher (je nach Schraubenart)

Glatthobel
Schleifblock und Schleifpapier
Oberfräse (alternativ zum Stemmeisen für Aussparungen bei Verstrebungen)
Elektro-Stichsäge (oder Handstich- bzw. Bogensäge) für Aussparungen zur Schraubstockbefestigung
Schraubenschlüssel (Schwellenschrauben zur Schraubstockbefestigung)
Spitzbohrer (Aussparung für Bankhaken und Löcher für Querstäbe)
Wendelbohrer (Löcher für Schloßschraube des Bankhakens)

Anreißen der Beine für die Werkbank

Zum Anreißen der gewünschten Beinlänge wird die Schnittlinie mit Hilfe des Anschlagwinkels an allen vier Seiten angezeichnet. Nach dem Sägen die Beine nebeneinanderstellen und auf identische Länge prüfen.

Für eingelassene Verstrebungen die Aussparungen anreißen (Techniken, S. 22).

Anreißen der Aussparung für die obere Verstrebung

Eines der Querbretter für die Stirnseiten bündig an die Oberkante des Beins anlegen, um die Höhe der Aussparung anzuzeichnen. Den Anschlagwinkel an der Unterkante der Verstrebung anlegen und dann mit dem Schneidemesser an allen vier Seiten des Beins eine Linie anreißen (Techniken, S. 20).

1 Anreißen und Ausarbeiten der Aussparungen für die Querverstrebungen
Links: Aussparungen für obere und untere Verstrebung anreißen.
Mitte: Obere Aussparungen mit Rückensäge aussägen; untere Aussparungen mit Rückensäge und Stemmeisen ausarbeiten.
Rechts: Das fertige Tischbein.

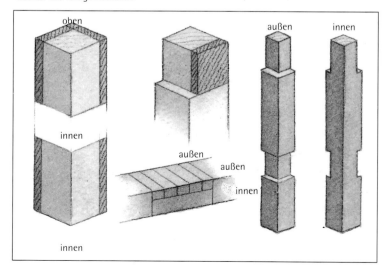

Messen und Markieren	20
Sägen von Falzen	22

● **Werkbank und Werkzeugschrank**
Montagezeichnung der Werkbank

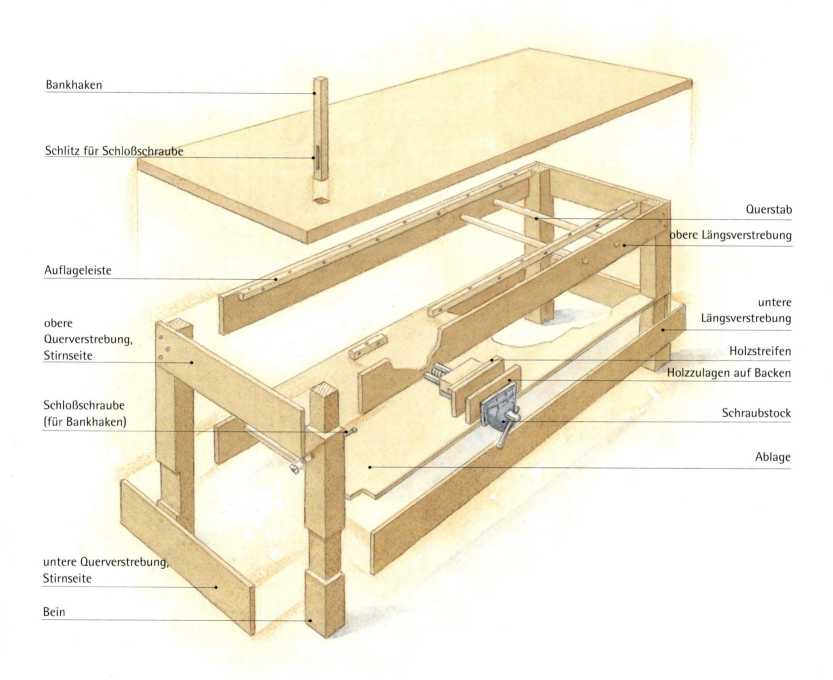

Werkbank

Mit dem Streichmaß an der oberen Stirnfläche sowie an Innen- und Außenseite des Tischbeins die Stärke der oberen Querverstrebung anreißen (s. Abb. 1, S. 40); mit den übrigen drei Beinen in derselben Weise verfahren.

Anreißen der Aussparung für die untere Verstrebung

Die Oberkante dieses Bretts wird in einer Höhe von 350 mm über dem Boden am Tischbein angezeichnet. Dann die Strebe an diese Markierung anlegen und den Anschlagwinkel an die Unterkante halten. Die Verstrebung wegnehmen und mit dem Schneidemesser die Unterkante am Tischbein anreißen. Die Strebe erneut anlegen, den Anschlagwinkel an die Oberkante halten und mit dem Schneidemesser die Oberkante anreißen. Diese etwas komplizierte Vorgehensweise garantiert eine exakte Plazierung der Querverstrebung. Die Markierungen sodann auf alle Seitenflächen übertragen.

Das Streichmaß auf die Stärke der unteren Verstrebung einstellen und dieses Maß an Innen- und der Außenseite der Tischbeine anreißen (s. Abb. 1, S. 40).

Schneiden der Aussparung für die obere Verstrebung

Das Tischbein auf einer tragbaren Werkbank, einer festen Tischfläche oder einem Stützbock festspannen und auf der abfallenden Seite mit der Rückensäge waagrechte Schnitte in der angezeichneten Tiefe ausführen. Dann an beiden Außenflächen mit der Rückensäge oder dem Fuchsschwanz die senkrechten Schnitte ausführen. Schließlich die Aussparung mit dem Stemmeisen sauber ausarbeiten. Alternativ hierzu kann die Aussparung auch mit der Oberfräse ausgearbeitet werden, wobei die Frästiefe auf die Dicke der Verstrebung einzustellen ist. Mit den übrigen drei Beinen in derselben Weise verfahren.

Sägen der Aussparung für die untere Verstrebung

An den Außenflächen eines Beines entlang der angerissenen Ober- und Unterkante der Verstrebung mit der Rückensäge mehrere waagrechte Schnitte (Abstand ca. 12 mm) in der angezeichneten Tiefe ausführen. Anschließend das Verschnittholz mit dem gefasten Stemmeisen und Holzhammer ausstemmen (Techniken, S. 22). Mit den übrigen drei Beinen in derselben Weise verfahren, bis die Oberflächen sauber und eben sind.

Zusammenbau der Stirnrahmen

Die Verstrebungen müssen stramm in den Aussparungen sitzen. Im Zweifelsfall werden die Aussparungen leicht unter Maß ausgearbeitet und dann die Verstrebungen mit dem Hobel auf Paßgenauigkeit abgetragen. Auf die Paßflächen Leim auftragen und die untere Verstrebung bündig an die Kanten des Beins drücken. Dann mit dem Wendel- und dem Senkbohrer durch die Verstrebung in das Tischbein bohren und die beiden Holzteile mit 50 mm-Schrauben (Nr. 10, 3 Stück je Bein) verschrauben. Für die Befestigung der oberen Verstrebung ist in derselben Weise zu verfahren, wobei allerdings 65 mm Schrauben (Nr. 10) verwendet werden.

Für den Zusammenbau des zweiten Stirnrahmens gilt dieselbe Vorgehensweise. Zur Vereinfachung können die Querstrebungen ohne Aussparung an den Seiten der Beine verschraubt und zusätzlich verleimt werden. Dabei ist jedoch darauf zu achten, daß die Rahmen genau rechtwinklig zusammengesetzt werden und die Querbretter an den Beinen um ihre eigene Stärke überstehen. Die Außenkanten der Querbretter sauber hobeln und abschrägen, Leimreste entfernen und alle Flächen mit Schleifpapier glätten.

Anbringen der Längsverstrebungen an den Stirnseiten

Die beiden Stirnrahmen senkrecht aufstellen, auf die Paßflächen Leim auftragen und die untere Längsverstrebung in die Aussparungen einfügen. Wichtig: Je strammer sie im Bein sitzt, umso stabiler der gesamte Unterbau der Werkbank. Daher wird vor dem Verschrauben ein Gurtband oder ein Rührkreuz an den Eckverbindungen um den Rahmen gelegt und fest angezogen. Bei Verwendung eines Seils ist an jeder Seite des Rahmens ein dünnes Stück Holz in das zur Schlinge gelegte Seil einzufädeln und mehrfach zu drehen; dadurch wird das Seil straff gespannt und die Rahmenkonstruktion fest zusammengefügt. Die oberen Verstrebungen in derselben Weise einfügen und mit einem Gurtband oder einem Rührkreuz festspannen.

Nun wie bei den Stirnrahmen an drei Stellen durch die Verstrebung in das Bein bohren und Schrauben eindrehen. Danach kann das Gurtband bzw. das Rührkreuz ab-

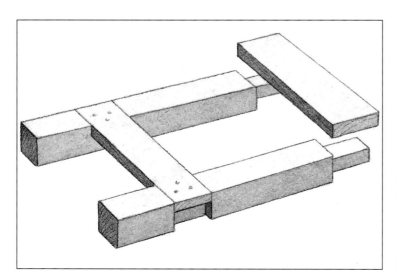

❶ Zusammenbau des Stirnrahmens
Die Beine auf eine ebene Fläche legen und prüfen, ob die untere Verstrebung sauber in den Aussparungen sitzt. Verstrebung anleimen und verschrauben. Mit oberer Verstrebung in derselben Weise verfahren und Vorgang für anderen Stirnrahmen wiederholen.

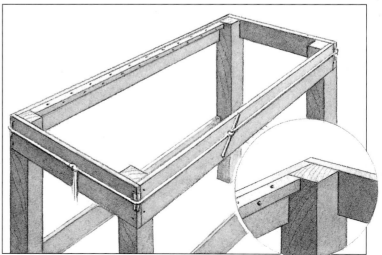

❷ Anbringen der Längsverstrebungen und der Auflagelatten
Zunächst die unteren und anschließend die oberen Längsverstrebungen anleimen und verschrauben. Dabei den Rahmen mit einem Rührkreuz fest zusammenspannen. Kleine Abbildung: Eckdetail.

Schraubzwingen	14	Sägen von Rundungen	22	
Messen und Markieren	20	Hobeln	23	
Sägen von Falzen	22	Bohren	23	

● Werkbank und Werkzeugschrank

Montieren des Schraubstocks

genommen werden. Die Ober- und Unterkanten der unteren Verstrebungen und die Unterkanten der oberen Verstrebungen säubern und abschrägen. Schließlich den Rahmen abschleifen und die Oberkanten des Rahmens und der oberen Verstrebungen bündig hobeln.

Zwei vorgehobelte Latten (50 x 38 mm) auf die Seitenlänge des Rahmens (Abstand zwischen den Innenkanten der Tischbeine) sägen. Mit dem Wendelbohrer und dem Senkbohrer in zwei benachbarte Seiten der Latten Löcher für die Befestigung an der Verstrebung und an der Arbeitsplatte bohren (bei der hier beschriebenen Ausführung wurden fünf Löcher in die Seite und sechs Löcher in die Oberkante gebohrt). Die beste Seite des Rahmens wird die Frontseite. Dann eine der Latten an der Rückseite des Rahmens innen an der oberen Verstrebung mit der Oberkante bündig festklemmen und durch die seitlichen Löcher mit der Strebe verschrauben. Die vordere Latte wird erst nach Anbringung des Schraubstocks angeschraubt.

Montieren des Schraubstocks

Der zu montierende Schraubstock muß in die obere Querverstrebung eingepaßt werden. Die Auswahl an Schraubstöcken für Holzarbeiten ist recht groß; alle haben eine große Spannweite und werden an der Unterseite der Arbeitsplatte befestigt. Die exakte Position befindet sich dicht an der Vorderkante und nahe bei einem Bein und der obere Rand der Backen (nach Anbringung der Zulagen – siehe unten) bildet mit der Arbeitsplatte eine bündige Ebene. Einige kleinere Schraubstöcke werden einfach mit Schraubzwingen an der Unterseite der Arbeitsplatte festgespannt, geeigneter sind jedoch anzuschraubende Ausführungen. Die viereckige Auflagefläche ermöglicht die einfache Montage an der Arbeitsplatte.

Generell empfiehlt sich die Verwendung des größtmöglichen Schraubstocks; die maximalen Spannweiten liegen je nach Modell zwischen 115 mm und 380 mm, ideal sind 330 mm. Größere Schraubstöcke verfügen oft über einen praktischen Schnellverschluß, bei dem der Backen ohne Betätigung der Spindel bewegt werden kann. Beim Kauf eines Schraubstocks ist darauf zu achten, daß beide Backen mit Löchern für die Befestigung der Sperrholzzulagen versehen sind, mit denen Werkstück, Schraubstock und Werkzeuge geschützt werden.

Die Befestigung des Schraubstocks ist in Abbildung 3 gezeigt. Zur Erinnerung: Die Oberkante der Stahlbacken muß leicht unterhalb der Arbeitsfläche liegen (ca. 12 mm), so daß darauf noch die Zulage zur Auskleidung des Backens montiert werden kann.

Sägen der Aussparung für den Schraubstock

Zunächst ist eine Schablone des Schraubstocks anzufertigen. Den Schraubstock auf die Rückseite legen und dabei das Unterlegholz gegen die Unterseite halten. Mit einem Bleistift die Konturen des Schraubstocks auf einem Stück Papier oder Karton nachzeichnen. Die Linien können zur leichteren Ausführung des Schnitts im Querholz nur als grobe Konturen gezeichnet werden. Die Schablone ausschneiden, etwa 300 mm vom linken Eck (für Linkshänder vom rechten Eck) des Rahmens gegen die obere Seitenverstrebung halten und die Umrisse der Schablone auf die Strebe übertragen.

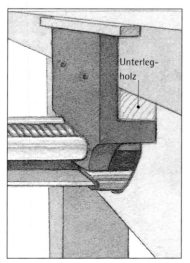

❸ Befestigen des Schraubstocks
Die Dicke des Unterlegholzes entspricht der Höhe des Schraubstocks minus Stärke der Arbeitsplatte minus Stärke der aufgeleimten Holzlatte (12 mm).

Schließlich ist die Arbeitsplatte abzunehmen und die an der Verstrebung angezeichnete Aussparung mit der Elektro- oder Handstichsäge oder der Bogensäge auszusägen.

Die vordere Auflagelatte an der oberen, vorderen Verstrebung festklemmen und verschrauben. Auch an dieser Auflageleiste ist die Aussparung für den Schraubstock mit der Handstich- oder der Bogensäge auszusägen. Leim auf die Auflageflächen des Rahmens auftragen, die Arbeitsplatte auflegen und mit den Auflagelatten verschrauben.

Den Schraubstock mitsamt dem Unterlegholz in die Aussparung schieben und durch die vorgebohrten Befestigungslöcher der Auflagefläche und das Unterlegholz in die Arbeitsplatte vorbohren. Den Schraubstock mit Schwellenschrauben und Unterlegscheiben befestigen.

Holzzulagen für die Backen

Aus 12 mm Sperrholz zwei Stücke aussägen, die etwas länger als die Backen des Schraubstocks sind. Die Breite dieser Sperrholzstücke sollte dem Abstand zwischen der Arbeitsoberfläche und der Gleitschiene des Schraubstocks entsprechen.

Ein Verschnittstück aus Hartholz zuschneiden, das in der Stärke dem Abstand zwischen der Oberkante der Stahlbacken und der Arbeitsoberfläche entspricht und dieselbe Länge wie die Holzzulagen aufweist. Dieses Stück an der Vorderkante der Arbeitsbank bündig mit der Arbeitsplatte anleimen, so daß es auf dem Schraubstock aufliegt.

Holzzulage am festen Backen anbringen

Die Löcher in der Vorderfläche des Backens auf beide Holzzulagestücke übertragen. Mit dem Wendel- und dem Senkbohrer Löcher in die Zulagen bohren und eine der Zulagen durch diese Löcher und die Löcher im festen Stahlbacken mit der Werkbank verschrauben.

Holzzulage am beweglichen Backen anbringen

Den Schraubstock mit eingelegter Holzzulage für den beweglichen Backen schließen und Schrauben durch die Löcher des beweglichen Backens in die Zulage eindrehen.

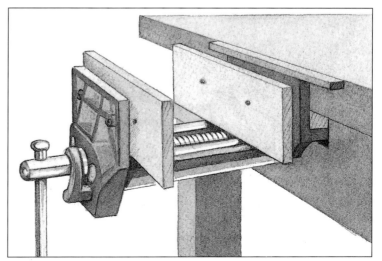

❹ Anbringen der Holzzulagen
Holzzulagen für Backen (aus 12 mm-Sperrholz) schließen bündig mit Arbeitsoberfläche ab. Holzzulage an festem Backen mit Werkbank verschrauben. Holzzulage an beweglichem Backen durch Löcher in Backenplatte festschrauben.

Werkbank

Der Bankhaken

Ein in der Arbeitsplatte versenkbarer Bankhaken ist sehr praktisch und wird z.B. beim Hobeln oder bei der Arbeit mit dem Stemmeisen als Anschlag verwendet, um größere Werkstücke zu fixieren.

Der Bankhaken verläuft entlang der Kante des Tischbeins, an dessen Ecke sich auch der Schraubstock befindet. Zur genauen Ermittlung der Montageposition werden die Außenkanten des Tischbeins mit Hilfe des Anschlagwinkels und eines Bleistifts an der Unterseite der Arbeitsplatte verlängert und entlang der Seitenkante der Arbeitsplatte auf die Arbeitsfläche übertragen. Die Korrektheit der angezeichneten Stelle läßt sich durch Messen ab der Vorderkante der Arbeitsplatte überprüfen.

Nun eine Latte aus Hartholz (25 x 38 mm) auf eine Länge von 250-300 mm schneiden. Das Profil der aufgesetzten Latte, wie in der Abbildung dargestellt, so an die Bleistiftmarkierungen auf der Platte anzeichnen, daß das zu sägende Loch entlang der seitlichen Außenkante des Tischbeins verläuft. Die Markierungen mit dem Schneidemesser anreißen.

Mit dem Spitzbohrer durch die Arbeitsplatte bohren (die Bohrergröße sollte annähernd der Größe der Aussparung entsprechen). Eine Verschnittstück an der Unterseite der Arbeitsplatte festklemmen, damit anschließend die Aussparung ohne Ausreißen sauber von oben mit dem Stemmeisen ausgearbeitet werden kann. Dabei immer leicht innerhalb der angezeichneten Markierungen arbeiten und die senkrechte Ausrichtung der Aussparung mehrmals mit dem Anschlagwinkel prüfen. Die Latte aus Hartholz muß in der Aussparung auf- und abbewegt werden können, sollte aber einen strammen Sitz haben.

Befestigen des Bankhakens

In dem hier beschriebenen Projekt wurde eine 150 mm lange Schloßschraube (Durchmesser 9,5 mm) mit Unterlegscheibe und Flügelmutter verwendet. Die Position der Schraube am Tischbein (unterhalb der oberen Verstrebung) anzeichnen. Den Bankhaken bündig mit der Arbeitsplatte versenken und die Markierung für die Schraube auf den Bankhaken übertragen – dieser Punkt markiert das obere Ende des Schlitzes. Den Bankhaken in die maximal erforderliche Stellung nach oben schieben (ca. 75-100 mm) und die Position der Schraube am Bankhaken anzeichnen – dieser Punkt markiert das untere Ende des Schlitzes.

Den Bankhaken herausnehmen und die Mittellinie des Schlitzes genau zentriert auf den Haken aufzeichnen. Nun werden entlang dieser Linie mehrere Löcher mit einem Durchmesser von 9,5 mm gebohrt (dabei ein Unterlegholz verwenden). Den Schlitz mit dem Stemmeisen ausarbeiten, so daß die Schraube frei im Schlitz verschiebbar ist. Alternativ hierzu kann der Schlitz auch mit der Oberfräse ausgearbeitet werden.

Zunächst ist sicherzustellen, daß die bereits am Bein angezeichnete Position der Schloßschraube genau in der Mitte des Bankhakens liegt, damit die Schraube exakt in den Schlitz paßt. Dann an dieser Stelle mit einem 9,5 mm Bohrer in das Tischbein bohren. Den Bankhaken in der Aussparung nach unten führen und die Schloßschraube von der Innenseite des Tischbeins her durch den Schlitz schieben. Schließlich Unterlegscheibe und Flügelmutter auf die Schloßschraube aufsetzen.

Einpassen der Ablage

Die Außenmaße des Grundrahmens abmessen und eine 12 mm Sperrholzplatte auf diese Größe zuschneiden. An den Ecken des Ablagebretts mit der Elektrostichsäge oder dem Fuchsschwanz Aussparungen für die Tischbeine ausschneiden. Die oberen Kanten des Ablagebretts säubern und abschrägen und die Ablage auf die unteren Verstrebungen legen.

Befestigen der Querstäbe

Die Querstäbe werden am freien, d.h. nicht mit dem Schraubstock belegten Ende der Werkbank zwischen den längsseitigen, oberen Verstrebungen eingepaßt und sind besonders geeignet zum Aufhängen von Werkzeugen wie z.B. Schraubzwingen, Kehrschaufel und -besen und Farbtöpfe.

Aus einer Dübelstange (25 mm) zwei Stücke entsprechend der Tiefe des Grundrahmens plus einer kleinen Zugabe für späteres Abhobeln sägen. Die Befestigungspunkte in der Mitte der oberen Verstrebungen ca. 300 mm und 600 mm vom Rahmenende entfernt anzeichnen.

Mit einem Spitzbohrer (25 mm Durchmesser) an den angezeichneten Stellen durch die Verstrebungen bohren. An den Enden der Dübelstangen PVA-Leim auftragen und die Stangen durch die Löcher schieben (falls erforderlich mit dem Hammer eintreiben). Die überstehenden Enden mit den Verstrebungen bündig hobeln.

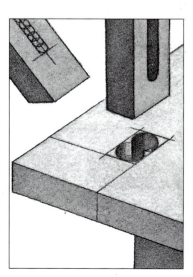

1 Befestigen des Bankhakens
Mit einer Reihe von Bohrlöchern wird ein Schlitz hergestellt. Auf die gleiche Art wird die Öffnung hergestellt.

Werkzeugschrank

Werkbank und Werkzeugschrank

Bau eines Werkzeugschranks

Sehr wichtig für Sie ist die sichere Aufbewahrung der Werkzeuge, die jedoch andererseits bei Bedarf schnell zur Hand sein sollten. Fachmännisch aufbewahrte Werkzeuge bleiben scharf und rostfrei und sind ohne langes Suchen greifbar.

Der hier beschriebene Werkzeugschrank ist der ideale Aufbewahrungsort für Werkzeuge; er wird an der Wand der Garage oder des Hobbyraums aufgehängt, je nachdem, wo die Heimwerkerarbeiten normalerweise ausgeführt werden. Während der Arbeit sind beide Türen wie zwei Flügel aufgeklappt und liegen an der Wand an, so daß alle Werkzeuge schnell greifbar sind. Beim Zusammenbau des Werkzeugschranks sollten der im Einzelfall gegebene Platzbedarf ebenso berücksichtigt werden wie neue, noch anzuschaffende Werkzeuge.

Am Mittelteil sind Steckdosen für Elektrowerkzeuge vorgesehen, und die Arbeitsfläche wird mit Hilfe von verstellbaren Arbeitslampen optimal ausgeleuchtet. Solange der Werkzeugschrank nicht in Gebrauch ist, werden die Arbeitslampen nach oben an die Wand geschoben und die Türen geschlossen. Mit Hilfe von abgeschrägten Latten ist der Werkzeugschrank fest an der Wand verschraubt; die Türen sind mit Schlössern versehen, damit Kinder sich nicht verletzen können.

Das Mittelteil

Die Rückwand mit den Maßen 1220 x 1220 mm wird aus einer ganzen Sperrholzplatte (2440 x 1220 x 12 mm) gesägt. Hierfür die Kreissäge oder den Fuchsschwanz verwenden und zur Sicherung eine gerade Latte als Führung auf der Platte befestigen (Techniken, Seite 21).

Die genaue Kantenlänge der Rückwand nochmals ausmessen und aus einem 25 mm starken Holzbrett die beiden Seitenbretter auf diese Länge und eine Breite von 100 mm zuschneiden. Diese Seitenbretter werden mit den Kanten auf die Rückwand aufgeleimt und von hinten mit 25 mm Schrauben (Nr. 8) verschraubt.

Zwei weitere Bretter (1220 x 100 x 25 mm) bilden den Boden und den Deckel des Werkzeugschranks. Die Bretter an die Rückwand halten und das Maß zwischen den Seitenwänden anzeichnen. Die Bretter für Boden und Deckel gerade absägen und wie die Seitenflächen an die Rückwand anleimen und verschrauben. Dann werden die Seitenbretter mit je zwei 50 mm Schrauben (Nr. 8) mit dem Boden- und dem Deckelbrett verschraubt. Schließlich Leimreste entfernen, hervorstehende Kanten gegebenenfalls abhobeln und mit Schleifpapier glätten.

Die Seitenflügel

Die Türblätter von 610 x 1220 mm werden durch Halbieren der nach Herstellung der Rückwand verbliebenen Sperrholzplatte von 1220 x 1220 mm hergestellt. Zwei Bretter (75 x 25 mm) auf Länge zurechtsägen und wie beim Mittelteil als Seitenwangen an der Frontplatte anleimen und verschrauben. Auch die Boden- und Deckelbretter der Türflügel (75 x 25 mm) werden auf Länge gesägt und mit den Türblättern verleimt. Die Verschraubung erfolgt dabei von vorne durch die Türblätter. Seitenwangen und Boden bzw. Deckel werden mit Schrauben an den Eckverbindungen verschraubt.

Einteilen des Schrankinneren

Die Inneneinrichtung des Werkzeugschranks ist an Ihren jeweiligen Bedürfnissen auszurichten. Aus Sicherheitsgründen sind allerdings schwere Werkzeuge und Geräte im Mittelteil unterzubringen, während leichtere Werkzeuge und Teile ihren Platz in den Seitenflügeln haben.

Ein weiterer Sicherheitshinweis betrifft die elektrischen Steckdosen. Wenn Sie diese wie hier beschrieben setzen, so befinden sie sich in einer bequemen Arbeitshöhe, und die Zuleitungen verlaufen in dem durch die abgeschrägten Befestigungslatten geschaffenen Freiraum zwischen Werkzeugschrank und Wand. Dabei ist es sehr wichtig, den Schrank fest anzuschrauben und den Verlauf der Leitungen zu notieren, da möglicherweise später zum Aufhängen von Werkzeugen Löcher in die Rückwand gebohrt werden müssen. Dieselbe Vorsicht ist auch bei den Kabeln für die an der Schrankoberkante befestigten Arbeitslampen geboten.

Materialien

Teil	Stückzahl	Material	Länge*
Seitenwände	2	100 x 25 mm, vorgehobeltes Holz	1220 mm
Boden und Deckel	2	100 x 25 mm, vorgehobeltes Holz	1220 mm
Fachböden	3	100 x 25 mm, vorgehobeltes Holz	1220 mm
Befestigungslatten	2	100 x 25 mm, vorgehobeltes Holz	1220 mm
Unterteilungen	4	100 x 25 mm, vorgehobeltes Holz	100 mm
Seitenwangen (Türen)	4	75 x 25 mm, vorgehobeltes Holz	1220 mm
Boden und Deckel (Türen)	4	75 x 25 mm, vorgehobeltes Holz	610 mm
Leiste für Schrauben	1	75 x 25 mm, vorgehobeltes Holz	1220 mm
Schlitzleisten	2	75 x 25 mm, vorgehobeltes Holz	610 mm
Kantenleiste	3	12 x 12 mm, vorgehobeltes Holz	1220 mm
Schlitzleiste für Stemmeisen	1	50 x 50 mm, vorgehobeltes Holz	1220 mm
Aus einer Sperrholzplatte 2440 x 1220 x 12 mm:			
Rückwand	1		1220 x 1220 mm
Türblätter	2		610 x 1220 mm

Außerdem: Kant- und Sperrholzklötze für Werkzeugbefestigungen
* Nur ungefähre Länge

Werkzeuge

Stahllineal

Schneidemesser

Anschlagwinkel

Kreissäge (oder Fuchsschwanz oder Elektro-Stichsäge)

Zwei Schraubzwingen

Kreuzschlitz- oder Schlitzschraubendreher (je nach Schraubenart)

Putzhobel

Schleifblock und Schleifpapier

Elektro- oder Handbohrmaschine

Wendelbohrer

Mauerbohrer

Spitzbohrer

Senkbohrer

Bogen- oder Elektro-Stichsäge, für Holzklötze

Rückensäge

Werkzeugschrank

Fachböden für das Mittelteil
Die Fachböden werden aus einem Brett (100 x 25 mm) gesägt und haben dieselbe Länge wie das Boden- und das Deckelbrett. Die optimale Position der Böden läßt sich durch versuchsweises Hinhalten der vorhandenen Geräte ermitteln.

In der gewünschten Position die Mittellinie des Bodens an den Seitenwangen anzeichnen und auf die Rückseite der Wangen übertragen. Die Fachböden innen verleimen und von außen an der angezeichneten Linie verschrauben.

Die Einteilung der Fachböden orientiert sich an Ihrem jeweiligen Bedarf. Die Unterteilungen haben dieselbe Stärke und Tiefe wie die Fachböden. Die Umriße dieser Hölzer innen an der Rückwand anzeichnen und in der Mitte dieser Markierungen durch die Rückwand bohren. Die Löcher ansenken und die Unterteilungsbretter von hinten verschrauben.

An den Vorderkanten der Böden angeheftete Leisten (12 x 12 mm) verhindern, daß kleinere Werkzeuge und Kleinmaterial herunterfallen. An den für die Hobel vorgesehenen Stellen empfiehlt sich das Verlegen kleiner Holzstege, damit die Schneiden der Hobel nicht durch direktes Aufliegen beschädigt werden.

Befestigen von Werkzeugen
Manche Werkzeuge wie z.B. Elektro-Bohrmaschinen werden an massiven Holzblöcken aufgehängt. Die groben Umrisse des Griffs auf Papier übertragen und mit der Stich- oder Bogensäge ein Holzstück dieser Form aussägen.

Diese Holzträger werden auf dieselbe Weise wie die Unterteilungen für die Fachböden an die Rückwand geschraubt.

Für die Schlitzleiste zur Aufnahme der Stemmeisen werden mit dem Spitzbohrer mehrere Löcher von kleinerem Durchmesser als der Griff der Eisen in ein Kantholz (50 x 50 mm) gebohrt. Dann mit der Rückensäge von vorne Schlitze in die Leiste sägen (siehe Abb. 1), so daß die Klinge der Stemmeisen durch diesen Schlitz eingeführt werden kann.

Weitere Werkzeuge werden mit verschiedenen Federklemmen und Haken befestigt.

Fachböden für die Türflügel
Diese Fachböden werden mit Schlitzen von unterschiedlicher Größe versehen und eignen sich bestens für Schraubendreher und Streichmaße.

Dabei wird, wie bei der Schlitzleiste für Stemmeisen, mittig in die Böden gebohrt und von der Vorderkante aus Schlitze gesägt. Diese Böden nun in derselben Weise wie die Böden des Mittelteils am Türblatt befestigen.

Zum Aufhängen von Anschlagwinkeln eignen sich Hölzer (75 x 25 mm) mit passend eingelassener Nut.

Einpassen der Werkzeughalterungen: Der große Vorteil dieses Werkzeugschranks ist seine Vielseitigkeit. Die Einrichtung kann nach dem Bestand und seiner beabsichtigten Erweiterung erfolgen.

❶ **Herstellen der Schlitzleiste**
Löcher in ein Brett (50 x 50 mm) mit abgeschrägten Kanten bohren und von vorn Schlitze einsägen.

❷ **Herstellen der Sägenhalterung**
Ein Holzstück mit den Innenkonturen des Sägegriffs wird zur Arretierung des Werkzeugs mit einem Sperrholzvorreiber versehen.

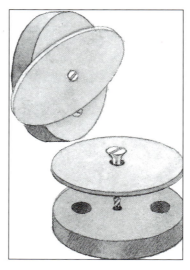

❸ **Befestigen der Türscharniere**
Angesichts des beträchtlichen Gewichts der bestückten Schranktüren sind sehr tragfähige, mit langen Schrauben befestigte Scharniere zu verwenden.

Sägen von Falzen	22	Wandbefestigungen	24
Sägen von Rundungen	22	Abgeschrägte Befestigungslatten	25
Bohren	23	Montieren von Scharnieren	32
Schrauben	24	Anbringen von Schlössern	35

Werkbank und Werkzeugschrank

Montagezeichnung des Werkzeugschranks

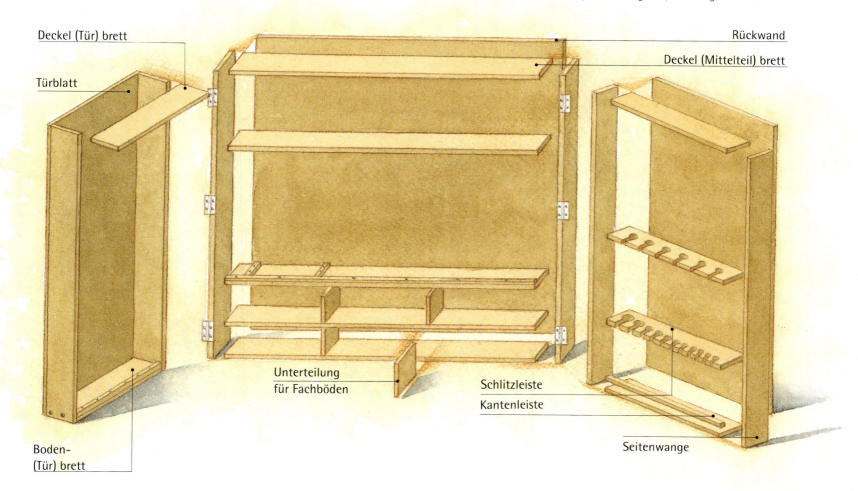

Zusammenbau des Werkzeugschranks

Befestigen von Sägen

Werkzeuge mit offenem Griff, wie z.B. Sägen, werden an passend zugeschnittenen Hölzern aufgehängt, die zur Sicherung des Werkzeugs mit einem Vorreiber versehen werden.

Auf einem Verschnittstück, das etwas stärker als der Griff ist, die Umrisse der Grifföffnung aufzeichnen und mit der Stich- oder Bogensäge aussägen. Sodann aus einer 6 mm starken Sperrholz- oder MDF-Platte den Vorreiber fertigen.

Die Grundplatte mit zwei Schrauben am Türblatt festschrauben und darauf den Vorreiber mit einer Schraube mittig und drehbar befestigen.

Schraubhaken werden dem Bedarf entsprechend an den Türen angebracht.

Einhängen der Türen

Die Türen mit jeweils drei Angelbändern („Fitschen") am Mittelteil einhängen (Techniken, S. 33).

Die linke Tür wird mit zwei Greifhaken und den am Bodenbrett und der Unterseite des obersten Fachbodens (das Deckelbrett ist nur schwer erreichbar) angebrachten Ösen geschlossen. Zur Befestigung der Haken eine Holzleiste (75 x 25 mm) an die Innenseite der Seitenwange der Tür schrauben. Gegebenenfalls ein Schrankschloß und Griffe anbringen (Techniken, S. 35).

Befestigen an der Wand

Zur sicheren Befestigung wird der Werkzeugschrank an abgeschrägten Latten aufgehängt (Techniken, S. 25). Zwei Holzlatten (100 x 25 mm) auf die Breite des Werkzeugschranks sägen. Dann beide Latten der Länge nach unter einem Winkel von 45° in der Mitte durchsägen. Die unteren Lattenhälften werden mit der abgeschrägten Fläche zur Wand im Lot ausgerichtet und an dieser festgeschraubt. Die oberen Hälften mit jeweils sieben 38 mm Schrauben (Nr. 10) ca. 180 mm von der oberen Kante und ca. 250 mm von der unteren Kante an der Rückwand des Werkzeugschranks befestigen.

Die Linie der Oberkante des Werkzeugschranks an der Wand bestimmen und eine der noch verbliebenen Halblatten mit der Abschrägung zur Wand hin mit Dübeln und 65 mm Schrauben (Nr. 10) an der Wand befestigen; der Abstand dieser Latte von der festgelegten Oberkante des Werkzeugschranks entspricht dem Abstand der bereits am Werkzeugschrank montierten, oberen Latte zur Oberkante des Werkzeugschranks.

Die letzte Halblatte in derselben Weise darunter festschrauben (Abstand zur oberen Latte = Abstand der Latten am Werkzeugschrank).

Schließlich wird der Werkzeugschrank an den abgeschrägten Latten eingehängt und durch die Rückwand hindurch fest mit diesen verschraubt. Die genaue Lage dieser Schrauben im Hinblick auf die spätere Anbringung von Steckdosen im Werkzeugschrank notieren.

Teil 2
Küche und Eßzimmer

Die Küche ist das Herzstück eines Hauses. An einer selbst gestalteten und gebauten Küche werden Sie mehr Freude haben als an jeder Einbauküche. Ihre Ansprüche an Funktionalität und Design werden zum Maßstab der Dinge.

Lassen Sie sich genug Zeit für die Planungsphase, übereilen Sie nichts. Alle Alternativen wollen bedacht sein, bis Sie sicher sein können, das gefunden zu haben, was die Küche Ihrer Träume ausmacht. Auf den folgenden Seiten stellen wir verschiedene Konzepte zum Thema Küche und Eßzimmer vor, sozusagen um Ihnen Appetit zu machen. Dann folgen genaue Bauanleitungen für eine komplette Küche, eine überaus praktische Waschküche, aber auch für nützliche und originelle Kleinigkeiten wie ein Tellerbord oder Küchenregal. Fehlt es Ihnen noch an Praxis im DIY oder an Selbstvertrauen, dann wagen Sie sich doch zunächst an einen überschaubaren Entwurf.

Ob sie sich eine total neue Küche gönnen, grundlegende Verbesserungen an Ihrer alten Küche vornehmen oder nur einige Details wie einen Messerhalter hinzufügen wollen – Sie werden in jedem Fall eine individuelle Wirkung erzielen.

Funktion und Design

Am Anfang jeder erfolgreichen DIY-Tätigkeit steht die Planung. Je genauer Sie planen, umso reibungsloser wird Ihre spätere Arbeit vonstatten gehen.

Bei einer grundlegenden Umgestaltung Ihrer Küche beginnen die Schwierigkeiten, wenn Sie Herd, Kühlschrank oder Spüle verrücken. Leitungen und Anschlüsse müssen nicht nur fachmännisch verlegt werden, sondern auch alle geltenden rechtlichen Auflagen wollen beachtet werden. Schalten Sie einen Fachmann ein, wenn praktische oder rechtliche Fragen unklar sind.

Bedenken Sie die Überraschungen beim Verschieben solcher Einheiten: abrupt endende Fußbodenbeläge, fehlende Fliesen oder ausgesparter Putz.

Planen Sie Ihr Finanzbudget – inklusive professioneller Hilfeleistungen – genau durch, sonst geht Ihnen womöglich auf halbem Wege das Geld aus.

Wenn Sie mit Ihrer Kücheneinrichtung zufrieden sind, lediglich den Stil nicht mehr sehen können, verändern Sie mit neuen Arbeitsoberflächen und Schranktüren das Aussehen. Details wie ein schönes Küchenregal können schon die Wirkung Ihrer Küche verändern. Sehr dekorativ wirkt auch eine einfache Metallstange, an die Sie alle Utensilien vom Quirl bis zur Pfanne aufhängen können. So wird Ihre Küche nicht nur attraktiver, sondern auch immer mehr zu einem Raum, in dem es sich kochen läßt.

Planungsphase: Eine Küche, wie die hier abgebildete aus Naturholz, komplett zu bauen, erfordert genaue Planung. Beim Verschieben oder Einfügen einzelner Einheiten können Probleme mit Zuleitungen und Anschlüssen entstehen, die von einem Fachmann gelöst werden müssen, was die Kosten erhöht. Arbeitszeit, Aufwand, praktisches Können und Kosten müssen Sie beachten, um spätere Verzögerungen und Störungen im Arbeitsablauf zu vermeiden.

Auch kleinere Entwürfe zeitigen große Wirkung. Am einfachsten ist die Installation einer Edelstahlstange in Griffhöhe (Abb. s. S. 49). Töpfe, Siebe – alles Aufhängbare kann mit Fleischerhaken auf die Stange gereiht werden. Die Stange kann an der Wand befestigt werden oder von der Decke herabhängen.

Abtropfvorrichtung	97
Hängeregale	115
Türfronten	117

● Küche und Eßzimmer
Funktion und Design

Lassen Sie sich Zeit, um über Ihre Vorstellungen Klarheit zu gewinnen. Berechnen Sie ihr Budget und erstellen Sie einen Arbeitsplan. Möglicherweise haben Sie ja gar nicht soviel Zeit oder Geld, um alle Ideen sofort umzusetzen. Dann setzen Sie eben Prioritäten. In Ihrem Budget darf ein Posten für Materialkosten und fachmännische Hilfe – die ja vielleicht doch nötig wird – nicht fehlen. Rechnen Sie dafür auf Ihre Gesamtschätzung nochmals 10% Aufschlag.

Schließlich bleibt ein ganz praktischer Aspekt abzuwägen: Inwieweit wird die Küche während Ihrer Arbeit nutzbar sein? Wo könnte alternativ gekocht werden? Bereiten Sie ihre Familie schonend auf den Reiz improvisierten Speisens vor. In der Zeit des Umbaus muß stete Sicherheit auf der Baustelle, vor allem für die Kinder, gewährleistet sein.

Überfordern Sie sich nicht, schließlich soll die Arbeit ja Freude bereiten und nicht zum Streßfaktor werden. Achten Sie darauf, daß Sie für die einzelnen Arbeitsschritte alle notwendigen Materialien besorgt haben, bevor Sie beginnen; und daß Sie das für die Arbeit richtige Werkzeug besitzen. Abschlußarbeiten, Detailaufgaben und Verzierungen können länger dauern, als Ihnen vielleicht lieb ist. Nichtsdestoweniger sind sie für das Gesamtbild wichtig.

Form und Funktion: Beide Aspekte sind bei der Planung Ihrer neuen Küche zu beachten. Die Schönheit der abgebildeten Küche beruht auf der Qualität der verwendeten Materialien – Holz, mosaikartige Fliesen, Marmor – kombiniert mit der schlichten Eleganz des Designs. Schön und funktional, weil es mit absoluter Präzision und einer großen Liebe zum Detail hergestellt wurde. Nichts hemmt die klare Linienführung der Regale, kein überflüssiger Schnörkel lenkt von dem reduzierten Stil ab, und nichts steht nur zur Dekoration da, sofern es so schön wie die Küche selbst ist.

Materialeffekte

Mit den Materialien, die Sie für Ihre Küche aussuchen, bestimmen Sie die Raumwirkung. Momentan gibt es zwei Trends, Küchen einzurichten.

In den letzten Jahren haben professionelle Restaurant-, Hotel- und Großküchen stilbildend auf die Familienküche gewirkt.

Die heimische Küche mit professionellem Anspruch gibt sich stromlinienförmig. Ihre hochtechnische Atmosphäre betont die Aspekte Hygiene und Effizienz. Tatsächlich ist sie leicht zu reinigen und unverwüstlich. Solch eine Küche gemütlich einzurichten oder gar in einen Wohnraum zu integrieren, ist ein äußerst schwieriges Unterfangen. Daher empfiehlt sich dieser Stil eher für einen abgeschlossenen Küchenbereich – für ein ernstes „Küchenzentrum", wo verspielte Ideen nur stören würden. Damit soll nicht gesagt sein, eine professionelle Einrichtung verwandle Ihre Küche zwangsläufig in ein seelenloses Chemielabor oder eine Fertigungshalle industriellen Typs. Die Vorteile einer Profiküche liegen im hohen Benutzerkomfort, den widerstandsfähigen Materialien, dem Dekor ohne jeden Schnickschnack. Küchenwände können bis zur Decke mit weißen, zur Auflockerung auch farbigen Fliesen gefliest werden.

Für die Arbeitsflächen ist Edelstahl die beste Lösung. Edelstahl ist leicht zu reinigen, also hygienisch. Er wirkt mondän, selbst wenn sein erster Glanz durch zwangsläufig auftretende Kratzer und Schrammen an Strahlkraft verliert. Statt seiner können Arbeitsflächen aus laminierten Holzplatten, aber auch aus Fliesen, Marmor, Granit oder Kunststoff verwendet werden.

Professioneller Glanz: Schauen Sie sich Profi-Küchen ruhig an, um sich Anregungen für die Auswahl Ihrer Küchenmaterialien zu holen. Die Abbildung oben rechts zeigt einen großen, luxuriös ausgestatteten Raum für wahre Kochbegeisterte. Eine riesige Abzugshaube, Doppelschwingtüren und ein offener Holzkohlegrill perfektionieren das Kochparadies. Die Materialien sind funktional, unempfindlich, ihre Kombination ist reizvoll. Heimelig wirkt diese Küche allerdings nicht unbedingt.

Das Foto oben links zeigt, daß diese Materialien auch auf kleinem Raum ähnliche Wirkung zeigen: Edelstahl, Marmorfußboden und weißgeflieste Wände verbreiten die Atmosphäre kühlen Könnens.

Platten	16
Oberflächenbehandlung	17
Holz	20
Fliesenlegen	36

Küche und Eßzimmer
Materialeffekte

Heutzutage erfährt die Küche als zentraler Gemeinschaftsraum wieder mehr Aufmerksamkeit. Verstärkt werden Eß- und Wohnbereiche integriert.

In diesem Kontext machen sich natürliche Materialien besonders gut. Sie wirken gleichermaßen elegant und einladend, was die allgemeine Beliebtheit ländlich-rustikal eingerichteter Küchen belegt. Holz, Stein, Terrazzo, Granit und Schiefer sind relativ unempfindlich gegen die unvermeidlichen Stöße, Kratzer und Schmutzspuren. Sie altern mit Würde, im Gegensatz zu synthetischen Materialien, die mit der Zeit unansehnlich werden. Zwar trägt Ihnen Marmor Öl- und Alkoholflecken ewig nach, aber die Gebrauchspatina steht ihm gut. Bei einem verkratzten alten Kunststoff hingegen mag nur ein Euphemist von Patina sprechen. Angeschlagenes, mit Schnitten übersätes Holz ist immer noch ansehnlicher als alter Kunststoff, der aufbricht, Schuppen wirft und sich ablöst. Besonders langlebig sind Arbeitsflächen aus Harthölzern wie Buche oder Ahorn. Natürlich haben synthetische Materialien unbestreitbare Vorteile, zum Beispiel ihren günstigen Preis und ihre Verarbeitungsqualitäten. Eine weitere Möglichkeit sind gefliste oder glasemaillierte Oberflächen. Sie sind lange haltbar und selbst nach häufigem Gebrauch noch ansehnlich.

Die meisten von uns dürften bereits kunststoffbeschichtete Arbeitsflächen in den Küchen haben. Man kann ihre Wirkung aufwerten, indem man sie mit einem alten Holztisch oder einem verwitterten Metzgerhack-Klotz kombiniert. Der Reiz liegt dabei im Kontrast von neuem und altem, von synthetischem und natürlichem Material.

Oberflächen-Kombination: Der Glanz des Edelstahls in der Küche oben links wird durch die Kochutensilien aus Edelstahl gesteigert, die an einer Stange aufgereiht hängen. Das wohlüberlegte Zusammenspiel von zurückhaltender Farbigkeit und klarem Design macht den Reiz des Raumes aus.

Ebenfalls bis ins kleinste durchdacht ist die Küche rechts oben, bei der verschiedene Materialien verwendet wurden. Einfache, weiß bemalte Ziegelsteine trennen verschiedene Kücheneinheiten voneinander ab. Die Arbeitsflächen sind mit weißem Kunststoff beschichtet; der Fußboden aus Terrakottafliesen bietet zu den weißen Flächen einen warmen Kontrast. Abgerundet wird der angenehme Eindruck durch die hölzernen Regalböden und den Korb über dem Herd.

Materialeffekte

Elegantes Understatement: Die harmonische Kombination von schimmerndem Terrazzo – einer Mischung aus Stein- und Marmorstückchen – und hellem Holz dokumentiert das Foto rechts. Die Einfachheit der Materialien verbreitet eine Atmosphäre vornehmer Zurückhaltung.

Die Küche unten links wirkt durch den Charakter des Holzes, aus dem Arbeitsplatte, Tellerbord und Fußboden gemacht sind. Schranktüren und Verkleidungen sind mit einer hellen Lackierung deutlich abgesetzt.

Das Foto rechts unten zeigt eine Küche, deren Wände und Schranktüren hell gehalten sind. In die Terrazzo-Arbeitsfläche ist eine Holzplatte als Schneidbrett eingelassen.

Letzter Schliff von eigener Hand: Mit Hilfe von DIY können Sie schöpferische Ideen mit ungewöhnlichen Materialien und Oberflächenbehandlungen umsetzen. In einem zum Einzimmerappartment umfunktionierten Lagerraum bleibt nicht viel Platz für eine Küche. Die Lösung, wie auf der gegenüberliegenden Seite präsentiert, ist auch in einem Büro oder Atelier zu verwirklichen. Die Kücheninsel mit Arbeitsfläche wird von Steinen getragen, die mit dem Sichtbeton der Fensterwand korrespondieren. Alle Materialien wurden auf den Charakter des Raumes abgestimmt.

In der kleinen Küche, unten links, mußten, wegen der beengenden Dachschräge, starke Kontraste vermieden werden. Daher wurden Holzdecke und Arbeitsflächen im selben Farbton gewählt.

Eine Durchreiche, wie sie auf dem Bild in der Mitte zu sehen ist, spart viele Wege zwischen Küche und Eßzimmer. Hier ist ein weißer Schrank mit auffallend geometrischer Form integriert worden. Seine Farbe kontrastiert mit dem Grün der Holzpaneelen.

Wenn Ihre Küche zugänglich ist, sollten Sie mehr Augenmerk auf die Ausgestaltung legen. Das rechts unten abgebildete Ensemble besticht durch edle Schlichtheit: weiße Schränke mit hellen Marmorauflagen und Marmorfliesen.

● Küche und Eßzimmer
Materialeffekte

Kücheneinrichtung

Bei dem Entwurf Ihrer eigenen Küche und den dazu gehörenden Geräten ist einiges zu bedenken. Zuallererst einmal ist eine Küche ein Arbeitsplatz. Überlegen Sie also, wo Türen, Leitungen und Anschlüsse hingehören. Die Wege sollen ergonomisch sinnvoll, Kochutensilien rasch zur Hand sein. Die drei Bereiche des Vorbereitens, Kochens und Essens müssen so arrangiert sein, daß effizientes Arbeiten möglich ist.

Steckdosen sind für kleine Kinder eine Gefahrenquelle, so daß sie gesichert gehören. Auch offene Regale sollten in gebührender Höhe angebracht werden.

Leicht geraten die weniger dekorativen Aspekte einer Küche in Vergessenheit: Wo sollen Reinigungsmittel, Wäsche, Waschmittel, Bestecke, Geschirr und Nahrungsmittel aufbewahrt werden?

Gehören Sie zu den Menschen, die es lieben, Gesellschaft beim Kochen zu haben, Zaungäste wie Familienmitglieder, und die eine Küche als Kommunikationszentrum des Hauses begreifen? Oder arbeiten Sie lieber stillvergnügt und in Ruhe vor sich hin? Von Ihrer Antwort hängt ab, welche Elemente in Ihre Traumküche gehören und welche nicht.

Wenn Sie über eine hübsche Ausstattung verfügen, dann zeigen Sie sie in entsprechenden Regalen. Gegenstände, die offen präsentiert werden, sind allerdings permanent dem fettigen Kochdunst ausgesetzt und müssen immer wieder gereinigt werden. Die Mühsal des Putzens sollte bei Ihrer Planung durchaus berücksichtigt werden.

Im Grunde lassen sich fünf Küchentypen unterscheiden. Da gibt es einmal die Küchenzeile, bei der sich alle Einheiten an einer Wand aufreihen; genau das Richtige, wenn die Wand lang genug und der Küchenraum eher schlauchartig ist. Dann die Korridorküche, die aus zwei einander gegenüberliegenden Küchenzeilen besteht. Spülbecken und Herd sollten auf ein und derselben Seite liegen. Der Korridor zwischen den Küchenzeilen sollte bequem zum Bücken reichen, also mindestens 1200 mm breit sein. Dieser Grundriß ist keineswegs ideal, aber weit verbreitet, wenn an den Stirnseiten des Raums Fenster und Tür liegen. Die L-förmige Küche erfreut sich verdientermaßen großer Beliebtheit. Sie ermöglicht die Integration eines Wohnbereichs in der Küche und nutzt gegebenen Platz optimal aus. U-förmige Küchen eignen sich bestens für kleine Räume oder Nischen und bieten überzeugende Lösungen für ein reibungsloses Zusammenspiel von Zubereitung und Kochen. Die Arbeitsfläche läuft meist durch. Ein Teil des „U" kann als Raumteiler für das dahinterliegende Eßzimmer dienen. Schließlich gibt es Küchen, bei denen eine Kochinsel isoliert in der Mitte des Raumes steht. Köche mit professionellen Ambitionen bevorzugen diese Lösung. Der Anwenderkomfort ist groß und dem kulinarischen Können werden allein durch den Anblick der Ausstattung Vorschußlorbeeren gestreut. Eine Kochinsel kann auch als Raumteiler dienen.

Grundsätzlich sollte die Spüle inmitten einer Küchenzeile liegen, nicht in eine schlecht zugängliche Ecke gedrängt werden. So können die links und rechts anschließenden Arbeitsflächen gut genutzt werden; für die Essenszubereitung zum Beispiel. Ideal wäre ein Fenster in unmittelbarer Nähe, so daß Wasserdämpfe leicht abziehen können und das natürliche Licht genutzt werden kann. Oft jedoch bedeutet dies eine grundlegende Veränderung der Installation.

Diese Küche wurde im Dialog mit dem modernen Gebäude, das sie beherbergt, entwickelt. Klare Grundlinien, blitzend weiße Küchenmöbel, gefliste Arbeitsflächen und Fußböden – die Geometrie verdrängt überflüssiges Ornament.

Kücheneinrichtung

Wir haben Sie mit fünf typischen Küchengrundrissen bekannt gemacht. Es gibt natürlich unendlich viele weitere Variationen. Fast jede Küche bietet einigen Raum für die Realisierung eigener Gestaltungswünsche.

Kochinseln sind sowohl Raumteiler als auch optischer Anziehungspunkt. Wenn Sie als Koch die Blicke auf sich ziehen wollen, ist diese Lösung die richtige. Eine Frühstücksbar hat ebenfalls raumteilende Wirkung, trennt den Koch- vom Eßbereich. Eine klare Trennung beider Bereiche ist immer sinnvoll, wenn das Raumangebot dazu ausreicht. Spülbecken, Herd und Kühlschrank bilden mit den Arbeitsflächen ein „Arbeitsdreieck", dessen Seiten zusammen maximal 6-7 Meter ausmachen können. Um die Bewegungsabläufe ergonomisch sinnvoll zu halten, sollten die Eckpunkte dieses fiktiven Dreiecks nicht weiter als eine doppelte Armspanne voneinander entfernt sein. Planen Sie Ihre Küche möglichst so, daß mehr als nur eine Person mit Muße darin arbeiten kann.

Stellen Sie den Herd *nicht* unter ein Fenster. Es besteht sonst die Gefahr, daß sich jemand beim Versuch, das Fenster zu öffnen, verbrennt. Es ist auch nicht günstig, den Herd an das Ende einer Küchenzeile zu legen, denn es sollte sich an jeder Seite eine Ablage- oder Arbeitsfläche befinden. Das ist natürlich auch über Eck machbar.

Ein weiterer Punkt in Ihren Überlegungen sollte sein, ob die Waschmaschine mit möglichen Überschwemmungen in die Küche integriert werden soll – auch ein Aspekt bei der Wahl Ihres Fußbodenbelags. Damit verbunden ist natürlich die Frage, ob ein Abfluß im Küchenboden notwendig sein wird. Aus Gründen der Installation ist es geschickter, wenn Geschirrspül-, Waschmaschine und Spülbecken nahe beieinander stehen, so daß ein Ablauf und Zulauf genügen.

Küche und Eßzimmer
Kücheneinrichtung

Rings um den Küchentisch: Charakteristisch für die kleine Küche auf der gegenüberliegenden Seite oben sind die offenen Regale. In das linke Regal ist eine runde Tischplatte eingelassen, so daß beide zu einer Einheit verschmelzen.

Die Abbildung auf der gegenüberliegenden Seite unten zeigt wie effektvoll die Kombination von Alt und Neu ist. Eine moderne Küche findet ihr Gegengewicht in einem alten Holztisch, Holzstühlen und einem Holzfußboden. Der Tisch steht aus praktischen wie ästhetischen Gründen in der Diagonalen.

Ein Eßtisch, an dem oft Gäste sitzen, sollte unbedingt vom Arbeitsbereich getrennt werden. In der Küche oben (S. 59) wurde ein Raumteiler in den Arbeitsbereich integriert.

Ecklösung: Je enger und begrenzter der zur Verfügung stehende Raum ist, umso einfallsreicher und genauer muß eine Aufteilung sein. Bei der Küche links wurde das knappe Platzangebot optimal genutzt.

Küchenbeleuchtung

Von wesentlicher Bedeutung gerade für die Küche ist eine gute Beleuchtung. Natürliche Lichtquellen sollten Sie zuerst berücksichtigen. Überlegen Sie: Was soll sich in Ihrer Küche in unmittelbarer Nähe des Fensters oder der Glastür befinden? Wo ist der Effekt eines Ausblicks, wo der Nutzen warmen Sonnenlichts am größten?

Elektrisches Licht muß den verschiedenen Aktivitäten und Arbeitsvorgängen in der Küche angepaßt sein. Mit einer einzigen Deckenlampe ist es nicht getan. Sie würden dauernd in Ihrem eigenen Schatten arbeiten, und viel „Staat" ist damit auch nicht zu machen.

Arbeitsflächen müssen besonders gut ausgeleuchtet sein. Indirekte Beleuchtung, die unten in die Hängeschränke eingebaut werden kann, vertreibt die Schatten. Die verwendeten Glühlampen dürfen weder in Augen- noch in Sitzhöhe sichtbar sein.

Lichtschienen bieten den Vorteil, daß die einzelnen Spots nach Bedarf angeschaltet werden können. Sie sind leicht unter Hängeschränken anzubringen; bieten den Vorteil, daß die Arbeitsflächen optimal ausgeleuchtet werden und daß die einzelnen Spots leicht zu bewegen sind. Der Einbau eines Dimmers lohnt sich, wenn die Küche abends als Eßzimmer dient.

Es gibt viele verschiedene Arten und Formen von Leuchtkörpern. Leuchtstoffröhren verbrauchen weniger Strom, erwärmen sich nicht so und halten länger als Glühbirnen. Manche Menschen fühlen sich aber durch ihr leichtes Flackern und den Summton, den sie manchmal von sich geben, gestört. Glühbirnen, die es auch in Kerzen- und Röhrenform gibt, sind daher vorzuziehen. Sie können zwischen 40 und 150 Watt wählen. Heute immer beliebter und in Küchen gut einsetzbar, sind „Energiesparleuchten".

Halogenleuchten eignen sich besonders gut als Deckenspots. Sie geben ein klares, weißes Licht, das Glas, Porzellan, Keramik und Chrom zum Leuchten bringt.

Die Abbildung oben links zeigt offene Regale, unter denen Glühbirnen versteckt worden sind. Dank der tief angesetzten Beleuchtung wirft die Dunstabzugshaube keinen harten Schatten auf den Herdbereich.

Die Küche rechts oben hat vom Abbruch der Längswand profitiert. Die früher dunkle Küche wird jetzt von natürlichem Licht erhellt. Deckenspots, an „strategisch" wichtigen Stellen, tun ein Übriges.

Die schmale Küche auf der gegenüberliegenden Seite verdankt ihre besondere Atmosphäre und Belichtung den Flügeltüren zum Garten hin. Unter den Hängeschränken sind Leuchtröhren verborgen, einzelne Spots sind sinnvoll über die Decke verteilt.

● Küche und Eßzimmer
Küchenbeleuchtung

Technische Ausstattung

Die technischen Anlagen fachgerecht zu installieren, ist ein absolutes Muß, das von Anfang an in Ihrem Budget Berücksichtigung finden sollte. Errechnen Sie bei der Planung der Küche die Anzahl der Elektrogeräte, die Sie in Ihrer Küche benutzen. Addieren Sie dazu noch einmal so viele Geräte, denn der technische Standard wird nicht der gleiche bleiben. Lassen Sie also ruhig ein paar Anschlüsse mehr verlegen, als momentan nötig scheinen. Wenn sich Ihre Ansprüche zukünftig verändern, haben Sie vorgesorgt.

Alle Geräte und Heizungen müssen von Fachleuten eingebaut werden. Viele Firmen bieten heute einen Einbau-Service an, den Sie nutzen sollten. Gas kann aber schädlichen Dunst oder Dampf hervorrufen. Deshalb müssen die Räume gut zu belüften sein. Gasflammen sind vor möglichem Luftzug zu schützen.

Tödliche Unfälle durch elektrischen Strom kommen in Haushalten selten vor. Häufig kommt es jedoch zu Bränden, die durch überlastete Steckdosen, fehlerhafte Leitungen, mangelhafte Isolierungen und Überhitzung hervorgerufen worden sind. Tatsächlich ist nur ein Elektriker in der Lage, diese Anlagen so zu installieren, daß alle rechtlichen Auflagen erfüllt sind.

Die drei Küchen, die Ihnen auf diesen Seiten vorgestellt werden, sind genau auf die speziellen Bedürfnisse ihrer Besitzer hin zugeschnitten worden. Drei verschiedene Grundideen repräsentieren den persönlichen Stil, die Vorstellungen und Ansprüche des jeweiligen Küchenchefs. Die wichtigen, für die technische Ausstattung notwendigen Vorarbeiten – das Verlegen der Elektroleitungen, die Rohrinstallationen, die Verteilung der Lichtquellen – sind vor Arbeitsbeginn minutiös duchgeplant worden. Veränderungen an einer fertigen Küche vorzunehmen, bedeutet außer Ärger auch noch hohe, unnötige Kosten.

Raumaufteilung

Moderne Küchen sind wieder zum Treffpunkt der Familie geworden. Nicht jeder Koch möchte einsam bei den Töpfen stehen, während der Rest der Familie oder die Gäste draußen munter plaudern. Ganz offene Küchen sind aber auch nicht der Weisheit letzter Schluß. Eine gewisse Abgrenzung von Koch- und Eßbereich ist sinnvoll. Es gibt dazu verschiedene Lösungsvorschläge.

Eine deutliche Trennung ergibt sich durch eine Kücheninsel, die den Herd beinhalten kann. Küchenmöbel, die Halbinseln gleich in den Raum hineinragen, leisten denselben Dienst. Der Koch kann ungestört arbeiten, während er doch an allen Gesprächen teilhaben kann. Ein halbinselförmiger Einbau kann auch als Eßtheke genutzt werden; das Essen ist hier schnell und heiß serviert. Die Standardhöhe der Arbeitsflächen ist mit ihren 900 mm meist bestimmend für die Thekenhöhe. Für eine solche Frühstücksbar benötigen Sie also Barhocker, die für Kinder ein Sicherheitsrisiko und für ältere Menschen unbequem sind.

Ein einfacher Raumteiler ist leicht herzustellen. Sie errichten eine Holzwand in der gewünschten Höhe und verkleiden sie mit einem Material, das dem Stil Ihrer Küche entspricht. Sie können Schränke, Regale, oder eine Reling zum Aufhängen der Küchenutensilien in den Raumteiler integrieren.

Wenn Sie ein separates Eßzimmer haben, kommt für Sie vielleicht der Einbau einer Durchreiche zur Küche in Betracht. Eine geschlossene Durchreiche beläßt das Eßzimmer in seinen Dimensionen und hält Küchengerüche fern. In geöffnetem Zustand kann der Koch bei der Arbeit mit den Gästen reden, die wiederum am Kochprozeß teilnehmen können.

Frühstückstheken: Ich zeige Ihnen zwei Beispiele großer Räume, die durch eine Frühstücksbar unterteilt worden sind.
In beiden Fällen besteht die Theke, die Wohn- und Eßbereich trennt, aus einer halbhohen Trägerwand. Obenauf liegt eine Arbeitsfläche, die in den Raum hineinragt. Auf der anderen Seite wurde eine Spülmaschine in die Nische gestellt. Gerade bei dieser Anordnung ist das Spülbecken in der Arbeitsplatte besonders praktisch: Das schmutzige Geschirr kann kurz abgespült werden, bevor es von der Theke in die Spülmaschine wandert.

Durchblicke: Bei diesem ungewöhnlichen Arrangement liegt die Durchreiche zwischen Küche und Eßzimmer unmittelbar hinter der Herdplatte und direkt unter der Abzugshaube. Ein ambitionierter Koch, der sich gerne in die Töpfe schauen läßt, hat diese Küche eingerichtet. In der Raummitte steht eine einfache Kücheninsel.

Formgebende Details

Die Grundelemente Ihrer Küche allein verleihen dem Raum noch keine Atmosphäre. Erst mit den Accessoires, den Dingen, die Sie vorzeigen, kommt das persönliche Flair. Nach dem Motto „klein aber fein" verändern Details die Raumwirkung.

Küche im „Country-Look": Wünschen Sie sich eine gemütliche, farbenfrohe Küche mit urspünglich-ländlicher Stimmung? Dann drapieren Sie Ihr liebstes Geschirr in offenen Regalen. Körbe und Schalen, Gläser, Vorratsgläser vervollkommnen den Eindruck traditioneller Häuslichkeit. Allerdings bleibt in dieser Küche kein Winkel vom fettigen Kochdunst verschont. Wer viel offen präsentiert, muß auch viel putzen.

Die Grundelemente Ihrer Küche sollten stilistisch zur gewählten Dekoration passen. Ein alter Küchenschrank hat natürlich ein besonderes Flair. In unserem Beispiel wird eine ähnliche Wirkung mit einfachen, preisgünstigen Materialien erzielt. Das Geschirr steht auf kunststoffbeschichteten Spanplatten, an einer Leiste hängen Tassen und Krüge, und die Arbeitsfläche unter den Regalen wird als Präsentationsfläche mitgenutzt. Nichts stört das idyllische Arrangement.

High-Tech-Effekte: Der Koch, dessen Küche unten links abgebildet ist, bevorzugt Accessoires aus Edelstahl, Chrom und Glas. Die Gesamtwirkung ist ebenfalls stimmig, weil hier auf alles Verspielte und Niedliche verzichtet wurde.

In einer kleinen Küche wurde derselbe Ansatz radikal zu Ende gedacht. Wie auf dem gegenüberliegenden Foto zu sehen ist, beschränkt sich das Design ganz auf metallische Kühle. Alles ist aus blankem Edelstahl und blitzendem Chrom. Eine weiße Wand dient als Hintergrund für eine professionelle Hängevorrichtung mit auf Hochglanz polierten Töpfen. Eine blühende Pflanze in einem einfachen Tontopf mutet geradezu archaisch an.

Jedes Ding an seinen Platz

Für die gemütliche, wohnliche Küche, die dem Auge eine scheinbar zufällige Auswahl von Küchengeräten im weitesten Sinne präsentiert, brauchen Sie vor allem Platz. Haben Sie eine kleine Küche, etwa vom Typ der Korridorküche, müssen Sie mit dem knappen Raum haushalten, der sowieso nur einer Person Gelegenheit zum Kochen gibt.

Ist Ihre Küche ausreichend groß, dann können Sie es sich leisten, großzügig mit dem Raum umzugehen. Durch ein derartiges, zwangloses Arrangement können Sie ein Stilleben aus Früchten, verschiedenen Gemüsesorten, Töpfen, Steingut und schön anzusehenden Küchengeräten zaubern.

Ein alter Küchenschrank ist zwar eine sehr schöne, aber nicht die einzige Möglichkeit, interessante Objekte angemessen zur Schau zu stellen. Versuchen Sie, eine gewisse Struktur in Ihre Anordnung zu bringen, die das Auge anspricht. Sollten Sie noch unsicher sein, beherzigen Sie den Grundsatz: alles ist erlaubt, was Ihnen wirklich gefällt!

Lange Regalbretter, die zum Durchbiegen neigen, können an der Brettkante mit Winkelleisten aus Holz verstärkt werden. Zusätzliche Seitenleisten oder Winkelträger geben auch schweren Gefäßen und Schüsseln sicheren Stand. Beherzigen Sie einen einfachen Grundsatz, den man oftmals vergißt: Die Dinge, die man selten benötigt, sind in den obersten Regalböden bestens aufgehoben. Denken Sie hier an die Leisten, denn nur so verhindern Sie ein allzu leichtes Herabfallen der Gegenstände.

Eine weitere Selbstverständlichkeit, die gar nicht oft genug betont werden kann: Hängeschränke und Wandregale müssen wirklich ganz fest in der Wand verankert werden. Umso schwerer die Töpfe, Pfannen oder das Geschirr sind, die dort aufbewahrt werden, umso solider sollte die Aufhängung sein.

Wandbefestigungen	24
Regale mit Fächern	114

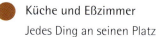
Küche und Eßzimmer
Jedes Ding an seinen Platz

Strukturen schaffen Ordnung: Das Foto auf der gegenüberliegenden Seite oben zeigt, daß der Korridor, der zur Küche führt, einfach mit einbezogen werden kann. Eine offene Regalkonstruktion bedeckt die Wand des Korridors. Bei ihrer Gestaltung standen die Küchenregale Pate. Die Wirkung der flachen Regalwand beruht auf der strukturierenden Ordnung der unterschiedlichen Regalhöhen. Sie variieren stark, weil sie exakt der Höhe der unterzubringenden Objekte angepasst worden sind. Alles ist leicht zu finden und leicht zugänglich. Die vertikalen Bretter sorgen für klare Abgrenzungen und optischen Halt. So können alle Dinge in benachbarte Fächer gestellt werden, ohne daß eine chaotische Ansammlung entsteht.

Geradlinigkeit: Regale, die den gegebenen Raumlinien folgen und regelmäßig angeordnet sind, wirken strenger. Auf der gegenüberliegenden Seite unten links ist ein solch geometrisches Raster zu sehen. Quadratische Fächer bringen Porzellan, Glas und Keramik zur Geltung.
Ebenso einfach und durchaus effektvoll sind die Regale der Küche rechts daneben. Kunststoffbeschichtete Faserplatten, von Leisten getragen, füllen die Nische aus.

Charmante Darbietung: Glasgefäße präsentieren die unterschiedlichen Farben und Formen von Nahrungmitteln. Diese dekorative Art der Vorratshaltung verleiht Ihrer Küche einen Hauch von Tradition, denn Sie ruft Erinnerungen an Tante-Emma-Laden und großmütterliche Küchen wach. Die Abbildung (S. 68, unten rechts) beweist, welche Atmosphäre ein einziges, maßgeschneidertes Küchenregal verbreiten kann. Sie können es aus einfachem Holz oder Holzfaserplatten fertigen. Die Regalhöhe und -breite orientieren sich an den vorhandenen Gläsern und dem Raumangebot. Die Oberfläche ist mit weißen Fliesen verkleidet worden, die zur gefliesten Wand passen. Alte Salzfässer und reich verzierte Olivenölflaschen stehen auf der hölzernen Arbeitsfläche und runden das nostalgische Bild ab.

Küchenböden

Ein Fußboden spiegelt den Charakter Ihrer Küche wider. Bei der Auswahl Ihres neuen Küchenbodens werden Sie durch den bestehenden Fußboden ein wenig eingeschränkt. So ist es nicht ohne weiteres möglich, auf Holzböden Keramik- oder Terrakottafliesen zu verlegen. Holz arbeitet, es zieht sich zusammen und dehnt sich aus. Die Fliesen und Fugen können sich diesen Schwankungen nicht anpassen, sie nehmen zwangsläufig Schaden. Andererseits können Sie auf einem Beton- oder Steinfußboden, der möglicherweise kalt und feucht ist, nicht direkt Kunststoffbahnen oder -fliesen verlegen. Es ist zunächst erforderlich, den Boden mit einer Unterkonstruktion aus Spanplatten auf den Belag vorzubereiten. Weitere Schwierigkeiten können auftreten, wenn Sie den Boden zunächst isolieren müssen, um Geräusche aus dem Untergeschoß abzudämmen.

Vor allem in Altbauten müssen Sie mit Unebenheiten im Fußboden rechnen. Manchmal stimmt das Niveau des Küchenfußbodens nicht mit dem angrenzender Räume überein. Ein Wechsel im Bodenniveau ist nicht allein ein ästhetisches Problem, sondern auch eine stete Gefährdung. Zunächst einmal müssen Sie also die exakte Bodenhöhe ermitteln und dann nivellieren. PVC ist haltbar, pflegeleicht, wasserfest und unempfindlich gegen Öl- und Fettflecken, auch gegen die meisten Chemikalien – aber nicht gegen Hitze! Sie können ihn auf Hartfaserplatten und geraden Holzdielen verlegen. Mehrschichtige Fliesen sind fußwärmer, einfaches PVC kann zum selben Zweck unterfüttert werden. Gemusterte und strukturierte Fußböden haben sich wegen ihrer Fleckunempfindlichkeit als besonders praktisch erwiesen.

Obwohl Kunststoffe dank ihrer positiven Eigenschaften weit verbreitet sind, gibt es doch einige Alternativen.

Terrakotta: Die wohnliche Küche eines alten Landhauses ist sparsam mit alten Bauernmöbeln ausgestattet. Eine ideale Ergänzung zu ihrem natürlichen Charakter ist der Fußboden aus unglasierten Terrakottafliesen. Diese Fliesen sind leicht sauber zu halten. Solch schwere Böden sind aber nur im Erdgeschoß verwendbar. Der Unterboden muß besonders sorgfältig vorbereitet werden.

Schachbrettmuster: Immer wieder schön: das nostalgische Schachbrettmuster aus Keramikfliesen oder Steinplatten! In unserem Beispiel entsprechen dem Fußboden gefliese Wände und das Design der Frühstücksbar. Wenn Ihr Unterboden für Keramikfliesen nicht geeignet ist, können Sie auf entsprechende Kunststoffimitate zurückgreifen. Sie sind optisch durchaus überzeugend, preisgünstig und leicht zu verlegen.

Küche und Eßzimmer
Küchenböden

Zum Beispiel Kork: ein natürliches, schönes Material, das hervorragende schall- und wärmedämmende Qualitäten besitzt. Es ist leicht zu pflegen, verschleißt aber rasch, wenn es nicht versiegelt worden ist.

Keramikfliesen sehen gut aus, sind dauerhaft, pflegeleicht und überstehen manchen Stoß. Fliesen sind leider recht teuer und können, wie bereits erwähnt, nicht auf jedem Boden aufgebracht werden. Terrakottafliesen verbreiten eine warme Stimmung.

Strapazierfähige unglasierte Fliesen sind außerordentlich haltbar, rutschfest und robust, aber ihr hohes Eigengewicht läßt sie nur für Fußböden im Erdgeschoß in Frage kommen. In Obergeschossen sind daher qualitätvolle Kunststoffbeläge vorzuziehen.

Terrakotta, Granit und Marmor sind genauso robust und dauerhaft wie Holzfußböden. Sie müssen an Stellen intensiven Abriebs, wie vor dem Herd, besonders gut versiegelt sein.

Linoleum, das lange Zeit als altmodisch und unschön galt, erlebt gerade eine Renaissance. Linoleum ist haltbar und leicht zu säubern. Eigentlich ist es auch einfach zu verlegen, es bedarf aber einer Unterkonstruktion.

Holz ist ebenfalls ein ansprechendes Material, nimmt jedoch Fettflecken übel und verlangt stete Pflege.

Mit Farbe bemalte Böden sind für die Küche ungeeignet, ebenso wie Teppichböden oder Kokosmatten.

Für welchen Fußboden Sie sich auch immer entscheiden, versuchen Sie ihn bitte nicht zu verlegen, bevor Sie nicht beim Händler oder Hersteller Rat eingeholt haben. Ihr alter Fußboden muß gründlich für den neuen Belag vorbereitet werden. Vergewissern Sie sich, ob Sie den richtigen Klebstoff verwenden und das richtige Werkzeug für Ihr Vorhaben besitzen. Beim geringsten Zweifel konsultieren Sie einen Fachmann.

Noppen-PVC: Ist in großen Fliesen oder Bahnen erhältlich. Sein Reiz liegt in der Modernität, die es ausstrahlt. Abgesehen davon ist es langlebig und leicht zu reinigen. Eine differenzierte Farbpalette bietet sich Ihnen an, so daß es leicht fällt, das Material mit modernen Küchen zu kombinieren. Die weiße Küche erhält durch den roten Boden eine warme Atmosphäre.

Kork: Vermittelt Augen und Füßen ein Gefühl von Wärme. Es ist eine relativ preisgünstige Alternative zu Holz. Das natürliche Material ist zwar nicht so haltbar wie Kunststoff, gut versiegelter Kork ist aber durchaus widerstandsfähig. In der abgebildeten Küche komplettieren die Korkfliesen das Küchenensemble perfekt.

Wirtschaftsräume

Im Wirtschaftsraum empfiehlt sich eine funktionale, praktische und arbeitsökonomische Einrichtung. Hier ist genügend Stauraum für Haushaltsreiniger und Chemikalien für den Hausgebrauch – gefährliche Stoffe wie Fleckentferner und Bleichmittel gehören bekanntlich aus der Reichweite von Kindern!

Eine genaue Planung ist bei der Einrichtung Ihres Wirtschaftsraumes genau so wichtig wie stets beim DIY: Wohin sollen Spülbecken und technisches Gerät? Die Waschmaschine sollte so stehen, daß sie problemlos zu bedienen und bei anfallenden Reparaturen leicht zugänglich ist. Eine Spüle mit zwei Becken und einer großen Abtropfvorrichtung ist dort besonders praktisch, wo viel von Hand gewaschen wird. Wenn die vorhandenen Rohrleitungen und Anschlüsse nicht ausreichen, betrauen Sie einen Fachmann mit den notwendigen Veränderungen. Wo viel Wäsche gewaschen wird, fließt und spritzt das Wasser erfahrungsgemäß nur so – daher muß der Boden Ihres Wirtschaftsraumes unbedingt gefliest sein.

Ein Gestell zum Trocknen der Wäsche kann an der Decke befestigt werden, ein Bügelbrett läßt sich auch von einer Wand herunterklappen.

Oben wird nur eine Nische des Raumes als Wirtschaftsbereich genutzt. Der gewöhnliche Anblick kann mittels einer Jalousie verborgen werden. Das Bügelbrett wird einfach wieder in den Schrank zurückgeklappt.

Unten links ist im Wirtschaftsraum eine Ecke für den Wickeltisch reserviert worden. Das Zimmer lebt von der Belichtung und dem pfiffigen Rundfenster.

Schmale, korridorartige Räume eignen sich besonders gut für Wirtschaftsräume. Rechts unten und auf der gegenüberliegenden Seite sehen Sie zwei Beispiele dafür. Beide Räume werden durch eine Zeile verschiedener Geräte und Schränke gefüllt.

Die Waschküche	82
Arbeitsplatten	92
Wäschetrockengestell	103

● Küche und Eßzimmer
Wirtschaftsräume

Eßzimmer

In heutigen Wohnungen sind die Eßzimmer meist in Wohnzimmern oder Küchen integriert. Eßecken im Wohnzimmer – beispielsweise am kurzen Ende eines L-förmigen Wohnzimmers – und Eßecken in der Küche ersetzen ein separates Eßzimmer. Am Küchentisch versammelt sich regelmäßig die Familie. Dagegen ist ein separates Eßzimmer beinahe schon ein Anachronismus.
Die klassische Eßzimmereinrichtung bestand aus schweren Mahagoni- oder Walnußmöbeln, auf denen das Familiensilber zur Schau gestellt wurde. Eine Galerie von Ahnenportraits unterstrich den eigenen Rang. Die Mahlzeiten selbst wurden in vollendeter Form abgehalten. Der Widerstand gegen den Formalismus erstarrter Benimm- und Anstandsregeln und die schlichte Tatsache, daß Wohnraum zunehmend knapp wurde, trugen zu der Entwicklung vom Speise- zum Eßzimmer bei.

Ein eleganter und dennoch einladender Raum ist die perfekte Szenerie für Mahlzeiten in entspannter Atmosphäre und anregender Gesellschaft. Bequeme Stühle und sanftes Licht ermutigen Ihre Gäste, länger zu verweilen und über Wein und Essen ausgiebig zu debattieren – schließlich ist das gemeinsame Essen ein wesentliches soziales Ereignis.

Natürlich kann ein separates Eßzimmer auch andere Funktionen erfüllen. Ein Tisch in einer Ecke verwandelt es in einen zusätzlichen Arbeitsraum, ein bequemer Lehnstuhl schafft eine Leseecke.

Das Eßzimmer ist und bleibt ein repräsentativer Raum, der sich fremden Blicken öffnet. Daher sind dort Ihre Sammlungen von Gläsern, Steingut, Kandelabern oder Weinflaschen, alles was Ihnen wichtig ist, gut aufgehoben.

Wenn es Ihr finanzieller Rahmen zuläßt und es Ihnen ästhetisch zusagt, wählen Sie für Ihr Eßzimmer antike oder nachgemachte Stilmöbel. Eine Anrichte aus Mahagoni hat einfach eine unverwechselbare Ausstrahlung. Damit steht Ihre Einrichtung bereits, die sie mit schönen Regalen und einer ausgeklügelten Belichtung vervollkommnen.

Alternativ können sie selbst ein Buffet oder eine Anrichte schreinern. Überlegen Sie, ob eine Durchreiche zur Küche von Vorteil wäre.

Weit davon entfernt, aus der Mode zu sein, kann ein phantasievoll gestaltetes Eßzimmer Ihre Wohnung und Ihren Lebensstil positiv verändern.

Adäquate Selbstdarstellung: Im gegenüberliegenden Eßzimmer gruppiert sich ein moderner Tisch mit Stühlen längs einer eingebauten Regalwand.

Unten rechts erweist sich, wie dekorativ eine Sammlung von Keramikgefäßen wirken kann, wenn sie adäquat dargestellt wird. Die Objekte können mit einem Spot ins rechte Licht gerückt werden.

Das Hängeregal auf der gegenüberliegenden Seite links ahmt einen traditionellen Schrankaufsatz nach. Ähnlich idyllische Effekte werden im Eßzimmer, das ganz rechts abgebildet ist, erzielt. Dort wurden lange Regalböden an einer holzverkleideten Wand angebracht. Auf halber Höhe springt ein Regalboden weiter vor, der als Anrichte dient und von einer Zeile von Schubladen unterfangen wird.

Eßecken: Ein Biedermeier-Ensemble unten links sorgt in dem lichtdurchfluteten Raum für eine festliche Atmosphäre. Die Regale leiten von der Küche in den Eßbereich über.

Die Abbildung auf der gegenüberliegenden Seite unten Mitte demonstriert, wie sich alt und neu noch verbinden können: In einer Altbauwohnung mit Dielenfußboden steht ein Metalltisch mit entsprechenden Stühlen. Der Tisch passt sich genau in den Raum ein und setzt sich seitlich als Fensterbrett fort.

Buffet mit Spiegeln	104
Regale in Wandnischen	142
Ein Büro zu Hause	158

● Küche und Eßzimmer
Eßzimmer

Das Küchen-System

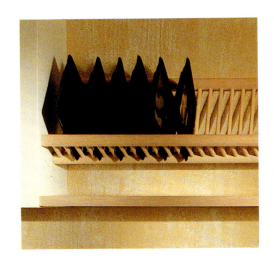

Viele, die eine Einbauküche installieren möchten, stehen vor dem Problem, daß Wände uneben sind und leider nicht immer rechtwinklig stehen. Die Prozedur, fabrikgefertigte Küchenschränke solchen Räumen anzupassen, kann zum Alptraum werden.

Das Küchen-System, das ich Ihnen vorstelle, versucht, den Aufbau und Einbau so einfach als möglich zu machen. Rohre über Putz können hinter den Einheiten versteckt werden. Sie entscheiden, welche Materialien das Erscheinungsbild Ihrer Küche bestimmen.

Entweder entscheiden Sie sich dafür, überall Schranktüren einzubauen, hinter denen alles verstaut werden kann, oder Sie lassen die Regale offen oder Sie kombinieren beides. In diese Küche passen alte Geräte ebensogut wie funkelnagelneue. Alle Dimensionen sind wandelbar; erweitern, kürzen, stapeln Sie die Grundelemente nach Ihrem Belieben. Die Variationsmöglichkeiten sind unbegrenzt und leicht umzusetzen.

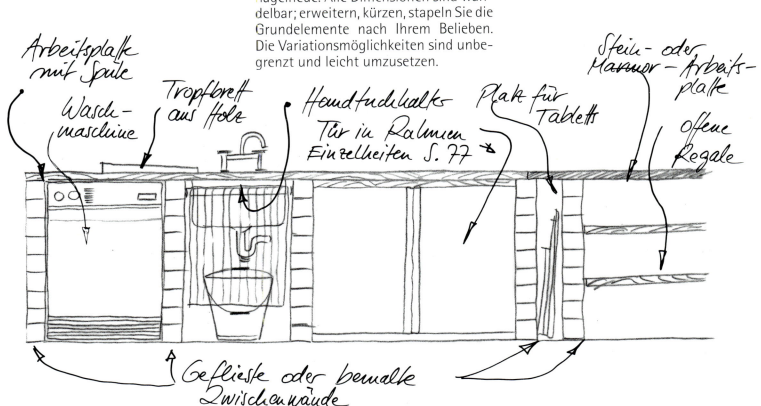

Küche und Eßzimmer
Das Küchen-System

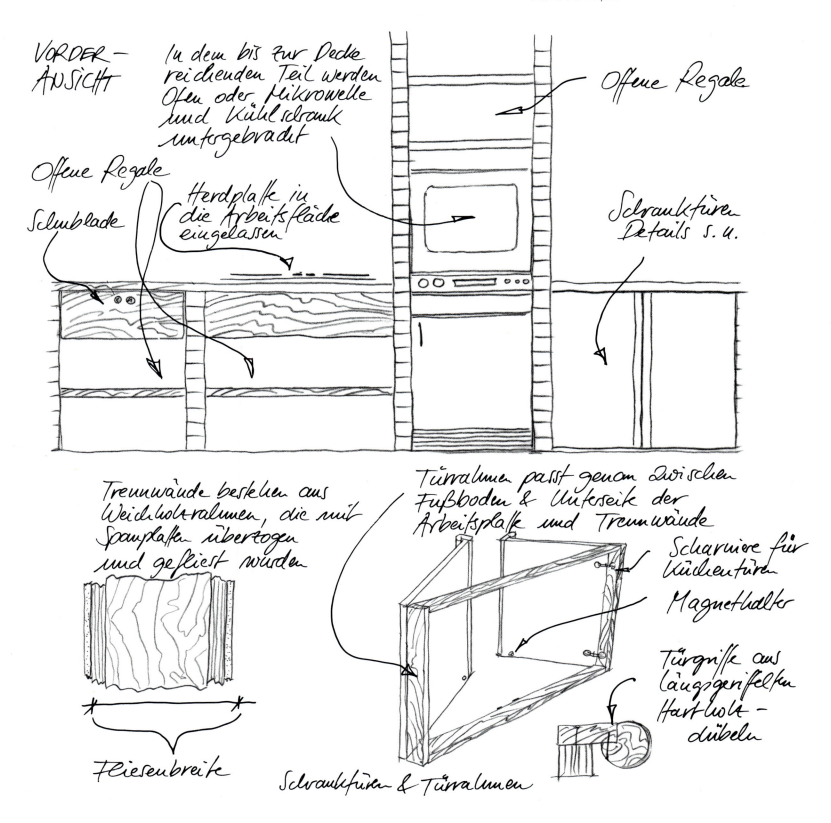

Küchen und Farbe

Das Küchen-System: Bekennen Sie Farbe! Bei dieser bäuerlich-ländlichen Variante unseres Küchen-Systems wurden die trennenden Grundelemente nicht gefliest, sondern mit Farbe bemalt. Zwischen den Trennwänden sind Regale eingezogen, unter dem Spülbecken ist eine Trockenstange für Geschirrtücher hinzugefügt worden. Die gefliesten Arbeitsflächen werden ringsum von Holzleisten eingefasst. Die Fliesen sind leicht zu reinigen und überaus praktisch. Den Eindruck ländlicher Einfachheit vervollkommnen Lattenregale mit der einfachen Winkelkonstruktion, ein hölzerner Messerhalter und eine Stange, an deren Haken Geräte mit Gebrauchspatina baumeln. Diese Details haben viel Ausstrahlung und sind ganz leicht selbst herzustellen.

Die Waschküche

Sie sehen sofort: Das Prinzip unserer Waschküche ist dasselbe wie bei der Küche. Die Grundelemente tragen hier eine Arbeitsfläche aus solidem Ahornholz. Das Keramikwaschbecken ist besonders tief und erinnert an die Spülsteine von früher. Links und rechts des Spülsteins stehen genau eingepasst Waschmaschine und Wäschetrockner auf einem kleinen Sockel. Von entscheidender Bedeutung für die Gesamtwirkung ist ihre symmetrische Anordnung.

Ein Lattenregal unter dem Spülbecken bietet Stauraum für Reinigungsmittel. Darunter bleibt noch genug Platz für einen Wäschekorb.

Das schlichte, formvollendete Trockengestell ist leicht nachzubauen, wie Sie noch sehen werden. Kleidung und große Wäschestücke wie Laken können darauf getrocknet werden.

Das Waschen könnte in einer solchen Waschküche geradezu ein Vergnügen werden.

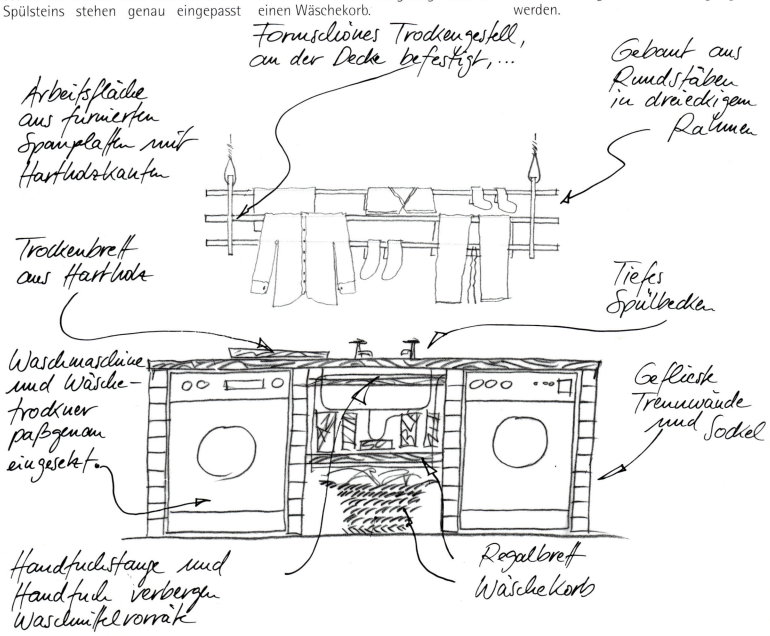

Formschönes Trockengestell, an der Decke befestigt,...

Gebaut aus Rundstäben in dreieckigem Rahmen

Arbeitsfläche aus furnierten Spanplatten mit Hartholzkanten

Trockenbrett aus Hartholz

Tiefes Spülbecken

Waschmaschine und Wäschetrockner paßgenau eingesetzt

Gefliest Trennwände und Sockel

Handtuchstange und Handtuch verbergen Waschmittelvorrat

Regalbrett Wäschekorb

Das Küchen-System

Das Grundelement dieser Küche ist ein aus einem Kantholzrahmen mit Seitenplatten bestehendes senkrechtes Seitenteil. Dieses gefliese Seitenteil kann auch gestrichen, mit Nut- und Federbrettern oder mit Laminat-Platten verkleidet sein.

Gefliese Seitenteile werden so breit gewählt, daß die an der Front verlegten Fliesen genau über den Kanten der auf den Seitenteilen angebrachten Fliesen abschließen. Der Abstand der Seitenteile voneinander richtet sich nach der Breite der in das System einzubauenden Geräte, Regale und Schränke. Eine Arbeitsplatte liegt oben auf den Seitenteilen und ragt vorne 20 mm über. Da die Tiefe der Seitenteile von der Gesamttiefe der Arbeitsplatte abhängt, muß zunächst die Tiefe der Arbeitsplatte festgelegt werden (siehe Arbeitsplatten, Seite 92). Die Seitenteile werden vor dem endgültigen Einbau in der vorgesehenen Position montiert, verkleidet (gebeizt), gefliest, verfugt und zur Befestigung der Einlegeböden mit entsprechenden Auflagen oder Tragleisten versehen.

Grundelemente

Wenn Sie Grundelemente in einer außergewöhnlichen Stärke bauen möchten, ist es eventuell schwierig, das passende Holz zu bekommen. In diesem Fall wählen Sie etwas stärkeres Holz und hobeln es auf die richtige Stärke ab.

Höhe. Die Höhe der Seitenteile richtet sich nach den Maßen Ihrer verwendeten Fliesen und der in Ihrer Küche einzubauenden Geräte. In diesem Projekt ist eine Arbeitshöhe von 930 mm vorgesehen, worin eine Stärke von 40 mm für die Arbeitsplatte eingerechnet ist; also beträgt die Gesamthöhe des Grundelementes, das heißt des Seitenteils, 890 mm. Diese Höhe basiert auf der Verwendung von acht ganzen Fliesen, um das Seitenteil zu bedecken.

Tiefe. Die Tiefe der Arbeitsplatte, die vorne 200 mm über die Seitenteile hervorragt, beträgt 650 mm.

Somit sind die Seitenteile 630 mm tief. Wenn Sie eine Standard-Arbeitsplatte von 600 mm Tiefe verwenden, dürfen die Seitenteile natürlich nur 580 mm tief sein.

Der hintere, senkrechte Pfosten des Seitenteils wird für eventuell notwendige Markierungen und das Verlegen von Rohrleitungen und Kabeln um 50 mm nach innen versetzt. Dieser Raum kann auch für die notwendige Hinterlüftung des Herdes und Kühlschrankes sorgen.

Gasgeräte müssen einen eigenen Abzug haben. In der Konstruktion wurde auch die Möglichkeit einer Rückwand oder Klappe berücksichtigt.

Abstand. Der Abstand zwischen den Seitenteilen richtet sich nach den einzubauenden Geräten, der gewünschten Breite der Schränke usw.

Unsere Seitenteile haben einen Abstand von 600 mm.

Einlegeböden

Aus gestalterischen Gründen liegt der obere Einlegeboden eine Fliesenbreite unterhalb der Oberkante des Seitenteils in Höhe der Fuge. Wenn eine Hartholz-Blendleiste am Einlegeboden angebracht wird, so schließt sie bündig mit der Vorderkante des Seitenteils ab. Zwischenböden sind ebenfalls auf die Fugen der Fliesen ausgerichtet, jedoch eine halbe Fliesenbreite von der Vorderkante zurückgesetzt. Das sieht sauber aus und ermöglicht, wenn gewünscht, den Einbau von Türen an der Vorderseite. (In diesem Fall wird der obere Einlegeboden nicht eingebaut.) Alle Einlegeböden liegen auf Kantholzleisten, die dann durch die vordere Blendleiste am Einlegeboden verdeckt werden.

Bodensockel. Bodensockel können eingebaut werden, um dem Ganzen ein sauberes Aussehen zu verleihen. Sie sind bei einem unebenen Fußboden sehr nützlich. Dabei wird die Unterseite des Sockels nach Bedarf unterlegt und die Vorderkante vor dem Fliesen am Boden angezeichnet (siehe Techniken, Seite 36). Die Bodensockel haben die Höhe einer Fliese.

Das Küchen-System ist so konzipiert, daß es leicht an alle Gegebenheiten anzupassen ist. Auf den folgenden Seiten wird der Bau der auf den Seiten 78, 79, 80, 81 und 83 abgebildeten Küchen im einzelnen beschrieben. Wenn Sie das ganze System bauen möchten, so helfen die nachfolgenden Checklisten für den Arbeitsablauf bei der Zusammenstellung Ihres Ablaufplanes. Nachfolgend sind die einzelnen Elemente jeder Küche aufgeführt.

Gefliese Küche

Seitenteile mit Einlegeböden, S. 86
Arbeitsplatte, S. 92

Mögliche Extras:
Rückwand, S. 88
Bodensockel, S. 88
Eingebautes Lattenregal, S. 91
Türen und Türgriffe, S. 90

Hohes Seitenteil, S. 88
Wandregale, S. 94

Weitere Projekte:
Abtropfvorrichtung, S. 97
Stange für Küchengegenstände, S. 97
Wäschetrockengestell, S. 103

Gestrichene Küche

Seitenteile mit Einlegeböden, S. 88
Messerhalter, S. 102
Lattenregal mit Konsolen, S. 100
Herausnehmbarer Handtuchhalter, S. 101

Checkliste »Ablaufplan«

Gefliese Küche

Zu den gefliesten Seitenteilen kommen Einlegeböden, Rückwände, Bodensockel und eine Arbeitsplatte hinzu.

1. Tiefe der Arbeitsplatte festlegen.
2. Höhe der Arbeitsplatte festlegen (passend zu Fliesenhöhe und Geräten).
3. Stärke der Seitenteile passend zur Fliesenbreite festlegen.
4. Abstand der Elemente und den Einbau von Einlegeböden oder Einbaugeräten wie Geschirrspüler festlegen.
5. Grundrahmen der Seitenteile herstellen, falls gewünscht mit hohen Seitenteilen.
6. Anzahl und Lage von Einlegeböden festlegen.
7. Position der Auflageleisten für Einlegeböden markieren.
8. Querstreben befestigen.
9. Die Rahmen mittels runden Drahtnägeln mit 12 mm Sperrholz verkleiden.
10. Halteleisten für Rückwand einpassen.
11. Seitenflächen der Seitenteile fliesen, ausgenommen hinterste und unterste Fliesenreihe (Platz zum Anzeichnen für Montage des Seitenteils).
12. Auflageleisten für Einlegeböden herstellen und montieren.
13. Seitenteile passend montieren und fehlende Fliesen anbringen; bei Bedarf zur Montage anzeichnen und an der Wand mit Leisten und am Boden mit Montagewinkeln befestigen.
14. Rückwand zuschneiden und einsetzen.
15. Einlegeböden anfertigen und einsetzen.
16. Bodensockel herstellen, fliesen und einpassen.
17. Vorderseiten der Seitenteile fliesen.
18. Arbeitsplatte und Blendleisten einpassen.
19. Bei Bedarf Türrahmen einsetzen.
20. Oberschränke herstellen (eventuell mit Einlegeböden).

Gestrichene Küche

Gestrichene Seitenteile mit Einlegeböden und gefliester Arbeitsplatte.

1. Tiefe der Arbeitsplatte festlegen.
2. Montagehöhe der Arbeitsplatte festlegen.
3. Stärke der Seitenteile festlegen.
4, 5, 6, 7, 8 siehe gefliese Küche
9. Die Rahmen mit 12 mm MDF-Platten verkleiden; dabei Drahtnägel mit Senkköpfen verwenden und 2 mm unter die Oberfläche versenken.
10. Auflageleisten für Einlegeböden herstellen und montieren.
11. MDF-Platte als Sichtfront an der Vorderseite jedes Seitenteils anbringen.
12. Seitenteile passend montieren. An der Wand mit Montagewinkeln befestigen und nach Wunsch streichen.
13. Einlegeböden anfertigen und einpassen.
14. Arbeitsplatte einpassen und fliesen.

Das Küchen-System
Grundelemente

Werkzeuge

Schneidemesser
Stahllineal
Anschlagwinkel
Hammer
Versenker
Fuchsschwanz (oder Elekto-Kreissäge)
Rückensäge
Schraubendreher
(abhängig vom verwendeten
Schraubentyp)
Schleifblock und Schleifpapier
(oder Schwingschleifer)
Bohrmaschine
Senkbohrer
Steinbohrer
Malerpinsel – 38 mm

Fliesenleger-Werkzeuge

Rollenschneider
Fliesenschneider
Zahnspachtel
Fliesenleger-Kreuze
Fugengummi
Wasserwaage
Zwei Schraubenzwingen

Weitere Werkzeuge

Elektro-Stichsäge zum Schneiden von Platten und Einpassen von Einbauspülen und Kochmulden
Oberfräse (oder Elektro-Kreissäge) zur Herstellung von Schrankgriffen
Bohrführung zur Verbindung von Arbeitsplatten
V-Block zum Halten von Rundhölzern für Türgriffe

Materialien

Hinweis: Alle Angaben gelten für Endmaße - entweder gesägt oder gehobelt. Das aufgeführte Material gilt für den Bau eines Seitenteils mit Einlegeböden und einem Bodensockel.

Grundelemente – Grundrahmen

Teil	Stückzahl	Material	Länge
Vorderer Pfosten	1	75 x 50 mm gesägtes Weichholz	890 mm
Hinterer Pfosten	1	Wie oben	790 mm
Oberer Querträger	1	Wie oben	575 mm
Unterer Querträger	1	Wie oben	575 mm
Zwischen-Querträger	Nach Bedarf	Wie oben	480 mm

Verkleidung (Abdeckung für Rahmen und Boden)

Seiten	2	12 mm Verschalungssperrholz	890 x 630 mm
Boden	1	12 mm Verschalungssperrholz	600 x 630 mm

Einlegeböden

Oberer Einlegeboden	1	15 mmm Spanplatte mit Beschichtung	600 mm breit x 618 mm tief
Zwischenboden	1	15 mm Spanplatte mit Beschichtung	600 mm breit x 575 mm tief
Blendleiste für Zwischen-Einlegeboden		38 x 12 mm gehobeltes Hartholz	600 mm

Auflageleisten für Einlegeböden

Oberer Einlegeboden	1	19 x 19 mm gehobeltes Weichholz	618 mm
Zwischenboden	1	Wie oben	575 mm

Bodensockel

Vorderer Trägerbalken		100 x 25 mm gesägtes Weichholz	600 mm
Mittlerer Trägerbalken		Wie oben	Wie oben
Hinterer Trägerbalken		Wie oben	Wie oben

Fliesen

Fliese	Nach Bedarf	108 x 108 mm weiße Keramikfliesen für Wand und Boden	

Bau des Seitenteils – Grundelement

Grundrahmen

Den vorderen Pfosten mit 75 mm langen Rundnägeln an den oberen Querträger nageln. Zur Erleichterung der Arbeit nageln Sie gegen eine Leiste, die an der Werkbank festgeklemmt, am Boden angenagelt oder an der Wand befestigt ist, so daß Sie ein festes Widerlager haben. Dabei müssen die Teile auf einer ebenen Fläche liegen, um sie bündig und stabil miteinander verbinden zu können. Dann das Ganze umdrehen und den vorderen Pfosten an den unteren Querträger nageln. Der hintere Pfosten wird zwischen oberem und unterem Querträger 50 mm von den Enden nach innen versetzt eingepaßt und angenagelt. Dadurch läßt sich das Seitenteil später leichter in die Rückwand einpassen. Bei dem Seitenteil für den Waschbereich ist der hintere Pfosten von der Hinterkante aus um 100 mm einzurücken, um Raum für die Anschlüsse des Trockners zu schaffen.

Anbringen der Zwischen-Querträger

Bringen Sie die Zwischen-Querträger so an, daß darauf nachher die Auflageleisten der Einlegeböden montiert werden können.

Das fertige Projekt sieht besser aus, wenn die Zwischenböden mit den Fugen zwischen den Fliesen eine Linie bilden. In unserem Grundelement ist der Einlegeboden eine Fliesenbreite unterhalb der Oberkante angeordnet und der Zwischenboden in der Mitte zwischen Einlegeboden und der Oberkante des Bodensockels.

An vorderem und hinterem Pfosten die Oberkante des Einlegebodens in der gewünschten Höhe ausmessen und markieren. Als nächstes markieren Sie die Stärke (15 mm) für den Einlegeboden und dann die Stärke der Auflageleiste für den Einlegeboden (19 mm). Die Mitte der Auflageleiste ist auch die Mittellinie des Zwischen-Querträgers. Für den Zwischenboden verfahren Sie entsprechend.

Jetzt wird der rechteckige Grundrahmen hochkant aufgestellt (die hinteren, nach innen versetzten Pfosten mit Holzklötzen – 50 mm – unterlegen), und dann werden alle Zwischen-Querträger in der richtigen Lage festgenagelt.

Verkleidung des Rahmens

An den Außenseiten des vorderen und hinteren Pfostens die Mittellinien der Zwischen-Querträger markieren. Durch die Seitenverkleidungen (die auf den Rahmen genagelt werden) sind die Positionen der Zwischen-Querträger später nicht mehr zu erkennen. Die Mittellinie der Zwischen-Querträger genau markieren, auch wenn die Nagelköpfe die richtige Lage der Zwischen-Querträger in etwa anzeigen. Außerdem die Mittellinie des hinteren Pfostens auf der Vorderseite des oberen und unteren Querträgers markieren.

Den Rahmen plan hinlegen, eine aus 12 mm Verschalungssperrholz geschnittene Seitenplatte darauflegen und die Vorderkante dieser Platte an der Vorderkante des vorderen Pfostens ausrichten. Wenn Sie die Platte fliesen wollen, so nageln Sie die Vorderkante der Platte mit 38 mm langen Rundnägeln im Abstand von etwa 150 mm fest. Wollen Sie die Platte streichen, so arbeiten Sie mit einer MDF-Platte und Drahtnägeln mit Senkköpfen.

Wenn die Seitenplatten genau winkelig geschnitten sind, so können Sie an ihnen auch den Grundrahmen rechtwinklig ausrichten. Da nur die Vorderkante der Platte angenagelt wurde, läßt sich jetzt der Rahmen leicht ausrichten. Dann nageln Sie die Platte auf den Rahmen mit Nägeln im Abstand von 150 mm. Damit die Nägel auch wirklich in den Rahmen gehen, übertragen Sie die Markierungen der Mittellinien für Zwischen-Querträger und hinteren Pfosten auf beide Seitenplatten. Anschließend das Seitenteil umdrehen und die zweite Seitenplatte bündig annageln.

Fliesen

Die Seitenplatten des Seitenteils am besten fliesen, bevor das Seitenteil montiert wird, soweit Sie keine Rückwand einbauen (siehe Rückwand, Seite 88). Das Seitenteil auf eine ebene Fläche legen, Führungslinien für einen genauen Fliesenabstand markieren, Fliesenkleber auftragen und die Fliesen sauber andrücken (siehe Techniken, Seite 36). Die Fliesen werden von vorne nach hinten und von oben nach unten arbeitend verlegt. Wenn Boden oder Wand am vorgesehenen Standort des Seitenteils uneben sind (oder Rohrleitungen zu verdecken sind) lassen Sie die hinterste und unterste Fliesenreihe und die Auflageleisten für die Einlegeböden weg, bis das ganze Küchen-System passend angerissen wurde (siehe: **Techniken, Seite 31**). Zu diesem Zeitpunkt die Vorderseite noch nicht fliesen! Wenn der Fliesenkleber getrocknet ist, werden die Fliesen verfugt. Dann drehen Sie das Seitenteil um und wiederholen den ganzen Vorgang. Nach dieser Methode stellen Sie sich sämtliche Seitenteile für Ihr eigenes Küchen-System her.

❶ Grundrahmen
Zum leichteren Einbau an der Wand den hinteren Pfosten zwischen oberem und unterem Querträger um 50 mm nach innen versetzen.

❷ Zwischen-Querträger
Auflageleiste für den Einlegeboden liegt eine Fliesenbreite unter der Oberkante. Zwischen-Querträger und Auflageleiste liegen aufeinander.

❸ Plazieren des Zwischen-Querträgers für Zwischenboden
Nach dem Nageln des ersten Zwischen-Querträgers, wird der zweite so eingepaßt, daß er genau mittig auf der Auflageleiste für den Zwischenboden liegt.

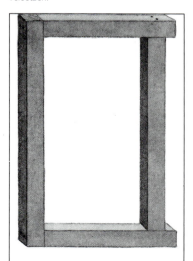

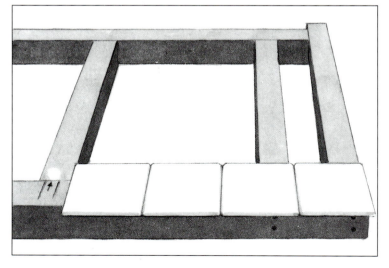

Sägen	21
Nageln	24
Markieren und Nivellieren	31
Fliesen	36

● **Das Küchen-System**
Seitenteil-Grundelement

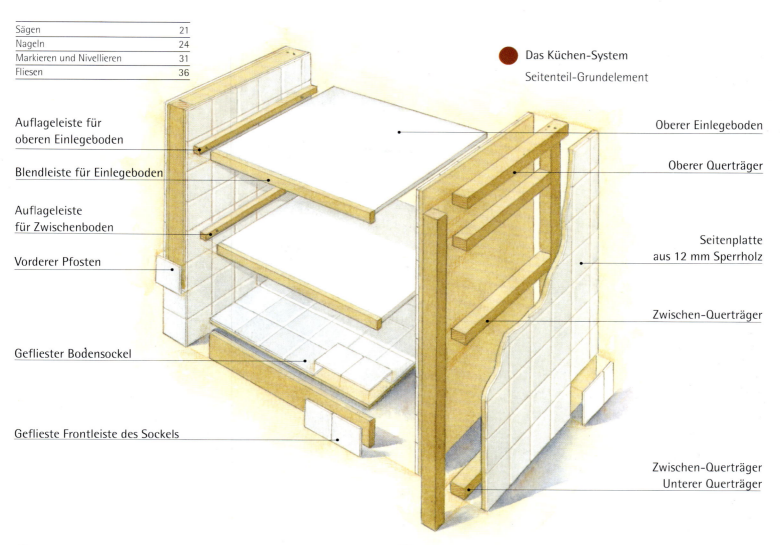

- Auflageleiste für oberen Einlegeboden
- Blendleiste für Einlegeboden
- Auflageleiste für Zwischenboden
- Vorderer Pfosten
- Gefliester Bodensockel
- Gefliese Frontleiste des Sockels
- Oberer Einlegeboden
- Oberer Querträger
- Seitenplatte aus 12 mm Sperrholz
- Zwischen-Querträger
- Zwischen-Querträger
- Unterer Querträger

❹ **Verkleiden des Grundrahmens**
Mittellinien der Zwischen-Querträger an der Außenseite des Rahmens markieren. Diese Markierungen sorgfältig auf die 12 mm Sperrholzplatte übertragen. Sie dienen als Führung zum Nageln der Seitenplatten.

❺ **Seitenplatten nageln**
Vorderkanten im Abstand von 150 mm nageln. Rahmen rechtwinklig ausrichten, dann entlang der Führungslinien nageln.

❻ **Seitenteile fliesen**
Von oben nach unten und von vorne nach hinten fliesen, um geschnittene Fliesen an der Rückseite oder am Boden außer Sichtweite zu halten.

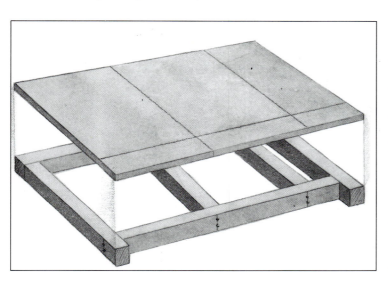
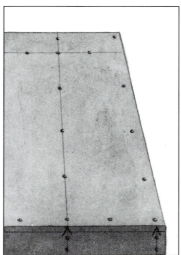
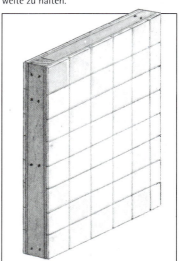

Weiteres Bearbeiten der Seitenteile

Gestrichene Seitenteile

Die im Foto auf Seite 80 gezeigten bemalten Seitenteile zeigen beim Vergleich mit den gefliesten Seitenteilen auch die zahlreichen Möglichkeiten des Küchen-Systems.

Die Grundelemente werden genauso gebaut wie vorher, jedoch werden die Rahmen mit 12 mm MDF-Platten verkleidet. Um eine glatte Oberfläche zu erhalten, werden die Drahtnägel mit Senkköpfen etwa 2 mm tief in die Platte versenkt und die Löcher mit einem entsprechenden Holzmittel verspachtelt. Nach dem Aushärten des Kitts wird der Rahmen mit Schleifblock und Schleifpapier abgeschliffen.

Jedes Seitenteil wird an der Vorderseite fertig bearbeitet, indem man eine MDF-Platte als Sichtfläche anbringt, diese festnagelt und schleift wie die Seitenplatten. Die Vorderkanten der Sichtflächen mit einem Schleifblock abfasen und dann die Auflageleisten für die Einlegeböden anbringen. Die Platten in ihrer Lage befestigen (siehe Seite 89 f.) und streichen.

Hohe Seitenteile

Hohe Seitenteile brauchen Sie zum Einbau von Backöfen, Mikrowelle, Kühlschrank usw. in Augenhöhe. Sie werden genauso gebaut wie die niedrigen Seitenteile, wobei alle Zwischen-Querträger in der für die Auflageleisten benötigten Höhe eingebaut werden. Ein Zwischen-Querträger muß auch an der Stelle vorgesehen werden, wo die Arbeitsplatte an das Seitenteil anstößt, weil hier ein hohes Gewicht aufgenommen wird. Da die größte Standardlänge für Sperrholz 2440 mm beträgt, werden höhere Seitenteile verlängert. Die Verbindung erfolgt auf einem Zwischen-Querträger, so daß beide Schnittkanten genagelt werden können. Findet sich kein passender Zwischen-Querträger, so ziehen Sie einen zusätzlichen Träger in den Rahmen ein.

Einlegeböden für einen Herd

Dieser Boden muß das Gewicht des Gerätes tragen können. Als Auflageleisten verwenden Sie 50 x 25 mm Vierkanthölzer und als Einlegeboden 25 mm starke Span- oder MDF-Platten. Eine Frontleiste wird aus demselben Material wie der Einlegeboden auf die Breite des Einlegebodens und die erforderliche Höhe geschnitten; in diesem Fall eine Fliese hoch. Die Frontleiste mit Schrauben, Leim oder Nägeln an der Vorderkante des Einlegeboden befestigen und dann fliesen.

Befestigen einer Rückwand

Wenn Sie eine Rückwand anbringen möchten (um z. B. in einem offenen Regal Rohrleitungen zu verkleiden), so müssen Sie sie vor den Einlegeböden und dem Bodensockel und auch vor dem Fliesen der Seitenplatten einbauen. Die Tiefenmaße der Einlegeböden und der Bodenplatte entsprechend reduzieren. Wenn das Seitenteil entlang von Rohrleitungen eingebaut wird, so zeichnen Sie die Leitungen jetzt genau an, damit alles später gut paßt (siehe: Techniken, Seite 31).

Wenn alle Seitenteile auf ihrem vorgesehenen Platz stehen und richtig markiert sind, nehmen Sie das erste Seitenteil heraus und ziehen eine 50 mm nach innen versetzte Linie über die ganze Höhe. Dann schneiden Sie zwei Stücke einer 19 x 19 mm Vierkantleiste auf die Höhe des Seitenteils und befestigen eine Leiste unmittelbar vor der markierten Linie mit Nägeln und Leim. Denselben Vorgang für das zweite Seitenteil wiederholen. Die Seitenverkleidung nur bis zur Leiste fliesen (siehe: Techniken, Seite 36). Andere Seitenteile genauso vorbereiten.

Die Auflageleisten für die Einlegeböden herstellen, 6 mm zusätzlich zur reduzierten Tiefe für die Stärke der Rückwand abziehen und befestigen. Die Seitenteile wieder an ihren Platz zurückstellen und am Boden befestigen (siehe Seite 89 f.)

Die Rückwand aus 6 mm Sperrholz- oder MDF-Platte sägen. Die Höhe ist gleich der Höhe der Seitenteile, die Breite ist dieselbe wie die der Einlegeböden. Die Rückwand von oben einsetzen und mit vier Schrauben auf jeder Seite an die Vierkantleisten schrauben. Zum leichteren Einpassen müssen die Auflageleisten für die Einlegeböden eventuell vorübergehend wieder entfernt werden.

Einlegeböden anfertigen (siehe gegenüberliegende Seite) und dabei die entsprechenden Tiefenmaße berücksichtigen. Auflageleisten wieder anschrauben und Einlegeböden einlegen.

Bodensockel

Jeder Bodensockel besteht aus einer 12 mm starken Verschalungssperrholz-Platte, die auf 100 x 25 mm Trägerbalken befestigt wird. Grundlage für diese Maße sind Fliesen im Format von 108 x 108 mm. Danach richten sich auch die Tiefenmaße.

Die 12 mm starke Sperrholzplatte passend sägen und die Trägerbalken vorne, hinten und in der Mitte mit Nägeln befe-

❶ Verkleiden gestrichener Seitenteile mit MDF-Platten: Elemente mit 12 mm-MDF-Platten verkleiden. Nagelköpfe in der Oberfläche versenken.

❷ Herstellen hoher Seitenteile
Gleiches Bauprinzip wie bei niedrigen Seitenteilen. Zwischenträger dort einbauen, wo Einlegeböden oder Befestigungen vorgesehen sind.

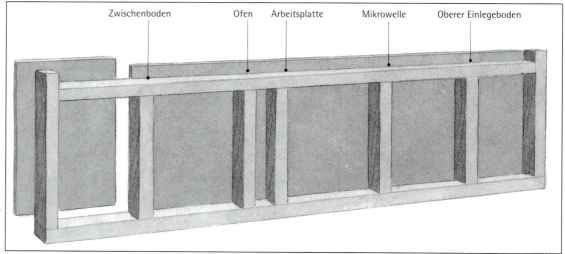

Zwischenboden · Ofen · Arbeitsplatte · Mikrowelle · Oberer Einlegeboden

Bohren	23	Anreißen und Nivellieren	31	● **Das Küchen-System**
Schrauben	24	Fliesen	36	Weiteres Bearbeiten der Seitenteile
Nageln	24	Schneiden von Eckfliesen	37	

stigen. Zum leichteren Markiern versetzen Sie den hinteren Trägerbalken etwas nach innen.

In Waschküche oder Küche werden Waschmaschine und Trockner normalerweise auf den Boden gestellt. Einbaumodelle »sehen besser aus«, wenn Sie sie auf gefliese Bodensockel stellen, wie die Abbildung auf Seite 83 zeigt. Dazu sind zwei zusätzliche Trägerbalken erforderlich, um das Gewicht der Maschinen aufzunehmen. Zur Schalldämmung füllen Sie die Räume zwischen den Trägerbalken mit Dämmwolle auf.

Die Bodenplatte von vorne nach hinten und von der Mitte nach außen fliesen, so daß geschnittene Fliesen auf jeder Seite gleichmäßg verteilt sind (siehe: **Techniken, Seite 36**). Anschließend die Fliesen verfugen. Wenn ein Haushaltsgerät auf einen gefliesten Bodensockel gestellt werden soll, so wählen Sie bodengeeignete Fliesen aus, weil dünne Wandfliesen unter dem Gewicht und den Vibrationen der Maschinen brechen würden.

Einlegeböden

Für unsere Einlegeböden wählten wir leicht zu reinigende Spanplatten mit Melaminbeschichtung; Sie können aber auch andere Platten verwenden wie Tischlerplatten oder Sperrholz (siehe Materialien, Seite 16). Alle Einlegeböden haben an der Vorderseite eine Blendleiste aus Holz, deren Stärke bei der Befestigung der Auflageleisten zu berücksichtigen ist.

Anbringen der Auflageleisten

Die Position der Auflageleisten ist bereits an dem vorderen und hinteren Pfosten markiert worden (siehe **Anbringen der Zwischen-Querträger, Seite 86**). Mit einem Bleistift übertragen Sie die Markierungen auf die Fliesen. Für die Auflageleisten verwenden Sie 19 x 19 mm gehobelte Kanthölzer; sägen Sie sie auf die erforderliche Länge zu. Die obere Leiste ist so lang wie das Seitenteil tief ist, minus der Stärke der Blendleiste. Die mittlere Leiste ist so lang, wie die Einheit tief ist, abzüglich einer halben Fliesenbreite und der Stärke der Blendleiste.

Die Auflageleiste wird in der vorgesehenen Position auf die Seitenfläche gehalten, um zwei Markierungen für die Befestigungsschrauben im Abstand von etwa 50 mm vom Ende einer jeden Auflageleiste anzubringen. Darauf achten, daß diese Schrauben nicht zu dicht an den Kanten der Fliesen sitzen.

Mit einem Bohrer 4,5 mm bohren Sie zwei Senkbohrungen in die Auflageleiste (siehe: **Techniken, Seite 23**). Dann die Auflageleiste wieder entsprechend anlegen und die Schraubenpositionen auf den Fliesen markieren. Die Fliesen bohren Sie mit einem speziellen Fliesenbohrer, damit die Fliesen nicht platzen.

Durch die Mitte eines jeden Senkloches bohren Sie in die Verkleidung des Seitenteils ein 3 mm-Loch. Löcher an der Vorderseite der Leiste versenken und die Leisten mit 50 mm-Schrauben Nr. 8 anschrauben. Die Auflageleisten werden mit einer zu den Fliesen passenden Farbe überstrichen.

Anfertigen der Einlegeböden

Den Einlegeboden so in einem Schraubstock festklemmen, daß die nicht beschichtete Vorderkante nach oben zeigt. Eine 38 x 12 mm gehobelte Holz-Blendleiste auf diese Kante nageln und hartleimen, so daß sie an der Oberkante bündig sitzt. Die Blendleiste sollte nach unten so weit über den Fachboden hinausragen, daß die Auflageleisten verdeckt werden, das heißt 19 mm. Die Auflageleisten mit runden 25 mm-Drahtnägeln nageln. Die Nagelspitzen werden vorher gestaucht, damit sie die Leisten nicht spalten. Überschüssigen Leim abwischen. Nagelköpfe versenken, Löcher spachteln und dann glatt schleifen.

Die Blendleiste streichen, beizen oder lackieren. Unsere Leisten sind weiß zur Arbeitsfläche passend gebeizt.

Wo ein Einlegeboden in eine Ecke passen muß, schneiden Sie die nach unten überhängende Blendleiste an der Stelle, an der die Vorderseite des Einlegebodens am Seitenteil anliegt. Dann verschrauben Sie eine Auflageleiste mit der Wand in gleicher Höhe wie die Auflageleisten am Seitenteil, um so den Einlegeboden an der Rückseite zu stützen.

Seitenteile an Ort und Stelle einbauen

Die Seitenteile werden an der Wand mit Metallwinkeln ganz oben und in Höhe der Einlegeböden befestigt, so daß die Winkel nicht sichtbar sind.

❸ **Befestigen einer Rückwand**
Aussparungen für Rohrleitungen in Seitenteilen anzeichnen und aussägen. Einschnitte vornehmen. Befestigungsleiste für Rückwand nach innen versetzt anbringen.

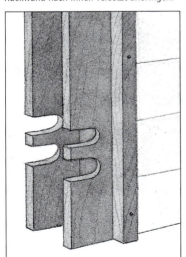

❹ **Herstellen eines gefliesten Bodensockels**
Der Bodensockel besteht aus 12 mm Sperrholz auf 100 x 25 mm Trägerbalken. Der hintere Balken ist etwa 50 mm nach innen versetzt. Die Fliesen an der Vorderseite überlappen bündig die Kanten der Fliesen auf der Bodenplatte.

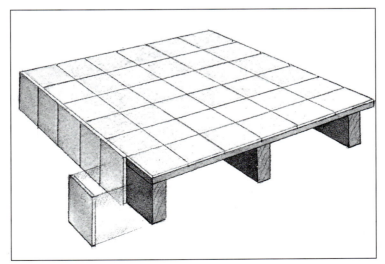

❺ **Einbauen der Einlegeböden**
Eine an der Vorderkante des Einlegebodens befestigte Hartholz-Blendleiste verdeckt die am Seitenteil verschraubten Auflageleisten.

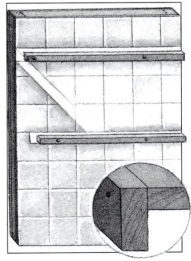

Schranktüren und Lattenregal

Mit diesen Metallwinkeln werden die Elemente auch am Boden befestigt. Dort werden die Winkel durch die Bodensockel verdeckt.

Die Seitenteile nach Ihrem Plan aufstellen. Über Eck verlaufende Küchen-Systeme benötigen an der Ecke auch ein Seitenteil, damit die Kanten der Arbeitsplatten eine Auflage haben. Alle zur Montage der Seitenteile an Wand oder Boden erforderlichen Markierungen vornehmen (siehe: **Techniken, Seite 31**).

Jetzt werden alle noch fehlenden Fliesen verlegt, die zum leichteren Markieren bisher weggelassen wurden. Dazu die Auflageleisten erneut abschrauben und nach dem Fliesen wieder befestigen. Einlegeböden und danach Bodensockel einsetzen.

Seitenteile mit Winkeln am Boden befestigen. Dazu den Bodensockel herausnehmen und die Winkel an Stellen befestigen, an denen sie die Trägerbalken des Bodensockels nicht stören. Bodensockel dann wieder an seinen PLatz schieben. Hohe Seitenteile an der Wandleiste und, falls notwendig, auch an Boden und Decke mit Metallwinkeln an nicht einsehbaren Stellen befestigen, so z.B. hinter dem Herd, direkt unter dem untersten Zwischenboden oder über dem ersten Zwischenboden über Augenhöhe. Wenn alle Seitenteile eingebaut und befestigt sind, werden abschließend die Vorderseiten gefliest und verfugt.

Türen

Die paarweise in einen Holzrahmen eingehängten Türen sind an bestimmten Stellen eine nützliche Ergänzung.

Herstellen des Türrahmens

Die Öffnung messen, in die die Türen eingepaßt werden sollen, und einen Rahmen nach diesen Außenmaßen herstellen.

Die Querhölzer zwischen die senkrechten Hölzer mit zwei 12 mm Dübeln an jeder Rahmenecke dübeln (siehe **Techniken, Seite 30**). Während der Leim trocknet, wird der Rahmen auf einer ebenen Oberfläche mit Schraubknechten im rechten Winkel gehalten. Der Rahmen kann auch provisorisch an einer auf der Werkbank befestigten Leiste angelegt werden; eine zweite Leiste wird in geringem Abstand von der gegenüberliegenden Seite des Rahmens auf der Werkbank befestigt. Durch je zwei Holzkeile, die verschoben werden können, entsteht der gewünschte Druck (siehe: **Techniken, Seite 21**).

Aus einem 12 mm Rundholz (Hartholz) sägen Sie acht Dübel, die doppelt so lang sind, wie das Holz dick ist, durch das sie gehen sollen, plus 12 mm. Dann werden mit einer Rückensäge zwei Rillen 1 bis 2 mm tief auf der Länge des Dübels eingesägt, damit Klebstoff und Luft entweichen können, wenn der Dübel eingeschlagen wird. Ein Ende eines jeden Dübels mit Schleifpapier abrunden.

Mit einem 12 mm Bohrer bohren Sie zwei Löcher durch jede Eckverbindung doppelt so tief wie das zu verbindende Holz stark ist. Die richtige Bohrtiefe markieren Sie mit einem Klebeband am Bohrer.

In jedes Loch Leim geben und innen mit einem dünnen Stab verteilen. Dübel einsetzen und sie fast bis in Endstellung mit dem Hammer einschlagen, wobei die Enden im Augenblick noch hervorragen. Den Rahmen rechteckig festgeklemmt lassen.

Wenn der Leim abgebunden hat, Rahmen aus der Halterung entfernen und die Dübelenden an der Oberfläche bündig ablängen.

Einbauen des Rahmens

Vor dem Einbauen wird der Rahmen rechtwinkelig fixiert, indem Sie eine Verstrebungsleiste vorübergehend auf ein Längs- und ein Querholz des Rahmens nageln (siehe 3-4-5-Methode, Seite 20, und Abbildung 2 unten). Nach dem Nageln der Verstrebungsleiste werden deren Enden bündig mit dem Rahmen zu einer glatten Kante abgesägt.

In die senkrechten Hölzer des Rahmens und das untere Querholz bohren und Bohrlöcher versenken. Den Rahmen in seine Lage einpassen und mit den Seitenteilen und dem Bodensockel verschrauben. Nach diesem Einbau wird die Verstrebungsleiste wieder vom Rahmen entfernt.

Herstellen der Türen

Für eine gestrichene Oberfläche sägen Sie die Türen aus einer 19 mm MDF-Platte so, daß sie mit 2 mm Luft rundum in den Rahmen passen. An die fertigen Türen können Sie viele verschiedene Arten von Handgriffen anbringen. Auf der gegenüberliegenden Seite wird gezeigt, wie Sie die Handgriffe der Abbildung herstellen und montieren. Scharniere und Anschläge sind ebenfalls an den Türen anzubringen (siehe: **Techniken, Seite 33**).

❶ **Verbinden von Rahmenecken**
Die Tiefe der beiden 12 mm Dübellöcher in den Enden der Querhölzer entspricht der Stärke der senkrechten Hölzer.

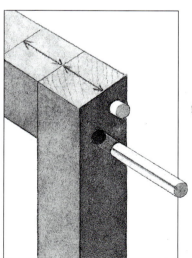

❷ **3-4-5-Methode**
Vor dem Einpassen des Rahmens wird dieser provisorisch rechtwinkelig ausgerichtet. Dazu nageln Sie eine Leiste auf ein Quer- und ein Längsteil nach der 3-4-5-Methode (siehe Techniken, Seite 20).

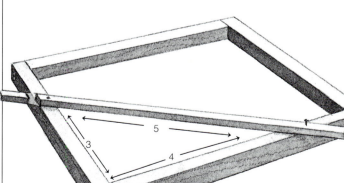

❸ **Anbringen der Türhandgriffe**
Ein rechtwinkliger Falz wird in ein 25 mm Rundholz gefräst, das mit einer Hartholz-Blendleiste an der Türkante angebracht wird.

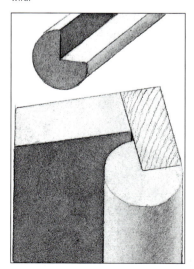

Abstandleiste	20	Metallwinkel	25	
3-4-5-Methode	20	Markieren und Nivellieren	31	
Herstellen von Holzkeilen	21	Einpassen von Scharnieren	32	
Herstellen eines V-Blocks	23	Einpassen von Anschlägen	34	

● **Das Küchen-System**
Schranktüren und Lattenregal

Herstellen der Handgriffe

Für die hier verwendeten Handgriffe brauchen Sie eine Oberfräse und einen V-Block zum Festhalten des Rundstabs, aus dem die Handgriffe gefertigt werden (siehe Herstellen eines V-Blocks, Seite 23). Der Rundstab wird in den V-Block gelegt und mit der Oberfräse gefalzt. (Auch mit der Kreissäge möglich, jedoch schwieriger!) Die Türen um die Stärke der Blendleiste, das heißt 12 mm, schmäler sägen.

Aus einem Rundholz mit 25 mm Durchmesser zwei Stücke in Türlänge plus 50 mm Zuschlag sägen. Der V-Block wird in 1 m Länge aus einem 75 x 50 mm Kantholz mit einem 25 mm tiefen V-Ausschnitt an einer Kantenseite gesägt. Jedes Ende des Rundholzes wird im V-Block genagelt; darum der Zuschlag. Dann wird die fertige Länge markiert. V-Block im Schraubstock einklemmen.

Von einem Ende zum anderen arbeitend wird zwischen den Markierungen die volle Tiefe der Blendleiste (12 mm) ausgefräst. Dann wird das Rundholz auf die Endlänge gesägt. Zwei Stücke einer Blendleiste aus Hartholz (32 x 12 mm) werden nun auf die Länge der Rundhölzer zugesägt. Die Blendleiste an das Rundholz leimen und verstiften und danach plan schleifen. Blendleiste auf die Türkanten leimen, verstiften und nach Wunsch die Oberflächen behandeln.

Lattenregal

Lattenroste sind leicht zu bauen und in belüfteten Schränken besonders nützlich. In der Waschküche (siehe **Seite 83**) wurde unter dem Spülbecken ein Lattenregal eingebaut. Einige Querlatten werden auf Seitenträger genagelt, die auf gleichen Auflageleisten aufliegen, wie sie in der Küche an den Seitenteilen angebracht wurden.

Zwei Stücke aus 50 x 25 mm gehobeltem Kantholz für die Seitenträger auf die erforderliche Tiefe des Lattenrostes zusägen. Unser Lattenregal ist etwa 100 mm nach hinten versetzt. Die Auflageleisten auf dieselbe Länge sägen und an der gewünschten Stelle befestigen (siehe: **Anbringen der Auflageleisten, Seite 89**).

Die erforderliche Anzahl von Latten (in diesem Falle 7) aus dem 50 x 25 mm gehobelten Kantholz sägen. Die Länge entspricht der Breite zwischen den Seitenteilen abzüglich 2 mm zum genauen Einpassen.

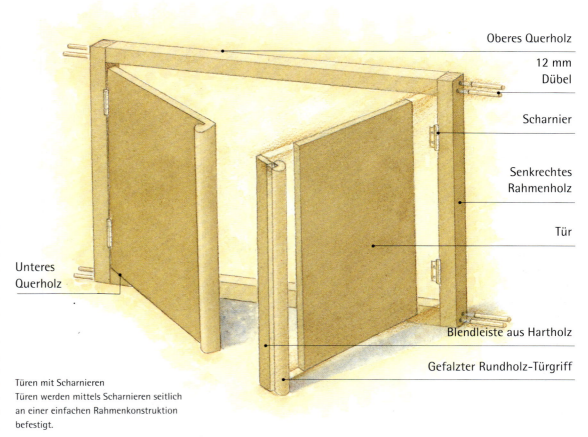

Türen mit Scharnieren
Türen werden mittels Scharnieren seitlich an einer einfachen Rahmenkonstruktion befestigt.

Oberes Querholz
12 mm Dübel
Scharnier
Senkrechtes Rahmenholz
Tür
Blendleiste aus Hartholz
Gefalzter Rundholz-Türgriff
Unteres Querholz

Die Seitenträger von den Enden der Latten um die Stärke der Auflageleisten nach innen versetzen. Als Auflageleisten verwenden Sie Verschnittholz derselben Stärke. Bevor Sie die vordere Latte quer auflegen, werden die Auflageleisten so neben die Seitenträger gelegt, daß die Latten mit den Außenkanten der Auflageleisten abschließen. Dann werden die Latten auf die Seitenträger genagelt.

Eine Abstandleiste zusägen (siehe: **Techniken, Seite 20**), damit die übrigen Latten in demselben Abstand befestigt werden können. Zum Schluß wird der Lattenrost gestrichen, gebeizt oder mit Klarlack lackiert.

❹ **Herstellen eines Lattenregals**
Eine Reihe von Querlatten wird auf Seitenträger genagelt. Diese ruhen auf 19 x 19 mm Auflageleisten, die an den gefliesten Seitenteilen befestigt werden.

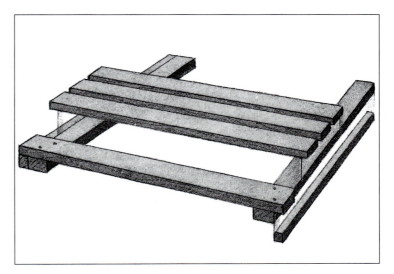

Arbeitsplatten

Arbeitsplatten gibt es in großer Auswahl. In unserer Küche benutzten wir eine 38 mm starke Massivholzplatte, deren Oberfläche eingelassen wurde. Die Arbeitsplatte in der gestrichenen Küche besteht aus einer gefliesten 25 mm starken Spanplatte, deren Vorderkante mit Hartholz verblendet ist. Fertige Arbeitsplatten mit Laminatbeschichtung haben oft abgerundete Vorderkanten. Die meisten Standard-Arbeitsplatten sind 30 mm stark.

Für einen sauberen Wandabschluß sorgen. Wandabschlußleisten gibt es in großer Vielfalt. Möglich ist auch die Montage einer Hartholzleiste in dem Ton Ihrer Arbeitsplatte.

Verbinden von Arbeitsplatten

Nur selten müssen zwei Arbeitsplatten aufgrund der Länge an den Enden durch Stoßverbindung miteinander verbunden werden; häufiger ist eine Eckverbindung. Denken Sie daran, daß die Enden der Platten auf einem Seitenteil aufliegen müssen.

Verstärken Sie die Verbindungen durch Dübel (siehe Techniken, Seite 30). Mit Hilfe einer Bohrführung erleichtern Sie sich den paßgenauen Zusammenbau. Dann fräsen oder bohren Sie die Öffnungen für die Schraubverbindungen an der Unterseite heraus; es gibt verschiedene Schraubverbindungen, die alle mit Gebrauchsanweisung geliefert werden. Für Eckverbindungen abgerundeter Arbeitsplatten gibt es auch speziell geformte Metalleisten zur sauberen Abdeckung der Verbindung.

Befestigen der Arbeitsplatten an den Seitenteilen

Die Arbeitsplatte mit zwei Winkeleisen auf jeder Seite der Seitenteile befestigen und durch vorhandene Türrahmen Schrauben in die Arbeitsplatte schrauben. Beim Befestigen einer Arbeitsplatte aus Massivholz können Dehnung und Schrumpfung des Holzes durch das Anbringen von speziellen Winkelplatten mit Langloch ausgeglichen werden. Wo eine Arbeitsplatte an ein hohes Seitenteil anstößt, wird am Seitenteil als Auflage für die Arbeitsplatte eine 50 x 50 mm Kantleiste angeschraubt. Von der Unterseite dieser Leiste nach oben in die Arbeitsplatte Schrauben eindrehen (bei einer Arbeitsplatte aus Massivholz Winkel mit Langloch verwenden). Die Vorderkante der Auflageleiste nach hinten abrunden, so daß sie weniger auffällt, und von der Vorderkante aus zurücksetzen. Sie können die Arbeitsplatte auch mit Auflagewinkeln befestigen, die vor dem Auflegen der Arbeitsplatte an das Seitenteil geschraubt werden (siehe Abbildung 2). Gefliest wird die Platte am besten nach dem Einpassen. Danach wird eine Blendleiste aus Hartholz angebracht. Der Spalt zur Wand hin wird zum Schluß abgedichtet.

Einbauspülen und Kochmulden

Diese werden mit Schablonen für die erforderlichen Ausschnitte geliefert. Die Schablone wird an die gewünschte Stelle gelegt und der Ausschnitt rundherum angezeichnet. In jeder Ecke wird dann innerhalb der gezeichneten Linie ein Loch mit 12 mm Durchmesser gebohrt. Das Sägeblatt der Stichsäge steckt man durch eines dieser Löcher und sägt dann an der Linie entlang (siehe: Techniken, Sägen von Kreisen, Seite 22).

Vorderes Bedienfeld für Kochmulde

Je ein kurzes Stück einer 19 x 19 mm Leiste in die Seitenteile links und rechts so schrauben, daß das Bedienfeld bündig mit der Vorderkante eingepasst werden kann. Nach den Anweisungen des Geräteherstellers verbinden Sie das Bedienfeld mit den Leisten.

Einsatzspüle

Diese Spüle sitzt auf einem Einlegeboden unter einem Ausschnitt in der Arbeitsplatte auf. Von der Innenform der Spüle wird eine Schablone angefertigt und diese dann genauso wie für die oben erwähnten Spülen und Kochmulden verwendet. Da die Arbeitsplatte über die Spüle etwas übersteht, muß der Ausschnitt kleiner sein als die Innenmaße der Spüle.

Mit einer Fräse fräsen Sie eine flache Nut an der Unterseite der Arbeitsplatte etwa 6 mm von der Kante nach innen versetzt um den gesamten Ausschnitt herum. Durch diese "Tropfrille" verhindern Sie, daß Wasser unter die Arbeitspatte läuft. Den Innenrand der Spüle und die Kanten an der Unterseite der Arbeitsplatte mit einem Silikon-Dichtungsmittel abdichten.

In den Einlegeboden für die Spüle einen runden Ausschnitt sägen, damit die Abwasserleitung an der Spüle befestigt werden kann. Die Vorderkante dieses Einlegebodens mit einer 50 x 25 mm Holzleiste verstärken. Zur Montage der Mischbatterie eines oder mehrere Löcher in die Arbeitsplatte sägen. Da diese Einsatzspülen im allgemeinen sehr schwach sind, empfiehlt es sich, vor der Montage einen Installateur um Rat zu fragen.

❶ Verbinden von Arbeitsplatten
Die Verbindung von Arbeitsplatten durch Einpassen von Schraubverbindungen an der Unterseite verstärken.

❷ Befestigungswinkel
Mit Winkeleisen (Stuhlwinkel), oben, und Eckverbindungen, unten, lassen sich Arbeitsplatten und Seitenteile verbinden.

❸ Einpassen einer Spüle oder Kochmulde
Die mit der Stichsäge zu sägenden Ausschnitte werden mit der mitgelieferten Schablone auf der Oberfläche angezeichnet. Mit Schraubklemmen werden Spüle oder Kochmulde an der Unterseite in die Arbeitsplatte fixiert.

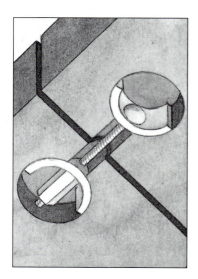
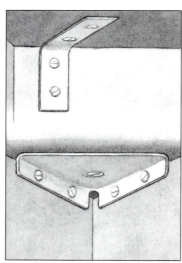

Sägen von Kreisen	22	Dübelverbindung	30
Bohren	23	Anreißen großer Längen	31
Schrauben	24	Fliesen	36

Das Küchen-System
Arbeitsplatten

Fliesen einer Arbeitsplatte

Durch Fliesen erhalten Arbeitsplatten eine sehr widerstandsfähige und saubere Oberfläche, die leicht zu reinigen und daher für Küchen ideal ist. Eine gefliste Oberfläche ist jedoch nicht für alle Zwecke geeignet - zur Speisenvorbereitung brauchen Sie eine glatte, saubere Oberfläche, zum Beispiel mit Laminatbeschichtung. Für das Zerkleinern von Gemüse und Fleisch brauchen Sie eine Oberfläche aus massivem Hartholz. Eine "gute" Küche weist also verschiedene Arbeitsoberflächen auf.

Beim Kauf von Fliesen für eine Arbeitsplatte sollten Sie dem Lieferanten den Verwendungszweck nennen. Es gibt einige dünne Wandfliesen, die brechen, wenn Sie auf ihnen arbeiten. Daher sind Fliesen in Wand- und Bodenqualität vorzuziehen. Manche Fliesen für den Außenbereich, insbesondere glasierte Fliesen, sind für die Vorbereitung von Speisen ungeeignet.

Weißen Fugenmörtel sollten Sie nach Möglichkeit nicht verwenden, weil er schwer sauberzuhalten ist. Eine gute Wahl ist ein dunkel getönter wasserfester Fugenmörtel. Fugenmörtel in verschiedenen Farben sowie Abtönfarben für weißen Fugenmörtel stehen in großer Auswahl zur Verfügung. Wenn Sie Fliesen ohne Fliesenleger-Kreuze verlegen, sollten Sie möglichst dicht fliesen, um die Fugen möglichst schmal zu halten.

Bevor Sie mit dem Fliesen beginnen, müssen Sie die zu fliesende Arbeitsplatte stabil und sicher befestigen. Wir empfehlen eine 25 mm starke Spanplatte. Sperrholz derselben Stärke ist ebenfalls geeignet, jedoch teurer. Massives Holz sollten Sie nicht fliesen, da das Holz zu stark arbeitet und sich die Fliesen eventuell lösen könnten.

Vor dem Fliesen wird eine Anschlagleiste vorübergehend an der Vorderkante der Arbeitsplatte befestigt, um gegen diese Kante die Fliesen anlegen zu können. Dann legen Sie die Fliesen zur Probe aus, um eventuell nötige Schritte zu ermitteln. Da diese fast immer notwendig sind, verlegen Sie geschnittene Fliesen im hinteren Bereich. Wenn die Fliesen an den Enden der Arbeitsfläche geschnitten werden müssen, sollten die geschnittenen Fliesen wenigstens eine halbe Fliesenbreite breit sein. Wenn sich bei dem ersten Auslegen der Fliesen nur schmale Fliesenstreifen an jedem Ende ergeben, so verschieben Sie die Fliesen entsprechend nach rechts oder links, so daß die Endfliesen breiter werden.

An der provisorischen Anschlagleiste wird die Stelle für die mittlere Fliese markiert. Das ist der Ausgangspunkt für das Fliesen. Mit einem Zahnspachtel verteilen Sie den Fliesenkleber auf ungefähr 1 m² der Arbeitsfläche zu einem gleichmäßigen Kleberbett. Die mittlere Fliese wird dann mit einer leichten Drehbewegung in das Kleberbett gedrückt; danach werden an jeder Seite dieser Fliese weitere Fliesen an der Vorderkante angelegt. Sie müssen an der provisorischen Anschlagleiste anliegen. Weitere ganze Fliesen werden von der mittleren Fliese ausgehend nach hinten zu angelegt. Mit Fliesenleger-Kreuzen sorgen Sie dafür, daß alle Fliesen genau gerade ausgerichtet werden. Durch Verlegen weiterer Fliesen auf beiden Seiten dieser Anfangsreihe wird der Hauptfliesenbereich fertiggestellt. Danach werden die Endfliesen zugeschnitten und verlegt (siehe: **Techniken, Seite 36**).

Abschließend wird die provisorische Anschlagleiste abgenommen und durch die Hartholz-Blendleiste ersetzt, deren Oberkante mit der Oberfläche der Fliesen bündig abschließen sollte. Die Blendleiste sollte breit genug sein, um die ganze Vorderkante der Arbeitsplatte abzudecken. Die Fugen zwischen den Fliesen und den Spalt zwischen den Fliesen und der Blendleiste verfugen. Zum Schluß wird der Übergang zwischen Fliesen und Wand mit einem Silikon-Dichtungsmittel wasserdicht abgedichtet.

4 Erstellen eines Verlegeplans
Provisorische Leiste an der Vorderkante der Arbeitsplatte anbringen. Fliesen zur Probe auslegen und ausmitteln.

5 Reihenfolge beim Fliesen
Vorderreihe der Fliesen von der Mitte aus rechts und links verlegen, dann nach hinten arbeiten.

6 Gefliste Arbeitsplatte
In der auf Seite 80 gezeigten gestrichenen Küche wird die gefliste Arbeitsplatte mit einer sauberen Holzleiste abgeschlossen; so entsteht zum Kochen eine attraktive und funktionelle Oberfläche.

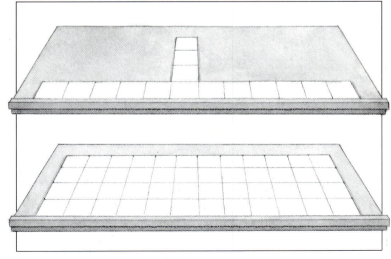

Wandregale

Die Wandregale werden ähnlich gebaut wie die Standelemente. Sie werden sauber an senkrechten Wandlatten montiert, so daß die Halterungen nicht zu sehen sind. Wenn die Regale an einer Hohlwand montiert werden, ist eine zusätzliche Montage an horizontalen Wandlatten erforderlich, die zur Unterstützung der vertikalen Wandlatten angebracht werden. Daher werden bei diesen Regalen die oberen und unteren Querträger dünner ausgeführt, und die Seitenflächen haben an der Rückseite Aussparungen, die die Wandlatten aufnehmen.

Herstellen des Wandregals

Jedes Wandregal besteht aus einem linken und rechten Seitenteil. Manche Seitenteile tragen auf beiden Seiten Einlegeböden.

An den Wänden zeichnen Sie die gewünschte Lage der Wandregale an. Um einen guten optischen Eindruck zu erzielen, sollten Sie die Seitenteile der Wandregale an den Seitenteilen der Standelemente ausrichten. Der vorgesehene Verwendungszweck der einzelnen Regalböden ist ebenfalls zu überlegen - Ablagen für Topfdeckel, Abtropfvorrichtung oder eine Stange für Küchengegenstände. Außerdem muß die Gesamthöhe der Wandregale festgelegt werden. In unserem Fall sind die Seitenteile 600 mm hoch und 350 mm tief.

Der Grundrahmen wird aus 50 x 50 mm gehobelten Kanthölzern hergestellt, die mit 6 mm dicken MDF-Platten verkleidet werden. Für jedes Seitenteil sind zwei Verkleidungsplatten erforderlich.

Zwei Querträger (für oben und unten) 350 mm lang und drei senkrechte Pfosten 510 mm lang sägen. Bedenken Sie, daß bei einer Hohlwand die oberen und unteren Querträger die Stärken 50 x 25 mm und eine Länge von nur 325 mm haben müssen.

Den Grundrahmen so verbinden, daß der hintere Pfosten um eine Pfostenstärke nach innen versetzt ist. Verkleidungsplatten nageln und leimen. Zuerst nur eine Kante befestigen, dann den Rahmen an den Plattenkanten rechtwinkelig ausrichten. Prüfen Sie, ob die Wandlatte hinten in die Aussparung paßt.

Werkzeuge

Schneidemesser
Stahllineal
Anschlagwinkel
Hammer
Nagelversenker
Fuchsschwanz (oder Elektro-Kreissäge)
Rückensäge
Schraubendreher
Schleifblock und Schleifpapier
(oder Schwingschleifer)
Bohrmaschine
Bohrer
Senkbohrer
Steinbohrer
Hobel
Wasserwaage
Malerpinsel - 38 mm

Weitere Werkzeuge

Metalldetektor
Holzbohrer (Durchmesser der Stange für Küchengegenstände)

Materialien

Teil	Stückzahl	Material	Länge
Seitenteil (2 Stück pro Wandregal erforderlich)			
Seitenplatte	2	6 mm MDF-Platte	350 x 600 mm
Frontblende	1	6mm MDF-Platte	Wie oben
Oberer Querträger*	1	50 x 50 mm vorgehobeltes Kantholz	350 mm
Unterer Querträger*	1	Wie oben	Wie oben
Vorderer Pfosten	1	Wie oben	510 mm
Hinterer Pfosten	1	Wie oben	Wie oben
Wandlatte	1	Wie oben	Wie oben
Einlegeböden			
Oberer Einlegeboden	1	15 mm Spanplatte mit Melaminbeschichtung	325 x 600 mm oder nach Bedarf
Unterer Einlegeboden	1	Wie oben	Wie oben
Mittlerer Einlegeboden	1	15 mm Spanplatte mit Melaminbeschichtung	250 x 600 mm oder nach Bedarf
Blendleiste für Einlegeböden	3	12 x 38 mm Hartholz	600 mm oder nach Bedarf
Obere und untere Auflageleisten Einlegeböden	4	15 x 25 mm vorgehobeltes Kantholz (19 x 25 mm Kantholz kaufen und hobeln)	325 mm
Auflageleisten für mittleren Einlegeboden	2	Wie oben	250 mm
*Oberer Querträger (für Hohlwandbefestigung)	1	50 x 25 mm vorgehobeltes Kantholz	325 mm
*Unterer Querträger (für Hohlwandbefestigung)	1	Wie oben	Wie oben

Ausrichten	20
Sägen	21
Nageln	24
Wandbefestigungen	24

Das Küchen-System
Wandregale

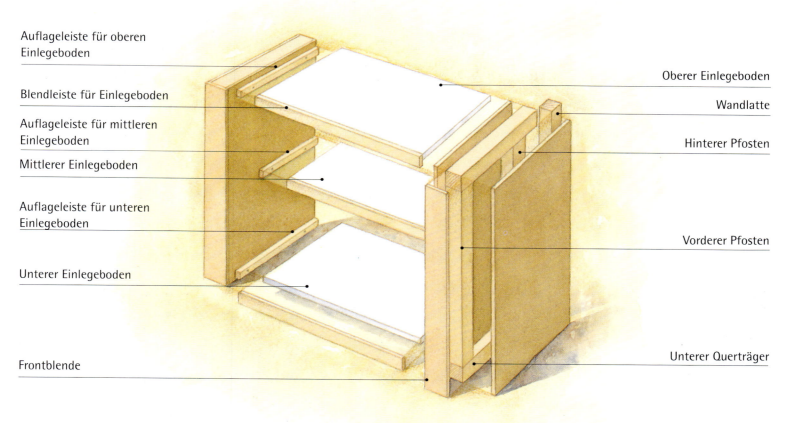

- Auflageleiste für oberen Einlegeboden
- Blendleiste für Einlegeboden
- Auflageleiste für mittleren Einlegeboden
- Mittlerer Einlegeboden
- Auflageleiste für unteren Einlegeboden
- Unterer Einlegeboden
- Frontblende
- Oberer Einlegeboden
- Wandlatte
- Hinterer Pfosten
- Vorderer Pfosten
- Unterer Querträger

❶ Grundrahmen für Seitenteil
Für sauberen Sitz und leichteres Anreißen ist der hintere Pfosten um die Stärke der Wandlatte nach innen gesetzt.

❷ Verkleiden des Rahmens
6 mm MDF-Platten werden auf die Seiten und die Vorderseite genagelt, um den Rahmen zu verkleiden.

❸ Befestigen der Auflageleisten
Auflageleisten werden oben, in der Mitte und unten befestigt. Detail: Leisten so zurückversetzen, daß Blendleiste und Frontblende eine Linie bilden.

❹ Befestigen an Massivwand
Wandlatte wird mit Schrauben und Dübeln montiert; das Seitenteil mit Aussparung gleitet sauber darüber.

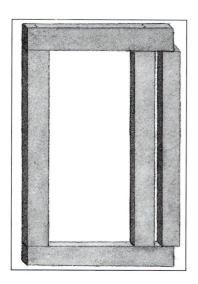

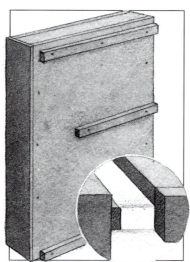
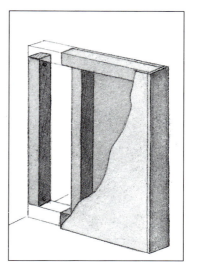

Wandregale

Die gesamte Stärke des Seitenteils messen und aus 6 mm MDF-Platte die Frontblenden in dieser Breite und 600 mm Höhe sägen.

Die Frontblende annageln und die Nagelköpfe versenken (siehe: **Techniken, Seite 24**). Die Kanten mit dem Hobel brechen und schleifen. Wenn die Platten eine andere Farbe haben sollen als die Wand, so streichen Sie sie am besten vor der Befestigung an der Wand.

Auflageleisten für Einlegeböden

Zur Herstellung dieser Auflageleisten das 19 x 25 mm Kantholz auf 15 x 25 mm abhobeln und an den Seitenteilen befestigen, bevor diese an der Wand befestigt werden. Die Einlegeböden wirken besser, wenn sie etwas von der Vorderkante der Seitenteile zurückgesetzt werden. Der mittlere Einlegeboden wird mit etwa 100 mm noch weiter zurückgesetzt.

Anzahl und Lage der benötigten Einlegeböden hängen von Ihren Wünschen und Gegenständen ab. Unsere Böden schließen oben und unten bündig mit den Seitenteilen ab; der mittlere Einlegeboden liegt mittig zwischen den anderen Einlegeböden.

Die Auflageleisten entsprechend der Tiefe des Einlegebodens sägen. Dann die Auflageleisten passend an die Seitenteile leimen und schrauben oder nageln.

Einlegeböden

Die Einlegeböden werden aus 15 mm starken Spanplatten mit Melaminbeschichtung und einer 12 mm starken Blendleiste aus Hartholz hergestellt. Die Blendleisten werden an die Vorderkante geleimt und genagelt. Nägel versenken. Löcher spachteln, nach dem Trocknen schleifen und anschließend passend zu dem gewählten Dekor endbearbeiten.

Abtropfvorrichtung

Wenn Sie eine Abtropfvorrichtung in die Wandregale einbauen wollen (Montageanweisungen siehe gegenüberliegende Seite), so muß dieses Teil gebaut werden, bevor die Seitenteile auf jeder Seite befestigt werden.

Befestigen der Seitenteile

Massivwände. Die Seitenteile werden meistens über einer Arbeitsplatte angebracht. Da diese genau waagerecht eingebaut ist, können Sie von ihr aus die Positionen der Wandlatten abmessen und anzeichnen. Zur Sicherheit kontrollieren Sie mit einer Wasserwaage, ob diese Markierungen im Wasser verlaufen. Mit Mauernägeln wird vorübergehend eine gerade Latte horizontal an der Wand befestigt, die als Auflage für die Wandlatten während der Montage dient. Dübellöcher in die Wand bohren und die Wandlatten sicher daran verschrauben.

Das Seitenteil auf die Wandlatte schieben und verleimen; durch die Seitenflächen von jeder Seite vier Holzschrauben 25 mm Nr. 8 in die Wandlatten schrauben.

Hohlwände

Die senkrechten Balken der Hohlwand suchen (siehe: **Techniken, Seite 24**) und je eine 50 x 50 mm Latte waagrecht oben und unten befestigen, wo die Seitenteile angebracht werden sollen. Die senkrechten Wandlatten 50 x 50 mm auf den waagrechten Wandlatten an der Wand befestigen.

Den Rahmen wie vorher beschrieben zusammenbauen; für den oberen und unteren Querträger verwenden Sie hier jedoch 50 x 25 mm Kanthölzer, die um die Stärke der waagrechten Wandlatten kürzer sind. An den hinteren Ecken der inneren Verkleidungsplatten 50 x 25 mm große Einschnitte vornehmen; entsprechende Reste der Wandlatte als Schablone verwenden. Die Verkleidungsplatten annageln, dann die Seitenteile auf die Wandlatten schieben und durch die Seitenflächen in den Wandlatten Schrauben eindrehen, wie vorher beschrieben.

Abzugshaube

Als Abzugshaube über dem Herd bietet sich entweder eine einfache Umwälzhaube an, die nur zwischen zwei Seitenteilen befestigt und an die Stromversorgung angeschlossen wird, oder es kann eine Haube mit wesentlich wirksamerer Absaugwirkung installiert werden. Bei einer derartigen Dunstabzugshaube wird in der Außenwand eine passende Öffnung für den Dunstabzug erstellt. Die Abzugshaube wird dann entweder direkt oder bei etwas größerer Entfernung mittels zusammensetzbarer Plastikrohre an die Öffnung angeschlossen. Alle Einzelteile finden sich in den Anleitungen der Hersteller.

Meistens müssen dafür Befestigungsleisten sowohl an der Wand als auch an den Seitenteilen angebracht werden. Oben passen Sie einen schmalen Einlegeboden bündig mit der Oberseite der Seitenteile ein. An der Vorderseite brauchen Sie keine Blendleiste anbringen, da diese durch die vordere Abdeckung der Abzugshaube verdeckt wird. An jeder Innenseite der Seitenteile befestigen Sie in passender Neigung Leisten, um die Frontblende darauf montieren zu können.

Regale zur Präsentation

Das Wandregal ist ideal, um Gegenstände zu präsentieren und um sie praktisch zu verstauen.

① Befestigen an Hohlwänden
Die Wandlatte wird auf waagrechte Latten geschraubt, die auf die senkrechten Balken montiert werden.

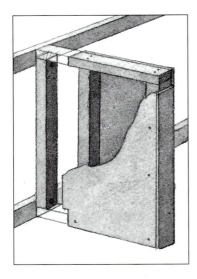

Hobeln	22
Bohren	22
Nageln	24
Wandbefestigungen	24

Das Küchen-System
Abtropfvorrichtung

Diese Frontblende kann aus rostfreiem Stahl oder einer lackierten MDF-Platte bestehen. Beide Blenden schrauben Sie an die Leisten.

Abhängig von der Bauart und wie sie sich in Ihr Küchensystem integrieren läßt, bauen Sie die Dunstabzugshaube ein.

Stange für Küchengegenstände

Hier handelt es sich um eine einfache Stange aus Stahl oder Holz, die in die Seitenteile eingesetzt wird. S-förmige Metallhaken für die Küchengegenstände hängen an der Stange.

Zur Befestigung der Stange werden Löcher im Durchmesser der Stange so in die Seitenflächen der entsprechenden Seitenteile gebohrt, daß die Stange genau dem unteren Querträger aufliegt. Ein Verschnittstück des unteren Querträgers verwenden Sie zur Abstandsmarkierung für die Unterkante des Loches unten an der Seitenverkleidung.

Die Stange wird auf eine Länge gleich dem Abstand zwischen zwei Seitenteilen plus 100 mm gesägt.

Abtropfvorrichtung mit Auffangbehälter

Diese einfache Abtropfvorrichtung ist zum Einbau zwischen zwei Seitenteilen vorgesehen (siehe Anweisungen nächste Seite und Abbildung auf Seite 78). Um einen perfekten Gegenstand zu erhalten, müssen Sie nicht nur genau arbeiten und auf Einzelheiten achten, sondern Sie brauchen auch eine Hilfe; das fertige Teil ist aber dafür auch solide, sicher und stilecht. In drei hölzerne dicke Rundstäbe werden in regelmäßigen Abständen dünnere Rundstäbe eingesetzt; der so entstehende Winkel sollte genau zur Größe Ihres Geschirrs passen. Anschließend stellen wir noch einen Wasser-Auffangbehälter aus Spanplatten mit Melaminbeschichtung her. Danach kann Ihr Geschirr ruhig alleine trocknen.

In dieser eleganten Vorrichtung kann Ihr Geschirr sauber eingelegt werden und von selbst trocknen.

2 Anreißen der Bohrlöcher für Stange
Mit einem Verschnittstück des unteren Querträgers die Position der Hängestange auf der Seitenfläche markieren.

Werkzeuge

Schneidemesser
Stahllineal
Anschlagwinkel
Rückensäge
Hammer
Zapfenstreichmaß
Bohrmaschine
Bohrer
Lochsäge oder Oberfräse
Stichsäge
Holzhammer

Weitere Werkzeuge

V-Block
Bohrständer (oder selbstgemachte Bohrführung) zum genauen vertikalen Bohren

Materialien
Abtropfvorrichtung

Teil	Stückzahl	Material	Länge
Rahmen	3	38-50 mm Ø weiches Rundholz	Nach Bedarf
Vordere Querstäbe	Nach Bedarf	12 mm Ø weiches Rundholz	137 mm
Hintere Querstäbe	Nach Bedarf	12 mm Ø weiches Rundholz	250 mm

Auffangbehälter

Teil	Stückzahl	Material	Länge
Grundplatte	1	15 mm Spanplatte mit Melaminbeschichtung	Nach Bedarf
Kantenrahmen	4	38 x 12 mm Hartholz-Blendleiste	Nach Bedarf
Auflageleisten	2	10 x 6 mm Weichholz	Nach Bedarf

Abtropfvorrichtung mit Auffangbehälter

Die drei großen Rundhölzer für den Rahmen auf Länge sägen. Die Länge eines jeden Rundholzes errechnet sich aus dem Abstand zwischen den Seitenteilen plus 100 mm. Die 100 mm setzen sich zusammen aus 50 mm zum Einsetzen in jedes Seitenteil und 25 mm Überstand an jeder Seite. Beim Bohren der Löcher kann das Rundholz im V-Block mit einem Nagel an diesem Überstand fixiert werden (siehe: **Techniken, Seite 23**). Dieser Überstand wird später abgesägt.

Ein langes Rundholz in den V-Block legen. Auf seiner Länge mit Hilfe eines an einer Seite am Block anliegenden Stahllineals eine gerade Linie ziehen (Abbildung 1). Beginnend in einem Abstand von 62 mm von einem Ende markieren Sie mit einem Bleistift oder einem Zapfenstreichmaß Mittelpunkte im Abstand von jeweils 35 mm.

Mit Hilfe dieses ersten Rundholzes als Führung werden die 35 mm-Abstände auf ein zweites Rundholz übertragen. Beim dritten Rundholz wird eine Längslinie genau wie oben beschrieben angezeichnet und am Ende über die Kante bis zum Mittelpunkt weitergeführt. Dann ziehen Sie auf der runden Stirnfläche eine zweite Linie im Winkel von 96° zur ersten Linie. Diese zweite Linie wird in Längsrichtung ebenfalls über das Rundholz fortgeführt (Abbildung 1).

Mit Hilfe des ersten Rundholzes werden die 35 mm-Abstände auf das dritte Rundholz übertragen, wobei die Markierungen jeweils zwischen den beiden Linien liegen.

Das erste Rundholz wird nun so in den V-Block gelegt, daß die angezeichneten Lochmittelpunkte nach oben zeigen. Das Rundholz an beiden Überständen an den V-Block nageln.

Bohren der Löcher
Zuerst werden die vertikalen Löcher gebohrt (siehe: **Techniken, Seite 23**). Jedes Loch 12 mm tief bohren. Dazu verwenden Sie einen Bohrständer, eine Bohrführung oder Sie fertigen sich eine Bohrführung an.

Herstellen einer Bohrführung
In einen 100 x 50 mm Holzblock wird ein V-Ausschnitt so eingeschnitten, daß er sauber über das im V-Block liegende Rundholz paßt. Dann wird ein Loch vertikal durch diesen Block gebohrt (siehe oben).

Den Holzbohrer durch das Loch in der Bohrführung stecken und die Spitze des Bohrers auf die erste Lochmarkierung setzen. Nun wird die Bohrführung auf den V-Block sauber aufgesetzt und dann ein 12 mm tiefes Loch gebohrt. Alle anderen Löcher bohren Sie genauso.

Montage
An jedem Ende der drei Rahmenstangen sägen Sie zuerst den Überstand von 25 mm.

Nun schlagen Sie mit einem Holzhammer vorsichtig alle vorderen Querstäbe mit 137 mm Länge in ein Rundholz (mit nur einer Lochreihe) und alle hinteren Querstäbe mit 250 mm Länge in das andere Rundholz.

Die Verbindung der beiden Teile mit dem dritten Rundholz (zwei Lochreihen) beendet die Montage. Beim Ausrichten der Querstäbe brauchen Sie Hilfe. Wenn die Passung sehr eng ist, spannen Sie die Teile am besten im Schraubstock einer Hobelbank zusammen. Bei losem Sitz etwas wasserfesten Leim in die Löcher geben.

Die genaue Ausrichtung der Vorrichtung prüfen Sie durch einen Blick in Längsrichtung. Wenn die Ausrichtung nicht stimmt, stellt sich an jedes Ende des Ständers eine Person und korrigiert sie entsprechend.

Paßgenaues Befestigen
Die Abtropfvorrichtung muß eingepasst werden, bevor die Seitenteile endgültig an der Wand montiert werden. Den Ständer an ein Seitenteil so anhalten, daß das Geschirr nicht mehr herausfallen kann und das hintere Rundholz in die Wandlatte geht. Die Rundholzpositionen an den Seitenflächen der Seitenteile markieren.

Die Wandlatte in die richtige Position an der Rückseite des Seitenteils bringen, so daß sie gleichzeitig gebohrt werden kann.

Die Löcher bis zu einer Tiefe von 25 mm mit einer Bohrmaschine und einem Forstnerbohrer, einer Lochsäge oder Oberfräse bohren.

Ein Seitenteil an der Wand befestigen und die Vorrichtung vorsichtig hineinschieben. Nun muß ein Helfer das zweite Seitenteil gegen das andere Ende der Vorrichtung drücken, um die Position für die drei Löcher anzuzeichnen. Löcher dann bohren. Das Seitenteil wird nun auf die Vorrichtung geschoben und damit befestigt. Abschließend wird das zweite Seitenteil an der Wandlatte befestigt. Weitere Ideen dazu finden Sie auf den **Seiten 66 bis 69 und 114 und 116**.

❶ Anzeichnen der Löcher auf den Querstäben
Rundholz in einen V-Block legen und Mittelpunkte im Abstand von 35 mm markieren. Alle Markierungen auf das zweite Rundholz übertragen. Auf dem dritten Rundholz eine Linie im Winkel von 96° zur ersten Linie ziehen.

❷ Verwenden einer Bohrführung
Rundholz an den V-Block nageln, Bohrerspitze auf erstes Loch ansetzen und Bohrführung sauber aufsetzen.

❸ Bohren der Rundholzlöcher
Eine selbstgemachte Bohrführung hilft dabei, den Bohrer senkrecht zu halten. 12 mm Löcher bohren.

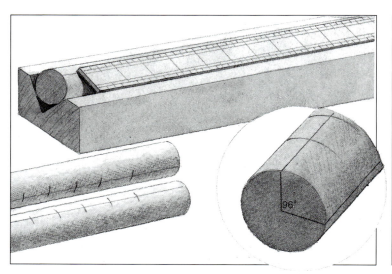

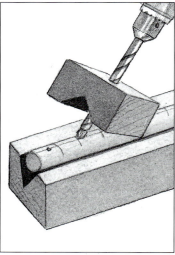

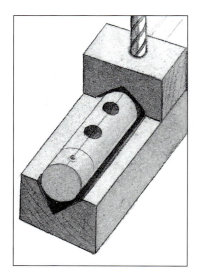

Sägen	21
Herstellen eines V-Blocks	23
Bohren senkrechter Löcher	23
Nageln	24

Das Küchen-System
Abtropfvorrichtung

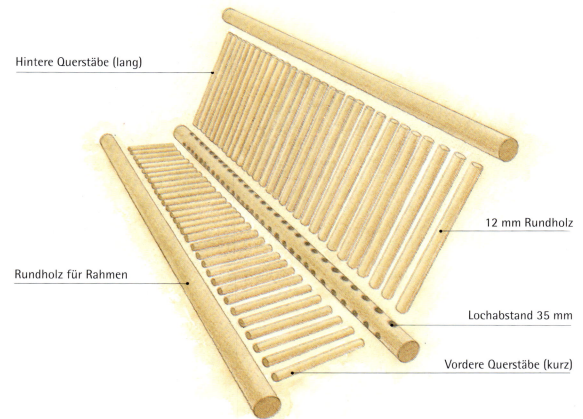

- Hintere Querstäbe (lang)
- Rundholz für Rahmen
- 12 mm Rundholz
- Lochabstand 35 mm
- Vordere Querstäbe (kurz)

Auffangbehälter

Der Auffangbehälter läßt sich zum leichteren Trocknen oder Reinigen herausnehmen. Die Auflageleisten für den Behälter genauso lang sägen wie die Auflageleisten für die Einlegeböden und unten an die Seitenteile stiften und leimen.

Die Grundplatte wird aus 15 mm Spanplatte mit Melaminbeschichtung hergestellt. Zwei Teile des Kantenrahmens auf die Tiefe der Platte sägen. Jeweils 10 mm abnehmen, so daß eine Höhe von 28 mm übrigbleibt. Diese Teile so an die Enden der Grundplatte stiften und leimen, daß sie mit der Unterseite bündig abschließen (Abbildung 5). Vordere und hintere Rahmenleisten so zusägen, daß sie die Länge der Grundplatte und die Rahmenleisten an den Enden überdecken. Diese Leisten so kleben und stiften, daß vorne und hinten nach unten hin ein Überhang von 10 mm bleibt. An der Rückseite kleine Aussparungen ausführen, damit der Auffangbehälter auf den Auflageleisten aufsitzen kann.

Die Innenkanten des Behälters mit einem Silikon-Dichtungsmittel abdichten.

 **4** Einpassen der Vorrichtung zwischen den Seitenteilen
Die zusammengesetzte Vorrichtung wird zwischen zwei an der Wand befestigten Seitenteilen eingepasst; die Enden werden in die drei Löcher, die zur sicheren Befestigung in jede Seitenplatte gebohrt wurden, eingesetzt.

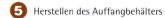 **5** Herstellen des Auffangbehälters
Der Behälter aus einer Spanplatte mit Melaminbeschichtung und Hartholz-Leisten ruht auf zwei Auflageleisten. Zuerst werden die Leisten an den Enden befestigt (oben), dann die vordere und hintere Leiste.

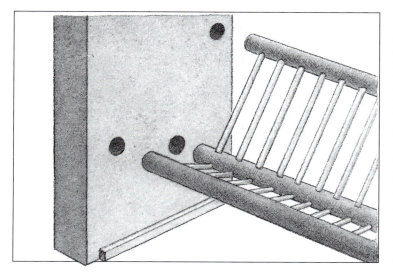

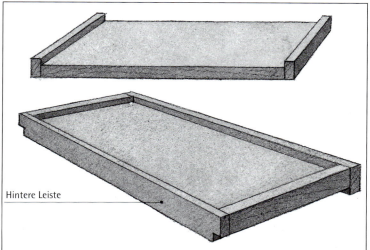

Hintere Leiste

Lattenregal mit Konsolen

Werkzeuge

Stahlbandmaß
Stahllineal
Schneidemesser
Anschlagwinkel
Rückensäge
Gehrungsschneidlade
Schraubendreher
Bohrmaschine
(Hand- oder Elektroantrieb)
Senkbohrer
Steinbohrer
Holzbohrer für Hängestange
Abstandleiste (aus Verschnittholz)
Wasserwaage

An jedem Ende der 38 mm starken Diagonalstrebe eine Gehrung von 45° schneiden. Die beiden Hölzer (75 x 25 mm) verleimen und mit zwei Schrauben 25 mm Nr. 8 verschrauben.

Das L-förmige Stück auf die Werkbank legen und die Diagonalstrebe ansetzen. Die innere Stirnflächenkante der Diagonalen an beiden Enden auf das L-förmige Stück übertragen (Abbildung 1). Diese Linien um die Kanten herum zur Rückseite weiterführen.

Die Position für jedes Schraubenloch 19 mm von der Bleistiftlinie entfernt und in der Mitte auf dem Holz markieren. Kernbohrungen bohren und versenken. Das L-förmige Teil auf die Werkbank legen und ein 12 mm dickes Verschnittholz anlegen (Abbildung 2). Dadurch liegt die Diagonale mittig gegen die beiden Schenkel des L-Winkels. Die Diagonale wird jetzt sauber angelegt und in ihrer Lage verleimt und verschraubt.

Zusätzliche derartige Haltewinkel fertigen Sie nach Bedarf an. Für je 1.200 mm Regallänge ist eine Winkelkonsole erforderlich. Bei voraussichtlich schwerer Belastung empfiehlt sich alle 900 mm ein Haltewinkel.

Materialien

Teil	Stückzahl	Material	Länge
L-förmige Winkel	2	75 x 25 mm Weichholz	350 mm
Diagonalstrebe	1	50 x 38 mm Weichholz	410 mm
Latten	5	50 x 19 mm Weichholz	Nach Bedarf
Auf Wunsch: Hängestange aus 19 mm Rundholz oder Metall			

Befestigung der Winkelkonsole an einer Wand

An der Wand wird derjenige Schenkel des Winkels befestigt, der oben von dem anderen Stück überlappt wird (Abbildung 3). Versenkte Kernbohrungen anbringen und die Winkel an der Wand mit einer Wasserwaage lotrecht ausrichten.

Hängestange

Vor der Befestigung an der Wand bohren Sie für die Stange Löcher in die Winkel. Den Abstand zwischen den Winkeln festlegen und die Stange auf diese Länge plus 38 mm sägen.

Auf den Diagonalstreben die Position für die Stangenlöcher entsprechend der Größe der aufzuhängenden Gegenstände festlegen. Die Löcher im Durchmesser der Stange und 19 mm tief bohren. Den ersten Winkel an der Wand befestigen, die Hängestange hineinschieben, dann den zweiten Winkel am anderen Ende einpassen und an der Wand befestigen.

Befestigung der Latten

Die Latten auf die erforderliche Länge mit einem Überstand von 75 mm an jedem Ende schneiden. Die vordere Latte bündig mit der Vorderkante der Haltewinkel befestigen. Für jeden Winkel eine Schraube 12 mm Nr. 6 verwenden. Die übrigen Latten in gleichem Abstand so anbringen, daß die Kante der hinteren Latte sauber an der Wand anliegt; Abstandhalter verwenden (siehe Techniken, Seite 20).

1 Anzeichnen der Diagonalstrebe in der Winkelkonsole
Holzleisten im rechten Winkel verschrauben. Diagonalstrebe provisorisch einsetzen. Innere Stoßflächenkante zeichnen und die Linie auf der Rückseite des Winkels weiterführen.

2 Befestigen der Diagonalstrebe
Mit einem passenden Verschnittholz die Diagonalstrebe unterlegen, so daß sie mittig befestigt werden kann.

3 Fertige Winkelkonsole
Die obere Querleiste liegt auf der Wandleiste, die Winkel sind durch die Diagonalstrebe verstärkt.

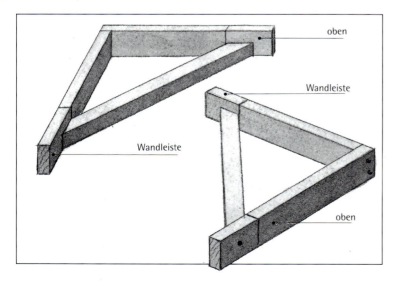

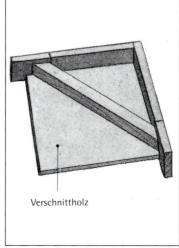

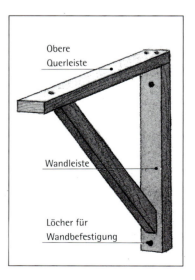

Abstandhälter	20	Schrauben	24
Herstellen von Rillen	22	Wandbefestigungen	24
Bohren	23	Gehrungsverbindungen	26

Das Küchen-System
Lattenregal auf Konsolen

Herausnehmbarer Handtuchhalter

Hergestellt aus Rundholz mit 38 bis 50 mm Durchmesser, in Holzhandlungen oder Baumärkten zu erhalten.

Den Abstand zwischen den Seitenteilen messen. Rundholz auf diese Länge schneiden. 25 mm von jedem Ende nach innen messen und diese Scheibe von jedem Ende abschneiden. Die Mitte einer jeden Scheibe und des Rundholzes an beiden Enden markieren.

Ein Kernloch in ein Ende des Rundholzes bohren, dann eine Holzschraube 38 mm Nr. 8 so einsetzen, daß der Schaft 12 mm herausragt. Genauso verfahren Sie am anderen Ende. Mit einer Metallsäge werden die Schraubenköpfe abgesägt. Grate von den Schaftenden abfeilen, so daß etwa 8 bis 10 mm des Schaftes herausragen. Auf den Scheiben bohren Sie eine Reihe von 4 mm-Löchern, ausgehend von der Mitte einer jeden Scheibe zum Rand hin, um ein Langloch zu bilden. Die Löcher so tief bohren, wie der Schraubenschaft aus dem Rundholz herausragt. Zu diesem Zweck markieren Sie die Bohrtiefe von der Bohrspitze aus mit einem Klebeband. Das Langloch wird mit dem Balleisen ausgestemmt. Mit einer Oberfräse von 4 mm Durchmesser läßt sich ein solches Langloch natürlich einfacher herstellen.

Schraubenlöcher von 4 mm Durchmesser durch jede Scheibe auf jeder Seite der Mittellinie bohren. Das Rundholz horizontal in seiner Lage halten und die Positionen der Scheiben und Schraubenlöcher markieren. Sie sollten etwa 75 mm unter der Arbeitsfläche liegen und von der Vorderkante 50 mm zurückgesetzt sein. An dem Seitenteil verschrauben und Stange in ihre Lage schieben.

Werkzeuge

Stahlbandmaß
Anschlagwinkel
Rückensäge
Bohrmaschine
Bohrer
Metallsäge
Schraubendreher
Metallfeile
Balleisen oder Oberfräse

④ Befestigen der Winkel an der Wand und Anbringen der Latten
Löcher für Hängestange bohren und Stange einsetzen, bevor der zweite Winkel an der Wand befestigt wird. Eine Leiste vorübergehend an die Wand nageln, um die Winkel genau im Wasser zu halten. Latten anschrauben.

⑤ Schneiden und Formen der Enden
Schraubenschaft als Zapfen für die Stange verwenden. Für das Langloch eine Reihe von Löchern bohren.

⑥ Stange befestigen
Mit einem schmalen Balleisen ein Langloch in der Scheibe für den Stangenzapfen ausstemmen. Die Scheibe an die Wände der Seitenteile schrauben.

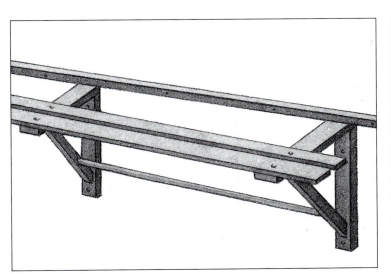
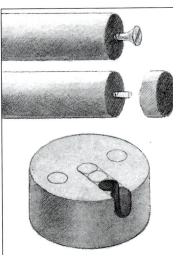

Messerhalter

Werkzeuge

Stahlbandmaß
Anschlagwinkel
Hammer
Rückensäge
Zwei Schraubzwingen
Bohrmaschine
Senkbohrer
Steinbohrer
Schleifblock und Schleifpapier

Ein Messerhalter ist nicht nur eine nützliche Ergänzung der Kücheneinrichtung, sondern auch schnell und leicht herzustellen.

Arbeiten Sie von hinten nach vorn; leimen und nageln Sie die beiden senkrechten Leisten auf die erste Latte. Die Latte an jedem Ende 75 mm über die senkrechten Leisten hinaus stehen lassen (Abbildung 1).

Die übrigen Latten mit einem Mittenabstand von 38 mm befestigen. Für einen gleichen Abstand zwischen den Latten verwenden Sie Abstandhalter (siehe Techniken, Seite 20). Einen Zwischenraum für die Messerhalterung lassen.

Distanzstücke von 25 x 6 mm auf das Rückenteil der Halterung leimen. Ein Distanzstück gehört an jedes Ende und eines in die Mitte der Latte (Abbildung 2).

Das Vorderteil der Halterung auf die Distanzstücke leimen und mit Schraubzwingen fixieren, damit der Leim trocknen kann; abschließend schleifen.

Die Messerhalterung an den senkrechten Leisten in der Mitte des freigelassenen Raumes befestigen; dabei wieder von hinten schrauben.

Durch die Vorderseite der senkrechten Leisten an der gewünschten Stelle Senklöcher bohren. Messerhalter an der

Materialien

Teil	Stückzahl	Material	Länge
Latten	7	25 x 19 mm Weichholz	850 mm
Rückenteil, Messerhalterung	1	25 x 25 mm Weichholz	850 mm
Vorderteil, Messerhalterung	1	25 x 6 mm Weichholz	850 mm
Distanzstücke	3	25 x 6 mm Weichholz	50 mm
Senkrechtleisten	2	25 x 19 mm Weichholz	450 mm

❶ Nageln der senkrechten Leisten auf die Latten
Von hinten nach vorn arbeiten und die senkrechten Leisten so auf die Latten nageln, daß ein Raum für den Einbau der Messerhalterung bleibt. Einen gleichmäßigen Abstand zwischen den Latten erzielen Sie mit Abstandhaltern.

❷ Herstellen der Messerhalterung
Das Rückenteil der Messerhalterung ist wegen der Messergriffe stärker als die anderen Latten. Über drei Distanzstücke wird das dünne Vorderteil der Messerhalterung gelegt.

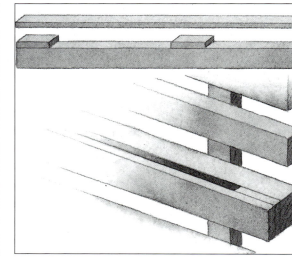

Wäschetrocknergestell

Das Küchen-System
Messerhalter und Wäschetrocknergestell

Wand ausrichten, Bohrlöcher markieren und bohren; das ganze mit Schrauben und Dübeln befestigen.

Ein quadratisches Holzstück diagonal in zwei Hälften sägen. Alle Ecken erst mit grobem und dann mit feinem Schleifpapier abrunden. Bei Bedarf das Holz streichen.

Die Mittelpunkte für die Löcher an einem Seitenteil markieren. Die Löcher mit einem Mittenabstand von 100 mm und einem Abstand von 45 mm von der Kante markieren. Die sechs Löcher mit 25 mm Durchmesser für die Rundhölzer und die kleinen 6 mm-Löcher für die Seilhalterung bohren. Beide Seitenteile zusammenspannen, dann unter Verwendung des ersten Stücks als Schablone die Löcher auf dem zweiten Stück anzeichnen und anschließend bohren. Die Rundhölzer in die beiden Seitenteile so einsetzen, daß sie etwa 75 mm an jedem Ende überstehen.

Die Position der Träger an der Decke bestimmen. Wenn sie rechtwinklig zum Gestell verlaufen, richten Sie nach Anbringen der Seilrollen die Position jedes Seitenteils auf die darüber befindliche Seilrolle aus. Wenn die Deckenträger parallel zum Gestell laufen, wählen Sie zur Befestigung der Seilrollen den nächstliegenden Träger. Doppelseilrollen sind an der Seite

Werkzeuge

Stahlbandmaß
Stahllineal
Anschlagwinkel
Schleifblock, grobes und feines
Schleifpapier
Stichsäge oder Fuchsschwanz
Bohrmaschine
Holzbohrer
Schneidemesser

vorzusehen, über die das Gestell bewegt werden soll.

Eine Klampe an passender Stelle an der Wand anschrauben. Das Seil in einem Seitenteil im Seilloch festbinden und dann über die Einzelrolle und die Doppelseilrolle zur Klampe hinunterführen, von dort wieder zurück zur Doppelseilrolle und dann hinunter zum anderen Seitenteil. Dieses Ende dort festbinden. Das durchhängende Seil aufnehmen und um die Klampe wickeln.

Nachdem Sie überprüft haben, daß das Gestell leicht zu ziehen ist, leimen sie die Rundhölzer in die Bohrungen.

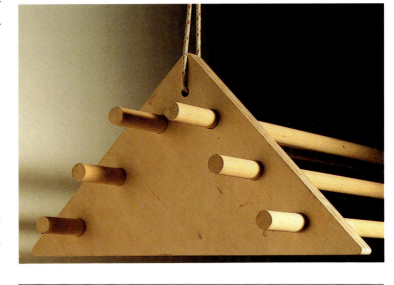

Materialien

Teil	Stückzahl	Material	Länge
Seitenteile	1	25 mm-Sperrholzplatte (oder MDF)	400 mm
Stäbe	6	25 mm Durchmesser Hart-Rundholz	2 m lang
1 Einzelrolle, 1 Doppelseilrolle (zum Einschrauben oder Aufschrauben)			
1 Schnur und 1 Klampe			

❸ Anzeichnen der Löcher für die Stäbe
Aus einer 25 mm dicken, quadratischen Sperrholzplatte mit einer Kantenlänge von 400 mm werden zwei Dreieckstücke gesägt. Mittelpunkte im Abstand von 100 mm auf einer Linie markieren, die von den Kanten 45 mm zurückgesetzt ist.

❹ Aufhängen des Wäschetrocknergestells
An der Decke eine einfache und doppelte Seilrolle sicher befestigen. Eine Klampe an einer Wand befestigen und die Schnüre so führen, daß sich das Trockengestell leicht heben und senken läßt.

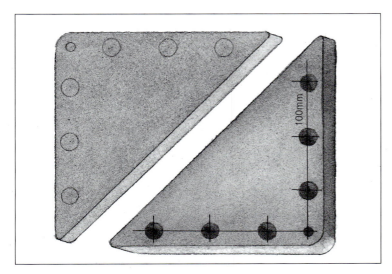

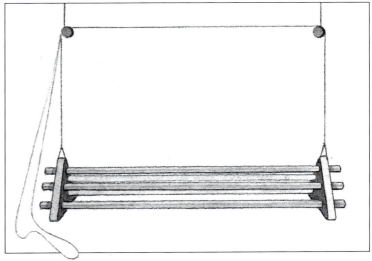

Buffet mit Spiegeln

Ich habe vor ein paar Jahren ein ähnliches Buffet für mein eigenes Haus entworfen. Es hat so viel Anklang bei meinen Gästen gefunden, daß ich es Ihnen als Projekt nicht vorenthalten möchte. Geschirr, Gläser und Speisen können hier appetitanregend dargeboten werden, gleich ob es in einer Küche oder einem Eßzimmer steht.

Grundgedanke des Designs sind die drei, leicht schräggestellten Spiegel. Sie ermöglichen jene verblüffende Dreidimensionalität, bei der ein Objekt gleichzeitig frontal und aus der Vogelperspektive wahrgenommen wird. Mit diesem Spiegeltrick werden Speisen so präsentiert, daß einem das Wasser im Munde zusammenläuft. Weniger ist eben manchmal mehr!

Der Entwurf beinhaltet ein halbhohes, vorspringendes Regalteil, das als Anrichte dient. Sie können selbst entscheiden, welches Material Sie in Abstimmung mit Ihrer Einrichtung verwenden wollen.

Bei der hier vorgestellten Ausführung wurde Marmor für die Anrichte gewählt. Natürlich sind auch preisgünstigere Materialien wirkungsvoll. Sparen Sie aber nicht an den Spiegeln; sie sind für das Design unverzichtbar.

SEITENANSICHT
Indirektes Licht
Rille als Tellerhalterung
Schräg gestellte Spiegel
Marmorplatte
1/4 Kreisförmige Konsole

Küche und Eßzimmer
Buffet mit Spiegeln

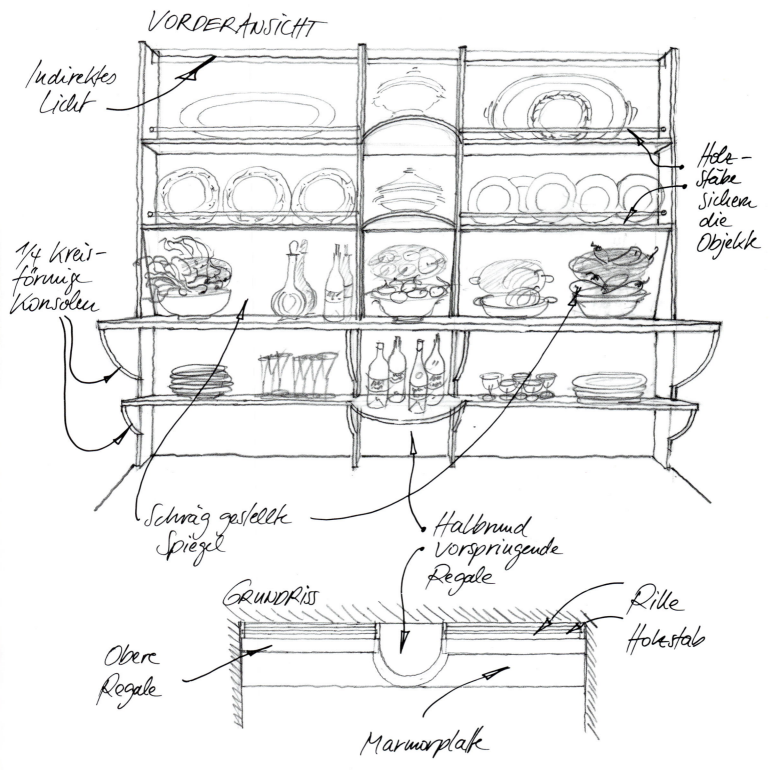

Buffet mit Spiegeln

Dieses Eßzimmerregal ist von der Konstruktion her sowohl dekorativ als auch praktisch. Die große Anrichtefläche bietet viel Platz zum Servieren und Präsentieren von Speisen, während die schräg gestellten Spiegel dahinter Speisen und Blumen reflektieren und so ein angenehmes Wechselspiel von Form und Farbe schaffen. Darüber befinden sich Einlegeböden mit Rillen zur Aufstellung von Tellern, und unter der Anrichtefläche gibt es ein Fach für Kannen, Schalen, Körbe, Besteck usw. Eine durch eine Blende verdeckte Beleuchtung liefert zum Essen ein unaufdringliches, stimmungsvolles Licht. Abgerundet wird der gesamte Eindruck dadurch, daß das Buffet bis zur Decke reicht und enorm viel Platz bietet.

Das Buffet kann mit einer Seite an der Wand anliegen oder eine Nische ausfüllen; es kann aber auch frei stehen oder von einer Wand zur anderen reichen. Die Anrichtefläche kann (wie hier) aus Marmor, Schiefer, Massivholz oder einer gestrichenen MDF- oder Tischlerplatte bestehen. Bei Marmor muß jede Verbindungskante über einer Stütze liegen, damit sie ausreichend abgestützt wird.

Der obere Teil des Buffets besteht aus senkrechten Seitenteilen aus einer 25 mm MDF-Platte, die geraden Einlegeböden aus 19 mm Tischlerplatte (wegen der Steifigkeit) und die halbrunden Einlegeböden aus 19 mm MDF-Platte, aus der die Bögen leichter herauszuschneiden sind als aus der dickeren Spanplatte.

Das ganze Buffet wird in zwei Teilen gebaut. Das untere Teil bis zur Anrichte wird gebaut und an Ort und Stelle befestigt, und dann wird der obere Teil hinzugefügt. Das ganze Buffet wird mit Winkeleisen an der Wand befestigt. Die Winkel befinden sich in Falzen der Einlegeböden. Nachdem die Einlegeböden eingelegt sind, verdecken sie die Winkeleisen.

Die Gesamtabmessungen des Buffets basieren auf der Tiefe der Anrichtefläche. Diese hat im Idealfall das Maß von 460 mm. Wenn Sie ein anderes Maß bevorzugen, so passen Sie alle Abmessungen entsprechend an. Wegen der besseren Optik sollte die Anrichtefläche grundsätzlich genau so tief sein wie die halbrunden Einlegeböden.

Die exakt senkrechten Abmessungen bis zur Oberkante des Spiegelteiles sind ebenso vorgegeben wie alle Tiefen der Böden, so daß der Winkel des Spiegels ohne Schwierigkeiten exakt errechenbar ist.

Die Gesamthöhe und -breite läßt sich durch Veränderung des Teiles oberhalb des Spiegels auf die jeweils erforderliche Höhe bis zur Decke variieren. Die Außenteile lassen sich auf die gewünschte Breite hin verändern. Im Interesse eines ausgeglichenen Aussehens sollten Sie darauf achten, daß die Abmessungen links und rechts des Mittelteils mit den halbrunden Einlegeböden gleich sind.

Wenn das Buffet nicht in eine bestimmte Breite passen muß, werden die Außenteile in der doppelten Breite des Mittelteils ausgeführt. Dadurch erhält das Ganze eine ausgewogene Proportion und ein attraktives Aussehen.

Materialien

Teil	Stückzahl	Material	Länge
Obere senkrechte Seitenteile	4	25 mm MDF-Platte	Nach Bedarf x 150 mm
Obere gerade Einlegeböden	4	19 mm Tischlerplatte	Nach Bedarf x 150 mm
Halbrunde Einlegeböden	2	19 mm MDF-Platte	487 x 393,5 mm
Blenden	3	19 mm MDF-Platte	Nach Bedarf
Holzstäbe als Halterung	3	25 mm ø Rundholz	Nach Bedarf
Anrichtefläche	1	mindestens 25 mm MDF-Platte	Nach Bedarf
Regalauflageleisten	3	50 x 25 mm Weichholz	Nach Bedarf
Untere senkrechte Seitenteile	4	25 mm MDF-Platte	770 x 150 mm
Untere gerade Einlegeböden	2	19 mm Tischlerplatte	Nach Bedarf x 280 mm
Mittiger halbrunder Einlegeboden	1	19 mm MDF-Platte	500 x 460 mm
Große viertelkreisförmige Konsolen	4	25 mm MDF-Platte	1250 x 300 mm
Kleine viertelkreisförmige Konsolen	4	25 mm MDF-Platte	130 x 570 mm

Außerdem: 3 Spiegel, Leuchtröhren, 3 mm Blendleisten, 40 Montagewinkel 65 mm x 16 mm

Werkzeuge

Fuchsschwanz
Stichsäge (oder Handstichsäge)
Bohrführung
Schraubzwingen
Stahlbandmaß
Anschlagwinkel
Schneidemesser
Oberfräse
Hammer
Wasserwaage
Bohrmaschine
Schraubendreher
Metallsäge
Hobel
Schleifblock

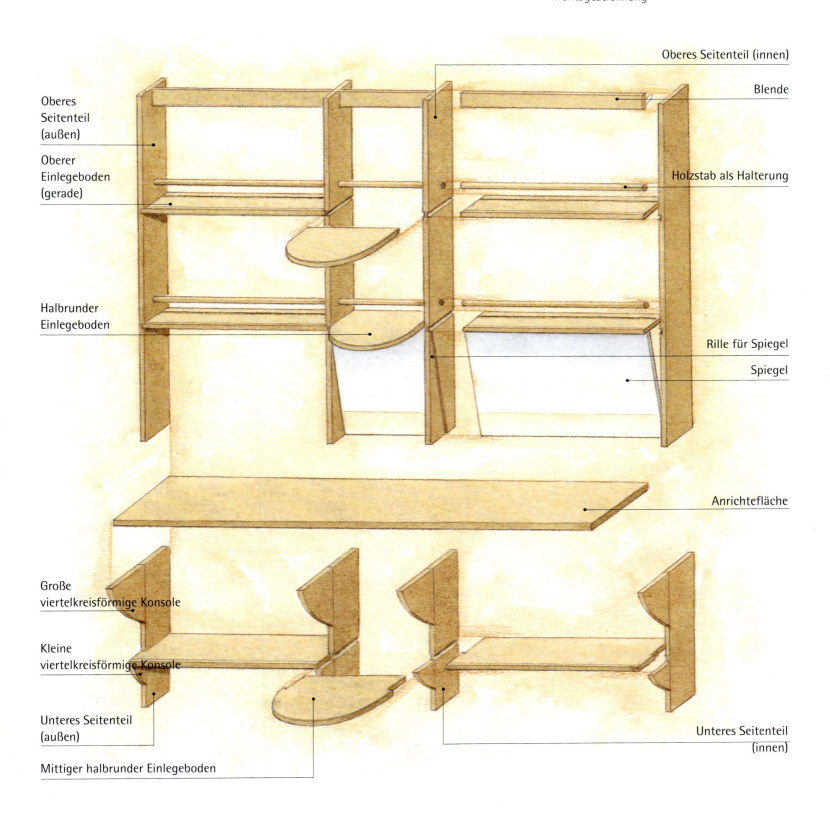

Buffet mit Spiegeln
Montagezeichnung

Buffet mit Spiegeln

Unteres Buffetteil
Aus einer MDF-Platte, 25 mm stark, werden vier senkrechte Teile 770 mm hoch – die Höhe unter der Anrichtefläche – und 150 mm breit gesägt. Als Auflage für die Anrichtefläche schneiden Sie aus einer 300 mm breiten und wenigstens 1250 mm langen MDF-Platte vier viertelkreisförmige Konsolen aus; der Radius jedes Viertelkreises kann 300 mm betragen. Das Profil eines Viertelkreises vor dem Aussägen anzeichnen und hinterher zu einer sauberen Rundung schleifen. Mit diesem Viertelkreis als Schablone werden die anderen drei Viertelkreise angezeichnet. Für die unteren Konsolen sägen Sie vier kleinere Viertelkreise aus einer 130 mm breiten und 570 mm langen MDF-Platte; jeder Viertelkreis kann einen Radius von 130 mm bekommen. Auch hier sägen Sie wieder einen Viertelkreis aus und verwenden ihn als Schablone für die anderen.

Befestigen der Konsolen
Mit 10 mm Dübeln, 50 mm lang, und Leim befestigen Sie die großen Konsolen an den Vorderseiten der Seitenteile. Die Bohrungen mit einer Bohrführung oder Dübelpunkten so ausrichten, daß die Oberkanten mit den Seitenteilen bündig abschließen.

Jede Verbindung mit Zwingen fixieren und den Leim lange genug trocknen lassen. Dies geht einfacher, wenn auf den Viertelkreisen rechteckige Einkerbungen als Auflage für die Zwingen stehen bleiben, die später, entsprechend der Rundung, abgesägt werden.

Von der Unterkante eines jeden Seitenteils 300 mm abmessen; hier liegt die Oberkante der kleineren Konsolen. Alle vier Viertelkreise wie die großen Viertelkreise befestigen.

Fräsen der Nuten für Einlegeböden
Die Oberkante der unteren Konsole ist auf die Unterseite der unteren Einlegeböden ausgerichtet und trägt diese. Mit einem Anschlagwinkel und einem Bleistift oder einem Schneidemesser übertragen Sie die Oberkante des Viertelkreises auf das Seitenteil, wo ein Einlegeboden eingepaßt werden soll. Mit einer Oberfräse und einem 19 mm Fräskopf stellen Sie exakt oberhalb der Linie eine 6 mm tiefe durchgehende Nut her.

An der Innenseite des zweiten äußeren Seitenteils verfahren Sie ebenfalls so. Bei den inneren Seitenteilen müssen Sie auf beiden Seiten eine entsprechende Nut fräsen.

① Verbinden von Seitenteil und Konsolen
Unteres Seitenteil aus 25 mm starker MDF-Platte sägen. Die Anrichtefläche liegt auf der großen Konsole aus MDF-Platte auf, deren Radius 300 mm beträgt. Die kleine Konsole hat einen Radius von 130 mm. Konsolen mit Dübeln befestigen.

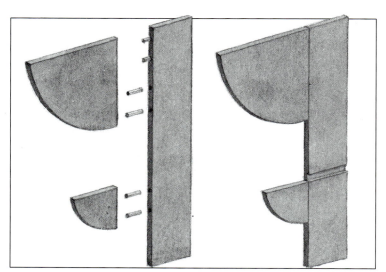

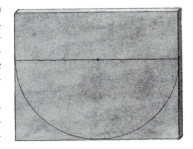

Oberer halbrunder Einlegeboden
Aus einer 19 mm MDF-Platte ein Rechteck mit den Maßen 487 x 393,5 mm sägen. Von der Hinterkante aus 150 mm abmessen und dort eine Querlinie ziehen. Im Mittelpunkt dieser Linie ziehen Sie einen Halbkreis wie dargestellt.

Mittiger runder Einlegeboden
Aus einer 19 mm MDF-Platte ein Rechteck mit den Maßen 460 x 500 mm sägen. Von der Hinterkante aus 280 mm abmessen. Von dieser Linie ziehen Sie einen Kreis, der bis zur Vorderkante reicht. Die Falze wie dargestellt sägen.

Unterer gerader Einlegeboden
Die Breite der Einlegeböden ist flexibel, sollte jedoch auf beiden Seiten gleich sein. Die Tiefe beträgt 280 mm. Beide Falze sind 150 mm lang. Der nach außen zeigende Falz ist 19 mm breit, der nach innen 6,5 mm (halbe Auflagebreite).

② Geraden unteren Einlegeboden einpassen
Die Einlegeböden sollen auf beiden Seiten gleich breit sein.
Die Tiefe beträgt einschließlich Blende 280 mm.
Die Enden der Böden sind gefalzt und liegen auf den Konsolen auf.

Sägen von Rundungen	22
Sägen von Falzen	22
Fräsen von Nuten	22
Bohren	23
Schrauben	24
Dübelverbindungen	30

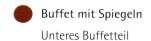

Buffet mit Spiegeln
Unteres Buffetteil

Unterer, mittiger halbrunder Einlegeboden

Für diesen Einlegeboden schneiden Sie aus einer 19 mm starken MDF-Platte ein 460 x 500 mm großes Rechteck; 500 mm beträgt die Breite. Parallel zur Hinterkante ziehen Sie in einem Abstand von 280 mm eine Linie – dies ist die Tiefe der geraden Einlegeböden. Von der Mitte dieser Linie aus zeichnen Sie einen Halbbogen, der die Vorderkante in der Mitte trifft, und sägen ihn aus. Parallel zur Hinterkante in einem Abstand von 150 mm ziehen Sie eine zweite Linie. Die Falze von beiden Seiten aus 6,5 mm breit und 150 mm lang sägen, so passen sie in die in die Seitenteile gefrästen Nuten.

Untere gerade Einlegeböden

Ausrechnen, wie breit die Einlegeböden aus 19 mm Tischlerplatte auf jeder Seite sein sollen. Die Breite muß auf jeder Seite gleich sein. Jeder Einlegeboden muß 280 mm tief sein, einschließlich einer 3 mm dicken Blende, die auf die Vorderkante geleimt und gestiftet wird. Die beiden Einlegeböden zusägen, dann die Falze an jedem Ende sägen – 150 mm lang und 6,5 mm breit an der Innenkante; 19 mm breit an der Außenkante. So passen die Einlegeböden innen genau mittig auf die 19 mm breiten Konsolen. Die Außenkanten der geraden Einlegeböden sollten bündig mit den jeweiligen Außenkanten der Seitenteile abschließen.

Zusammenbau

Ein Seitenteil als Führung an der Wand anlegen, um die Lage der Anrichtefläche an der Wand zu markieren. Die exakte Position für die Unterseite der Anrichtefläche an der Wand und jeder Seitenwand markieren. Mit einer Wasserwaage kontrollieren, ob die Linie in ihrer ganzen Länge wirklich waagerecht verläuft.

An der Wand genau unterhalb der Linie Weichholzleisten mit den Maßen 50 x 25 mm als zusätzliche Auflage für die Anrichtefläche befestigen. Sie brauchen drei derartige Leisten, die Sie auf die Abstände zwischen den vertikalen Teilen passend sägen. Wenn ein äußeres senkrechtes Seitenteil direkt in einer Ecke befestigt wird, so schrauben Sie direkt durch das senkrechte Teil und die Konsolen in die Wand. Die Löcher bohren und Schrauben gut versenken – eines in der Nähe der Oberkante, eines in der Nähe der Unterkante des Seitenteils und zwei in jeder Konsole. Das Seitenteil vertikal ausrichten und die Positionen der Schrauben an der Wand markieren. Dann das Seitenteil wieder entfernen und die Löcher in der Wand für 50 mm lange Schrauben Nr. 8 bohren. Dübel einsetzen, das Seitenteil wieder hinstellen und an der Wand verschrauben.

Wenn das äußere senkrechte Seitenteil nicht genau in der Ecke steht, so befestigen Sie es an der Wand mit Montagewinkeln (65 mm x 65 mm x 16 mm) – einer oben und einer in der Nut des Einlegebodens.

Der Befestigungswinkel in der Nut wird durch den Einlegeboden verdeckt, wenn dieser eingepaßt wird. Der Einlegeboden muß für die Aufnahme dieses Haltewinkels zugesägt werden. Um den oberen Haltewinkel zu verdecken, wird er senkrecht so an der Wand befestigt, daß der von der Wand rechtwinklig abstehende obere „Schenkel" in einen Falz paßt, der in die Oberkante des Seitenteils gesägt wurde. Der hintere Arm des Winkels zeigt an der Hinterkante des Seitenteils nach unten.

Der Fuß des Seitenteils kann mit einem „Dübel" aus einem 3 mm Stahlstab oder einer Gewindestange befestigt werden, der mit einer Metallsäge auf eine Länge von 25 mm gesägt wird. Die Hälfte dieses "Dübels" wird im Boden versenkt und der Rest in der Unterseite des Seitenteils. Nicht ganz einfach ist es, beide Bohrungen exakt übereinander zu setzen; hilfreich sind hier Dübelpunkte (siehe **Techniken, Seite 30**).

Den herausragenden "Schenkel" des Winkels an der Oberkante verschrauben und den zweiten Winkel in der Nut für den Einlegeboden und an der Wand befestigen. Die Auflageleiste in ihrer Position an der Unterkante der Linie einpassen und sie an der Wand mit 50 mm langen Schrauben Nr. 8 in einem Abstand von 300 mm befestigen. Die anderen Seitenteile werden auf die gleiche Art montiert, wobei mit dem Arbeitsfortschritt die Einlegeböden in die Seitenteile geleimt werden. Bei den beiden inneren Seitenteilen kann der „Bodendübel" entfallen.

Anrichtefläche

Die Anrichtefläche liegt auf den Auflageleisten an der Wand und an den Seitenteilen auf. Marmor- oder Schieferplatten brauchen nicht extra befestigt zu werden, da sie schwer genug sind. Holzplatten befestigen Sie mit Dübeln an den Oberkanten der Seitenteile und den viertelkreisförmigen Konsolen. Wenn die Platte gestrichen werden soll, schrauben Sie einfach in die Seitenteile hinein und verspachteln die Löcher.

Oberer Buffetteil

Den Abstand von der Oberkante der Anrichtefläche bis zur Decke an beiden Enden und in der Mitte messen. Bei unterschiedlichen Maßen nehmen Sie das kleinste Maß und schneiden vier senkrechte Teile auf diese Länge aus 25 mm MDF-Platten. Jedes Seitenteil ist 150 mm breit. Von der Unterkante ausgehend messen Sie 655 mm ab. Dadurch ergibt sich eine gute Größe und ein guter Neigungswinkel für die Spiegel. Die verbleibende Höhe jedes Seitenteils durch die Anzahl der erforderlichen Einlegeböden teilen und diese gleichmäßig verteilen.

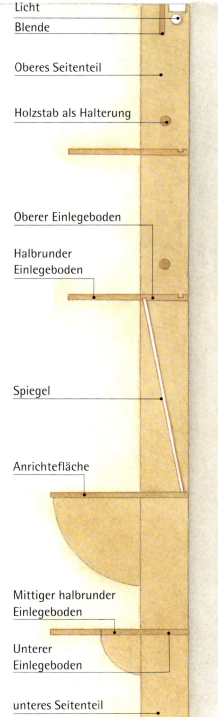

Seitenansicht des Buffets
Diese Ansicht zeigt den Abstand der Einlegeböden und die Position der Konsolen für die unteren Einlegeböden. Die Spiegel sind nach vorne geneigt, um die Gegenstände auf der Anrichtefläche zu spiegeln.

Buffet mit Spiegeln

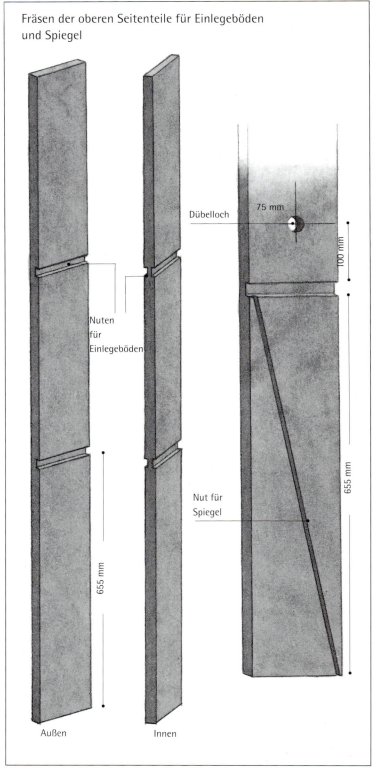

Fräsen der oberen Seitenteile für Einlegeböden und Spiegel

Nuten für Einlegeböden

Dübelloch 75 mm

100 mm

Nut für Spiegel

655 mm

655 mm

Außen   Innen

Schräg gestellte Spiegel sorgen für mehr Eindrücke
Die schräg gestellten Spiegel hinter der Anrichtefläche bewirken ein großzügiges, interessantes Spiel von Form und Farbe. Auch die halbrunden Einlegeböden und viertelkreisförmigen Konsolen tragen nachhaltig zu der besonderen Note des Ganzen bei.

Fräsen der Nuten für Einlegeböden
Mit einem 19 mm Fräskopf fräsen Sie die Nuten in einer Tiefe von 6 mm für die Einlegeböden an allen Innenseiten der Seitenteile. (Wichtig: Die Außenseiten der äußeren Seitenteile nicht fräsen!)

Spiegel
Mit einem 6 mm Fräskopf werden die Nuten für den Spiegel gefräst. 2 mm nach innen von der Vorder- bzw. Hinterkante fräsen Sie eine 6 mm tiefe diagonale Nut gemäß der Darstellung ganz rechts. Diese Nut wird in die Innenflächen aller vier Seitenteile gefräst.

Holzstäbe als Halterung
Die Mittelpunkte der Bohrungen zur Aufnahme der Stäbe an den Innenflächen aller vier Seitenteile 100 mm oberhalb der ersten Nut und 75 mm von der Vorderkante nach innen versetzt markieren. Löcher mit Durchmesser 25 mm in einer Tiefe von 12 mm mit einer Oberfräse oder einer Bohrmaschine mit Holzbohrer bohren.

Obere gerade Einlegeböden
Diese Böden werden ebenso wie die unteren Einlegeböden an den Vorderkanten verblendet und haben einschließlich Blende eine Gesamttiefe von 150 mm.
Die benötigte Anzahl Böden auf die erforderliche Länge sägen, dann die Blendleisten auf die Vorderkanten leimen und nageln.

Sägen	21
Sägen von Rundungen	22
Fräsen von Nuten	22
Nageln	24

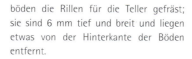

Buffet mit Spiegeln
Oberes Buffetteil

Halbrunde Einlegeböden
Aus 19 mm starker MDF-Platte schneiden Sie für jeden benötigten Einlegeboden ein 487 x 393,5 mm großes Rechteck aus.

Von der Hinterkante ausgehend im Abstand von 150 mm eine Querlinie ziehen. Der Mittelpunkt dieser Linie ist der Mittelpunkt für den Kreis. Den Halbkreis auf die Oberseite eines jeden Einlegebodens zeichnen und sägen (siehe Seite 110).

Fräsen der Nuten
Für jeden Spiegel mit der Oberfräse an der Unterseite der beiden geraden Einlegeböden eine Nut fräsen, die von der Vorderkante 2 mm zurückgesetzt ist. Die Nut muß 6 mm tief und genau so breit sein wie der Spiegel plus einer kleinen Zugabe zum Einschieben des Spiegels. Eine entsprechende Nut auch in die Unterseite des halbrunden Einlegebodens fräsen. Aus den Nuten heraus die genauen Abmessungen für jeden Spiegel messen, dabei auch die Schlitze in Ober- und Unterseite berücksichtigen.

Die Unterkanten des Spiegels müssen poliert sein, um Beschädigungen der Anrichtefläche zu vermeiden.

Mit der Oberfräse werden dann in die Oberfläche aller oberen geraden Einlegeböden die Rillen für die Teller gefräst; sie sind 6 mm tief und breit und liegen etwas von der Hinterkante der Böden entfernt.

Holzstäbe als Halterung
Die Holzstäbe müssen so lang sein, daß sie je 10 mm an jedem Ende in das Seitenteil eingesetzt werden können. Die erforderliche Anzahl der Stäbe aus Rundholz mit 25 mm Durchmesser sägen.

Zusammenbau
Ein Seitenteil, das auf der Anrichtefläche direkt über dem unteren Seitenteil aufliegt, anstellen (in einer Ecke beginnen, wenn möglich). Dieses Seitenteil wird entweder an einer Seitenwand mit Schrauben oder an der rückseitigen Wand mit Montagewinkeln befestigt, die wie beim unteren Teil in die Nuten der Einlegeböden eingesetzt werden. Im Bereich der Spiegel wird möglichst niedrig hinter der Nut ein zusätzlicher Haltewinkel befestigt. Dieser wird später verdeckt, wenn der Spiegel eingesetzt wird. Für den nächsten Arbeitsgang benötigen Sie zusätzliche Hilfe. Den Spiegel und die Holzstäbe einsetzen und verleimen. Die Enden der Rundstäbe sollten zum Einpassen „verjüngt" werden.

❶ Befestigen der Spiegel und Seitenteile
Die Oberkante des Spiegels lagert in einer Nut an der Unterseite des Einlegebodens. Montagewinkel halten die senkrechten Seitenteile.

❷ Befestigen der Blenden
Blenden aus 19 mm MDF-Platte sägen. Sie verdecken die Leuchtröhren und werden mit Montagewinkeln befestigt.

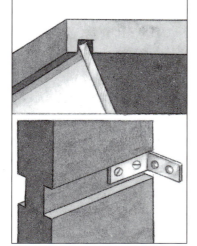

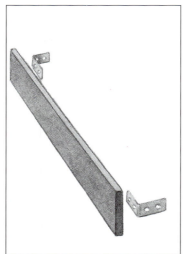

Vorteilhafte Nutzung der oberen Einlegeböden
Die bis zur Decke reichenden oberen Einlegeböden vermitteln eine hervorragende Optik und bieten gleichzeitig viel Abstellfläche. Die halbrunden Einlegeböden rücken einzelne Objekte besonders ins Blickfeld.

Jetzt wird das nächste Seitenteil an seinen Platz gestellt und mit Montagewinkeln in den Nuten der Einlegeböden und auf beiden Seiten ganz oben befestigt. Vor dem Einsetzen des zweiten Spiegels können Sie wieder in der Nähe der Nut einen zusätzlichen Winkel anbringen.

Die hinteren Enden der Einlegeböden etwas hobeln oder schleifen (wegen der Montagewinkel), dann die Kanten leimen und die Böden einpassen.

Den mittleren Spiegel, die Holzstäbe und das nächste Seitenteil aufstellen und befestigen. Einlegeböden einpassen und dann das Ganze für den letzten Abschnitt wiederholen.

Blenden
Die Innenmaße zwischen den senkrechten Unterteilungen für die drei Blenden messen. Die drei Blenden aus 19 mm MDF-Platte auf Länge sägen. Sie müssen breit genug sein, um die Leuchtröhren abzudecken. An jedem Ende einer Blende Montagewinkel anbringen; diese dann mit den senkrechten Seitenteilen verschrauben.

Vor Befestigung der Blende können Sie zur zusätzlichen Festigkeit weitere Montagewinkel an der Oberseite der Seitenteile montieren; diese müssen jedoch von der Blende verdeckt werden. Leuchtröhren einsetzen. Schließlich werden vor dem Streichen alle versenkten Schraubenköpfe verspachtelt.

Regal mit Fächern

Konstruktion

Dieses Küchenregal eignet sich ideal zum sauberen und sicheren Aufbewahren von Geschirr und Küchengeräten. Die oberen Regalböden und die Hauptunterteilungen werden aus 19 mm starkem Sperrholz oder 15 mm starken Spanplatten mit Melaminbeschichtung hergestellt. Der untere Regalboden hat vorne eine 25 mm breite Blendleiste, die bündig mit der Unterseite geleimt und gestiftet wird.

Obere und untere Regalböden laufen über die volle Breite des Regals. Die Hauptunterteilungen werden im Abstand von 1040 mm und an den Enden eingepaßt. Die mittleren Regalböden werden zwischen die Hauptunterteilungen eingepaßt. Wenn Sie hier Teller, Gläser und Pfannen aufbewahren wollen, können Sie zusätzliche Fächerunterteilungen in 10 mm Stärke zwischen den Hauptunterteilungen anbringen.

Alle Einzelteile dieses Regals werden verdübelt. Zuerst werden die mittleren Regalböden mittels Buchenholzdübel (8 x 40 mm) mit den Hauptunterteilungen verbunden; in der Waagrechten gehen dabei die Dübel direkt durch die Unterteilungen (Abbildung 2). Dann werden oberer und unterer Regalboden über Dübel derselben Größe an der Oberseite und Unterseite mit den Hauptunterteilungen verbunden.

Mit kleineren Dübeln (6 x 30 mm) werden die Fächerunterteilungen aus Sperrholz an der Unterseite des oberen Regalbodens angebracht. Das ganze Regal wird an der Rückseite mit einer 4 mm Sperrholzplatte oder einer gestrichenen Hartholzplatte verkleidet. Diese Platte wird an die Kanten der Hauptunterteilungen und Regalböden sowie an die Fächerunterteiler gestiftet.

Damit keine Gegenstände von dem mittleren Regalboden herunterrollen können, wird entweder eine breite Blendleiste angebracht oder eine schmale Hartholz-Leiste von ungefähr 6 x 6 mm auf der Oberfläche des Regalbodens, etwa 50 mm nach hinten von der Vorderkante versetzt, angesetzt.

Das ganze Regal wird montiert, indem Sie Haltewinkel verwenden, wie sie für Küchen-Hängeschränke angeboten werden. Diese Regale müssen Sie in jedem Fall stark und sicher befestigen, weil sie in der Regel stark belastet werden.

❶ Die wichtigsten Maße
In dieser Zeichnung sind nur zwei Fächer gezeigt; das Regal kann jedoch auf Raumbreite ausgedehnt werden. Zwischen den Hauptunterteilungen können Fächerunterteilungen an der Unterseite des oberen und mittleren Regalbodens angebracht werden.

❷ Dübelverbindungen
Dübelverbindungen sind gut geeignet; größere Stabilität erreichen Sie durch Nutverbindungen.

❸ Fächerunterteilungen
Diese werden mit Dübel- oder Nutverbindungen an der Unterseite der Regalböden angebracht und dann mit der Rückwand verleimt und verstiftet.

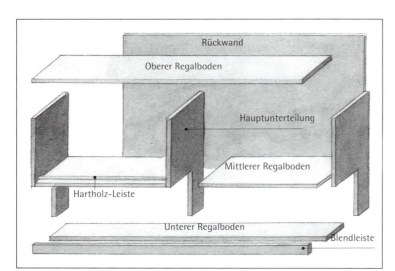

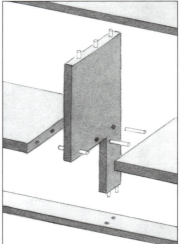

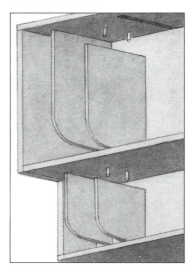

Küchenreling

Küche und Eßzimmer
Küchenreling

Konstruktion

Durch Hängestangen werden die Dachsparren in diesem Dachgeschoßraum zu Gestaltungsmerkmalen. Die Stangen werden am Beginn der Schräge montiert, so daß es möglich ist, den Platz darunter zu nutzen. Eine dekorative Sockelleiste über dem Schrank verhindert ein Herunterfallen der Gegenstände.

In Dachräumen mit geringer Schräge befestigen Sie aufgedoppelte Sparren an der Decke, die Sie durch die Gipsplatten auf die darunterliegenden Dachsparren nageln. Die Hängestangen können Sie auch auf Holzblöcken oder in Garderobehaltern befestigen. Die Hängestangen können aus Stahlrohr, aus schwarz gestrichenem Kabelleitungsrohr oder aus Garderobestangen bestehen. Diese stehen in Chrom, Nickel oder Messing oder mit einem weißen Kunststoffüberzug zur Verfügung. Kupferrohr kann ebenfalls verwendet werden. In jedem Fall empfiehlt sich ein Rohrdurchmesser von 19 mm.

Die Stangen werden in Rohrschellen fixiert, die direkt auf die Unterseite der Dachsparren geschraubt werden. Zuerst bringen Sie die untersten Stangen etwa 100 mm über dem Kniestock an. Mit einer langen, geraden Latte, Bleistift und Wasserwaage markieren Sie dann die Positionen der Schellen auf den Dachsparren. Zuerst die Schellen an jedem Ende montieren. Dann wird mit Hilfe einer zwischen diesen Schellen gespannten Schnur kontrolliert, ob sie wirklich waagerecht sind, und anschließend erfolgt die Befestigung der mittleren Schellen, die in diesem Stadium nur leicht angeschraubt werden, wobei Sie von den Enden zur Mitte hin arbeiten und die Schnur als Führung benutzen. Die Rohre durch die Schellen stecken und dann die übrigen Schrauben fest anziehen. Mit Doppelgewindeschrauben (oder Spanplattenschrauben) befestigen Sie die Schellen, weil diese gut greifen. Die zweite und dritte Stange wird im Abstand von jeweils 100 mm von der unteren Schiene genauso befestigt.

Sollen bei einer Decke mit geringer Neigung die Hängestangen in Halterungen für Garderobestangen befestigt werden, so spannen Sie zuerst eine Schlagschnur über die Oberfläche der Decke; Schnur anschlagen und die horizontale Linie als Führung für die Positionierung der Träger benützen. Dann stellen Sie die Positionen der Dachsparren mit Hilfe eines kleinen Metalldetektors fest (die Schrauben der Gipskartonplatten werden in die Dachsparren geschraubt). Die Halterungen werden nun auf der markierten Linie mit Doppelgewindeschrauben befestigt.

❶ Befestigen der Stangen
Die Stangen im Abstand von 100 mm mit Rohrschellen fixieren. Mit Wasserwaage ausrichten. Alte Ständerrohrschellen (siehe Abbildung) sehen sehr effektiv aus, moderne Schellen sind jedoch ebenfalls passend. Rohrenden mit abgeschrägten Holzpfropfen verschließen.

❷ Verdeckte Dachsparren
Bei verdeckten Dachsparren die Stangen mit Halterungen für Garderobestangen befestigen. Aufgedoppelte Dachsparren werden an der Decke befestigt, die Hängestäbe können aber auch an Montageblöcken auf den Dachsparren befestigt werden.

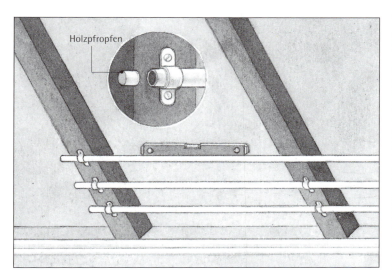

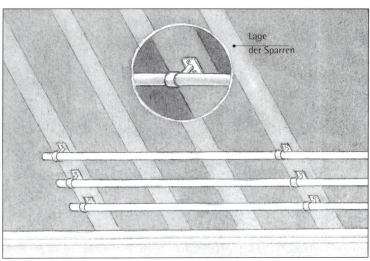

Frei hängende Regale

Durch diese, über einer Frühstücksbar abgehängten Regalböden wird Platz sehr gut genutzt, der andernfalls verschenkt würde. Außerdem ergibt sich ein leichter und luftiger Raumteiler zwischen Küche und Eßbereich.

Die Böden werden mit Stahlrohren aufgehängt, die fest an den Deckenträgern angebracht sind. Unter Umständen erhalten Sie Chrom-Stahlrohre in der erforderlichen Länge mit Gewinde, um sie an festverschraubbaren Sicherungsplatten anzubringen. Eisenwarengeschäfte und Schiffsausstatter sind mögliche Bezugsquellen. Ebenso sind auch Gewindestäbe aus Stahl verwendbar. Diese werden in ein Stahlrohr gesteckt, das auch für die Garderobenstangen verwendet wird und das sich ideal für die Abstände der frei hängenden Regale auf den Gewindestäben eignet. Garderobenstangen sind in Chrom, Nickel oder Messing oder mit einem weißen Plastiküberzug erhältlich.

Die Regalböden sind, passend zur Arbeitsplatte, aus massivem Hartholz, können jedoch genausogut auch aus einem Kantholzrahmen mit Sperrholzverkleidung hergestellt werden. Diese Oberfläche kann, wiederum passend zur Arbeitsplatte, mit einem Hartholzfurnier versehen werden.

Diese Regalböden werden genauso hergestellt wie die Böden für die Regalwand auf Seite 156.

Beim oberen Regalboden lassen sich die Kanten der Sperrholzplatten mit einer Hartholzplatte verdecken, die dem Regalbrett das Aussehen einer Massivholzplatte verleiht. Bei dem unteren Regalbrett montieren Sie am besten die untere Abdeckplatte erst, nachdem das Regal in seiner Lage befestigt und die Muttern auf den Gewindestangen mit einem Schraubenschlüssel festgezogen wurden.

Wollen Sie Gläser am unteren Regal aufhängen, so bauen Sie dieses am besten nach dem Hohlbauverfahren und fertigen Einschnitte an einer Kante für die Gläserstiele an. Die Stärke der Hartholz-Blendleiste an dieser Kante muß mindestens der Tiefe der Einschnitte entsprechen.

Als Halterung für die Regalböden werden diese auf Stahlgewindestangen im Inneren der Stahlrohre aufgehängt, die gleichzeitig als Abstandsstücke dienen. Hierfür eignen sich Stahlrohre in der Größe M 10, die in Längen bis zu 1 m im Handel erhältlich sind. Die Stahlrohre werden auf die benötigte Länge abgesägt oder bei hohen Decken mit Verlängerungsmuttern zusammengeschraubt.

❶ Grundkonstruktion
Die Regalböden sind einfache Kantholzrahmen mit einer Verkleidung aus Sperrholzplatten und Hartholz-Blenden.

❷ Halteleiste
Stahlgewindestangen werden an einer 75 x 50 mm Leiste befestigt und zwischen passenden Deckenträgern verschraubt.

❸ Durchgebohrter oberer Regalboden
Löcher zur Aufnahme der Gewindestäbe werden durch die Querträger gebohrt. Dekorative Stahlrohre halten die Regale auf Abstand.

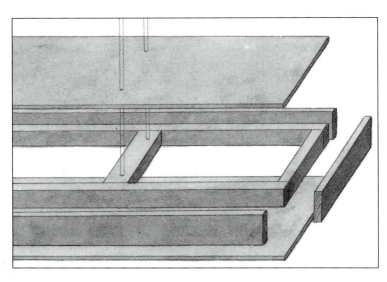
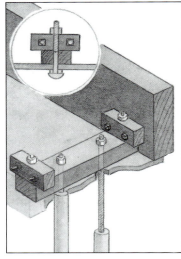
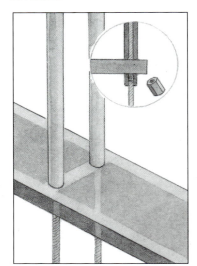

Türfronten

Küche und Eßzimmer
Türfronten

Oben werden die Gewindestangen durch vorgebohrte Löcher in das Kantholz (75 x 50 mm) geschraubt; dieses wiederum ist mit Befestigungsstücken zwischen den Deckensparren über der Regalposition verschraubt. Bei der Herstellung der Regalrahmen bestimmen Sie vorab die Lage der Hängeteile und stellen sicher, daß an diesen Positionen Querträger in dem Regalrahmen für eine zusätzliche, starke Befestigung sorgen.

Die Stahlrohre mit 19 mm Durchmesser werden über die hervorragenden Gewindestäbe geschoben, bevor der obere Regalboden eingepaßt wird, und mit einer Mutter auf der Gewindestange gehalten (bei Bedarf die Gewindestange mit einer Verlängerungsmutter verlängern). Vor dem Einpassen des unteren Regalbodens schieben Sie kürzere Rohre über die Gewindestangen. Der untere Boden wird ebenfalls an der Unterseite verschraubt. Die Sicherungsmuttern können in den Rahmenquerträgern versenkt werden, bevor die untere Abdeckplatte eingepaßt wird. Bei einem Regalboden aus Massivholz kann man in vorgebohrte Vertiefungen einpassen, die durch Einkleben passender Holzpfropfen dann verschlossen werden. Die Pfropfen werden dann gehobelt und so geschliffen, daß sie mit der Oberfläche bündig liegen. Das Aussehen einer Küche läßt sich durch Verwendung von Glastüren wesentlich verbessern. So wird der Inhalt der Schränke zum Blickfang.

Vor der Entsorgung alter, abmontierter Türen notieren Sie sich die Maße sowie die Lage der Scharniere und Handgriffe. Diese Teile zur Wiederverwendung sorgfältig aufbewahren.

Neue Türen werden aus vorgehobeltem Holz (75 x 19 mm) hergestellt; die Stärke der alten Türen betrug wahrscheinlich 19 mm.

Die Seitenträger etwas länger sägen als notwendig – sie können später richtig abgelängt werden. Obere und untere Querträger auf Länge mit entsprechender Zugabe für die erforderliche Eckverbindung sägen. Für eine tragfeste Verbindung arbeiten Sie mit einer Schlitz- und Zapfenverbindung mit abgestuftem Zapfen (siehe Techniken, Seite 28). Nach dem Herstellen der Verbindungen und Zusammensetzen der Türen werden die Überlängen an den Seitenträgern bündig mit Ober- und Unterkante abgesägt. Zum Fräsen eines Falzes an einer Kante der Rückseite, dort soll noch das Glas eingepaßt werden, verwenden Sie eine Oberfräse. Den Rahmen herumdrehen und bei Bedarf die vordere Innenkante mit einem Rundfräskopf abrunden. Sollte die Herstellung einer Schlitz- und Zapfenverbindung mit abgestuftem Zapfen für Sie zu schwierig sein, können Sie die Türrahmen auch mit Dübelverbindungen herstellen (siehe Techniken, Seite 30). Bei richtiger Leimung ist die Festigkeit dieser Verbindungen durchaus ausreichend. Das Glas wird in den Falz von der Rückseite der Tür her eingesetzt. Es wird auf etwas Fensterkitt „gebettet" und durch eine Holzleiste fixiert, die mit Stiften gesichert wird. Diese müssen Sie sehr vorsichtig einschlagen. Kleinere Holzleisten sind in unterschiedlicher Art und Form erhältlich. Falls Sie keine Oberfräse haben, stellen Sie den Falz mit einer Leiste her, die Sie an die Innenkante des Rahmens an der Vorderseite leimen und stiften. Die Ecken auf Gehrung sägen. Die Scharniere einsetzen, das Holz endbehandeln und die Handgriffe anbringen.

❹ **Befestigung der verdeckten Muttern**
Vertiefungen in die Unterseite des unteren Regalbodens bohren. Bei Massivholz die entstehenden Vertiefungen füllen. Bei Hohlkonstruktionen eine Sichtplatte einpassen.

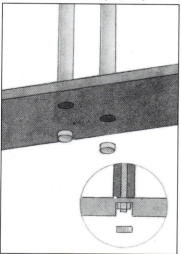

❶ **Einsetzen der Scheiben**
Schlitz- und Zapfenverbindung mit abgestuftem Zapfen herstellen. Rahmen falzen; vordere innere Kante abrunden; Glas einsetzen.

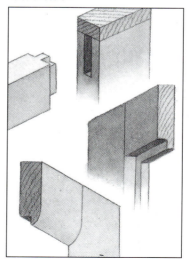

❷ **Alternative Vorgehensweise**
Mittels einer an den Innenkanten des Rahmens befestigten Holzleiste einen Falz bilden und das Glas mit Fensterkitt oder einer Leiste sichern.

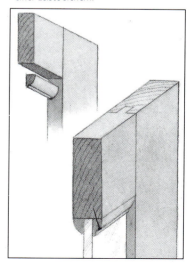

Teil 3
Wohnzimmer, Arbeitsräume und Dielen

Das Wohnzimmer führt Ihren Lebensstil allen Besuchern unübersehbar vor Augen. Hier sollten Sie mehr als in jedem anderen Raum Ihre eigenen Vorstellungen von Komfort, Eleganz, Stil und Dekor verwirklichen. Die Möglichkeiten des DIY sind vielfältig. Wohnzimmer beherbergen oft besondere Schätze. Bei richtiger Präsentation können Sammlerstücke den Charakter eines Raumes prägen. Einen vorhandenen Kamin können Sie verkleiden, Holzfußböden können aufgearbeitet, gefärbt oder bemalt werden. Auch eine andere Beleuchtung kann das Raumgefühl verändern.

In Arbeitsräumen und Studierstuben muß man sich wohlfühlen, andererseits sollten sie funktional eingerichtet sein. Mit DIY bringen Sie beide Forderungen auf einen Nenner, können auf kleinstem Raum – in einer Zimmer- oder sogar Flurecke – ein zweckdienliches Büro einrichten. Mit einer durchdachten Beleuchtung, sinnvoller Arbeitsanordnung und besonders gestalteten Regalen können Sie einen nicht nur praktischen, sondern auch einladend wirkenden Arbeitsbereich schaffen.

Design im Wohnraum

Das Wohnzimmer ist der Raum, wo Ihre DIY-Arbeit von allerhöchster Qualität sein sollte, wobei Geld und Zeit Ihre Überlegungen mit beeinflussen werden.

Das Regalsystem, das auf der vorhergehenden Seite zu bewundern ist, erstreckt sich über eine ganze Wand. Nach oben hin wird das Regal von einem Brett abgeschlossen, das auf Höhe des Türsturzes über Eck läuft. Diese ungebrochene, fließende Bewegungslinie bringt eine angemessene Präsentationsfläche für eine Sammlung alter Holzpferde. Deckenspots setzen anregende Lichtakzente.

Stilvolle Päsentation: Beim Entwurf eines Regals müssen verschiedene Faktoren beachtet werden. Form, Charakter und Grundmuster des Regals müssen sowohl dem Raum als auch den Objekten, die darin gezeigt werden sollen, gerecht werden.

Das Foto rechts zeigt ein Regal in einem Haus mit Räumen, in denen die Kombination verschiedener Materialien wirksam wird. Das Regal greift die klaren architektonischen Linien des Raumes wieder auf. Naturbelassenes Holz kontrastiert zum Grau der Schubladen und Schränke. Das Ensemble wird durch die blautönige Wand mit dem akzentuierenden Bild und dem farblich passenden Ledersofa komplettiert. Aufgabenstellung des Designs war es, Keramiksammlung, Fernseher und Video gleichwertig zu präsentieren.

Konventioneller ist die Lösung, die links unten gefunden worden ist. Eine Raumnische wird von flachen Schränken gefüllt; den Platz darüber nimmt ein Regalaufsatz ein. Zwischen Schrank und Regalböden ist Raum für hohe Gegenstände gelassen worden. Die oberen Fächer sind für die Präsentation solitärer Objekte vorgesehen.

Im rechts unten abgebildeten Wohnraum formieren sich regelmäßige Vierecke zu einer hohen Regalwand, die motivisch zur Glastür passt. Wer seine Sammlergegenstände in ansprechender Weise zeigen möchte, findet hier angemessenen und ausreichenden Raum.

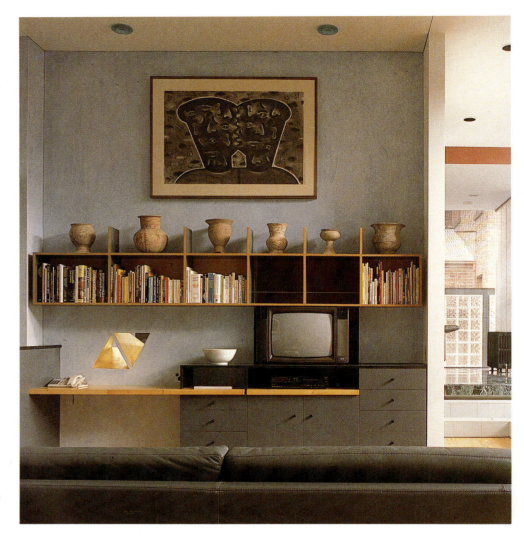

Wohnzimmer, Arbeitsräume und Dielen
Design im Wohnraum

Über Eck: Der Bewohner des links abgebildeten Zimmers möchte bei der Arbeit seine Bücher nicht missen. Der Dielenboden und die alten Möbel verleihen dem Raum die Atmosphäre eines Studierzimmers; allein die Schreibmaschine weist auf ein Büro hin. Um diesen Charakter beizubehalten, wurden die schwarzen Regale entworfen: Sie passen genau über Eck und verdichten die architektonische Grundform. Weiße oder sehr helle Regale hätten nicht die Kraft, den Raum derart zu strukturieren. Zurückhaltende Farben eignen sich eher für Wandregale, die mit ihrer Umgebung verschmelzen sollen. Schwarze Möbel können sehr effektvoll sein, vorausgesetzt, sie fügen sich, richtig dosiert, in das Gesamtdekor. In unserem Beispiel geben schwarzer Lampenschirm, Stuhlpolster und Bilderrahmen den nötigen Widerhall.

Auf kleinem Raum: Das Einzimmerappartement unten links beinhaltet eine Kochecke, die durch einen halbhohen Einbau vom Wohnbereich getrennt ist. Aus Gründen der Platzersparnis wurde der Heizkörper senkrecht installiert. Das knappe Raumangebot führt zwangsläufig zu einem sparsameren Umgang mit dekorativen Details. Solch klare und schlichte Arrangements eignen sich besonders gut für Ihre DIY-Arbeit.

Für eine schmale, durch eine Dachschräge beengte Wohnzimmerecke, wurde die rechts unten abgebildete Lösung gefunden. Schrank, Regal und Nische spielen mit der Wirkung unterschiedlicher Höhen. Im Umgang mit dem vorhandenen Platz wird der Eindruck einer gewissen Großzügigkeit suggeriert. Dabei wird eine Menge Stauraum geschaffen. Die hohe Nische ist der klassische Rahmen für die Portraitbüste. Der Einbau wurde weiß gestrichen, um vor der weißen Wand leicht und unaufdringlich zu wirken. Wand und Möbel verschmelzen so zu einer harmonischen Einheit.

Funktion und Design

Handgefertigte, genau auf den Raum abgestimmte Einrichtungen sind konkurrenzlos schön. Der Wohnbereich ist aber nicht der rechte Ort für erste DIY-Experimente. Gerade das Beste sollte Ihnen hier gut genug sein, einschließlich Ihrer handwerklichen Leistung. Verwenden Sie, in dem für Sie finanziell tragbaren Rahmen, nur die besten Materialien, gestalten Sie die Oberflächen so perfekt als möglich und sparen Sie nicht an formgebenden Details.

Wenn Ihnen offene Regale ganz besonders zusagen, dann beschäftigen Sie sich genau mit dem Design. Kommen Ihnen Zweifel, ob Sie der selbstgestellten Aufgabe gewachsen sind, dann ist es vielleicht besser, ein einfacheres Projekt auszuführen.

Einige der wirkungsvollsten Funktionen des DIY im Wohnbereich liegt im Verschwindenlassen gewisser unschöner Dinge wie beispielsweise Leitungen. Verstecken Sie den Kabelsalat von Lampen, Stereoanlage, Fernseher und Video hinter Verkleidungen, Fußleisten oder unter Bodenbrettern. Drähte, Leitungen und Rohre müssen nicht unbedingt versenkt werden, Sie können sie auch verkleiden. Flache Kabel können unter Teppichböden verlaufen.

Eine weitere Funktion des DIY ist es, an den richtigen Stellen Verzicht zu üben. Nicht jeder Zimmerwinkel muß mit einem Möbelstück zugestellt werden. Manchmal ist es wirkungsvoller, sich auf unentbehrliche Einrichtungsgegenstände zu beschränken.

Architektonische Details verändern das Raumgefühl nachhaltig. Sie können eindrucksvolle Veränderungen mit dem Einbau hölzerner Deckenbalken, Wandverkleidungen, Täfelungen oder Fußleisten erzielen.

Die genannten Möglichkeiten des DIY im Wohnraum sind so einfach wie wirkungsvoll.

Anregender Perfektionismus: Die drei Fotos beweisen die Wirkung von gutem Design und bester handwerklicher Ausführung.

Das oben links abgebildete Wohnzimmer wird durch ein markantes Regal geprägt. Das tiefe Holzbrett umläuft den Wandvorsprung. Es ruht auf formschönen Metallkonsolen.

Ein freundlicher, heller und eleganter Raum öffnet sich oben rechts dem Betrachter. Hochgezogene Fußleisten aus Eiche und die dunkle Kamineinfassung sind speziell für diesen Raum konzipiert worden.

Auf der gegenüberliegenden Seite ist ein typisches Shaker-Zimmer zu bewundern. Die Faszination ihrer Möbel beruht zum einen auf der Vollkommenheit der Ausführung. Zum anderen ist ihr Stil von verblüffender Schlichtheit: kein Ornament, keine Arabeske und dennoch kein kühler Funktionalismus. Die Details – Scharniere, Knäufe und Griffe – zeugen von einer immensen Sorgfalt und inneren Konzentration, die beim Entwurf und Bau dieser Möbel nötig waren.

Formgebende Regale

Mit Regalen können Sie Räume strukturieren, Bewegungsrichtungen und Konturen betonen. Wichtig ist für Ihre eigenen Überlegungen der Grundsatz, daß Regale die Dimensionen eines Raumes aufgreifen und sich in seine tektonische Gestalt fügen. Kontraste und unausgewogene Proportionen sollten vermieden werden.

Beim Einbau von Regalen in eine Nische ist es sinnvoll, die ganze Nische auszufüllen. Eine schmale Regalzeile inmitten einer Nische wirkt verloren und läßt schmale, unansehnliche Hohlräume entstehen. Eine Regalwand ist besonders dekorativ, wenn sie tatsächlich eine ganze Wand bedeckt. Wird die Wand von einer Tür durchbrochen, kann die Bewegungslinie der Regalbretter über den Türsturz hinweg durchgezogen werden, die Tür wird dann gleichsam gerahmt.

Unzugängliche Ecken und schwierige Raumzuschnitte wie Mansardenzimmer können durch DIY-Regalsysteme aufgewertet werden. Nutzen Sie Wandflächen, in die kein vorgefertigtes Möbelstück je passen würde. Ein gestalterischer Kniff ist es, Regale oben abzuschließen. Damit definieren sie einen festen Rahmen, dem sich alle anderen Elemente unterordnen und der die Grundzüge der Architektur spiegelt. Einen derartigen Rahmen zu entwerfen und in der Wand zu verankern, ist handwerklich auch nicht schwieriger, als unser Küchen-System nachzubauen. Feste Zwischenwände werden dann im Holzrahmen ausgerichtet und befestigt, Konsolen oder Winkelträger werden dort eingearbeitet. Durch fixe Regalböden geben Sie dem Regalsystem Halt und strukturieren gleichzeitig die Gesamtform.

Äußerst effektvoll sind „schwebende" Regale; mehr darüber auf Seite 152f. Nicht immer ist es möglich, Glasböden direkt in eine Nische einzubauen. Lösen

Sie das Problem, indem Sie einen Holzrahmen dazwischenbauen. Der eignet sich überdies, Leitungen zu kaschieren, die Sie für eine indirekte Beleuchtung benötigen. Von oben oder unten angestrahlte Glasregale sind sehr attraktiv.

Manchmal sind es gerade die vertikalen Zwischenbretter oder Konsolen, die stimmige Effekte hervorrufen. So können nach speziellen Wünschen gefertigte Metallträger den Charakter einer Regalwand bestimmen.

Maßgeschneidert: Die Regale, die auf diesen Seiten vorgestellt werden, sind nicht zum unmittelbaren Nachbau gedacht. Es sind durchweg Regalsysteme, die jeweils für ein ganz spezielles Wohnzimmer und die individuellen Ansprüche seiner Bewohner konzipiert worden sind. Eine harmonische, angemessene Proprtionierung erreichen Sie also nur mit maßgeschneidertem Design.

In zwei von unseren Beispielen wurden die Regale über die ganze Wandfläche gezogen.

Auf der gegenüberliegenden Seite hat ein Bücherliebhaber Gelegenheit, seine Bibliothek vom Fußboden bis zur Decke wachsen zu lassen. Das Fenster und der verkleidete Heizkörper werden von Regalen umschlungen und formal integriert.

Ein schwierigeres Problem ist im Wohnzimmer, das in der Mitte links abgebildet ist, gelöst worden. Dachschrägen diktieren Ausmaß und Form der Regalwand. Durch eine betonte Vertikalakzentuierung gleichen die Regaleinheiten einem stabilen Bauwerk.

Regale für Nischen: In zwei modernen Innenräumen wurden für Regale Nischen geschaffen. Sie können diese Wandnischen auch selbst herstellen. Beim Foto oben links lockert die Nische die plane Fläche anregend auf.

Unten links ist ein großer Raum zu sehen, den eine halbe Zwischenwand in zwei Bereiche teilt. Das Wandsegment wurde zu einer Nische ausgebaut, die elegante Glasregale birgt.

Wohnzimmer, Arbeitsräume und Dielen
Formgebende Regale

Regale: Schatzinseln im Wohnraum

Wohnzimmer, Arbeitsräume und Dielen
Schatzinseln im Wohnraum

Heutzutage ist Platz vermutlich der größte Luxus, den eine Wohnung bieten kann. An sich liebenswerter Nippes kann auch großzügig bemessene Räume kleiner wirken lassen. Daher ist es in gewissen Zeitabständen sinnvoll zu überlegen, ob das, was offen ausgestellt ist, auch wirklich der Aufmerksamkeit wert ist.

Wenn Sie zu den Sammlern gehören und Schätze horten, seien es Erinnerungsstücke, Reiseandenken, ein Sammelsurium vom Blechspielzeug bis hin zu afrikanischen Masken, dann bauen Sie sich genau die Regalwände, die Ihre Lieblingsobjekte gut zur Geltung bringen. Dazu bieten sich Nischen, Zimmerwände, freie Ecken im Eingangsbereich oder unter Treppen, ja sogar Treppenabsätze an. Die Regale selbst sollten schlicht und keinesfalls dominant sein, obgleich es ihre Aufgabe ist, das private Wirrwarr zu strukturieren.

Etwas anders liegt die Sache bei homogenen Sammlungen. Wenn Sie ein Faible für Porzellan der 1930er haben, passioniert Bronzeskulpturen, bibliophile Kostbarkeiten oder Modellautos zusammentragen, wird Ihnen auch an einer kollektiven Aufstellung Ihrer Sammlung liegen. Um gleichartige Objekte gleichwertig zu präsentieren, sind klare, symmetriebetonte Regale ideal.

Wollen Sie hingegen nur wenige, sorgsam ausgewählte Objekte vorzeigen, dann verschaffen Sie ihnen Raum. Rahmen Sie das Objekt durch ein Regalkompartiment, beleuchten Sie es von oben oder stellen sie den Solitär auf einen Sockel. Um seine Wirkung zu steigern, sollte der Raum ringsum leer bleiben.

Im Wohnzimmer ist aber mehr unterzubringen: Bücher, Stereoanlage, Platten, CDs, Uhren, Pflanzen und alles mögliche andere brauchen Stauraum. Gestalten Sie Ihre Regale so, daß die Proportionen der Objekte die der Konstruktion bestimmen. Dann ergibt sich eine maßgeschneiderte Wirkung.

Ausdrücklich zur Ansicht gedachte Regale sollten gut belichtet sein, indirektes Licht wirkt immer wieder Wunder. Verwenden Sie qualitätvolle Materialien und ein prägnantes Design, das sowohl zur Einrichtung und zum Dekor des Zimmers als auch zu den Objekten Bezug hat.

Selbstverständlich müssen Ihre Regale stark genug sein, die vorgesehene Last zu tragen. Durchgebogene Regalböden machen keinen guten Eindruck.

Balance der Symmetrie

Die Regale, die ihren Inhalt auf der gegenüberliegenden Seite darbieten, zeugen von der ordnenden Kraft der Symmetrie. Das oben abgebildete Zimmer wird von einem breiten, offenen Kamin beherrscht. Die Nischen links und rechts davon beherbergen Regale voll bunten Porzellans.

Unten links wird eine Doppeltür von einer durchgehenden Regalwand eingerahmt.

Unten rechts präsentiert sich eine Sammlung schöner Glasvasen in imitierten Nischen. Um den originalen Raumcharakter zu erhalten, wurde der Heizkörper nicht verkleidet, sondern restauriert und gestrichen.

Kraftvolle Unterstützung

Um einem Raum modernen Zuschnitts mehr Individualität zu verleihen, wurde im Wohnzimmer eine weit vorspringende, schmale Nische eingebaut. Eine nichttragende, leichte Holzkonstruktion kann an jede Wand angebaut werden, Foto unten links. Im direkt daneben abgebildeten Wohnraum formen Dachschrägen und Kamin zwei ungleiche Nischen. Besonders dicke Regalböden sind links und rechts vom Kamin auf gleicher Höhe angeordnet und schaffen so einen horizontalen Bewegungszug. Bei der rechts unten gezeigten Büroecke in der Wohnung fügt sich ein Tisch exakt zwischen die beiden Naturholzregale ein.

Maßgeschneiderte Regale

Wohnzimmer, Arbeitsräume und Dielen
Maßgeschneiderte Regale

Glasregale eignen sich besonders zur Objektpräsentation. Ihre Transparenz macht sie unaufdringlich und lenkt alle Aufmerksamkeit auf das Objekt. Glasregale können auf verschiedene Weise an der Wand angebracht werden. Auf der gegenüberliegenden Seite zeigt die Abbildung oben links schmale Rauchglasregale, die allein von einfachen Bolzen getragen werden. Der Steincharakter der Fossiliensammlung kommt auf dem glatten Glas besonders gut zur Geltung.

Nischen bieten sich für den Einbau von Glasregalen geradezu an. Diesen Vitrineneffekt macht sich auch der dreieckige Aufsatz auf der gegenüberliegenden Seite rechts unten zu Nutze. Seine Form wurde von der Dachschräge vorgegeben. Die Glassammlung steht in der Nische sicher.

Wenn keine Nische vorhanden ist, die Glasböden also frei stehen, sollten sie von starken Trägern getragen werden. Metallkonsolen, wie oben rechts gezeigt, sind in der Lage, auch dicke Glasplatten zu tragen. Die Konsolen müssen sorgfältig in der Wand verankert werden.

Freischwebende Leichtigkeit suggeriert die Fixierung der Glasböden mit festem Stahldraht. Das Foto in der Mitte unten zeigt eine derartig filigrane Konstruktion. Der Stahldraht läuft durch die Glasplatten hindurch. Glasregale sollten unbedingt indirekt beleuchtet werden, das Licht wird durch alle Etagen gestreut.

Die Aufgabe, eine Sammlung geschnitzte Vögel adäquat zu präsentieren, ist in beeindruckender Weise gelungen. Es sind lauter Individuen, die da Raum für sich beanspruchen. Diesem Gedanken entsprechen die kurzen, unverbundenen Regalbretter. Zudem suggeriert die zeilenmäßige Reihung eine fließende Bewegung.

Kamine und Feuerstellen

Ein offener Kamin ist in erster Linie eine Wärmequelle. Darüber hinaus verbinden sich mit einem echten Holz- oder Kohlenfeuer Gefühle des Wohlbehagens und der Entspannung. Ein Wohnzimmer mit offenem Kamin hat schon einmal ein Plus an Atmosphäre. Sicher, ein Feuer bringt Schmutz mit sich, vergeudet Energie, macht Arbeit, ist kurzgesagt hochgradig unpraktisch - aber unübertroffen gemütlich! Heizkörper, Fußbodenheizung oder Gasfeueröfen können der Anziehungskraft duftender, knisternder Glut wenig entgegenhalten.

Möglicherweise verfügt Ihre Wohnung über einen Kamin, der irgendwann stillgelegt worden ist. Nehmen Sie ihn doch wieder in Betrieb! Das Verlegen von Elektro- oder Gasöfen, das notwendig werden könnte, müssen Sie Fachleuten überlassen. Wichtig ist auch die Überprüfung, ob der Schornstein frei ist, ob das Abzugsrohr dicht ist - es könnten gefährliche Rauchgase entweichen - und ob der Kamin, den Sie installieren wollen, dem Zweck angemessen ist. Wenn Sie nachträglich einen Kamin installieren wollen, müssen Sie zunächst eine Baugenehmigung einholen.

Ein Kamin ist eine optische Attraktion. Er zieht stets die Aufmerksamkeit auf sich. Machen Sie sich also intensive Gedanken zu seiner Gestaltung. Eine Bodenplatte zu versetzen oder aufzubauen ist einfacher, als Sie vielleicht denken. Es handelt sich aber eher um eine bautechnische als eine dekorative Herausforderung. Sie werden mauern, verputzen, fliesen und vielleicht auch Holz bearbeiten müssen. Lassen Sie sich dabei ruhig von Fachleuten anleiten. Nehmen Sie die Arbeit nur in Angriff, wenn Sie meinen, sie auch wirklich gut ausführen zu können. Wenn Sie den Kamin vollendet haben, dann prüfen Sie Ihr Werk kritisch. Jeder Fehler birgt ein Brandrisiko.

Der Reichtum gestalterischer Ideen macht den oben abgebildeten Kamin zu einer ganz besonderen Attraktion. Flankierende Fensterflächen steigern seine Plastizität. Die Feuerstelle liegt erhöht auf einer stark vorspringenden Bodenplatte aus poliertem Stein. Sie wird von schmalen Stahlleisten gerahmt. Ein kurzer Sims wandelt das Motiv des klassischen Kaminsims ab. Darüber wölbt sich eine halbrunde Nische.

Eine traditionellere Variante sehen Sie auf dem Bild in der Mitte. Die Kamineinfassung besteht aus Holz und entwächst der Wandtäfelung scheinbar organisch. Das Holz ist kunstvoll bemalt, um das Relief noch besser zur Geltung zu bringen. Die Feuerstelle selbst ist mit Metallplatten ummantelt, die den Glanz der Flammen widerspiegeln.

Der Reiz des unten vorgestellten Kamins liegt im einträchtigen Miteinander rustikalen und eleganten Materials und dem klaren, bewußt einfach gehaltenen Design. Der Kamin ist ganz in die Wand zurückgenommen, auch der Vorsprung zwischen den beiden Rahmen ist minimal. Der Holzrahmen geht visuell in den hohen Fußbodenleisten auf. Durch das Ziegelmauerwerk ist die Feuerstelle verkleinert und den Raumproportionen angepasst worden. Vor dem Kamin ist eine Reihe hitzebeständiger Steinplatten in das Parkett eingelassen, die kaum ins Auge fällt.

Wohnzimmer, Arbeitsräume und Dielen
Kamine und Feuerstellen

Unterschätzen Sie bitte nicht den Aufwand und das Ausmaß der Arbeit bei diesem Vorhaben.

Die Verkleidung Ihres Kamins wählen Sie ganz nach Ihrem Gusto. Der Charakter der Feuerstelle sollte dem Raumcharakter angepasst werden, nicht andersherum. Ein moderner Kamin stört die Atmosphäre eines stuckverzierten Altbauzimmers. Wird er durch einen stilechten Kamin ersetzt, stimmt das Raumgefühl wieder.

In anderen Räumen kann es vorteilhaft sein, den Kamin etwas zurückzunehmen. Allzu imposante Kamineinfassungen erschlagen eine Einrichtung. Eine schlichte Einfassung mit einem schmalen Stahlband oder einfache hitzebeständige Kacheln sind in solchen Fällen das richtige Dekor. Geradlinigkeit passt zu modernen Raumkonzeptionen. Sie können eine vorspringende Kamineinfassung und eine hohe Bodenplatte auf eine flache, tiefer liegende Kaminfront reduzieren. Wenn Sie den Kamin stillegen wollen, können Sie die vorgegebene Verschalung als Nische für den Einbau von Regalen nutzen.

Der Fachhandel hält eine große Auswahl von Stilkaminen und modernen Kaminen, Bodenplatten und Bodenschutzbelägen bereit. Sie können Ihren Kamin natürlich auch nach eigenen Vorstellungen verkleiden. Die visuelle Anziehungskraft eines Kamins erfordert dabei hohe handwerkliche Qualität. Gute Materialwirkungen erzielen Sie mit verputzten und unverputzten Ziegeln und Holz. Marmor eignet sich sowohl für die Kamineinfassung als auch zum Bodenschutz. Sie haben die Wahl zwischen Fliesen mit zeitgenössischem Design und denen, die alten Vorbildern nacheifern.

Erst wenn Sie sich Ihres Wunschkamins ganz sicher sind, sollten Sie mit den Arbeiten beginnen.

In einer modernisierten Jugendstilvilla zeugt ein Kamin vom ursprünglichen Charakter des Hauses. Die Wand, an die sich der Kamin einst lehnte, ist gewichen, siehe Abbildung oben. Damit verwandelte sich der Kamin in einen Raumteiler zwischen dem weitläufigen Wohn- und Eßbereich. Altmodische Kamine mit reich ornamentierten Metallplatten und verzierten Aufsätzen können Ihnen Anregungen für eigene Projekte liefern. Eine Alternative zum Selberbauen ist der Kauf eines Stilkamins, den Sie sich liefern und installieren lassen können. Auch dann bleibt die Prämisse, daß der Kamin zum Stil der umgebenden Architektur, zur Einrichtung und zum Dekor Ihres Wohnzimmers passt.

Ein weiteres Beispiel für einen Kamin, der die Atmosphäre eines Raumes vervollkommnet, ist in der Mitte zu sehen. Der einfache, aus Ziegeln gemauerte Kamin entspricht dem warmen Charakter des Wohnraums. Ein guter Hobby-Maurer ist durchaus in der Lage, diesen Entwurf zu realisieren.

Ein minimalistisches Design begegnet Ihnen im unteren Bild. Bodenplatte, Einfassung und Fußboden sind mit denselben hochwertigen hitzebeständigen Keramikfliesen gestaltet. In dieser zeitgenössisch kühlen Atmosphäre lodern auch keine Flammen aus dem Holz, sondern Gas speist das Feuer. Behauene Brocken von Vulkangestein füllen einen Korb aus galvanisiertem Stahl. Hinter diesem Schaubrennstoff ist eine hitzebeständige Glasscheibe angebracht, die reflektiert.

Fußböden

Wenn Sie sich für einen harten Bodenbelag entschieden haben, stehen Sie vor einer reichen Auswahl an Fliesen: unglasierte Kacheln, Keramik, Marmor, Schiefer oder Stein. Nehmen Sie ein Material, das gut zum Wesen Ihres Wohnraumes passt. Die Kühle von Fliesen kann von Flickenteppichen und Brücken gemildert werden.

Naturgemäß ist Holz hervorragend geeignet für den Wohnbereich. Sie können einen vorhandenen, einigermaßen gut erhaltenen Holzboden aufarbeiten.

Einen Holzboden restaurieren

Prüfen Sie zunächst, ob sich Ihr Boden noch zur Restaurierung eignet. Wenn das Holz allzu stark abgenutzt ist, müssen Sie einen neuen Holzboden darüberlegen.

Größere Lücken zwischen den Dielen können Sie mit Holzspänen ausfüllen. Der Holzstreifen sollte längs geglättet sein und sich entsprechend der jeweiligen Lücke verjüngen. Tragen Sie einen speziellen Klebstoff auf die Seiten auf und fügen Sie das Holz in den Zwischenraum ein. Nach dem Trocknen des Klebstoffs schleifen Sie überstehende Kanten ab.

Wo Holzböden schwere Lasten tragen mußten, zeigen sich mit der Zeit Unebenheiten. Beträgt der Höhenunterschied zwischen den Dielen nicht mehr als 3 mm, dann ist es möglich, den Boden durch Abschleifen zu retten. Stark beschädigte Fußbodenbretter können ganz ausgewechselt oder aber umgedreht werden, so daß die abgenutzte Seite nach unten kommt. Einen defekten Holzboden belegen Sie zunächst mit Hartfaserplatten, dann mit neuen Dielen.

Wohnen Sie in einem Altbau, und Ihr Holzboden hat Patina, dann versuchen Sie alte Bretter zu beschaffen, um abgenutzte, alte Dielen zu ersetzen. Altes Holz finden Sie bei einem Second-Hand-Holzhändler oder einem Trödler. Neue Holzriemen, mögen sie auch farblich genau zu den alten passen, neigen dazu, vorzustehen.

Fußbodenbretter verlegen

Sind viele Riemen beschädigt oder die Lücken zwischen den Brettern groß und zahlreich, ist es angebracht, die Bretter herauszunehmen und neu zu verlegen. Sie können gut erhaltene Riemen wieder verwenden und die entstandenen Lücken mit Ersatzbrettern füllen.

Nachdem Sie die alten Bretter herausgenommen haben, entfernen Sie zunächst die Nägel. Beim Verlegen achten Sie bitte darauf, daß die Bretter wirklich eng aneinanderliegen. Verwenden Sie dazu Holzkeile, die Sie zwischen jeden Block von vier oder fünf Brettern klemmen (siehe **Techniken, Seite 21**). Nageln Sie die Riemen an den Fußbodenbalken fest, bevor Sie die Holzkeile wegnehmen. Dann legen Sie weitere vier oder fünf Bretter an.

Gebleichtes Holz: Dieser schöne Holzboden wurde zunächst gebleicht, dann mit heller Farbverdünnung abgewaschen und schließlich mit Klarlack gefirnisst. Der Lack schützt die Oberfläche und erhöht die Haltbarkeit des Holzes.

Marmor: Marmor verleiht jedem Raum einen Hauch von Luxus. Es ist nicht nur ein Material von zeitloser Schönheit, sondern auch von dauerhafter, pflegeleichter Qualität.

Bemaltes Holz: Der Dielenboden eines Lofts wurde weiß gestrichen. Wenn Ihr Holzboden schadhaft gewesen ist, und neue Dielen neben alten nun ein unbefriedigendes Flickmuster ergeben, dann ist ein Farbanstrich die richtige Lösung.

Wohnzimmer, Arbeitsräume und Dielen
Fußböden

Einen Holzboden abschleifen

Kontrollieren Sie, ob die Fußbodenbretter ordentlich festgenagelt sind. Dielen, die zersplittert oder stark beschädigt sind, müssen ersetzt werden. Entfernen Sie die hervorstehenden Nägel von vorherigen Bodenbelägen.

Eine Parkettschleifmaschine und einen Schwingschleifer können Sie mieten. Obwohl Parkettschleifmaschinen über Absaugvorrichtung und Staubsack verfügen, ist es doch unerläßlich, bei der Arbeit eine Staubmaske zu tragen. Auch alte Kleidung ist ratsam. Öffnen Sie während der Arbeit die Fenster und versiegeln Sie Türspalten und Schlüssellöcher zu angrenzenden Räumen mit Klebeband. Schleifen Sie bitte immer in Längsrichtung der Fußbodenbretter, sonst entstehen häßliche Kratzer.

Das Schleifband beginnt sich zu drehen, sobald die Maschine angestellt wird. Bei einem Modell ohne Hebevorrichtung sollten Sie daher die Maschine beim Einschalten leicht zurückgeneigt halten. Senken Sie die Schleifrolle ab und führen Sie die Maschine gleichmäßig über den Boden. Schleifen Sie Bahn neben Bahn, immer vor- und rückwärts, wobei sich die Bahnen um 50 mm überlappen können.

Entlang der Wände verbliebene Ränder werden mit dem Schwingschleifer bearbeitet. Danach wird der Boden mit Besen und Sauger gereinigt.

Oberflächenbehandlung

Beizen. Ausgewechselte Dielen, die heller als ihre Umgebung wirken, werden dunkel eingefärbt. Sie tragen die Beize mit einem Lappen auf und arbeiten die Farbe gleichmäßig ins Holz ein. Denken Sie daran, daß der abschließende Klarlack die Farbwirkung meist intensiviert. Testen Sie Ihre Beize an einer unauffälligen Stelle.

Versiegeln. Siegellack schützt nicht nur, er verleiht Ihrem Boden auch einen glänzenden, seidenmatten oder matten Schimmer. Verwenden Sie farbige Polituren oder Wachse, um die Farbe des Bodens abzudunkeln.

Aufhellen. Bei dieser Technik wird die Holzoberfläche mit weißem Farbpigment gewaschen, bevor sie versiegelt wird. Am einfachsten nehmen Sie mit Spiritus verdünnte weiße Farbe, denn diese Materialien sind meist sowieso im Haushalt vorhanden. Ebensogut können kalk- und gipshaltige Materialien eingesetzt werden. Sie tragen die Farbflüssigkeit partienweise auf das Holz auf, um sie sofort wieder abzuwischen. Ein Teil der Farbe bleibt haften. Danach können Sie den Boden mit Lack versiegeln.

Bemalen. Wenn Sie viele Dielen auswechseln mußten, kann Ihr Fußboden aussehen wie eilig zusammengeflickt. In solchen Fällen ist es sinnvoll, den Boden mit einem Farbanstrich zu versehen. Eine Grundierung und zwei Schichten Farbe auf Ölbasis, ob glänzend oder seidenmatt, genügen meist schon.

Kokosmatten: Kokosmatten verbreiten eine natürliche Atmosphäre. In ihrer Ausstrahlung ähneln sie Holzdielen. Sie sind eine preisgünstige Alternative und passen zu allen Einrichtungsstilen, von hochmodern bis rustikal.

Neues Holz: Holzdielen sind heute in einer großen Auswahl zu bekommen und meist ganz einfach zu verlegen. Der abgebildete Boden aus breiten, hellen Dielen paßt besonders gut in weitläufige Räume.

Altes Holz: Alte Holzböden können aufgearbeitet werden, vorausgesetzt, daß nicht zu viele Dielen beschädigt sind. Nach dem Füllen von Spalten, dem Abschleifen, Färben und Lackieren erstrahlen sie wie neu.

Arbeitsräume

Gehören Sie zu den Menschen, die zu Hause arbeiten können? Dann wird Entwurf und Ausstattung des Arbeitsplatzes sowieso erste Priorität für Sie haben. Ebenso wichtig ist es, einen angemessenen Raum für Ihre privaten Arbeiten zu haben – ob es ein Schreib- oder Studierzimmer, eine Werkstatt, eine Dunkelkammer oder ein Nähzimmer sein soll. Gleich welche Nutzung Ihnen vorschwebt, mit DIY finden Sie praktische, exakt auf Ihre Wünsche und Ihre Raumsituation zugeschnittene Lösungen, auch wenn Ihr Finanzbudget limitiert ist. Das alles kann ein gekauftes Möbelstück nicht leisten.

Ein Arbeitsraum wird selten multifunktional angelegt, meist erfüllt er genau den einen Zweck, für den Sie ihn vorgesehen haben. Hier können Sie deshalb ganz ungehemmt Ihre eigenen Vorstellungen in die Gestaltung einbringen. Auf den folgenden Seiten werden Sie Anregungen für Regalsysteme, Arbeitsflächen, Ablagen, Stauraum und Pinnwände finden.

Arbeitsalltag: In einem Wohnzimmer ist unter der Dachschräge ein Arbeitsplatz eingerichtet worden. Die Schreibtischrückwand ist soweit hochgezogen, daß sie wie ein Raumteiler wirkt.
Ein Beispiel für konsequente Nutzung des zur Verfügung stehenden Raumes. An die Fensterwand eines Schlafzimmers wurde ein Arbeitstisch gestellt. Der Platz darüber ist mit einer Zeile von Wandschränken gefüllt, die über eine schienengeführte Leiter zu erreichen ist. Das Fenster ist in seiner Funktion erhalten worden.

Ein Büro zu Hause

Zunächst einmal müssen Sie sich überlegen, wieviel Platz Sie überhaupt für ein Büro haben – gleich ob Sie einen Arbeitsplatz für sich, Ihre Kinder oder einen Rückzugsbereich schaffen wollen.

Arbeitsplätze sollten weder völlig isoliert von der Umwelt noch allzu offen sein. Ein Wandschirm kann die Lösung dieses Problems sein. Die mobile Wand schützt vor neugierigen Blicken und rückt, nach getaner Arbeit, den Raum wieder in seine gewohnten Proportionen. Sie können den Paravent massiv oder in einer leichteren, japanisch inspirierten Variante als papier- oder stoffbespanntes Holzgestell bauen.

Auch ohne Trennwand kann eine Raumecke effektiv genutzt werden. Auf irgendeine Weise sollte der Arbeitsbereich jedoch vom übrigen Raum abgegrenzt sein, sonst breiten sich Arbeitsmaterial und Schriftverkehr schneller im ganzen Zimmer aus, als Sie es für möglich halten.

Haben Sie entschieden, wo Ihr Arbeitsplatz hinkommt, dann beginnen Ihre Überlegungen zur Ausstattung. Was müssen Schreibfläche, Regale, Stauraum und Ablage leisten? Versuchen Sie, Ihre Einfälle im Rahmen des Machbaren zu halten. Ihre Kreativität wird ohnehin durch den jeweiligen Arbeitsablauf, die Belichtung, Leitungen und Anschlüsse eingeschränkt.

Eine Schreibfläche können Sie einfach aus einer alten Tür machen oder aus einer melaminbeschichteten Spanplatte, die Sie auf gekaufte Stützen oder Böcke legen. Der Schreibtisch sollte in der Nähe eines Fensters stehen. Vom Sitzplatz aus müssen Schubladen und Schränke leicht erreichbar sein.

Da wir im Computerzeitalter leben, sind Papiere, Aktenordner und Notizsammlungen nicht wichtiger als die elektronische Datenverarbeitung. Ein PC braucht Platz, die neue Technologie verändert das Gesicht Ihres Arbeitsplatzes nachhaltig. Kinder nutzen Computer zum Lernen und Spielen.

Folgende Aspekte sollten bei der Planung eines sicheren und komfortablen Arbeitsplatzes mit PC beachtet werden: Die Tastatur muß sich auf der richtigen Arbeitshöhe befinden, Sonnenlicht darf nicht direkt auf den Monitor fallen. Andrerseits sollte die Schreibfläche gut belichtet sein. Eine teure, aber lohnende Investition ist ein guter Bürostuhl, Ihr Rücken wird es Ihnen danken. Das Motto: „Kopf kühl, Füße warm", hat seine Berechtigung, Heizung und Lüftung müssen bedacht werden.

Büromöbel: Sparsam ausgestattet präsentiert sich das Büro eines Modedesigners, S. 137 oben links. Die variablen Regalsysteme bestehen aus Schienen und Konsolen. Eine Wand wird mit dunklem Filz zur Pinnwand.

Für eine umfangreiche Ablage bieten sich geschlossene Schränke an. Unten links sehen Sie eine sehr kompakte Lösung mit Schiebe- und Klapptüren.

Eine Doppelfunktion als Ablage und Raumteiler erfüllt das unten rechts vorgestellte Büro. Hinter der halbhohen Schrankwand verbirgt sich eine stattliche Arbeitsfläche.

Der Arbeitsplatz einer Bildhauerin, S. 137 unten rechts: Sie hat Glasregale auf Stahldrähten installiert. Hinter der weißen Jalousie sind weitere Regale verborgen.

Schreibtische: In einer kleinen Nische ist eine kunststoffbeschichtete Hartfaserplatte in der Wand verankert worden, siehe Foto, S. 137 unten Mitte. Zwei klassische Klappstühle komplettieren das Ensemble.

Das Foto in der Mitte von Seite 136 zeigt eine großzügig bemessene Arbeitsfläche an einer Wand. Die Tischplatte geht fließend in den Sofakasten über.

Auf S. 137 unten links ist in einem hallenartigen Raum ein Halbgeschoß eingezogen worden. Damit ergibt sich über der Küche ein wunderbar freizügiger Platz zur Arbeit.

● Wohnzimmer, Arbeitsräume und Dielen
Ein Büro zu Hause

Der Eingangsbereich

Ein weites Feld für Sie bietet sich im Eingangsbereich: Vorräume, Dielen, Flure und Treppenhäuser.

Der Eingangsraum ist so wichtig, weil er die Vorzeichen für das Kommende setzt. Hier werden Gäste empfangen und verabschiedet. Halten Sie an einem abgegrenzten Vorraum fest, auch wenn Ihnen das zunächst als Verschwendung kostbaren Platzes erscheint.

Korridore, Treppenhäuser und Treppenabsätze sind nicht nur Leerzeilen zwischen den eigentlich interessanten Dingen, sondern können selbst intensiv genutzt werden. Regale, Schränke, Lese-, Sitz- oder Arbeitsecken finden dort ihren Platz. Diese oft vernachlässigten Zwischen-Räume sind mit ähnlicher Sorgfalt zu planen, auszuführen und zu dekorieren wie ein Wohnzimmer.

Ir Altbauten ist die Pflege und Instandhaltung architektonischer Details in Dielen und Treppenhäusern oft jahrelang vernachlässigt worden. Es lohnt sich, diese Verzierungen sorgfältig zu restaurieren.

Versuchen Sie, in modernen Wohnungen den Eingangsbereich so atmosphärisch als möglich zu gestalten. Eine ausgeklügelte Beleuchtung ist dabei besonders wichtig.

Vorräume entwickeln sich rasch zum Sammelbecken für allerhand Hausrat. Da Sie allein für die Garderobe schon eine Menge Raum brauchen, ist es empfehlenswert, überflüssige Gegenstände zu entfernen.

Eine große Fußmatte schützt Ihren Bodenbelag vor allzu starker Verschmutzung.

Vom Boden bis zur Decke: In der links abgebildeten Eingangshalle sorgen weiße Keramikfliesen für Helligkeit. Ein eingebauter Wandschrank dient als Garderobe.

Das Foto daneben zeigt eine Diele vor einer Wohnung. Der Teppich signalisiert den Beginn einer privaten Zone. Eine abgerundete Wand eignet sich, in attraktiver Weise vom Vorraum in den Wohnbereich überzuleiten. Deckenspots sind ideale Leuchtkörper für Flure und Vorräume.
Im Treppenhaus auf der gegenüberliegenden Seite ist eine große Schrankwand eingebaut worden. Der Vorteil liegt in dem Angebot üppigen Stauraums. Ein riesiger Schrank wird so scheinbar auf die Wandfläche reduziert. Der Wechsel vom Steinboden im Eingangsbereich zum Holzboden auf Treppe und Korridor setzt eine deutliche Zäsur zwischen den Stockwerken.

Diele, Flur und Treppenhaus

Unter den Stufen: Wie die Abbildung oben beweist, kann in einem Treppenhaus tatsächlich ein kleines, aber feines Büro eingerichtet werden. Der Kniff, mit dem dies schräge Eck unter den Stufen ansprechend wird, besteht im Einbau einer falschen Rückwand. Dahinter befinden sich Kabel und Anschlüsse für den PC und die Lampen. Eine dicke Holzplatte als Schreibfläche, von Leisten getragene, weiße Regale, fertig ist ein Büro: einfache Mittel und große Wirkung!

Garderobe: Eine offene Garderobe ist im Bild rechts in eine Nische eingefügt worden. Die weißen Stangen werden unterschiedlich genutzt: einmal als Kleiderstange, zum anderen als Schuhablage. Gekonnt die Komposition unterschiedlicher Materialien: verschiedene Texturen sind miteinander in Bezug gesetzt worden. Die freundlichen Farben hellen den Vorraum auf. Einige Wände und die Decke sind mit gebleichtem Holz vertäfelt, während andere in weiß gestrichenem Mauerwerk gehalten sind. Die Spiegelwand vergrößert den Vorraum optisch.

Welche Veränderungen Sie in Diele und Flur vornehmen können, hängt von den Vorgaben der Architektur ab. In einem Altbau sollten Sie sich ganz auf das Restaurieren vorhandener Bauplastik und Ornamentik konzentrieren: Friese, Zierleisten, Gesimse, Vertäfelungen, Türen und Böden.

Bei einem finstren Vorraum sollten Sie überlegen, ob es nicht doch möglich ist, ihn durch natürliches Licht aufzuwerten. Sie können beispielsweise Glastüren statt Holztüren einsetzen oder eine Innenwand mit einem Fenster „aufbrechen", so daß Licht von einem angrenzenden Zimmer in die Diele fällt.

Abgesehen von Restaurierung und Dekoration ist der wichtigste Aspekt in Windfang und Flur eine gute Beleuchtung. Mit dem Einbau von Dimmern für die Deckenlampen halten Sie sich die Möglichkeit offen, in Räumen, in denen es die Sicherheit erfordert, auch die Nacht durch ein wenig Licht brennen zu lassen. Da immer wieder einmal Möbel durch den Flur geschafft werden müssen, ist es günstiger, Deckenspots an Stelle von Hängelampen zu verwenden. Sie verbreiten auch warmes, weiches Licht. Ihre Überlegungen zum Thema Licht müssen abgeschlossen sein, bevor Sie sich an Restaurations- oder Dekorationsarbeiten machen.

Wohnzimmer, Arbeitsräume und Dielen
Diele, Flur und Treppenhaus

Stolze Tradition: Die linke Abbildung ist beispielhaft für eine gekonnte Restaurierung im Treppenhaus eines Altbaus. Die Wandverkleidung mit Nischen bietet den historisch angemessenen Rahmen für eine Sammlung alter Blechdosen. Pilaster gliedern die Verkleidung aus Nut- und Federbrettern. Im 18. und 19. Jahrhundert war es duchaus modern, Kiefernholz mit kräftigen Farben zu bemalen.

Bücher-Halle: In einem geräumigen Treppenhaus ist die ungenutzte, schräg zugeschnittenen Wand mit einem Regal versehen worden. Es fügt sich genau unter die Treppenstiege, und eine Menge Literatur hat dort Einzug gehalten.

Wenn Sie etwas beengt leben, dann schauen Sie sich doch einmal gründlich in Diele, Flur und Treppenhaus um. Irgendwo findet sich dort mit Sicherheit ein Plätzchen für den Einbau von Schränken und Regalen. Sogenannte tote Winkel, freie Wandflächen, entlegene Ecken sind dazu geeignet. Die Empfehlungen, die ich Ihnen bereits zum Thema Regale gegeben habe, können Ihnen auch in diesem Kontext nützen. Richtig angelegte Bücherregale oder Einbauschränke zerstören architektonische Zusammenhänge nicht, sondern betonen sie. Innenarchitekten lassen in Vorräumen oft Wandschränke einbauen, deren Türen bündig mit der Wand abschließen.

Sehr praktisch ist eine Ablage in Nähe der Haustür, wo Sie Post, Zeitung, Schlüssel und all die anderen kleinen Dinge aufbewahren und wiederfinden können. Ein Tisch mag dafür eine hübsche Lösung sein. Dagegen hat eine eingebaute Garderobe den Vorteil, zusätzlich noch Regale, Kleiderhaken und eine Schuhablage zu bieten.

Haben Sie bisher vergebens nach einem Arbeitsplatz für sich gesucht? Unter einer Treppe oder im Winkel einer Diele könnte mit etwas Kreativität Ihr Minibüro entstehen.

Eine kombinierte Schrank- und Regalwand

In vielen Wohnungen gibt es ein Zimmer, durch das der Hauskamin läuft. Links und rechts des Abzugsschachtes bleiben Wandnischen. Für solch eine Zimmerwand habe ich die kombinierte Schrank- und Regalwand konzipiert, die einigen Stauraum schafft, ohne die Wand zu entstellen. Eine motivische Wiederholung sorgt dafür, daß die Wand als Architekturelement präsent bleibt. Das Motiv besteht aus einer Reihung dreieckiger Leisten. Als Zierfläche schmücken sie die Schranktüren und die obere Hälfte des Kaminvorsprungs. Das Leitmotiv kehrt in Form dreieckiger Tragleisten wieder, auf denen die Regalböden ruhen und hinter denen sich Leuchtröhren verbergen. In der Variation des einfachen Motivs liegt das Geheimnis der einheitlichen Wirkung dieser eigentlich heterogenen Elemente.

Wie Sie die Oberfläche der Regalwand gestalten wollen, bleibt ganz Ihnen überlassen. Dies Projekt ist beispielhaft für meine Design-Philosophie. Meiner Meinung nach verschmelzen Möbel, die wirklich in den architektonischen Kontext eines Raumes eingebunden werden, notwendigerweise mit ihrer Umgebung zu einer untrennbaren Einheit. Sie stören die Sprache der Architektur nicht, sondern unterstreichen und bekräftigen sie zusätzlich.

SEITENANSICHTEN DER GRIFFLEISTEN

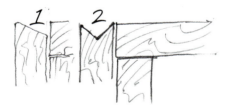

Für die Griffleisten kann der obere Rand der Tür auf 2 Arten abgeschrägt werden

SCHNITT DURCH DIE DEKORATION

An Tür und Wand werden dreieckige Leisten geklebt, genagelt und bemalt

Wohnzimmer, Arbeitsräume und Dielen
Eine kombinierte Schrank- und Regalwand

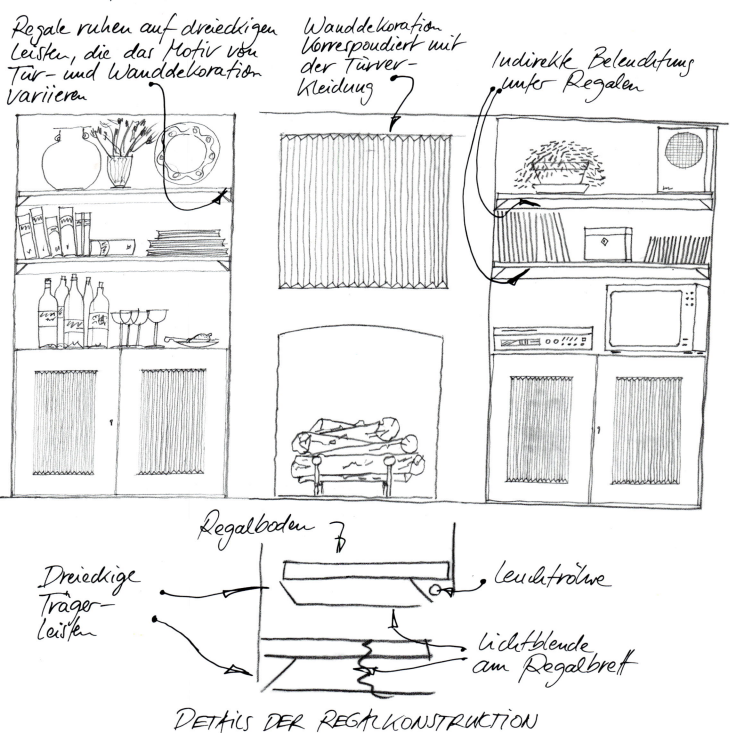

Regale und Schränke in Wandnischen

In Wohnzimmern besteht immer ein großer Bedarf an Möglichkeiten zum Aufbewahren und Präsentieren von Gegenständen. Der dafür erforderliche Raum kann unter anderem durch das Anbringen von Regalen und Schränken an bisher nicht genutzten Stellen, zu beiden Seiten eines Kaminvorsprungs oder in Ecken, gewonnen werden. Das nachfolgend beschriebene Grundmodell läßt sich Ihren individuellen Anforderungen entsprechend variieren und als Fernseh- oder Hifi-Rack, Bücherregal, Getränkebar oder Regal für Sammelobjekte ausführen. Da die Höhe der Schränke und Regale von ihrer späteren Nutzung abhängt, sollten Sie vor Beginn der Arbeiten entsprechende Überlegungen anstellen. Für Ihre Getränkebar beispielsweise ist nur ein Schrankfach erforderlich, während die Anzahl der Regalböden über Ihrem Schrank oder Büffet von Größe und Art der darauf zu plazierenden Gegenstände abhängig ist.

Die Lamellenverzierung an den Schranktüren harmoniert mit dem an der Wand befestigten Paneel und verleiht der Anordnung ein individuelles und interessantes Design. Durch Verwendung von Leisten, deren Profil der Grundgestaltung des Raums angepaßt ist, können Sie ein harmonisches Gesamtbild erzielen. Eine weitere persönliche Note erhält die Konstruktion durch Art und Form der Türbeschläge (längliche Griffe oder runde Knöpfe).

In jedem Fall ist es äußerst wichtig, alle Lücken und Spalten zu verspachteln und die Kanten zu glätten, so daß Schränke und Regale als Teil der Gesamteinrichtung des Raumes erscheinen, selbst wenn sie nicht dieselbe Farbe haben. Die Auflageleisten der Regalböden sollten möglichst verdeckt sein und sich nicht von der Wand abheben. Bei dem nachfolgend beschriebenen Projekt ist in eine der hinteren Auflageleisten eine Leuchtstoffröhre integriert, die die Wandfarben in weichen Tönen erscheinen läßt.

Werkzeuge

Stahllineal
Schneidemesser
Anschlagwinkel
Fuchsschwanz (oder Kreissäge)
Rückensäge
Hammer
Parallelreißer
Stemmeisen mit Fase
Holzhammer
Hand- oder Elektrobohrer
Bohrer
Mauerbohrer
Senkbohrer
Forstnerbohrer (zum Einpassen der verdeckten Scharniere)
Elektro-Stichsäge
Schleifblock und Schleifpapier (oder Schwingschleifer)
Handhobel
Wasserwaage
Nageltreiber

Materialien für eine Nische

Teil	Stückzahl	Material	Länge*
Pfosten	2	50 x 50 mm, vorgehobeltes Holz	nach Bedarf; hier 838 mm
Querhölzer	2	50 x 50 mm, vorgehobeltes Holz	Nischenbreite minus 100 mm*
Hintere Auflageleisten	2	50 x 25 mm, vorgehobeltes Holz	Nischenbreite
Seitliche Auflageleisten	4	50 x 25 mm, vorgehobeltes Holz	Nischentiefe minus 100 mm*
Sockel-Auflageleisten (vorn und hinten)	2	25 x 25 mm, vorgehobeltes Holz	Nischenbreite
Sockel-Auflageleisten (seitlich)	2	25 x 25 mm, vorgehobeltes Holz	Nischentiefe
Hintere Regal-Auflageleisten	2	38 mm, Dreikantholz	Nischenbreite
Seitliche Regal-Auflageleisten	4	38 mm, Dreikantholz	Nischentiefe minus 38 mm
Leisten für Lamellenverzierung auf Wandpaneel	nach Bedarf	38 mm, Dreikantholz	Höhe des Wandpaneels
Leisten für Lamellenverzierung auf Türen	12 pro Tür	25 mm, Dreikantholz	Türhöhe minus 200 mm
Dübelholz	1	etwa 1,8 m Hartholz-Dübelstange	nach Bedarf
Bodenplatte	1	Sperrholzplatte, 4 mm oder 6 mm	Nischenbreite x -tiefe minus Stärke der Sockelleisten und des Stirnrahmens
Deckel	1	MDF- oder Tischlerplatte, 25 mm	Nischenbreite x Nischentiefe
Zwischenboden (Schrank)	1	MDF-, oder Span- bzw. Tischlerplatte, 19 mm	Nischenbreite x -tiefe minus 75 mm*
Türen	2	MDF-Platte, 19 mm	halbe Nischenbreite minus 8 mm x Stirnrahmenhöhe minus 25 mm
Fachböden (Regal)	2	MDF-Platte, 25 mm	Nischenbreite x Nischentiefe minus 25 mm
Wandpaneel	1	MDF- oder Sperrholzplatte, 6 mm	Breite des Kaminvorsprungs Höhe nach Bedarf

* Nur ungefähre Maße; tatsächliche Länge individuell ausmessen

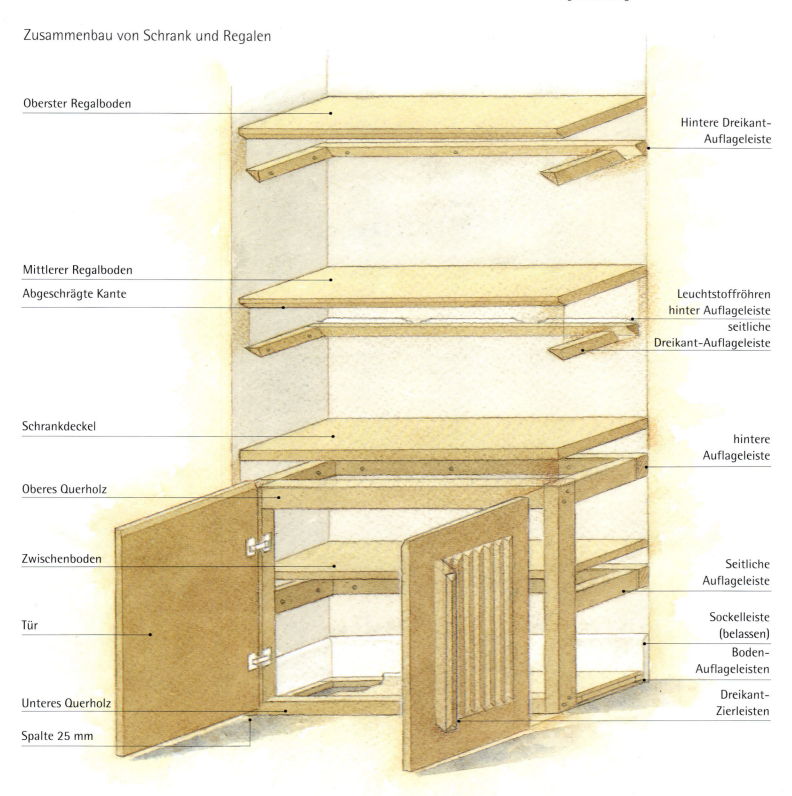

Regale und Schränke in Wandnischen
Montagezeichnung

Die Schrankelemente

Fertigen des Rahmens
Aus einem vorgehobelten Kantholz (50 x 50 mm) zwei Pfosten der gewünschten Höhe schneiden (dabei die Stärke des Deckels berücksichtigen). Bei dem hier beschriebenen Schrank beträgt die Höhe, einschließlich Deckel, 865 mm.

Aus demselben Kantholz die Querhölzer sägen, so daß sie zwischen die Pfosten passen. Pfosten und Querhölzer mit je zwei 12 mm-Dübeln an jeder Ecke zusammenfügen (siehe Techniken, Dübelverbindungen, S. 30). Dabei durch Anbringen einer Verstrebungsleiste Rechtwinkligkeit sichern (siehe Techniken, S. 20). Eine ausführlichere Beschreibung mit Abbildungen zur Fertigung von Türrahmen findet sich in dem Kapitel „Das Küchen-System, Türen" auf Seite 90.

Einpassen des Rahmens
Zum Einpassen des Rahmens in die Nische sind zunächst die Pfosten entsprechend der Wandunebenheiten anzureißen (siehe Techniken, S. 31). Die seitlichen Boden-Auflageleisten gegebenenfalls an die vorhandenen Sockelleisten anpassen. Alternativ dazu können mit Rückensäge und Stemmeisen kleine Aussparungen aus den Sockelleisten im Bereich der Auflagestellen ausgearbeitet werden. Das völlige Entfernen der Sockelleisten bietet sich als weitere, in den meisten Fällen jedoch optisch nicht die beste Lösung an.

Den Rahmen etwa 25 mm von der Nischenvorderkante nach hinten versetzt mit je zwei Schrauben und Dübeln auf jeder Seite anschrauben (siehe Techniken, S. 24). Die Schraubköpfe versenken; die Löcher werden später gespachtelt und übermalt.

Anbringen der Auflageleisten
Die Auflageleisten für den Schrankdeckel und den Zwischenboden werden aus einem vorgehobelten Holz (50 x 25 mm) gefertigt.

Mit Hilfe der Wasserwaage an allen Nischenwänden in Höhe der Rahmenoberkante eine Markierung anreißen. Die hintere Auflageleiste auf die Breite der Nische schneiden und unterhalb der Markierungslinie mit Schrauben und Dübeln an der Wand befestigen.

Die Länge der seitlichen Auflageleisten entspricht dem Maß zwischen hinterer Auflageleiste und Stirnrahmen. Diese Auflageleisten entsprechend zuschneiden und ebenfalls unterhalb der Markierungslinie anschrauben.

Auflageleisten für den Zwischenboden (oder die Zwischenböden) sägen, Höhe des Bodens festlegen und Leisten anbringen (Wasserwaage benutzen).

Befestigen der Bodenplatte
Der aus 4 oder 6 mm starkem Sperrholz gefertigte Schrankboden liegt an den Rändern auf 25 x 25 mm-Auflageleisten auf.

Die vordere Boden-Auflageleiste an die Innenseite des unteren Querholzes des Rahmens nageln und zusätzlich verleimen. Dabei die Leiste 4 oder 6 mm (je nach Stärke der verwendeten Sperrholzplatte) unterhalb der Oberkante des Querholzes plazieren, damit der Boden bündig mit dem Rahmen sitzt.

Die Wasserwaage auf das untere Querholz des Rahmens stellen und so die Höhe des Bodens an der Nischenrückwand ermitteln. 4 oder 6 mm unterhalb dieser Höhe die genaue Markierung für die hintere Bodenauflageleiste anbringen, die wie die vordere Leiste angenagelt und verleimt wird.

Aus einem gleichen Kantholz die seitlichen Boden-Auflageleisten schneiden (Länge entspricht Abstand zwischen vorderer und hinterer Boden-Auflageleiste) und auf beiden Seiten auf die Sockelleiste nageln und verleimen.

Das Bodenbrett aus Sperrholz auf die richtige Größe sägen und mit Paneelstiften auf den Auflageleisten befestigen. Den Spalt zwischen Bodenplatte und Rahmen mit einem Füller auf Zellulose-Basis abdichten; nach dem Aushärten mit Schmirgelpapier glätten.

Einsetzen des Deckels
Die Breite der Nische sowie den Abstand von der Nischenrückwand zur Vorderkante des Rahmens ausmessen. Bei sehr unebenen Wänden etwas Tiefe zugeben, damit der Deckel an die Wand angepaßt werden kann.

Den Deckel aus einer 25 mm starken MDF-, Tischler- oder Spanplatte sägen. Tischler- und Spanplatten sollten zum Schutz der Kante und aus optischen Gründen mit einer Blendleiste versehen werden.

Den Deckel bündig einsetzen und an der Vorderseite von unten mit dem Rahmen verschrauben. Die Verschraubung an der Rückwand und in den Ecken erfolgt von oben, wobei die Schraubköpfe versenkt und die Löcher später verspachtelt und übermalt werden.

 Dübeln des Rahmens
Pfosten und Querhölzer als stumpfe L-Verbindungen zum Rahmen zusammenfügen. Die Verbindungen mit je zwei Dübeln verstärken. Nach Aushärten des Leims Überstände bündig absägen.

 Befestigen des Bodens
Den Boden auf rundum angebrachten Auflageleisten (Unterseiten nicht sichtbar) nageln.

Befestigen des Deckels
Der Rahmen wurde 25 mm nach hinten versetzt in die Nische eingepasst. Deckel an der Vorderseite von unten festschrauben.

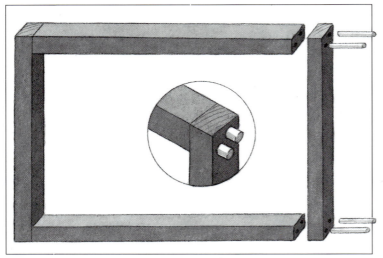
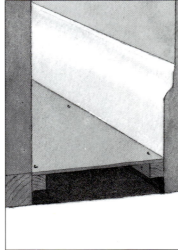
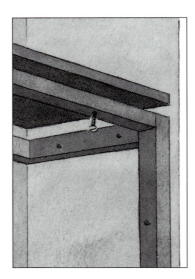

Hobeln	23	Wandbefestigungen	24
Bohren	23	Dübelverbindungen	30
Schrauben	24	Anreißen in Nischen	31
Nageln	24	Die Montage von Scharnieren	32

● Regale und Schränke in Nischen

Die Schrankelemente

Den Spalt zwischen Deckel und Rahmen verspachteln und glätten; bei Verwendung einer MDF-Platte die Vorderkante mit dem Rahmen bündig hobeln und glatt schleifen.

Einpassen des Zwischenbodens

Den Zwischenboden aus einer MDF-, Tischler- oder Spanplatte (mit Blendleiste) schneiden. Sauberen Sitz prüfen und auf die Auflageleisten auflegen.

Herstellen und Anbringen der Türen

Aus einer 19 mm starken MDF-Platte zwei Türblätter sägen, die bündig mit der Deckelvorderkante auf den Rahmen passen; dabei einen Bodenspalt von 25 mm vorsehen. Die Größe des Spalts an den Seiten ist von den verwendeten Scharnieren abhängig (siehe Montageanweisung des Herstellers). Bei der hier beschriebenen Ausführung wurden verdeckte, selbstschließende Scharniere verwendet. Der für einwandfreies Öffnen und Schließen erforderliche Überstand der Türen an den Innenkanten des Rahmens, gewöhnlich etwa 15 mm, ergibt sich aus den Herstellervorgaben (siehe Techniken, S. 32).

Durch abgeschrägte Oberkanten lassen sich die Türen leichter öffnen. Zu diesem Zweck die Oberkante beider Türen auf zwei Drittel ihrer Stärke im Winkel von 45° abschrägen (vorne verbleibt ein gerader Steg von 5 mm).

Die Lamellenverzierung besteht aus mehreren 25 mm starken Dreikantleisten aus Ramin- oder Kieferholz (Abb. 4). Auf beiden Türen ein Rechteck zur Aufnahme der Dekorlamellen aufzeichnen und dabei einen genügend breiten Rand lassen (bei dem hier beschriebenen Modell beträgt der Rand oben und unten jeweils 100 mm und an den Seiten 90 mm). Die Leisten auf die passende Länge schneiden und an den Enden unter 45° abschrägen.

Eine senkrechte Mittellinie auf der Tür aufzeichnen und von dieser Linie in beide Richtungen nach außen die Zierleisten anleimen und mit jeweils drei an den Seitenwangen ansetzenden Stiften anheften, bis das vorgezeichnete Rechteck bedeckt ist.

Die verdeckten Scharniere entsprechend der Montageanweisung des Herstellers an den Türen anbringen (siehe Techniken, S. 33).

Lamellenverzierung der Tür im Detail
Auf diesem Bild kommt die Lamellenverzierung der Tür voll zur Geltung. Außerdem ist die als Griffkante ausgeführte, abgeschrägte Oberkante deutlich zu erkennen. Passen Sie die Türverzierung Ihrem persönlichen Geschmack entsprechend an.

④ Herstellen der verzierten Türen
Links: Obere Türkanten zu einer Griffkante abschrägen.
Kleine Abbildung: Befestigen der Zierleisten.
Mitte: Anbringen der ersten Zierleiste.
Rechts: Dreikantleiste zusägen und Enden unter 45° abschrägen.

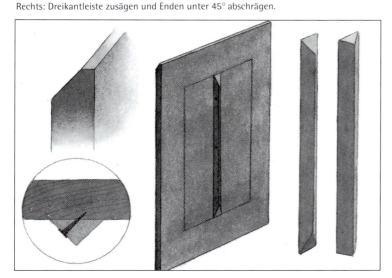

Regalböden, Beleuchtung und Wandpaneel

Regalböden

Die Regalböden aus 25 mm starken MDF-Platten liegen auf Dreikant-Auflageleisten (38 mm), die an den Nischenwänden befestigt werden.

Schneiden der Dreikant-Auflageleisten

Erhalten Sie im Holzhandel keine geeigneten Dreikantleisten, so stellen Sie sie mit einer Kreissäge aus einem vorgehobelten Kantholz (50 x 50 mm) selbst her.

Zu diesem Zweck das Kantholz der Länge nach mit der Kreissäge diagonal unter 45° sägen, so daß zwei identische Dreikantleisten entstehen. Ist das Sägeblatt zu klein, um das Holz in einem Gang durchzusägen, so verwenden Sie nach dem ersten Teilschnitt mit der Kreissäge einen Fuchsschwanz. Die abschließende Bearbeitung der Schnittkanten mit dem Putzhobel verleiht diesen eine saubere, ebene Oberfläche.

Der Holzfachhandel schneidet die Leisten maßgerecht zu, falls Sie keine geeignete Kreissäge verfügbar haben.

Einpassen des obersten Regalbodens

Zunächst die Höhe des obersten Regalbodens bestimmen. Sodann eine der Dreikantleisten auf die Breite der Nische zuschneiden und als hintere Auflageleiste an der Wand befestigen.

Die seitlichen Auflageleisten zuschneiden (Länge = Abstand Nischenrückwand bis Vorderkante minus 38 mm). Die Stirnfläche der Leisten unter 45° abschrägen, um die Abschrägung des Regalbodens aufzunehmen. Mit dem anderen Ende der Leiste in derselben Weise verfahren, damit ein sauberes Anpassen an die hintere Auflageleiste möglich ist. Schließlich werden die seitlichen Auflageleisten angeschraubt.

Den Regalboden aus einer 25 mm starken MDF-Platte auf die Breite und Tiefe der Nische sägen; dabei ist zu beachten, daß der Boden von der Nischenvorderkante um 25 mm nach hinten versetzt wird. Die Vorderkante des Bodens in der halben Stärke so abschrägen, daß diese Kante und die abgeschrägte Stirnfläche der Auflageleiste eine Flucht bilden und so eine unauffällige Auflage des Bodens erzielt wird. Den Boden von oben mit den seitlichen und hinteren Auflageleisten versenkt verschrauben. Schließlich Schraubenlöcher und Spalten verspachteln und nach Aushärten der Füllmasse mit Schleifpapier glätten.

Das fertige Nischenregal
Die aus 25 mm starker MDF-Platte gefertigten Regalböden werden von oben mit den Auflageleisten verschraubt.

Regalboden und Auflageleiste
Die vordere Abschrägung der Auflageleiste bildet mit der abgeschrägten Vorderkante des Bodens eine gerade Flucht.

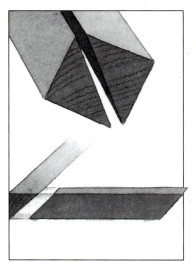

❶ Sägen der Dreikantleisten
Das Holz mit der Kreissäge unter 45° der Länge nach schneiden.

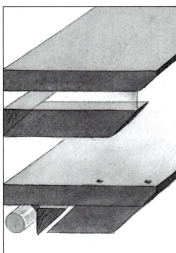

❷ Befestigen der Regalböden
Der obere und mittlere Regalboden wird von oben auf die an der Wand befestigten Dreikantleisten geschraubt. Hinter der Auflageleiste ist eine Leuchtstoffröhre.

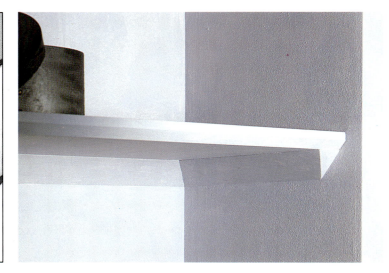

Sägen	21
Bohren	23
Schrauben	24

Regale und Schränke in Wandnischen
Regalböden, Beleuchtung und Wandpaneel

Einpassen des mittleren Regalbodens
Die Höhe des Regalbodens festlegen und die hintere Auflageleiste auf Nischenbreite sägen. Bei dem hier beschriebenen Projekt wird diese Leiste in einem Abstand von 75 mm von der Wand angebracht, so daß dahinter Raum für die Leuchtstoffröhre bleibt. Die Leiste noch nicht befestigen!

Die seitlichen Auflageleisten zuschneiden; diese müssen nach Abschrägen der vorderen und hinteren Enden einen Abstand von 75 mm zur Nischenrückwand und 38 mm zur Nischenvorderkante aufweisen. Die Auflageleisten genau waagrecht und exakt auf der gleichen Höhe mit Dübeln und Schrauben an der Wand befestigen.

Den Regalboden aus einer 25 mm starken MDF-Platte fertigen und nach dem Abschrägen der Vorderkante (siehe oben) auf die seitlichen Auflageleisten auflegen. Den Boden von oben mit den Leisten verschrauben, anschließend die Schrauben versenken und die dabei entstehenden Löcher verspachteln.

Die an den Enden gerade geschnittene, hintere Auflageleiste zwischen den seitlichen Leisten unter den Regalboden halten und von oben verschrauben. Diese Leiste dient als Blende für die Leuchtstoffröhre und verhindert als Querstütze das Durchhängen des Regalbodens. Die Schraubenköpfe versenken und anschließend die Löcher mit Füllmasse verspachteln.

Beleuchtung
Bei dem hier dargestellten Projekt wurden für die Beleuchtung drei Wolframröhren von je 300 mm Länge unter dem mittleren Regalboden (hinter der hinteren Auflageleiste) angebracht.

Wandpaneel
Die im vorliegenden Kapitel beschriebene Ausführung sieht auch ein Paneel an der Wand über dem Kamin vor, auf dem die gleiche Lamellenverzierung der Schranktüren angebracht wird. Das Paneel ist aus einer 6 mm starken Faser- oder Sperrholzplatte gefertigt, auf der Dreikantleisten verleimt und mit Paneel-Stiften angeheftet werden. Das Paneel selbst wird einfach an die Wand über dem Kamin geschraubt, verspachtelt, geglättet und in einer zu den Wänden, dem Schrank und dem Regal passenden Farbe lackiert.

Weiche, indirekte Ausleuchtung der Wandnische
Zur Beleuchtung derartiger Nischen stellen Wolframröhren eine sinnvolle Alternative zu den herkömmlichen Leuchtstoffröhren dar.

Verdeckte Beleuchtung
Die verdeckte Beleuchtung unter dem mittleren Regalboden erzeugt ein gedämpftes Licht in der Nische und schafft im ganzen Raum eine warme Atmosphäre. Dieses von unten aufgenommene Bild zeigt die montierten Wolframröhren. Von vorne gesehen werden diese durch die hintere Auflageleiste verdeckt.

Wand mit schwebenden Regalböden

Die Faszination dieses Regals liegt im offensichtlichen Fehlen einer Kleinigkeit: keine Stütze ist zu sehen. Dies überaus wichtige Detail macht die überzeugend schlichte und schwebend schöne Wirkung des Regals aus.

Die Regalböden sind hohl. Sie verbergen in ihrem Inneren Stahlträger, die fest in der Wand verankert sind. Ein weiterer Vorteil der unsichtbaren Aufhängung ist, daß alle Kabel von Fernseher, Telefon und Lampen im Hohlraum des Regals verschwinden können, anstatt zu einem unordentlichen Gewirr zu verknäueln.

Da jeder Vertikalakzent fehlt, entwickeln die Regalböden kräftige horizontale Richtungslinien, die sich dem Raum als Bewegungsimpulse mitteilen.

Ich habe die Regalböden in derselben Farbe wie die Wand gehalten. So bleibt ihre Plastizität bei gleichzeitiger Einbindung in die Raumstruktur erhalten.

METALLENE VERANKERUNGEN

Verschiedene Metallträger für Regalböden zum Versenken oder Anschrauben

Die Metallträger müssen in gerader Linie angebracht werden. Dazu binden Sie sie ganz fest an eine gerade Holzleiste

LÄNGSSCHNITT

Holzoberfläche

Metallträger in den Regalboden eingelassen

So bringen Sie die Metallträger auf eine gerade Linie

Metallstütze

Wohnzimmer, Arbeitsräume und Dielen

Wand mit schwebenden Regalböden

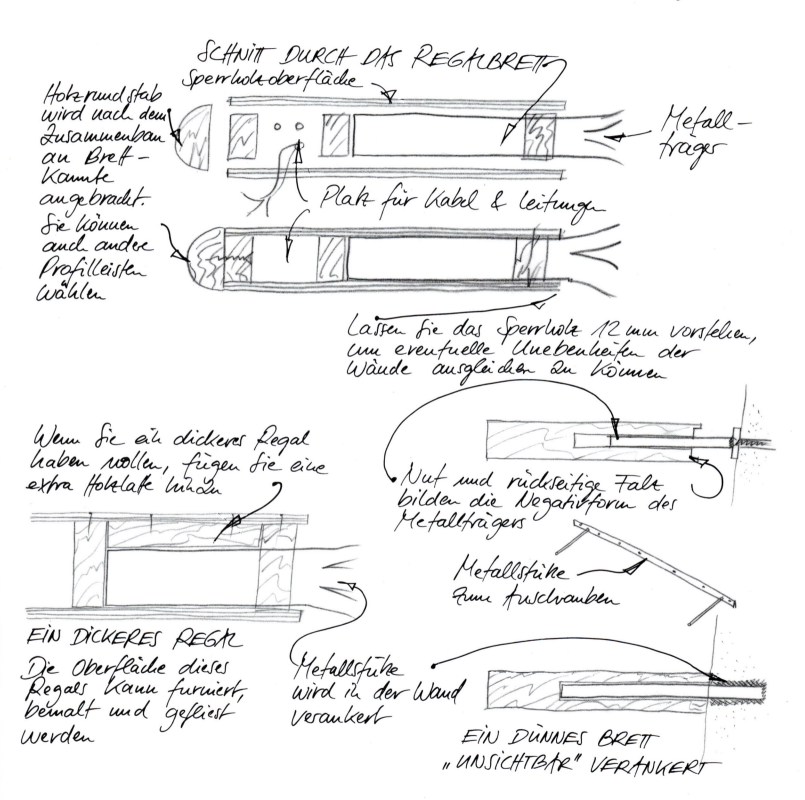

Wandregal

Bei diesem an der Wand befestigten Regal sind keinerlei Auflageleisten oder Metallträger sichtbar. Die klaren, geraden Linien lassen sich mit Hilfe eines kastenförmigen, hohlen Regalelements erzielen, das aus einem oberen und unteren Sperrholzbrett und einem innenliegenden Holzrahmen besteht und den Eindruck eines dicken, massiven Bretts vermittelt. Bei langen Regalen gewinnt die Konstruktion zusätzliche Festigkeit durch aus der Wand ragende Stahlträger, auf die das Regalelement geschoben wird. Bei Regalen mit einer Länge von bis zu 2440 mm und einer maximalen Tiefe von 450 mm ist eine einfache Lattenbefestigung ausreichend. Die Stahlträger sind sowohl bei Hohl- als auch bei Massivwänden maximal 75 mm in die Wand zu treiben und sollten bei Hohlwänden nicht ganz durch den Hohlraum hindurchtreten. Bei Wänden aus Gipskarton- oder Sperrholzplatten, bei Riegelwänden sowie bei verputzten Lattenwänden werden die Stahlträger direkt in die senkrechten Massivholzbalken plaziert.

Herstellung und Zusammenbau

Die gewünschte Höhe der Regalböden mit Hilfe der Wasserwaage über die gesamte Wandbreite und auch über die Ecken an den Seiten anreißen. Aus einer Sperrholzplatte (9 mm) bzw. einer MDF- oder Spanplatte (12 mm) zwei Bretter in der erforderlichen Länge und Tiefe zuschneiden. Bei Regalen mit einer Länge von mehr als 2440 mm. Fügen Sie die Bretter als stumpfe Verbindungen zusammen. Dabei wird innerhalb des Regalelements eine Stützlatte unterhalb der Stoßkante gebracht.

Zunächst aus einem vorgehobelten Holz (50 x 25 mm) die Frontleiste des Regals (Länge = Länge der Regalbretter) sägen. Dann zwei Seitenleisten schneiden (Länge = Regaltiefe minus Stärke der Frontleiste). Anschließend zwei Wandleisten fertigen, die zwischen die Seitenleisten eingepaßt werden (Länge = Länge der Regalbretter minus doppelter Stärke der Seitenleisten). Schließlich werden weitere Latten zugesägt, die an den Enden sowie auf der gesamten Breite im Abstand von etwa 610 mm zwischen Front- und Wandleiste eingefügt werden (Länge = Regaltiefe minus dreifacher Lattenstärke).

Zur Überprüfung der Paßgenauigkeit der Hölzer sollten Sie diese in ihrer jeweiligen Einbaulage auf dem oberen Regalbrett anordnen.

Als Auflage für die Stahlträger werden einige Holzverschnittstücke zwischen die Querstreben eingepaßt und an die Unterseite des oberen Regalbretts geleimt. Diese Holzstücke sollten etwa 19 mm stark sein, damit die Stahlträger in ihrer Fortführung etwa auf die Mittellinie der Wandleisten stoßen. Der Abstand dieser Auflagen beträgt, entsprechend dem Abstand der Stahlträger, etwa 610 mm.

Als Orientierungshilfe beim späteren Bohren der Löcher für die Stahlträger zeichnen Sie die Stärke der Verschnittstücke an der hinteren Wandleiste an.

Die Stahlträger liegen im Abstand von etwa 610 mm jeweils etwa in der Mitte zwischen zwei Querstreben. Sie laufen durch die gesamte Tiefe des Regals, stoßen stumpf an der Rückseite der Frontleiste an und reichen, ohne die Dicke, des Verputzes gerechnet, rund 75 mm in die Wand hinein. Die benötigte Anzahl von Trägern wird aus einem 12 mm-Stahlstab gefertigt.

Die beiden Wandleisten zusammenspannen und mit einem Bohrer, der einen etwas stärkeren Durchmesser als die Stahlträger (ein 13 mm-Bohrer bei 12 mm-Stahlträgern) hat, an den für die Stahlträger vorgesehenen Stellen durch beide Leisten bohren. Die Leisten mit einem Bleistift numerieren.

Den Innenrahmen des Regalelements mit Nägeln zusammenbauen, Leim auf die Oberseite des Rahmens auftragen und das obere Regalbrett darauflegen. Sodann das Regalbrett nageln (die Stärke der Leisten zum leichteren Nageln auf der Oberseite des Brettes vorher markieren), die Nagelköpfe versenken und die dabei entstandenen Vertiefungen verspachteln.

Mit dem unteren Deckbrett in derselben Weise verfahren.

Für die Abrundung der Frontleiste wird eine Holzleiste (75 x 50 mm) der entsprechenden Länge auf die Frontleiste geleimt und genagelt. Die Nagelköpfe gut versenken und an den Leistenenden mit Hilfe einer geeigneten, runden Vorlage einen Halbkreis anzeichnen. Entsprechende, ungefähre Markierungen werden auch an der Oberkante angebracht und die Ecken zunächst mit der Kreissäge abgetragen und anschließend mit dem Hobel sauber abgerundet. Einfacher ist die Montage einer entsprechend breiten Halbrund-Leiste.

Befestigen des Regals

Die hintere Wandleiste mit Dübeln und Schrauben an der Wand befestigen. Anschließend mit einem Steinbohrer durch die vorgebohrten Löcher in die Wand bohren (Bohrtiefe ca. 75 mm). Die Seitenleisten gegen die Rückwandleiste stoßend anschrauben.

Die Stahlträger an den Enden mit einer Eisenfeile abkanten und sodann in die Wandlöcher schieben. Das Regal auf die herausragenden Stahlträger sowie die Wand- und Seitenleisten schieben.

Werkzeuge

Stahlmeßband
Wasserwaage
Anschlagwinkel
Fuchsschwanz
(oder Elektro-Kreis- bzw. -Stichsäge)
Kreuzschlitz- oder Schlitzschraubendreher (je nach Schraubenart)
Metallsäge
Zwei Schraubzwingen
Elektro- oder Handbohrmaschine
Wendel-, Spitz- oder Maschinenschlangenbohrer
Steinbohrer
Hammer
Nagelversenker
Putzhobel
Schwingschleifer (oder Schleifblock)
Eisenfeile

Materialien

Teil	Stückzahl	Material	Länge
Regalbrett	2	9 mm Sperrholz oder 12 mm MDF- bzw. Spanplatte – Breite nach Bedarf	Nach Bedarf
Frontleiste	1	50 x 25 mm vorgehobeltes Holz	Regalbreite
Seitenleisten	2	50 x 25 mm vorgehobeltes Holz	Regaltiefe minus Stärke der Frontleiste
Wandleisten	2	50 x 25 mm vorgehobeltes Holz	Regalbreite minus doppelter Stärke der Seitenleisten
Querstreben	Eine pro 610 mm auf der gesamten Regalbreite	50 x 25 mm vorgehobeltes Holz	Regaltiefe minus dreifacher Stärke der Leisten
Holzauflagen für Stahlträger	wie oben	ca. 50 x 25 mm vorgehobeltes Holz	etwa 300 mm
Stahlträger	Einer pro 610 mm auf der gesamten Regalbreite	12 mm starke Stahl-Stange	Abstand Innenseite der Frontleiste bis Regalrückseite plus Stärke des Wandverputzes plus 75 mm
Halbrund-Leiste für Frontleiste	1	75 x 50 mm vorgehobeltes Holz	Regalbreite

Sägen	21
Bohren	23
Schrauben	24
Wandbefestigungen	24

● **Wandregal**

Montagezeichnung

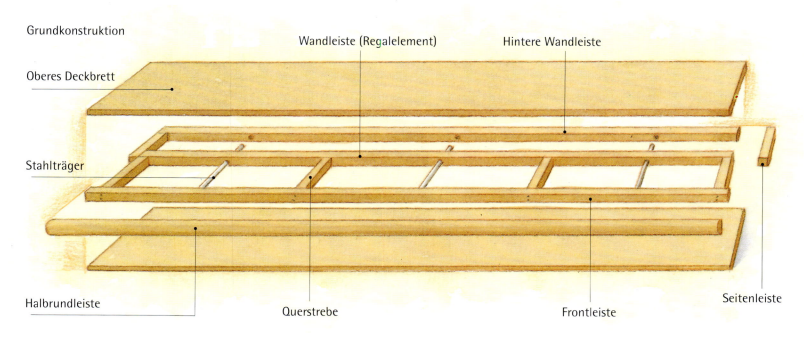

Grundkonstruktion — Oberes Deckbrett — Stahlträger — Halbrundleiste — Wandleiste (Regalelement) — Querstrebe — Hintere Wandleiste — Frontleiste — Seitenleiste

❶ Die Arbeitsschritte beim Zusammenbau des Regalelements
Genagelter Grundrahmen mit Löchern für die Stahlträger zwischen den Querstreben

❷ Die Wand- und Seitenleisten lassen sich genau auf die nach innen versetzten Seiten- und Rückleisten des Regals ansetzen. Die Löcher für die Stahlträger passen exakt aufeinander.

❸ Das untere Deckbrett wird auf den Rahmen genagelt. Die nach innen versetzte Lage des Rahmens ist deutlich zu erkennen.

❹ Die Halbrund-Leiste wird an der Vorderkante befestigt. Im Querschnitt (5) sind die Holzauflagen für die Stahlträger zu sehen.

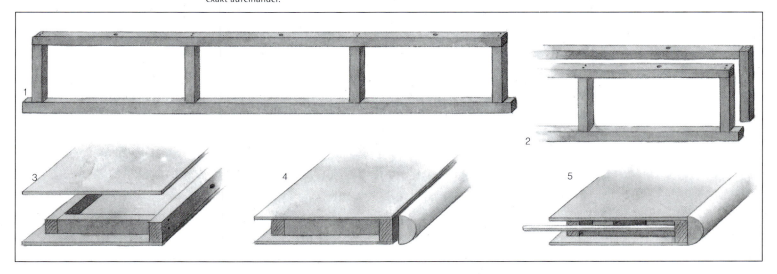

Ein Büro zu Hause

Ob Sie einen Platz brauchen, um Ihr Haushaltsbuch zu führen oder Ihre Post zu erledigen, oder ob Sie zu Hause arbeiten – ein Trend, der sich im Computerzeitalter verstärkt –, Sie brauchen in jedem Fall einen sinnvoll eingerichteten Arbeitsplatz, der Sie freundlich einlädt, mit der Arbeit zu beginnen. Ich stelle Ihnen einen Entwurf vor, der alles bietet, was einen guten Schreibplatz ausmacht, mit Ausnahme der nötigen Ruhe und Zurückgezogenheit, die Sie sich selbst schaffen müssen. Als Stützen für die Schreibplatte habe ich klassische Bürostahlschränke gewählt. Ihre unverwüstlichen Schubladen laufen leicht und schließen gut. Das Wandregal über dem Tisch ist in Fächer aufgeteilt, deren Höhen variabel sind. So können alle Ordner, Mappen, Bücher und Büromaterialien ordentlich untergebracht werden.

Der Regalaufsatz wird nicht direkt an der Wand, sondern über Leisten aufgehängt. Damit bleibt zwischen Aufsatz und Wand ein Zwischenraum, genug Platz, um Kabel und elektrische Leitungen zu verlegen. Die brauchen Sie für Ihre elektronische Ausstattung, deren Bedeutung in unseren Tagen zunimmt.

Wichtig ist es, im rechten Licht zu arbeiten: Wenn Sie wirklich gut sehen, was Sie tun, fallen Konzentration und Motivation leichter. In meinem Entwurf geben Leuchtröhren, die unter dem Regalaufsatz angebracht sind, ein indirektes, warmes Licht über die ganze Breite der Schreibfläche. Das Licht strahlt direkt auf die Pinnwand und deren hilfreiche Botschaften.

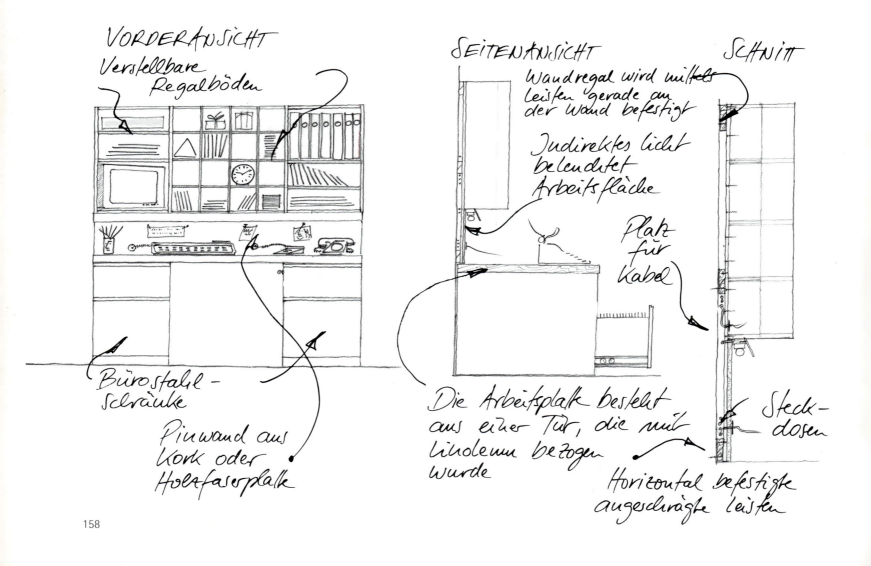

Das Büro in der Wohnung

Dieses Projekt zeigt Ihnen die Einrichtung einer Büroecke in den eigenen vier Wänden. Beim Schreibtisch handelt es sich um ein einfaches Türblatt, das als Arbeitsplatte auf zwei Aktenschränken mit je zwei Schubladen aufgelegt wird. Oberhalb des Schreibtisches ist eine Pinnwand befestigt, und darüber befindet sich eine aus variablen Fächern bestehende Regalwand. Diese Fächer ruhen auf „Schwedenträgern" und können entsprechend der Größe der Bürogegenstände, Bücher und sonstigen Arbeitsmittel angeordnet werden.

Leuchtstoffröhren, die hinter einer Blende an der Unterkante der Regaleinheit angebracht sind, sorgen für ein gutes Arbeitslicht. Für den Anschluß einer Schreibtischlampe, des Computers oder der Schreibmaschine, des Telefons oder anderer Bürogeräte werden im Bereich der Pinnwand elektrische Steckdosen sowie eine Telefondose angebracht. Außerdem sind verdeckte Kabelführungen z. B. für das Tastatur- und das Druckerkabel vorgesehen; auch dafür werden entsprechende Bohrungen in der Pinnwand vorgesehen.

Da bei einer modernen Büroausstattung eine Vielzahl elektrischer Kabel erforderlich ist, erfolgt die Befestigung der Regalwand und der Pinnwand mit angeschrägten Befestigungslatten; dadurch wird eine sichere Aufhängung gewährleistet und ein Spalt für die Verlegung der Kabel geschaffen.

Falls Sie die Kabel nicht in einer verdeckten Führung verlegen wollen und die Rückwand ausreichend stabil ist, können Sie die Teile mit Schrauben und Dübeln direkt an der Wand befestigen. Da in diesem Fall die Schraubenköpfe sichtbar bleiben, sollten Sie Unterlegscheiben unter die Schraubenköpfe legen oder Schrauben mit Abdeckkappen verwenden.

Der entscheidende Vorteil dieser Regaleinheit liegt darin, daß sie zur Einrichtung einer Büroecke an jeder beliebigen Wand angebracht werden kann, sei es in einer Ecke des Wohnzimmers oder des Schlafzimmers.

Werkzeuge

Stahlmeßband
Stahllineal oder Richtscheit
Anschlagwinkel
Zahnspachtel
Schneidemesser
Elektro-Kreissäge (oder -Stichsäge)
Hand- oder Elektrobohrmaschine
Steinbohrer (mit Durchmesser der verwendeten Dübel)
Wendelbohrer (für Senkbohrungen)
Wendelbohrer (Kernbohrungen und Bohrungen für Schwedenträger)
Senkbohrer
Handstichsäge (falls keine Elektro-Stichsäge verfügbar) zum Aussägen der Steckdosenaussparungen
Oberfräse und Fräskopf
Kreuzschlitz- oder Schlitzschraubendreher (je nach Schraubenart)
Schwingschleifer (oder Schleifblock)
Pinsel

Materialien

Teil	Stückzahl	Material	Länge
Schreibtisch			
Unterschränke	2	Aktenschränke (2 Schubladen)	
Arbeitsplatte	1	Sperrholzverkleidetes Türblatt	Nach Bedarf
Pinnwand			
Rückfront	1	12 mm-Sperrholz- oder Tischlerplatte, Breite 300 mm	Wie Arbeitsplatte
Vorderfront	1	12 mm MDF-Platte, Breite 300 mm	Wie Arbeitsplatte
Befestigungslatten	2	75 x 25 mm vorgehobeltes Holz	Wie Arbeitsplatte
Regalwand			
Rückwand	1	12 mm Sperrholz- oder Tischlerplatte, Breite 870 mm	Wie Arbeitsplatte
Seitenwangen	2	19 mm Sperrholz- oder Tischlerplatte, Breite 330 mm	870 mm
Hauptunterteilungen	2	19 mm Sperrholz- oder Tischlerplatte, Breite 330 mm	Abstand Boden bis Deckel
Boden und Deckel	2	19 mm Sperrholz- oder Tischlerplatte, Breite 330 mm	Abstand zwischen Seitenwangen
Mittlere Unterteilungen		12 mm Sperrholz, Breite 12 mm *	Abstand Boden bis Deckel
Fachböden (Mitte)	12	12 mm Sperrholz, Breite 330 mm	200 mm
seitliche Fachböden	6	12 mm Sperrholz, Breite 330 mm	Abstand Hauptunterteilung bis Seitenteil
Befestigungslatten	2	100 x 25 mm vorgehobelte Holz	Wie Arbeitsplatte
Blende			
Frontleiste	1	12 mm Sperrholz, Breite 75 mm	Wie Arbeitsplatte
Seitenleiste	2	12 mm Sperrholz, Breite 75 mm	150 mm
Eckverstärkung	2	25 x 25 mm vorgehobeltes Holz	75 mm

* Nur ungefähre Maße; tatsächliche Länge individuell ausmessen

Büroecke
Montagezeichnung

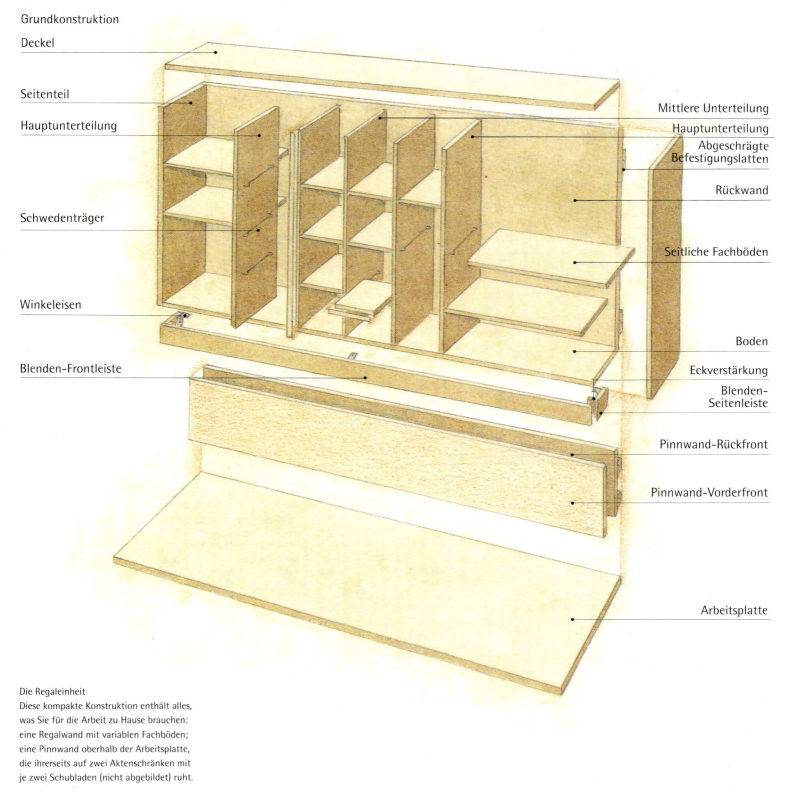

Die Regaleinheit
Diese kompakte Konstruktion enthält alles, was Sie für die Arbeit zu Hause brauchen: eine Regalwand mit variablen Fachböden; eine Pinnwand oberhalb der Arbeitsplatte, die ihrerseits auf zwei Aktenschränken mit je zwei Schubladen (nicht abgebildet) ruht.

Schreibtisch und Regaleinheit

Der Schreibtisch

Die Aktenschränke in einem Abstand von rund 1 m nebeneinander aufstellen und das Türblatt darauflegen. Es kann sich dabei um ein Türblatt mit Sperrholzfurnier in gewünschter Oberflächenausführung handeln (siehe Techniken, Einhängen von Türen, S. 32). Auf die Arbeitsplatte des hier beschriebenen Projekts wurde ein Linoleum als Schreibunterlage aufgeklebt. Zu diesem Zweck mit dem Zahnspachtel Kontaktkleber auf der Arbeitsfläche verteilen. Dann die etwas über Maß geschnittene Linoleum-Matte vorsichtig darauflegen und über Nacht beschweren. Schließlich das Linoleum auf das exakte Maß abschneiden; dabei das Messer leicht schräg führen, so daß sich eine saubere, abgeschrägte Kante ergibt.

Pinnwand

Die Rückfront der Pinnwand entsprechend der Länge der Arbeitsplatte aus einer Sperrholz- oder Tischlerplatte (12 mm) zusägen. Bei der hier beschriebenen Ausführung beträgt die Höhe der Pinnwand 300 mm, dieses Maß kann jedoch entsprechend Ihren individuellen Anforderungen angepaßt werden.

Die Pinnwand selbst auf dieselben Abmessungen schneiden. Die hier dargestellte Pinnwand besteht aus einer weichen Faserplatte; grundsätzlich eignet sich jedes Material, auf dem die stecknadelartigen Pins haften, z. B. eine Korkplatte oder eine mit Filz bezogene Faserplatte. Bei letzterer beziehen Sie Vorderseite sowie die Seitenkanten mit Filzstoff, den Sie an der Rückseite der Rückfront verkleben oder antackern.

Die Pinnwand oben und unten mit je vier Senkschrauben und Rosetten auf die Rückfront schrauben.

Befestigen der Pinnwand an der Wand

Die Pinnwand wird mit zwei abgeschrägten Lattenpaaren an der Wand befestigt. Jedes Lattenpaar ist aus einem vorgehobelten Holzbrett (75 x 25 mm) in der Länge der Pinnwand gefertigt. Das vorgehobelte Brett auf der ganzen Länge mit der Kreissäge unter 45° durchsägen (siehe Techniken, S. 25) oder fertige Befestigungslatten kaufen. Abgeschrägte Befestigungslatten garantieren ein sauberes Anliegen an der Wand und schaffen außerdem einen Spalt für die Kabel der auf dem Schreibtisch stehenden Maschinen und Geräte (Lampen, Telefon, Computer oder Schreibmaschine).

Die abgeschrägten Latten passend an die Rückfront der Pinnwand anlegen und jeweils die obere Lattenhälfte mit der abgeschrägten Fläche zur Pinnwand gerichtet an diese schrauben.

Zur Befestigung an der Wand die Pinnwand zunächst auf die hintere Schreibtischkante stellen. Dies ist äußerst wichtig, da der Schreibtisch als zusätzliche Auflage für die darüber angebrachten Komponenten genutzt wird. Die für die Wand gedachten Lattenhälften gegen die an der Pinnwand befestigten Hälften halten und ihre Position an der Wand anzeichnen.

Die Pinnwand abnehmen und die für die Wand gedachten Lattenhälften mit Hilfe von Dübeln an die Wand schrauben. Beim Aufhängen der Pinnwand ist sicherzustellen, daß die abgeschrägten Latten sauber ineinander greifen.

Die Regalwand

Die auf diesen Seiten abgebildete Regalwand wurde aus einer 12 mm starken Tischlerplatte gefertigt, die Vorderkante ist mit einer Blendleiste versehen. Alternativ dazu eignen sich auch schwarz lackierte oder furnierte Spanplatten, die montagefertig mit Blendleisten bzw. Umleimer erhältlich sind; oder herkömmliche Spanplatten mit Holzfurnier oder Kunststoffbeschichtung (in Naturton belassen bzw. schwarz lackiert).

Aus der Sperrholz-, Tischler- oder Spanplatte (12 mm) die Rückwand auf die Länge der Arbeitsplatte und auf die gewünschte Höhe schneiden. Die hier beschriebene Regalwand hat eine Höhe von 870 mm mit vier mittleren Fachböden (Tiefe 200 mm).

Die Seitenwangen, den Boden, den Deckel und die beiden Hauptunterteilungen aus einer 18 mm starken Sperrholz- oder Tischlerplatte fertigen. Die Höhe der Seitenwangen entspricht derjenigen der Rückwand, Boden und Deckel werden zwischen die Seitenwangen eingepaßt, und die Länge der Hauptunterteilungen entspricht dem Abstand Boden bis Deckel (jeweils Innenkanten). Die Tiefe dieser Holzbretter ist beliebig wählbar, bei der vorliegenden Ausführung beträgt sie 300 mm. Die Vorderkanten sind mit Blendleisten aus Hartholz versehen worden.

Die Rückwand auf eine plane Unterlage legen, Deckel, Boden und Seitenwangen daraufhalten und an der Rückwand anzeichnen.

❶ Befestigen der Pinnwand
Die Pinnwand aus Faserplatte wird mit einer Rückfront aus Sperrholz oder Tischlerplatte verschraubt und an angeschrägten Befestigungslatten aufgehängt.

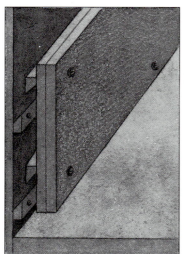

❷ Ausmitteln der senkrechten Unterteilungen
Die mittlere Unterteilung exakt in der Mitte der Rückwand anlegen. Mit Hilfe zweier Fachböden die Lage der rechts und links davon gelegenen Unterteilungen ermitteln. Mit den übrigen Unterteilungen in derselben Weise verfahren.

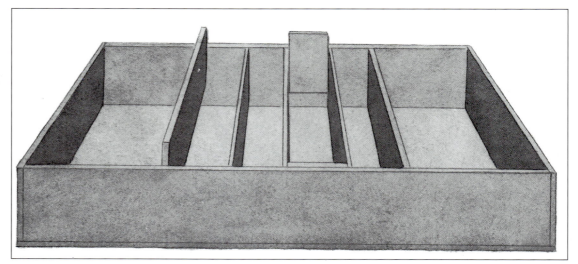

Faserplatten	16	Bohren	23
Holzoberflächen	20	Schrauben	24
Sägen	21	Abgeschrägte Befestigungslatten	25

Die Büroecke
Schreibtisch und Regaleinheit

Plazieren und Anbringen der Unterteilungen

Die Aufteilung des Wandregals wird bestimmt durch die größeren Gegenstände, die in Ihrem Regal untergebracht werden sollen (z. B. Computerschirm). Oder Sie beginnen mit dem Einpassen der kleineren Ablagefächer in der Regalmitte. Im hier dargestellten Modell sind insgesamt 16 Ablagefächer (Breite 200 mm) vorgesehen, vier neben- und vier übereinander.

Aus einer Sperrholz-, Tischler- oder einer furnierten Spanplatte (12 mm) die drei senkrechten Unterteilungen für den Mittelteil auf dieselben Abmessungen wie die Hauptunterteilungen zuschneiden. Die zwölf Ablageböden werden aus demselben Material gefertigt (Maße hier: 330 x 200 mm). An den Vorderkanten der Fachböden und senkrechten Unterteilungen bringen Sie Blendleisten aus Hartholz an.

Die Position der mittleren Unterteilung exakt in der Mitte der Rückwand anzeichnen. Mit Hilfe zweier Ablageböden die Lage der Unterteilungen rechts und links von der mittleren Trennwand ermitteln. Auf die gleiche Weise positionieren Sie die beiden seitlichen Hauptunterteilungen. So erhalten Sie die Position aller Unterteilungen auf der Rückwand.

Fachböden

Auf beiden Seiten des Regals den Abstand von der Hauptunterteilung zur Seitenwange messen. Anschließend die Fachböden aus einer 12 mm starken Sperrholzplatte auf diese Maße zuschneiden und die Vorderkante mit einer Blendleiste versehen. Insgesamt werden sechs Fachböden benötigt, drei rechts und drei links.

Selbst wenn vorerst einige Fachböden zugunsten von großformatigen Büchern weggelassen werden, ist es dennoch sinnvoll, alle Böden und die zugehörigen Befestigungen anzufertigen, um sie später bei Bedarf einsetzen zu können. Die Fachböden in gleichen Abständen an die Rückwand halten und ihre Lage an den Seitenwangen und an den senkrechten Unterteilungen anzeichnen.

Bohrlöcher in der Rückwand

Alle Unterteilungen und Fachböden abnehmen und entlang der Mittellinie der angezeichneten Markierungen von vorne in die Rückwand bohren. Anschließend von hinten die Senkbohrungen vornehmen.

❸ Befestigen der Unterteilungen im Regalrahmen
Durch Anzeichnen der Mittellinie der Unterteilungen läßt sich eine exakte Positionierung vornehmen. Kern- und Senkbohrung ausführen und die Unterteilungen mit der Rückwand sowie mit Boden und Deckel verschrauben.

Detailansicht der Regaleinheit
Die Pinnwand mit integrierter Steckdose und Kabelöffnung mit Metallrosette.
Die Anordnung der Ablagefächer erfolgt im Hinblick auf eine sinnvolle Unterbringung größerer Geräte wie eines Computerschirms.

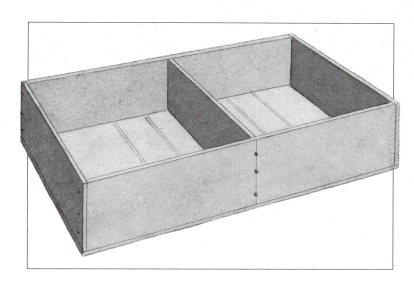

Regaleinheit

Anbringen der Bohrlöcher in den Seitenwangen und senkrechten Unterteilungen

Die benötigte Anzahl Schwedenträger (zwei pro Fachboden) bereitlegen. Die Seitenwangen und die Unterteilungen vorbohren. Dann den Wendelbohrer (3 mm) mittig auf den für die Fachböden angezeichneten Markierungen ansetzen und in die Seitenwangen 9 mm tiefe Löcher, in die Unterteilungen jedoch durchgehende Löcher bohren. Die in der Nähe der Vorderfront liegenden Löcher dabei etwas nach hinten versetzen, so daß die Schwedenträger von vorn nicht sichtbar sind. Die hinteren Löcher werden entsprechend der Spannweite der Schwedenträger angebracht.

Montage des Regalrahmens

Eine Seitenwange mit der Rückwand verleimen und von hinten verschrauben.

Kern- und Senkbohrung an einem Ende der Seitenwange für die Befestigung des Bodens ausführen und den Boden anleimen und verschrauben. Sodann auch den Boden mit der Rückwand verschrauben (von hinten). Anschließend mit der anderen Seitenwange in derselben Weise verfahren.

Leim auf die hintere und die seitlichen Kanten des Deckels auftragen, den Deckel richtig plazieren und von außen mit den Seitenwangen verschrauben. Die Verschraubung mit der Rückwand erfolgt erst nach dem Einpassen der Unterteilungen, damit noch kleinere Korrekturen gegebenenfalls möglich sind.

Befestigen der senkrechten Unterteilungen

Auf die Stirnkanten der mittleren Unterteilung Leim auftragen und die Unterteilung mit Hilfe des Anschlagwinkels rechtwinklig zum Rahmen und senkrecht einpassen. Die genaue Position der Unterteilung an den Außenflächen von Boden und Deckel mittig anzeichnen, Kern- und Senkbohrung an den angezeichneten Stellen vornehmen und die Unterteilung mit Boden und Deckel verschrauben.

Da der Deckel noch nicht mit der Rückwand verschraubt wurde, sind kleinere Korrekturen noch möglich, damit die Vorderkanten genau bündig sitzen. Von der Mitte nach außen arbeitend die übrigen Unterteilungen nach derselben Methode anbringen.

Von der Rückwand her abschließend den Deckel und alle senkrechten Unterteilungen verschrauben.

Anbringen der Fachböden

Die Schwedenträger in die Löcher der Unterteilungen stecken. Mit der Oberfräse in die Seitenkanten der Fachböden 3 mm breite und 9 mm tiefe Nuten schneiden, die als Führung für die Schwedenträger dienen. Diese Nuten (und die Schwedenträger) sollen von vorn nicht sichtbar sein und dürfen deshalb nicht bis an die Vorderkanten reichen.

Abschlußarbeiten

Die Schraubenlöcher verspachteln, Spachtelreste nach dem Aushärten abschleifen und den gewünschten Oberflächenschutz auftragen (siehe Techniken, S. 20). Dieser „Anstrich" sollte dem Stil Ihres Büros angepaßt sein und mit der Raumdekoration harmonieren.

Befestigen des Regals an der Wand

Das Regal wird wie die Pinnwand an zwei abgeschrägten Lattenpaaren an der Wand befestigt (siehe Techniken, S. 25); dabei sind allerdings stärkere Latten zu verwenden (100 x 25 mm).

Beide Lattenpaare auf der Rückseite der Rückwand anlegen und die obere Latte an ihr befestigen (die abgeschrägte Fläche ist dabei zur Rückwand gerichtet). Um der Regaleinheit zusätzliche Festigkeit zu geben, ist es wichtig, daß die Befestigungsschrauben so gesetzt werden, daß die Latten mit allen senkrechten Unterteilungen und Seitenteilen verschraubt sind.

Das Regal gegen die Wand halten und wie bei der Pinnwand die Lage der unteren Befestigungslatten an der Wand anzeichnen. Die Latten nach Abnehmen des Regals mit Hilfe von Dübeln an die Wand schrauben. Das Regal einhängen und darauf achten, daß die Latten sauber ineinandergreifen. Nur so ist eine stabile und sichere Montage gewährleistet.

Blende

Aus einer 12 mm starken Sperrholz- oder Tischlerplatte die Frontleiste für die Blende schneiden (Länge entsprechend Regallänge, Breite 75 mm). Die beiden Seitenwangen auf dieselbe Breite und eine Länge von 150 mm sägen.

Die vorderen Ecken auf Gehrung sägen und an der Innenseite jeder Ecke einen Holzklotz (25 x 25 mm, Höhe = Leistenhöhe) anleimen und mit Front- und Seitenleiste verschrauben.

1 Verdeckte Befestigung der Fachböden: Die Schwedenträger in die Löcher der Unterteilungen stecken; der mit einer Nut versehene Fachboden läßt sich daraufschieben.

Holzoberflächen	20	Bohren	23
Sägen	21	Schrauben	24
Schneiden von Nuten	22	Abgeschrägte Befestigungslatten	25
Sägen von Kreisbogen	22	Gehrungsverbindungen	26

● **Die Büroecke**
Regaleinheit

Die Blende wird mit innen angebrachten Winkeleisen an der Unterseite des Regals befestigt; ein Winkeleisen an jeder Seite sowie eines in der Mitte der Frontleiste.

Hinter der Blende die Beleuchtung (beim hier beschriebenen Projekt handelt es sich dabei um Wolframröhren) anbringen. Die Kabel werden in dem durch die abgeschrägten Befestigungslatten geschaffenen Hohlraum hinter der Regaleinheit verlegt.

Mit einer Stichsäge werden die Aussparungen in der Pinnwand für die Steckdosen und die Telefondose gesägt. Die Löcher für die Kabel von Bürogeräten und Schreibtischlampen dürfen nicht vergessen werden!

❷ Zusammenbau und Befestigung der Blende
Blendenleisten auf Gehrung sägen und die Ecken mit Holzklötzen verstärken. Blende mit Winkelbeschlägen befestigen.

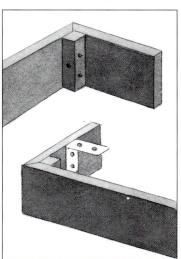

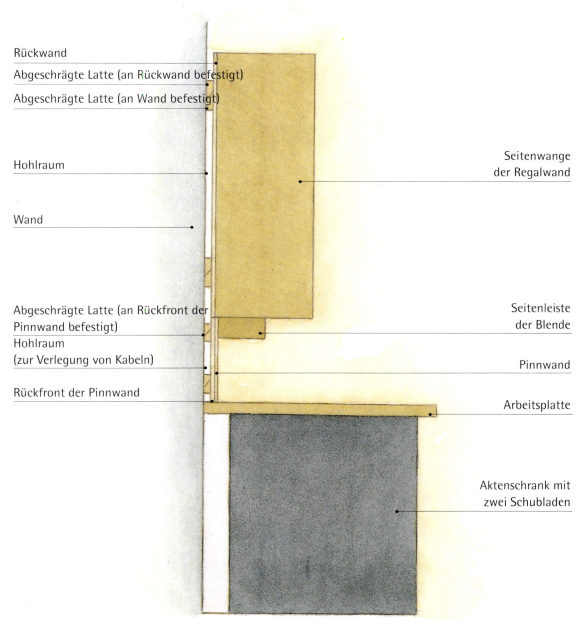

Seitenansicht des Büros

Holzverkleidung für einen Heizkörper

Gerade moderne Heizkörper sind nicht immer eine Augenweide. Mein Entwurf bietet eine Lösung an, die den Heizkörper optisch völlig ausblendet, ohne die Zirkulation von warmer und kalter Luft zu beeinträchtigen. Die Verkleidung passt in jede Art von Zimmer und zu jeder Art von Einrichtung. Sie müssen sie lediglich der Größe Ihres Heizkörpers anpassen. Zur Wartung und Regulierung läßt sich die Vorderplatte einfach abnehmen. Sie besteht aus einer Reihe vertikaler, wenn Sie es wünschen auch horizontaler Holzlatten. Sie können den Naturholzcharakter bewahren oder eine beliebige Farbe zum Anstrich der Holzverkleidung wählen. Halten Sie sich bei Ihrer Entscheidung an den dekorativen Grundgedanken Ihres Zimmers.

Bei einem niedrigen Heizkörper bietet sich eine andere Gestaltungsidee an: lassen Sie die Verkleidung weiter in den Raum vorspringen als eigentlich nötig. Dann brauchen Sie nur noch ein Kissen auf die Abdeckplatte zu legen, und Ihre Heizkörperverkleidung wird zur Sitzbank. Besonders einladend wirkt eine solche beheizte Bank unter einem Fenster oder in einem Erker.

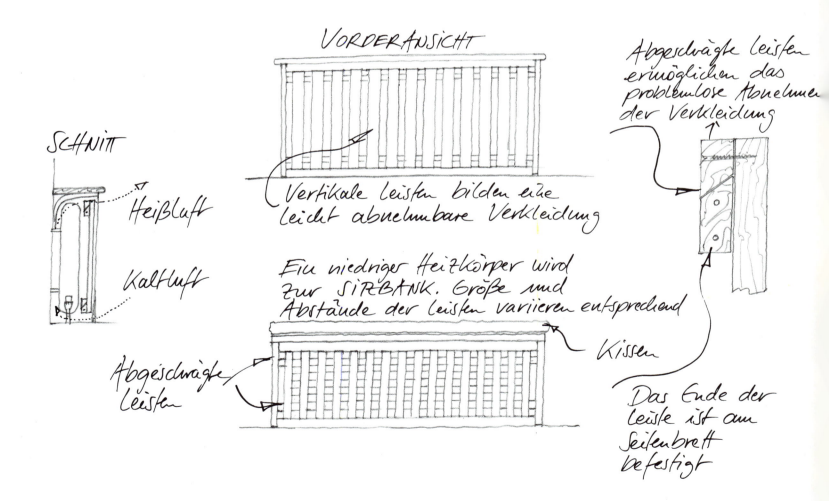

Heizkörperverkleidung

Die Heizkörperverkleidung kann passend für Heizkörper jeder Form angefertigt werden. Bei niedrigen Heizkörpern in Nischen oder Erkern bietet es sich an, die Abdeckplatte und Seitenwangen so tief auszuführen, daß eine Sitzfläche entsteht. Die Frontverkleidung soll durchweg zum Anbringen eines zusätzlichen Dekors und zum Entlüften des Heizkörpers mit wenigen Handgriffen abnehmbar sein. An der Wand hinter dem Heizkörper bringen Sie mit doppelseitigem Klebeband eine wärmereflektierende Folie an.

Mit der Heizkörperverkleidung läßt sich ein unansehnlicher Einrichtungsgegenstand des Raums elegant kaschieren. Damit spielende Kinder sich nicht verletzen können sollten Sie bei der Planung des Projekts darauf achten, daß die Abstände in der Frontverkleidung nicht so breit sind, daß Arme oder Beine von Kindern eingeklemmt werden könnten.

Herstellen des Rahmens

Und die Abmessung der Heizkörperverkleidung zu bestimmen, messen Sie die Breite einschließlich des Thermostats. Beim Ausmessen der Höhe sehen Sie zwischen Heizkörperoberkante und Abdeckplatte ein Abstand von 50 mm vor. Diese Positionen an der Wand exakt anzeichnen.

Die Seitenwangen sind so zu schneiden, daß sie um 50 bis 75 mm nach vorn über den Heizkörper hinausragen. Die Abdeckplatte hat an den Seitenwangen seitlich einen Überstand von rund 50 mm und an der Vorderkante von 25 mm. Abdeckplatte und Seitenwangen aus Span- oder MDF-Platten fertigen.

Anbringen der Seitenwangen

Zwei Befestigungslatten (25 x 25 mm) in der Höhe der Seitenwangen zusägen. Die Seitenwangen werden gegebenenfalls an die Sockelleiste angepaßt und bilden auf diese Weise einen harmonischen Übergang zur Wand (siehe Techniken, S. 31). Dementsprechend sind auch die Befestigungslatten gegebenenfalls so zu fertigen, daß sie mit der Oberkante der Sockelleiste abschließen.

Werkzeuge

Stahlmeßband
Wasserwaage
Hitzebeständiges Klebeband
Parallelreißer
Fuchsschwanz
Kreissäge
Elektrobohrmaschine und geeignete Bohrereinsätze
Stichsäge
Schleifblock und Schleifpapier
Hobel
Raspel
Schraubendreher

Materialien

Teil	Stückzahl	Material	Länge
Abdeckplatte	1	25 mm Span- oder MDF-Platte,	Nach Bedarf
Seitenwangen	2	25 mm Span- oder MDF-Platte	Nach Bedarf
Hintere Auflageleiste für Abdeckplatte	1	75 x 25 mm Weichholz,	Abstand zwischen hinteren, senkrechten Latten
Hintere, senkrechte Latten	2	25 x 25 mm, Weichholz	Nach Bedarf
Befestigungslatten	4	100 x 25 mm Weichholz	Abstand zwischen Seitenwangen
Verkleidungsleisten	Nach Bedarf	75 x 25 mm Weichholz	Nach Bedarf
Dübel	4	6 mm Dübelholz	30 mm

① Auflageleiste für Abdeckplatte anzeichnen
Die Leiste mittig auf die Unterseite der Abdeckplatte stellen und die Lage der Befestigungsschraube anzeichnen.

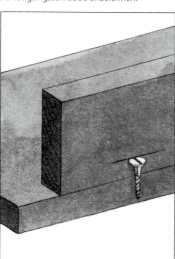

② Senkbohrung ausführen
Mit einem Klebestreifen die erforderliche Bohrtiefe markieren und die Senkbohrung ausführen; ihr Durchmesser ist größer als der Schrauben-Kopf-Durchmesser.

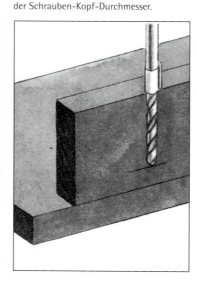

③ Befestigen der Seitenwangen und der Abdeckplatte
Seitenwangen mit Dübeln und Schrauben an der Wand befestigen. Abdeckplatte und Seitenwangen mit Holzdübeln verbinden.

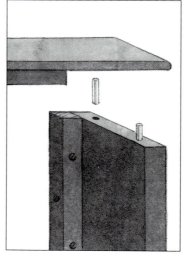

④ Abgeschrägte Befestigungslatten
Holzlatten (100 x 25 mm) der Länge nach unter 45° im Verhältnis 2:1 durchsägen.

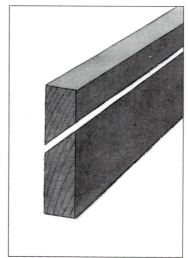

Sägen	21	Abgeschrägte Befestigungslatten	25
Bohren	23	Dübelverbindungen	30
Schrauben	24	Anreißen längerer Teile	31

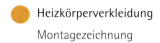

Heizkörperverkleidung

Montagezeichnung

Grundkonstruktion

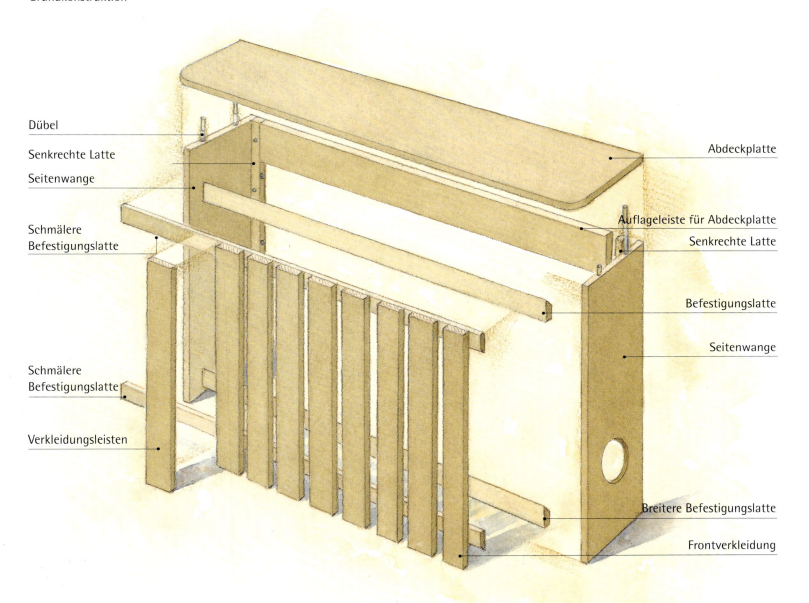

Dübel

Senkrechte Latte

Seitenwange

Schmälere Befestigungslatte

Schmälere Befestigungslatte

Verkleidungsleisten

Abdeckplatte

Auflageleiste für Abdeckplatte

Senkrechte Latte

Befestigungslatte

Seitenwange

Breitere Befestigungslatte

Frontverkleidung

169

Heizkörperverkleidung

Seitlich und von vorne an den senkrechten Latten Senk- und Kernbohrungen durchführen und die Latten bündig mit der hinteren Kante an der Innenseite der Seitenwangen verleimen und verschrauben.

Damit das Thermostat leicht zugänglich bleibt, mit der Stichsäge ein kreisrundes Loch mit einem Durchmesser von 125 mm an der entsprechenden Stelle in eines der Seitenwangen gesägt (siehe Techniken, Sägen von Kreisbogen, S. 22); Kanten abschließend glätten.

Die Seitenwangen durch die Latten hindurch mit Schrauben und Dübel an der Wand befestigen. Dabei auf genau senkrechte Ausrichtung achten.

Herstellen der Abdeckplatte

Zum Abrunden der Ecken die Abdeckplatte mit einem geeigneten Gegenstand, z. B. einer Untertasse, anzeichnen, den Schnitt mit der Stich- oder Bogensäge ausführen und die Rundung mit dem Schleifblock schleifen. Die Kanten der Abdeckplatte mit dem Hobel oder einer Raspel abnehmen und mit Schleifpapier nacharbeiten.

Alternativ kann die Ober- und Unterkante auch mit der Oberfräse und einem Rundfräskopf abgerundet und mit Schleifblock und -papier geglättet werden. Oder Sie belassen die Vorderkante gerade und leimen eine Halbrund-Leiste auf. Dabei wird die Leiste bis zum völligen Aushärten des Leims mit einem Klebeband fixiert.

Die Abdeckplatte wird auf eine waagrechte Auflageleiste (75 x 25 mm) geschraubt. Die Länge dieser Leiste entspricht dem Abstand zwischen den seitlichen, senkrechten Latten. Die Abdeckplatte umgedreht auf die Werkbank legen und die Auflageleiste so darauf plazieren, daß ihre Enden auf beiden Seiten den gleichen Abstand zu den seitlichen Kanten der Abdeckplatte aufweisen.

Eine Schraube an die Leiste und die hintere Kante der Abdeckplatte halten; die Schraubenspitze muß rund 6 mm von der Oberfläche der Abdeckplatte entfernt sein. So stellen Sie sicher, daß die Schraube nicht durch die Abdeckplatte hindurchtritt. Die Position des Schraubenkopfes an der Leiste anzeichnen (Abb. 1, S. 168).

Einen Bohrer mit etwas größerem Durchmesser als der Schraubenkopf mit der Spitze an der angezeichneten Stelle gegen die Latte halten und zur Markierung der Bohrtiefe einen Klebebandstreifen am Bohrer anbringen. Anschließend senkrecht in die Leiste bohren, bis der Klebebandstreifen an der Leistenoberfläche anliegt (Abb. 2, S. 168). Die Leiste verleimen und mit drei im gleichen Abstand gesetzten Schrauben an der Abdeckplatte befestigen.

Befestigen der Abdeckplatte

Die Abdeckplatte wird mit 30 mm Holzdübeln auf den Seitenwangen befestigt (Abb. 3, S. 168). In die Oberkanten der Seitenwangen je zwei Löcher (Durchmesser 6 mm) bohren. Die Bohrtiefe entspricht der halben Dübellänge. Die Position dieser Bohrlöcher exakt auf die Unterseite der Abdeckplatte übertragen und ebenfalls an beiden Enden zwei Löcher (Durchmesser 6 mm, Bohrtiefe = halbe Dübellänge) bohren.

Die Holzdübel und die Oberkanten der Seitenwangen mit Leim bestreichen und die Abdeckplatte anbringen.

Die Frontverkleidung

Den Abstand zwischen den Seitenwangen ausmessen und die erforderliche Anzahl der Verkleidungsleisten berechnen, die in gleichen Abständen anzubringen sind. Die Abstände zwischen diesen Leisten sind frei wählbar, sollten aber nicht zu groß sein, damit Kinder nicht die Hand oder den Fuß einklemmen können.

Die benötigte Höhe der Leisten abmessen (dabei oben und unten einen Spalt von 50 mm einkalkulieren) und die Leisten auf dieses Maß schneiden.

Aus einer Holzlatte (100 x 25 mm) zwei Befestigungslatten entsprechend dem Abstand zwischen den Seitenwangen fertigen. Diese Latten mit der Kreissäge der Länge nach unter 45° im Verhältnis 2:1 durchsägen (Abb.4, S. 168). Die breiteren Lattenhälften werden als Querstreben zwischen den Seitenwangen angebracht, die schmaleren dienen als Auflagen für die Verkleidungsleisten.

Zusammenbau der Frontverkleidung

Die Verkleidungsleisten mit Hilfe von Abstandsklötzen auf der Werkbank anordnen (siehe Techniken, S. 20). Die abgeschrägten Befestigungslatten bündig mit der Ober- und Unterkante quer darüberlegen. Achten Sie darauf, daß jeweils die schmalere Lattenhälfte oben liegt und deren abgeschrägte Fläche zu den Verkleidungsleisten gerichtet ist (Abb. 1).

Die breiteren Lattenhälften vorsichtig abnehmen. Übertragen Sie die Kante, an der die Neigung beginnt, auf die Rückseite (Abb. 2), da nur im nicht schrägen Bereich geschraubt werden darf.

Die Latten mit je zwei Schrauben am oberen und unteren Ende der ersten Verkleidungsleiste befestigen. Die übrigen Leisten unter Hilfe von Abstandsklötzen ebenfalls verschrauben.

An den breiteren Lattenhälften die Schraubenposition für die Befestigung an den Seitenwangen anzeichnen. Zu diesem Zweck entweder von der Abdeckplatte abwärts messen oder die Frontverkleidung passend gegen den Rahmen halten.

Senk- und Kernbohrung durch die Seitenwangen ausführen und die Befestigungslatten verschrauben.

1 Anordnen der Verkleidungsleisten und Befestigungslatten für die Frontverkleidung
Verkleidungsleisten in gleichen Abständen anordnen. Befestigungslatten bündig mit Ober- bzw. Unterkante der Verkleidungsleisten anbringen.

2 Befestigen der Verkleidungsleisten
Schmale Befestigungslatten mit je zwei Schrauben an Verkleidungsleisten befestigen. Vor dem Schrauben auf die Lattenrückseite Neigungskante übertragen.

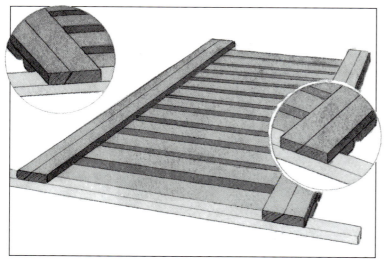

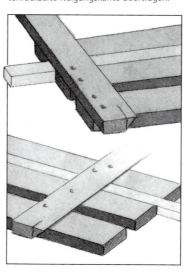

Abstandsklötze	20	Bohren	23
Sägen	21	Nageln	24
Sägen von Kreisbogen	22	Abgeschrägte Befestigungslatten	25
Sägen von Rundungen	22	Dübelverbindungen	30

Heizkörperverkleidung

Frontverkleidungen

Einpassen der Heizkörperverkleidung in das Raumgefüge: Bei dieser mediterranen Raumgestaltung (links) wurde über die ganze Wandbreite eine Platte aus kühlem, edlen Stein angebracht, die den Heizkörper einfaßt und geschickt verdeckt. So ergibt sich eine stilvolle, niedrige Ablage- oder Sitzmöglichkeit, die das Kunstwerk an der Wand noch stärker zur Geltung bringt.

In eine Trennwand eingebauter Heizkörper: In diesem Raum (unten links) wurden zwei Heizkörper in eine „gläserne" Wand eingebaut, die Veranda und Vorraum trennt. Die dabei gewählte Heizkörperverkleidung setzt die klaren, geraden Linien der Fenstersprossen fort.

Wohnen auf begrenztem Raum: Viele Heizkörper sind unter Fenstern angebracht (unten Mitte). Bei dem hier dargestellten, begrenzten Raumangebot schafft ein auf der Heizkörperverkleidung angebrachtes Regalbrett eine zusätzliche Ablage. Die Front-Verkleidung korrespondiert mit dem hölzernen Unterbau des Sofas.

Hohe Decken und Fenster: In diesem hellen und geräumigen Wohnzimmer (unten rechts) wurden zwei Heizkörperverkleidungen angebracht, die mit entsprechender Polsterung einen gemütlichen Sitzplatz am Fenster bilden.

Ideen für das Arbeitszimmer

Höhenverstellbare Regale

Die Grundvoraussetzung für effektives Arbeiten zu Hause ist ein bequemer und gutorganisierter Arbeitsplatz. Und dafür ist eine sorgfältige Planung erforderlich. Bei beiden hier vorgestellten Beispielen harmonieren Pinn- und Regalwand sowie Möbel mit der Gestaltung der Wände und Fußböden.

Genügend Ablagemöglichkeiten sind das A und O – nichts ist frustrierender, als in Papierbergen zu wühlen und doch nichts zu finden. Für den benötigten Stauraum eignet sich vielleicht eine tiefe, aktenschrankähnliche Schublade. Sehr wichtig sind auch Schränke und Regale, wie Sie auf dem rechten Bild sehen können. Dabei wurde eine stabile Regaleinheit mit höhenverstellbaren Fachböden mit einer Pinnwand für Nachrichten und Memos verbunden.

Bei den Regalböden handelt es sich um melaminfurnierte, 15 mm starke Spanplatten, die auf höhenverstellbaren Regalträgern ruhen. Um ein Durchhängen der Böden bei schwerer Belastung zu verhindern, beträgt der Abstand der Träger etwa 600 mm.

Am unteren Ende der Regalschiene werden Träger mit einer größeren Spannweite angebracht. Auf diesen ruht die kunststoffbeschichtete Arbeitsplatte, die als zusätzliche Arbeits- oder Ablagefläche genutzt werden kann. Die Vorderkante dieser Arbeitsplatte (Tiefe 600 mm, Stärke 30 mm), die von unten mit den Regalträgern (Spannweite 470 mm) verschraubt wird, ist mit einer Halbrund-Leiste aus Hartholz versehen.

Die Pinnwand besteht aus 9,5 mm starken Faserplatten, die entsprechend den Abständen der Regalschienen zugesägt werden. Die Platten sind mit Filz bezogen, der an der Rückseite festgetackert wird.

Aufbewahren von Plänen und Zeichnungen

Das Bild auf der gegenüberliegenden Seite zeigt eine weitere, einfache Aufbewahrungsmöglichkeit. Aufgerollte Pläne und Zeichnungen legen Sie einfach auf an der Wand befestigte, halbrunde Bügel (gegebenenfalls können auch rinnenförmige Ablageflächen auf den Bügeln angebracht werden).

Zur exakten Positionierung der Bügel bringen Sie provisorisch eine senkrechte Latte an der Wand an. Mit Hilfe der Wasserwaage die Höhe der Bügel sowie Schraubenlöcher in gleichen Abständen anzeich-

❶ Regalhöhe anzeichnen
Regalschienen auf die passende Länge sägen, eine der Schienen an die Wand halten und das untere Ende anzeichnen.

❷ Befestigen einer Hilfslatte
Genau unterhalb der Markierung eine waagrechte Latte annageln.

❸ Markieren der Schraubenlöcher
Regalschiene auf die Hilfslatte stellen, die senkrechte Ausrichtung prüfen und die Schraubenlöcher übertragen.

❹ Einpassen der Pinnwand
Regalschienen in gleicher Höhe an der Wand befestigen, den Abstand zwischen den Schienen messen und die Pinnwand auf dieses Maß sägen.

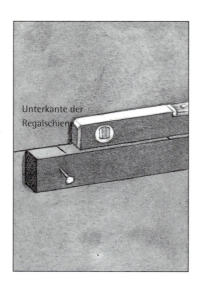
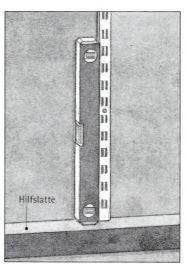

Wohnzimmer, Arbeitsräume und Dielen
Ideen für das Arbeitszimmer

nen. An den angezeichneten Stellen Löcher bohren und die Bügel mit Dübeln und Schrauben an der Wand befestigen.

Befestigen höhenverstellbarer Regale
Soll das Regal an eine Massivwand montiert werden, so wird zunächst die Wand vermessen und die Zahl der benötigten Regalschienen ermittelt. In der Regel brauchen Sie an beiden Seiten sowie dazwischen im Abstand von maximal 610 mm eine Schiene.

Denken Sie daran, daß am unteren Ende eine Arbeitsplatte angebracht wird. Legen Sie so die Gesamthöhe des Regals fest und sägen Sie die Regalschienen mit der Metallsäge auf diese Länge zu. Dabei den Schnitt an allen Schienen an derselben Stelle zwischen zwei Schlitzpaaren ausführen.

Eine Schiene in der gewünschten Höhe an die Wand halten. Die Unterkante der Schiene markieren und die Schiene abnehmen. Mit Hilfe von Wasserwaage und Richtscheit (oder Schlagschnur) zeichnen Sie in dieser Höhe eine waagrechte Linie.

Provisorisch befestigen Sie eine gerade Latte exakt unterhalb der waagrechten Markierung und zeichnen entlang dieser Latte die Positionen der Regalschienen an.

Vor dem Montieren der Schienen überprüfen Sie mit einem Metalldetektor, daß an diesen Stellen keine elektrischen Kabel oder Wasserleitungen in der Wand verlaufen.

Eine Regalschiene auf die Hilfslatte stellen, mit Hilfe der Wasserwaage in die Senkrechte bringen und die Schraubenlöcher übertragen. Mit den übrigen Schienen in derselben Weise verfahren, immer darauf achten, daß sich die Schlitze jeweils auf der gleichen Höhe befinden!

Den Abstand zwischen den Regalschienen messen und die Platten für die Pinnwand entsprechend zusägen. Diese Platten werden mit Filz bezogen und mit Schrauben an der Wand befestigt. Unterlegscheiben machen das ganze attraktiver. Für eine verdeckte Befestigung können Sie Platten anleimen oder doppelseitige Klebebänder verwenden. Geeignet sind rückseitig angebrachte Klappösen, von schlüssellochförmigen wie sie bei nicht zu schweren Bildern verwendet werden.

Schließlich die Träger in die Regalschienen stecken, die Regalböden darauflegen und von unten verschrauben.

❺ Befestigen der Pinnwand
Pinnwand unter Hilfe von Unterlegscheiben an die Wand schrauben oder an verdeckten Bildaufhängungen einhängen.

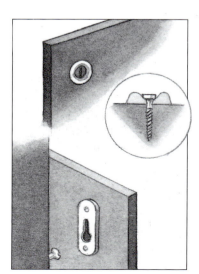

❻ Anbringen der Träger und Regalböden
Träger in die Regalschienen stecken und die Regalböden von unten mit den Trägern verschrauben.

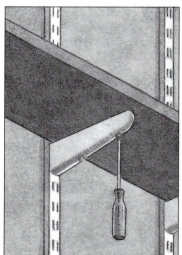

❼ Befestigen an Hohlwänden
Bei Hohlwänden werden drei waagrechte Latten auf die senkrechten Balken des Fachwerkes geschraubt.

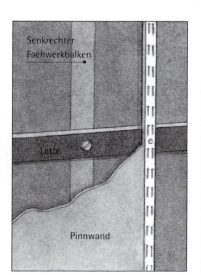

❽ Anbringen von Haltebügeln
Für die exakte Positionierung der Bügel wird eine senkrechte Hilfslatte an die Wand genagelt. Die Bügel nach dem Bohren mit Dübeln und Schrauben befestigen.

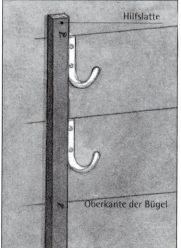

Anbringen neuer Sockelleisten

Es sind die kleinen Details, die einem Raum das gewisse Etwas geben. In dem kleinen Flur (links) wurde das herkömmliche Treppengeländer im unteren Bereich eines Treppenaufgangs mit Holz verkleidet; so erscheint dieser zuvor sehr dominante Teil des Raumes nun als ansprechende Fortsetzung der Wände. Bei einer derartigen Umgestaltung des Treppenaufgangs werden 12 mm starke MDF-Platten auf einen Holzrahmen montiert. Die dabei angewandte Technik ist vergleichbar mit dem Fertigen der Teile des Küchen-Systems (siehe S. 86).

Die Geländerpfosten sind ein wichtiger Bestandteil des Treppenaufgangs und bilden die Basis des Holzrahmens.

Kaufen und Herstellen von Sockelleisten

Die Sockelleisten der hier dargestellten Beispiele verleihen der Wand einen eleganten Abschluß.

Die gezeigten Weichholz-Sockelleisten sind im Holzhandel mit den Maßen 25 x 225 mm erhältlich und können mit Holzbeizen gegebenenfalls farblich angepaßt werden.

Falls Ihnen zu kaufende Sockelleisten nicht gefallen, suchen Sie sich einen Holzfachhändler, der über eine spezielle Fräsmaschine für Ihr gewünschtes Profil hat.

DIY kemmt zwei Möglichkeiten, um besondere Profilleisten herzustellen. Die einfachere besteht darin, wie in Abbildung 2 zu sehen, durch gerade Dielen mit passenden, vorgefertigten Profilleisten zu kombinieren. Das Ergebnis wird Ihrer Wunschvorstellung vielleicht nicht genau entsprechen, ihr jedoch sehr nahe kommen.

Zur exakten Fertigung des gewünschten Profils arbeiten Sie mit einer Oberfräse und ein oder zwei speziellen Fräsköpfen. Zunächst die Form des Profils auf liniertes Zeichenpapier aufzeichnen. Beim Kopieren einer bestimmten Profilleiste ist dabei eine Profillehre von großem Nutzen. Bei genauer Betrachtung des Umrisses werden Sie bemerken, daß die Gesamtform in verschiedene Teile teilbar ist, die mit den verfügbaren Fräsköpfen hergestellt werden können. So läßt sich das gewünschte Profil in mehreren Arbeitsgängen mit unterschiedlichen Fräsköpfen und/oder Anstellwinkeln herstellen.

❶ Modernisieren eines Treppenaufgangs durch Verkleiden
Ein Treppenaufgang wird mit MDF-Platten verkleidet, die einfach auf einen Holzrahmen montiert werden. Die MDF-Platten erscheinen dann als natürliche Fortsetzung der Raumwände.

❷ Fertigen von Sockelleisten
Sockelleisten mit Ihrem Profil fügen Sie aus geeigneten Dielen und Profilleisten zusammen.

❸ Befestigen an einer verputzten Wand
Sockelleiste auf Holzklötze und eine Latte nageln, die wiederum mit Schrauben und Dübeln an der Wand befestigt sind.

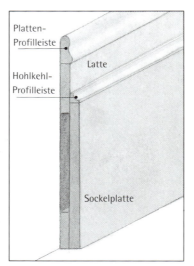

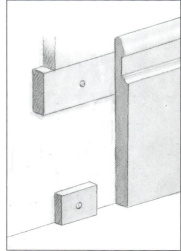

Glasregale

Wohnzimmer, Arbeitsräume und Dielen
Glasregale

Anbringen von Sockelleisten und Türeinfassungen

Montieren Sie die Sockelleisten auf einer festen, planen MDF-Platte, so genügen Nägel mit Senkköpfen. Die Nagelköpfe in die Oberfläche treiben und die entstehenden Vertiefungen verspachteln; überstehende Spachtelmasse vor dem Bemalen abschleifen.

Bei einer verputzten Wand die Sockelleiste auf Holzklötze nageln, die dieselbe Stärke haben wie die Putzschicht. Diese Holzklötze werden mit Schrauben und Dübeln an der Wand befestigt.

Bei Außenecken werden die Kanten der Sockelleisten auf Gehrung gesägt. Bei Innenecken hingegen hat eine Sockelleiste eine gerade, direkt an der Wand anliegende Abschlußkante; das Ende der anderen Sockelleiste wird dem Profil der ersten angepaßt und stößt an diese stumpf an.

Türeinfassungen zur Verzierung von Türrahmen werden an den oberen Ecken auf Gehrung gesägt, die auf dem Boden aufstehenden Enden gerade abgesägt. Die Türeinfassungen durch den Putz hindurch auf den Türrahmen nageln.

④ Was tun bei Ecken?
Außenecken von Sockelleisten und Türeinfassungen auf Gehrung verbinden. Bei Innenecken eine Leiste mit dem gesägten Profil stumpf auf die andere ansetzen.

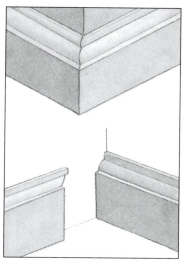

Glasregale eignen sich hervorragend zur Präsentation von Gegenständen aller Art. Aber das verwendete Glas muß eine ausreichende Tragfähigkeit aufweisen und die Träger müssen sicher befestigt werden.

Drahtglas oder Verbundglas eignet sich hierfür am besten, aber auch herkömmliches Glas kann verwendet werden. Zu beachten sind dabei besonders die Tragfähigkeit des Glases und der entsprechende Abstand der Träger. Lassen Sie sich im Fachhandel beraten.

Die Mindeststärke der verwendeten Glasfachböden beträgt 6 mm. Diese Fachböden eignen sich nur für leichtere Gegenstände; der maximale Abstand der Träger beträgt dabei maximal 400 mm. Für eine normale Belastung verwenden Sie Glasplatten in einer Stärke von 9 mm; der Trägerabstand beträgt dabei bis 700 mm. Sollen schwerere Gegenstände, z. B. Bücher, auf das Regal gestellt werden, kann ebenfalls 9 mm-Glas verwendet werden; allerdings beträgt der Abstand der Träger dabei maximal 500 mm. Aus Sicherheitsgründen sollten Sie vom Fachhändler alle Kanten schleifen lassen.

Bei der hier abgebildeten Glasvitrine ruhen die Fachböden aus Glas auf Fachbodenträgern, die an den Seitenwänden einer Nische angebracht sind. Diese Fachbodenträgern sind in den verschiedensten Ausführungen aus Metall und Kunststoff erhältlich. Einige Modelle werden einfach in die Seitenwände von Nischen geschraubt, in der Regel jedoch werden die Träger in vorgebohrte Löcher gesteckt, so daß die Lage der Fachböden beliebig geändert werden kann. Darüber hinaus können Sie Glasfachböden auch für Regalschienen verwenden, wobei sie lediglich spezielle Träger für Glasfachböden kaufen müssen.

Freitragende Fachbodenträger ermöglichen eine „unsichtbare" Befestigung. Dabei wird eine schmaler Trägerleiste in der Breite des Fachbodens an der Wand angeschraubt und der Glasfachboden in die Nut dieser Trägerseite geschoben.

Für Badezimmer gibt es eine große Auswahl an zumeist verchromten Trägern für Glasfachböden.

⑤ Verschiedene Fachbodenträger
Fachbodenträger sind in verstellbaren und nicht verstellbaren Ausführungen erhältlich.

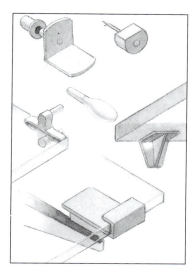

⑥ „Unsichtbare" Trägerleisten
Den freitragenden Fachbodenträger an die Wand schrauben und Glasregal in die Nut einsetzen.

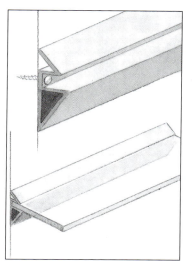

Teil 4
Bad und Schlafzimmer

Ein Bad zu renovieren, restaurieren und dekorieren ist keine leichte Aufgabe. Oft erscheint ein neues Badezimmer als teurer Luxus. Eine grundlegende Umgestaltung verwandelt Ihr Badezimmer in eine Großbaustelle, sobald die Installationen berührt werden. Genug der Entmutigung: natürlich können Sie mit DIY im Bad sehr erfolgreich sein! Wir stellen Ihnen gelungene Beispiele und ein konkretes Projekt vor. Denn Sie können Ihr Bad von oben bis unten neu gestalten, ohne Dusche, Waschbecken und Toilette zu tangieren: Wände fliesen, Fußböden legen, Regale, Schränkchen, Handtuchhalter und Spiegel einbauen...

Im Schlafzimmer fehlt vielleicht noch der Traumschrank für Ihre Garderobe. Mit DIY können Sie einen komfortablen Einbauschrank, gar einen begehbaren Schrank fertigen. Das wichtigste Möbel ist in diesem Kontext natürlich das Bett! Sie können den Schlafraum tagsüber zum Arbeitsraum machen. Als überaus nützlich erweist sich in multifunktional genutzten Räumen ein zusammenklappbarer Wandschirm. Mit einem Paravent lassen sich abweichende Raumfunktionen kaschieren, optisch Unerwünschtes wird ausgeblendet.

Bad: Funktion und Design

Oft schreckt man vor DIY-Arbeiten im Badezimmerbereich zurück, weil man glaubt, daß damit unweigerlich komplexe Installationsarbeiten verbunden seien. Es gibt jedoch eine beachtliche Menge von einfachen und wirkungsvollen Veränderungen, die Sie vornehmen können. Aber prüfen Sie vorher immer, ob es rechtlich zulässig ist, die Installationen selbst durchzuführen, und ob Sie gegen eventuell daraus resultierende Schäden versichert sind. Führen Sie derartige Arbeiten nur durch, wenn Sie sicher sind, daß Sie sie auch wirklich können. Bedenken Sie das anfallende Arbeitspensum gründlich, bevor Sie sich an den Entwurf eines neuen oder den Umbau eines alten Bades machen. Teile der Badezimmerausstattung zu versetzen, ist aufgrund der vorhandenen Wasserleitungen nicht immer möglich. Und die Hauptabflußleitung für die Toilette zu verlegen, kann ganz besonders schwierig sein; aus gutem Grund gibt es dazu rechtliche Auflagen. Denken Sie auch daran, daß die Elektroleitungen, Lichtschalter und Steckdosen den Vorschriften entsprechen müssen. Abflußvorrichtungen im Boden können wichtig sein, falls Badewanne oder Dusche einmal überlaufen sollten.

Den Blicken entzogen: Im Bad, das Sie auf der vorhergehenden Seite sehen konnten, sind Rohre und Leitungen mit einer aufgedoppelten Wand kaschiert worden. Dadurch entstand zugleich eine Nische, in die ein Heizkörper eingesetzt worden ist. Sehr wichtig für ein attraktives Bad ist ein einheitliches Oberflächendekor, das die einzelnen Funktionsgegenstände zu einem Gesamteindruck zusammenfaßt. Hier ist das Material herrlicher Marmor, der in Form von soliden Fliesen verwendet worden ist. Sie bedecken, einschließlich des Fußbodens, fast jede Fläche.

Bad und Schlafzimmer
Bad: Funktion und Design

In einem kleinen Haus oder einer Wohnung ist das Badezimmer oft der einzig geeignete Platz für eine Waschmaschine. Vor der Installation einer Waschmaschine sollten Sie prüfen, ob Sie sich innerhalb des gesetzlichen Rahmens bewegen und den Sicherheitsvorschriften genügen.

Mit Hilfe von Holzgerüsten, Gasbeton- oder Ziegelsteineinfassungen ist es nicht schwierig, selbst das Grundgestell für eine Badewanne oder ein Waschbecken zu bauen. Je nach Geschmack kann man zusätzlich Ablagemöglichkeiten integrieren. Seine endgültige Gestalt kann Ihr Badezimmer durch eine Holzvertäfelung, Marmor- oder Keramikfliesen erhalten. Ein passender Schrank, vielleicht eine Variation des Kleiderschranks in Ihrem Schlafzimmer, kann zum Aufbewahren von Handtüchern, Wäsche, Toilettenpapier, Seife und Waschmittel dienen.

Geeignete Spiegel, Handtuchstangen, neue Wasserhähne und andere Extras können den Stil ebenso wirkungsvoll unterstreichen, wie die elementaren Einrichtungsgegenstände Ihres Badezimmers. Manchmal ist es möglich, durch Austauschen dieser kleinen Extras das Erscheinungsbild eines Badezimmers auf sparsame Weise zu verändern. Denken Sie also genau darüber nach, welche DIY-Arbeiten in Ihrem Bad nötig sind.

Spiegel und Fliesen: Das anspruchsvolle weiße Badezimmer auf der gegenüberliegenden Seite ist der Inbegriff von wirkungsvoller Schlichtheit. Der große Spiegel schafft ein Gefühl von Raumweite und reflektiert Licht. Wasserhähne und Duscharmaturen aus Chrom und eine lange Chromstange für Handtücher vervollkommnen den Dekor.

Oben ist ein DIY-Badezimmer zu sehen, ausgestattet mit Keramikfliesen und einem weißen Linoleumfußboden. Es hat Spiegel auf zwei gegenüberliegenden Wänden, die den Raum größer erscheinen lassen und Licht reflektieren. In die Nische vor dem linken Spiegel ist ein Glasregal eingepaßt worden.

Licht und Heizung

Wenn Sie sich Gedanken machen über Heizung, Lüftung und Licht in Ihrem Badezimmer, sollte die Sichherheit stets an erster Stelle stehen. Jede Elektro-Installation im Naßbereich muß von einem Elektriker durchgeführt werden.

Die Beleuchtung eines Badezimmers stellt eine Herausforderung dar, aber mit der Auswahl an Lampen, Fassungen und verschiedenen Glühbirnen, die heute erhältlich ist, können Sie hervorragende Ergebnisse erzielen. Wenn Ihr Badezimmer kein Fenster hat, lassen Sie sich die Beleuchtung ruhig etwas kosten, damit Sie den Mangel an natürlichem Licht ausgleichen können.

Vermeiden Sie Neonröhren. Dieses Licht wirkt zu stumpf und kalt und schmeichelt weder den reizvollen Oberflächenmaterialien in einem Badezimmer, noch der Person, die es benutzt. Eine zentrale Deckenlampe ist in einem Badezimmer nur selten nötig und wird die Wirkung des ganzen Badezimmers mindern. Bedenken Sie wie viele andere Möglichkeiten es gibt. Mit Hilfe von indirektem Licht können Sie Nischen oder Regale warm ausleuchten. Leuchtröhren oder Glühbirnen können auch um einen Spiegel herum gruppiert werden, um einen „Hollywood-Effekt" zu erzeugen. Halogenlampen werden Ihr Badezimmer funkeln lassen, vor allem wenn es modern eingerichtet ist und viel Chrom und Keramik enthält. Denken Sie daran, die Lampen so einzubauen, daß sie vom Spiegel reflektiert werden, aber trotzdem nicht blenden.

Wenn Ihr Bad behaglich und entspannend gestaltet werden soll, vielleicht mit bequemen Stühlen, warmem Naturholz und dezenter Dekoration, dann sollte die Beleuchtung das unterstreichen. Sie können Seitenleuchten oder hübsche Wandlampen installieren. Gleich, wofür Sie sich letztendlich entscheiden, die Helligkeit Ihrer Lampen sollte jederzeit regulierbar sein. Um gedämpftes, statt grelles Licht zu haben, können Sie Dimmer einbauen lassen. Wenn Sie sich wirklich romatisches Licht wünschen, zünden Sie einfach einige Kerzen an.

Sie wollen möglicherweise lesen, während Sie Ihr Bad genießen; stellen Sie darum sicher, daß für diesen Zweck ein geeignetes Licht angebracht wird. Planen Sie genügend Platz ein, um Ihr Buch außer Reichweite des Wassers ablegen zu können.

Duschen können ein Beleuchtungsproblem darstellen. Manchmal ist es hinter einem geschlossenen Duschvorhang recht dunkel. Lösen Sie das Problem, indem Sie Ihre Lampen dementsprechend anbringen, oder denken Sie über eine wasserdichte Außenlampe in der Dusche nach. Es ist dringend erforderlich, daß Sie sich mit der Beleuchtung befassen, bevor Sie mit dem Fliesenlegen beginnen.

Tageslicht ist immer schön in einem Bad. Rollos können dem Raum Intimität verleihen. Wenn man in Ihr Badezimmer nicht hineinsehen kann, kann das Fenster gut auch unverhängt bleiben. Ein Oberlicht ist in einem Badezimmer sehr angenehm und oft eine gute Ergänzung, wenn der Raum sonst kein Fenster hat.

Sich stauender Wasserdampf ist lästig und kann auf Dauer Schäden am Dekor hinterlassen. Um das zu vermeiden, sind sowohl Heizung wie auch Lüftung unentbehrlich. Normalerweise ist ein fensterloses Bad gesetzlich nicht genehmigt, solange keine angemessene Luftzufuhr und -zirkulation vorhanden ist. Die Lüftung sollte für eine gewisse Zeit angeschaltet bleiben, so oft der Raum benutzt wird. Holen Sie sich diesbezüglich den Rat eines Fachmanns ein.

Die Heizung wird vom Heizsystem in Ihrem Haus oder Ihrer Wohnung abhängen, aber versuchen Sie trotzdem, beheizbare Handtuch-Stangen zu integrieren. Inzwischen sind als Handtuch-Halter gestaltete Heizkörper erhältlich, speziell entworfen für Badezimmer; alternativ können Sie elektrisch beheizte Stangen mit einem Sicherheitsschalter installieren lassen.

Warmes Licht: Auf der gegenüberliegenden Seite oben ist ein einladendes, elegantes Badezimmer abgebildet. In der Spiegelwand über der Badewanne wird die aufgedoppelte Wand reflektiert, hinter der Rohre und Stromleitungen verlaufen. Sie liefert auch die Vertiefung, in die ein Waschbecken, Spiegel und Ablage sowie ein unauffälliger Schrank eingepaßt worden sind. Hinter die hölzerne Profilleiste über der Spiegelwand wurden Leuchtröhren eingebaut, die für ein weiches, warmes Licht sorgen. Der Heizkörper ist stilvoll und zeitgemäß und paßt haargenau unter das Fenster. Hölzerne Rollos und eine Chromstange zum Aufhängen der Handtücher, die sich über die ganze Breite des Raumes erstreckt, sind schöne und nützliche Details.

Wirkungsvolle Accessoires: In einem kleinen Badezimmer wie dem auf der Seite gegenüber, unten links, wird der Heizkörper durch ein Gitter abgedeckt. So ensteht eine plane Wandfläche.

Auf dem mittleren Bild unten hängt eine leistungsfähige, wasserfeste Lampenschiene im Industriedesign äußerst wirkungsvoll über einem Waschbecken. Dazu passt der vertikal angebrachte Heizkörper links an der Wand.

Ein anderes Beispiel für wasserfeste Beleuchtung sind geschützte Außenleuchten, wie sie hier unten rechts zu sehen sind. Sie erzeugen ein helles, gebündeltes Licht am Waschbecken.

Bad und Schlafzimmer
Licht und Heizung

Materialeffekte

Das Badezimmer sollte notwendigerweise ein Raum mit strapazierfähigen Oberflächen sein. Marmor, Glas, Schiefer, Chrom, Kunststoff, Porzellan, entsprechend imprägniertes Holz und wasserfeste Farbe sind robuste, elegante Materialien, die in Badezimmern verwendet werden können.

Ein Badezimmer kann durch Accessoires entweder erheblich an Wärme und Gemütlichkeit gewinnen, oder aber in einen völlig funktionalen Raum verwandelt werden. Ziegelförmige Fliesen aus weißer Keramik mit dunklen Fugen, die sich deutlich abheben, haben einen altmodischen, traditionellen Charme. Teure Marmorfliesen sind der Inbegriff von Luxus; verzierte, gemusterte Fliesen haben ihre spezielle Ausdruckskraft, während einfache, weiße Fliesen schlichte Harmonie ausstrahlen.

Marmor und Granit sind nicht für jeden erschwinglich und ohne die Hilfe eines Fachmanns nicht leicht zu verlegen. Auch Fliesen sind eine relativ kostspielige Art, große Flächen zu gestalten, wenn es auch auf planen Oberflächen nicht allzu schwierig ist, sie selbst anzubringen. Eine Holzvertäfelung kann im Bad sehr wirkungsvoll sein. An Stellen, die immer wieder dem Wasser ausgesetzt sind, sollten Sie aber Fliesen verwenden. Andere Wandflächen können mit wasserfester Farbe gestrichen werden.

Bodenbeläge müssen praktisch, widerstandsfähig und vorzugsweise wasserfest sein. Am besten vermeiden Sie Teppichboden ganz. Eine gute Alternative dazu sind kleine Vorleger, aus gut waschbaren Materialien. Der Bodenbelag in einem Badezimmer sollte unempfindlich gegen Feuchtigkeit sein; Holz oder Vinyl würden schnell Schaden nehmen. Überlegen Sie sich daher genau, welchen Belag Sie für Ihren Fußboden wählen.

Reizvolle Oberflächen: Im oberen Bild schaffen weiße Fliesen, ein durchsichtiger Duschvorhang aus Kunststoff und ein hübsches Bullaugenfenster ein helles, freundliches Badezimmer auf kleinem Raum.

Auf der mittleren Abbildung werden Schlaf- und Badezimmer von einer Mauer aus unverputzten Ziegelsteinen getrennt. Der Material- und Farbkontrast von rustikalen, rauhen Ziegeln zu mondänen, glatten Fliesen schafft einen gelungenen, ganz individuellen Raumübergang.

Wände aus Glasbausteinen, wie im unteren Bild, sind leicht sauber zu halten und streuen das Licht auf angenehme Weise. In diesem Beispiel sind sie ungewöhnlich effektvoll mit einem Waschbecken aus Stahl und sichtbaren, verchromten Rohren und einer schwarzen Jalousie kombiniert.

Der letzte Schliff: Im Bild gegenüber links mit alten Discharmaturen und Marmorfliesen liefert eine tiefe Nische Raum für hohe Regale.

Gegenüber rechts oben wurde aus schwarzen und weißen Fliesen ein dekorativer Zierstreifen im Schachbrettmuster gestaltet. Die schwarzen Jalousie-Stäbe im weißen Rollo setzen das zweifarbige Schema fort. Formschöne Chromstützen tragen die Waschbecken. Die Lichterreihen in den Spiegeln erinnern an eine Künstlergarderobe.

Interessante Materialien machen den Reiz des Badezimmers aus, das auf der gegenüberliegenden Seite in der Mitte abgebildet ist. Das Waschbecken ist in eine Konsole eingelassen, deren Oberfläche aus schwarz-weiß gesprenkeltem Terrazzo besteht.

Der nach außen gerollte Rand einer altmodischen Badewanne und der auffällige Streifen aus blauen Fliesen machen das nostalgische Bild eines Badezimmers aus vergangenen Tagen perfekt. Ein Waschbecken wurde in ein altes Holzschränkchen eingesetzt, und der Spiegel mit einem hölzernen Rahmen versehen.

Bad und Schlafzimmer
Materialeffekte

Badewanne und Dusche

Die Wahl der Badewanne oder Dusche bereitet Ihnen bei der Gestaltung des Badezimmers vielleicht die größten Schwierigkeiten, da heute ein so großes Angebot zur Auswahl steht. Ihre Geschicklichkeit auf dem Gebiet des DIY ist dann gefragt, wenn es darum geht, die Badewanne oder Dusche sinnvoll und ansprechend unterzubringen.

Der beste Platz für eine Badewanne ist eine Nische. Wenn in Ihrem Bad keine vorhanden ist, ziehen Sie einfach eine Trennwand aus Holz, Ziegelsteinen, Gasbeton- oder Glasbausteinen ein. Eine separate Dusche kann auf der anderen Seite der aufgedoppelten Wand installiert werden. Die Oberflächen von Badewanne und Dusche sollten gleich sein, um ein einheitliches Gesamtbild zu erzielen.

Wenn der zur Verfügung stehende Raum begrenzt ist, können Duscharmaturen über der Badewanne installiert werden. Um beim Duschen Überschwemmungen zu vermeiden und als Sichtschutz brauchen Sie einen Vorhang oder eine Duschkabine. Ein Vorhang aus Baumwolle ist eine gute Alternative zum üblichen Plastikvorhang. Eine Duschkabine aus Glas ist auch attraktiv. Sie können die Glasscheiben nach Gebrauch zur Seite schieben.

Fix und fertig gekaufte Duschen und Badewannen, die als komplette Einheiten in Ihr Bad kommen, sind vielleicht praktisch, aber harmonieren nicht annähernd so gut mit dem übrigen Bad wie die Objekte, die Sie selbst angefertigt haben. Außer Duscharmaturen, Wasserhahn und Thermostat sollte nichts an der Wand angebracht werden. Versichern Sie sich, daß ein rascher Zugriff auf Mechanik und Rohrleitungssystem ohne Umstände möglich ist, falls Reparaturen anfallen. Planen Sie gleich zu Anfang eine kleine, herausnehmbare Wandeinheit mit ein. Das Gleiche gilt für die Verkleidung Ihrer Badewanne, auch hier müssen die Leitungen unter und hinter den Wasserhähnen leicht zugänglich sein.

In einem entsprechend großen Raum können Sie eine versenkte Badewanne installieren. Bauen Sie ein großes Holzgestell um die Badewanne herum und fliesen Sie es anschließend.

Wenn Sie Ihr Bad mit einer Trennwand versehen, planen Sie als dekoratives Element gleich eine kleine Nische mit ein. Die Breite der Ablage rings um Ihre Badewanne können Sie nach Ihren Wünschen variieren.

Effektvolle Fliesen: Im Bild oben schafft eine nachträglich eingebaute Stufe einen eindrucksvollen Zugang zur versenkten Badewanne. Die prächtige Ausstattung wird durch mosaikartige, kleine Fliesen, Einfassungen aus Buchenholz und eine Spiegelwand komplettiert. Die Heizung ist unter der oberen Stufe verborgen. Die Wärme strömt durch einen Abzug an der Vorderseite der Stufe.

Schwarz auf Weiß: Eine aufsehenerregende Dusch- und Badewanneneinheit ist gegenüber abgebildet. Nichts ist hier aufgesetzt, alles fügt sich zu einem großen Ganzen. Variationen des Schachbrettmusters verbinden die Elemente abwechslungsreich.

Waschbecken und Waschtisch

Es gibt zwei Arten von Waschbecken: freistehende, oft auf einer Stütze ruhende, und solche, die in einen Einbau eingelassen sind. Ein Waschbecken mit Toilettentisch ist eine sehr einfache, aber höchst wirkungsvolle DIY-Arbeit. Im Grunde besteht so ein Waschtisch aus Regalen oder Schränkchen, die eine Abdeckplatte tragen, in die das Waschbecken eingelassen ist. Wenn Sie Ihren Waschtisch selbst bauen, können Sie sicher sein, daß er gut in Ihr Bad passt, mit dem Dekor harmoniert und die Ablagemöglichkeiten bietet, die Sie brauchen.

Wenn Sie ein Badezimmer komplett herrichten oder neu bauen, werden Ihre Überlegungen zum Waschbeckenbereich von den gestalterischen Grundideen des Badezimmers abhängen.

Das Untergestell aus Holz oder Stein um das Becken kann gefliest oder farbig gestrichen werden. Sie können Regalbretter anbringen oder nach Wunsch auch Türen einbauen. Jedes harte und wasserfeste Material, wie Marmor, melaminbeschichtete Faserplatten, Keramikfliesen, natürliches aber imprägniertes Holz, kann für die Oberfläche eines Waschtisches verwendet werden.

Das obere Bild zeigt ein weiteres Beispiel für eine aufgedoppelte Wand. Eine Vertiefung schafft eine passende Nische für die Spiegel. Den letzten Schliff erhält das Ganze durch die gefliese Oberfläche aus Terrazzo.

Eine interessante Idee für ein doppeltes Waschbecken in einem geräumigen Badezimmer ist im Bild unten links zu sehen. Die Waschbecken sind an den beiden Längsseiten eines mit Spiegeln verkleideten Pfeilers inmitten des Raumes angebracht.

Unten rechts sehen Sie ein Badezimmer im Jugendstil-Dekor. Zierleisten und verschiedenartige Fliesen sind die dekorativen Grundelemente. Über dem Waschbecken mit einer Deckplatte aus Marmor hängt ein Spiegel.

Bad und Schlafzimmer
Waschbecken und Waschtisch

Sie können sowohl freistehende als auch eingebaute Waschbecken mit verschiedensten Badezimmer-Accessoires schmücken. Es gibt eine beträchtliche Auswahl an Accessoires im Handel. Sie können auch selbstgemachte Regale und Accessoires mit gekauften Gegenständen kombinieren. Wenn Sie in einem Altbau einen ursprünglicheren Charakter erzielen wollen, halten Sie Ausschau nach Antiquitäten wie alten Wandregalen, passenden alten Spiegeln oder neuen Spiegeln in antiken Rahmen. Alte Einrichtungen aus Kolonialwarenläden können als Schränke dienen.

Versichern Sie sich, daß über dem Waschbecken genügend Platz bleibt. Ein zu kleines Waschbecken ist oft ein Problem im Badezimmer. Wenn Sie ein größeres Becken wünschen, kommt für Sie vielleicht der Einbau eines altmodischen Küchenspülsteins in Frage.

Das Auswechseln oder die Neuinstallation von Wasserhähnen verändert ein Badezimmer nachhaltig. Für das Waschbecken ist es zweckmäßig, einen Wasserhahn mit Mischbatterie zu installieren, mit dem die Wassertemperatur individuell reguliert werden kann.

Die Abbildung oben zeigt ein Badezimmer, bei dessen Design eine Einbauküche Pate stand. Das Waschbecken ist in eine Schrankwand aus weißem, kunststoffbeschichtetem Holz eingelassen worden. Schubladen und Schränke fügen sich in die klaren Linien des Raumes.

Ein Spülstein, wie er normalerweise in ländlichen oder alten Küchen zu finden ist, wurde im Bild links unten integriert. Der Waschtisch, in den er eingebettet ist, hat offene Regale für Handtücher und mündet in eine Wand, hinter der sich die Toilette verbirgt.

In dem kleinen Bad unten rechts setzt sich die schwarze Oberfläche der Einbaueinheit, in die das winzige Waschbecken eingelassen ist, in den Fensterbrettern weiter fort.

Badezimmerschränke

Es hängt von der Größe des gegebenen Raumes ab, was Sie, abgesehen von den unbedingt nötigen Dingen, in Ihrem Badezimmer aufbewahren können. Für ein großes Badezimmer können Sie selbst einen geräumigen Schrank bauen. Darin findet alles Platz, was Sie im Bad rasch zur Hand haben wollen. In einem kleinen Badezimmer sollten Sie sich hingegen auf die allernotwendigsten Einrichtungsgenstände und unverzichtbare Toilettenartikel beschränken.

Als Ablagemöglichkeit sind Schränke und offene Regale eine ideale Kombination. In offenen Regalen können Gefäße, Blumen, Handtücher und andere Dinge abgestellt werden. Allerdings stauben offen präsentierte Gegenstände rasch ein und müssen immer wieder abgestaubt werden. Die Versuchung ist groß, schöne Dosen, Flakons, Seifen, Schalen und Cremetöpfe aufzustellen, so wie es in zahllosen Zeitschriften zu sehen ist. Aber manchmal ist es vorteilhafter, das Bad sparsam zu dekorieren. Der Bereich über dem Waschbecken und die Ablage um die Badewanne sind bevorzugte Plätze für Accessoires. Überlegen Sie, was griffbereit sein muß und was sich hinter verschlossenen Türen besser macht.

Badezimmerutensilien auf offenen Regalen können Sie der Übersichtlichkeit wegen in hübschen Behältern aufbewahren. Schöne Körbe etwa verleihen einem weiß gekachelten Badezimmer Wärme und Stimmung.

Sie können Regalböden fliesen. Glasregale passen immer ins Badezimmer. Sie können Glasregale auch in einem Holzrahmen fassen. Wandschränke sind ebenfalls leicht selbst zu bauen, Sie können sie mit verglasten oder farbig gestrichenen Schranktüren versehen.

Bei der sorgfältigen Gestaltung des Bereichs rings um das Waschbecken müssen Sie berücksichtigen, wieviel offenen und abgeschlossenen Raum Sie zur Ablage Ihrer Utensilien brauchen. Wenn Sie Kinder haben, bewahren Sie Rasierer und Medizin in einem abschließbaren Wandschränkchen außer Reichweite der Kinderhände auf.

Ein Einbauschrank ist im Bad sehr nützlich. In einem großen Badezimmer sollte ein Schrank eine ganze Wand ausfüllen. Die Türen können aus Holzlamellen, gestrichenen Holzfaserplatten oder Glas bestehen. Die Schränke, die ich Ihnen auf den Seiten 214 und 232 vorstelle, können auch im Badezimmer Verwendung finden.

Waschmaschine und Trockner können Sie hinter einer Schrankfront verbergen. Sie müssen aber sicherstellen, daß die Verkleidung luftdurchlässig ist und leichten Zugang für die Wartung gewährt. In manchen Fällen ist es rechtlich unzulässig, Waschmaschinen im Badezimmer zu installieren, informieren Sie sich daher über geltende Auflagen.

Den Wasserbehälter und die Abflußrohre hinter der Toilette verkleiden Sie mit einer Holzverschalung, die mit einem nützlichen Regal abschließen kann. Wann immer Sie eine Verkleidung bauen, versuchen Sie, die Sichtblende so praktisch als möglich zu gestalten, indem Sie ein Regal, eine Nische oder sogar eine Sitzecke einplanen.

Schmutzige Wäsche wird oft in überquellenden, unordentlich wirkenden Körben oder Plastikbehältern aufbewahrt, die ein Badezimmer keineswegs anziehender machen. Wenn Sie Ihre Badezimmereinrichtung planen, denken Sie daran, ein ausreichend großes Fach in einem Schrank dafür zu reservieren. Oder Sie bauen einen Holzkasten, der mit einem breiten, hochklappbaren Brett abschließt. Auf diesen Klappdeckel können Sie ein loses Polster legen – und haben damit zusätzlich eine Sitzgelegenheit geschaffen.

Badezimmerschränke: Der Waschtisch oben bietet mit seinen praktischen Schubladen und Schränkchen viel Stauraum.

Im hohen, aber engen Badezimmer, das unten abgebildet ist, wurde der ungenutzte Raum direkt unter der Decke mit einer Zeile Kiefernholzschränkchen gefüllt.

Das auf Hochglanz getrimmte Badezimmer gegenüber kombiniert Keramikfliesen mit Stahlblenden, Glasregalen, Marmorflächen und Chromaccessoires.

Bad und Schlafzimmer
Badezimmerschränke

Ein Badezimmer ist ein ausgezeichneter Standort für einen geräumigen Einbauschrank. Ein besonders gelungenes Beispiel ist im Bild oben zu sehen; die elegante Wirkung wird durch die schwarzen Zierleisten verstärkt.

Im Bereich des Waschbeckens können einige Ablagemöglichkeiten geschaffen werden, wie das Bild unten zeigt. Unterhalb des Waschtisches sind nützliche Schränke und Schubladen angebracht.

Schlafzimmereinrichtung

Das Schlafzimmer ist der Ort, an dem Sie Ruhe, Muße und Schlaf finden.

Natürlich sind auch hier einige praktische Aspekte zu berücksichtigen, bevor Sie sich an die Arbeit machen: Schränke für die Garderobe, Licht und allgemeiner Komfort müssen gegeben sein. Im Schlafzimmer gibt es also eine Menge für Sie zu tun. Mit DIY haben Sie die Möglichkeit, aus einem wenig einladenden Raum eine stilvolle Oase der Erholung zu machen.

Als mögliche Projekte bieten sich zunächst einmal Schränke an. Ein attraktiver Schrank, in den Sie alles Mögliche verstauen, kann ein ästhetischer Gewinn für Ihr Schlafzimmer sein. Nur wenn Sie Ihren Schrank selbst bauen, können Sie sicher sein, daß er die Dimensionen Ihres Schlafzimmers aufnimmt und im Einklang mit Architektur und Einrichtungsstil steht.

Sitzbänke am Fenster sind wunderbare Plätze, um zu lesen und sich zu entspannen, besonders dann, wenn der Ausblick auch noch schön ist. Unter der Sitzfläche kann Stauraum für Bett- und Tischwäsche sein.

Natürlich können Sie sich auch Ihr Bett selber bauen. Ich stelle Ihnen ab Seite 240 ein ganz besonderes Projekt vor, das viel zusätzlichen Stauraum liefert; Sie können aber auch ein einfacheres Modell für sich entwerfen. Alles, was Sie brauchen, ist ein Gestell für Ihre Matratze. Je höher Sie Ihre Bettstatt ansetzen, umso mehr Platz gewinnen Sie darunter für einen Bettkasten. Dort können Sie vom Federbett bis zum Daunenkissen alles verstauen. Ihrem Ideenreichtum sind keine Grenzen gesetzt.

Sie können selbstgemachte und gekaufte Betten auch nachträglich wirkungsvoll verändern. Wenn Sie ein Kopfteil hinzufügen, können Sie sich beim Sitzen bequem anlehnen. Außerdem ist das Kopfteil ein dekorativer Blickfang und ein Schutz der Wand. Um eine einfache Liege in ein verträumtes Himmelbett zu verwandeln, stellen Sie einen hübschen Pfosten an jede Bettecke, verbinden die Pfosten oben miteinander und spannen einen Stoffbaldachin darüber.

Die Materialien, die Sie für Ihr Schlafzimmer auswählen, können luxuriöse und empfindliche Stoffe und Farben sein, denn sie nutzen sich hier nicht so rasch ab. Spiegel vergrößern Räume optisch und bieten viele Dekorationsmöglichkeiten. Spiegeltüren oder hohe Spiegel in Nischen schaffen Ihnen eine Ankleide.

Fenster mit Aussicht: Auf dem großen Foto gegenüber nimmt eine Sitzbank den Schwung eines Erkers auf. Der flache Heizkörper fällt unter dem Mittelteil der Sitzbank kaum mehr auf.

Darunter rechts zeigt sich, daß auch ein kleines Erkerfenster mit einer gepolsterten Sitzbank aufgewertet werden kann.

Die Raumsituation wurde in dem Schlafzimmer, das in der Mitte auf Seite 190 abgebildet ist, mit dem Einbau einer Sitzbank nachhaltig verbessert.

Anregende Ideen: Romantik bringt der Baldachin aus weißem Musselin, Abbildung ganz links. Der transparente Stoff hängt in Art eines Moskitonetzes an einem einfachen Gestell verbundener Bambusstangen.

Ein Spiegelschrank verbreitet eine glamouröse Atmosphäre, Abbildung unten rechts. Neben der Helligkeit gibt sie dem Raum zusätzlich Tiefe und Weite.

Geradezu szenische Dramatik entwickeln die Einbauten im Schlafzimmer auf der gegenüberliegenden Seite unten links. Rechts und links einer Tür stehen Deckenfluter. Über der Tür wölbt sich ein Kreissegment.

Wesentlich konventioneller ist das freundliche Schlafzimmer direkt daneben. Unter dem Atelierfenster rahmen in hellem Holz gehaltene Regale das Kopfteil des Bettes.

● Bad und Schlafzimmer
Schlafzimmereinrichtung

Schlafzimmerschränke

Dort, wo man sich zur Ruhe bettet, lagern auch noch viele andere Dinge, beispielsweise die gesamte Garderobe. Bücherregale, eine Truhe für Wäsche, eine Frisierkommode, ein Platz für Sammlerstücke oder gar eine Büroecke sind Extras, die Sie vielleicht zusätzlich in Ihrem Schlafzimmer unterbringen möchten. Zunächst einmal müssen aber die Kleidungsstücke aufbewahrt werden. Ein Schrankzimmer als Ankleide ist unzweifelhaft die beste Lösung, aber natürlich nur dann möglich, wenn genügend Platz vorhanden ist.

Mit DIY können Sie nicht nur einen schönen Schrank entwerfen und bauen, sondern auch die Innenausstattung des Schrankes auf Ihre persönlichen Bedürfnisse zuschneiden. Sie bestimmen die Länge der Schuhregale, Tiefe und Anzahl der Schubladen für Wäsche, Socken, Krawatten und Accessoires, die Länge der Garderobenstange, die Zahl der Regale und Fächer sowie deren Einteilung.

Dem Innenleben Ihres Schrankes können Sie mit den im Handel erhältlichen Schubladen und Containern aus Kunststoff oder Drahtgeflecht Gestalt geben. Andrerseits können Sie Ihren Schrank auch inwendig nach eigenem Entwurf ganz in Holz halten. Befestigen Sie hohe Spiegel an den Innenseiten Ihrer Schranktüren, um beim Ankleiden jederzeit Ihr Aussehen überprüfen zu können. Gehen Sie in einige Bekleidungsgeschäfte, deren Designs Ihnen gefallen. Betrachten Sie diese Läden einmal unter dem Aspekt der Präsentation und Dekoration der Ware. Scheuen Sie sich nicht, einige Anregungen zu übernehmen und umzusetzen.

Ein Ankleidezimmer oder eine Ankleide kann auch auf kleinem Raum entstehen, indem Sie einen Teil des Schlafzimmers dafür abtrennen, einen begehbaren Schrank einbauen oder einen Durchgang nutzen.

Um einen klar gegliederten, ordentlich wirkenden Stauraum zu schaffen, ist es von Vorteil, den Raumabschnitt vom Boden bis zur Decke mit Fächern, Garderobestangen, Regalen und Schubladen zu belegen.

Es ist sehr wirkungsvoll und praktisch, Schrank, Ankleide und Regale indirekt zu beleuchten. Vor einem Spiegel brauchen Sie zusätzlich gutes Licht.

Niedrige Schränke und hohe Regalwände können in Ihrem Schlafzimmer sehr attraktiv wirken, je nachdem, ob Sie einen diskreten oder einen augenfälligen Aufbewahrungsort wünschen.

In einem sehr kleinen Schlafzimmer, einer Atelierwohnung oder einer Nische für Gäste sind eingebaute Schränke und Regale besonders wichtig. Nutzen Sie jeden Zentimeter, füllen Sie ganze Wände mit Einbaumöbeln anstatt freistehende Schränke oder Tische aufzustellen. Ein Bett in solcher Umgebung ist ganz leicht gemacht: Legen Sie auf einen soliden, niedrigen Schrank eine Matratze. An Stelle eines Nachttisches bringen Sie über dem Bett Regale an.

Ein Durchgang vom Bad zum Schlafzimmer wird durch den Einbau einer hohen Regalwand mit Schubladen und Fächern zur idealen Ankleide, siehe Abbildung oben.

Das Foto in der Mitte beweist die gestalterischen Möglichkeiten, die geschickt eingezogene Wände bieten. Dank solcher Wände konnten links und rechts des Fensters tiefe Schränke eingebaut werden, außerdem entstand ein wunderbarer Erker.

Absolut traumhaft ist der luxuriöse, begehbare Schrank, der unten und auf der gegenüberliegenden Seite zu bewundern ist. Wahrhaft fürstlich ist die Garderobe auf Stangen, in Regalen und offenen Schubkästen untergebracht. Überdies sind die Türen verspiegelt.

Gefliestes Badezimmer

Leider gehören Badezimmer zu den eher stiefmütterlich behandelten Räumen. Hier kann man ein wildes Durcheinander von Rohren und Leitungen und lieblose Arrangements von Funktionsgegenständen bewundern, die eher den Ansprüchen des Klempners als denen des Benutzers genügen.

In meinem Bad sind die unschönen Installationen so untergebracht, daß sie den Raum nicht entstellen. Für mich ist das Bad der Raum, in dem Hygiene groß geschrieben wird. Daher betone ich diesen Aspekt besonders: Durch eine sinnvolle Anordnung der Funktionselemente werden alle Winkel zugänglich und sind damit leichter zu reinigen.

Dieses Badezimmer-System ist einfach nachzubauen, wenn Sie die Kunst des Fliesenlegens beherrschen. Das Vorbereiten, Schneiden und Verlegen der Fliesen ist schnell gelernt. Abflußrohre und Leitungen von Bad, Dusche und Waschbecken können Sie mit Verkleidungen kaschieren. Eine Spiegelwand hinter der Badewanne vergrößert jeden Raum immens.

Muster und Farben oder Farbkombinationen der Fliesen suchen Sie selbst für sich aus. Meinem Geschmack entsprechen schlichte weiße Fliesen, weiße Becken und Wannen. Ich mag ihre sachliche Helligkeit, ihre klare Kühle, die Sauberkeit und Hygiene ausdrücken.

Einfacher Waschtisch mit Fliesen

Spiegel

Licht unter gefliestem Regal

Das Waschbecken ist in die gefliete Oberfläche eingelassen; Holzregal und Handtuchstange

Bad und Schlafzimmer

Gefliestes Badezimmer

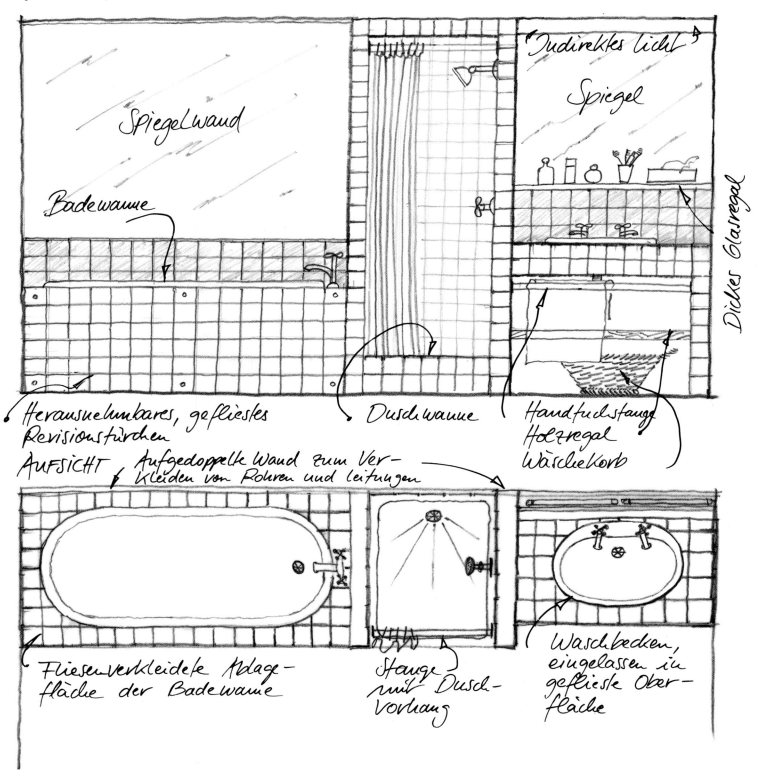

Gefliestes Badezimmer: Badewanne

In diesem Projekt wird ein gefliestes Bad gezeigt, in dem alle Einbaugegenstände in verkleidete Hohlrahmen eingesetzt werden, so daß Rohrleitungen und Anschlüsse unsichtbar bleiben. Die Maße der Rahmen basieren auf den Maßen Ihres Badezimmers und Ihrer Wandfliesen. Die Gesamtgestaltung ist natürlich der Größe Ihres jeweiligen Badezimmers anzupassen.

Es ist unbedingt zu empfehlen, daß Sie zuerst eine Skizze des vorgesehenen Badezimmers anfertigen, und diese mit dem Installateur und dem Elektriker besprechen; diese sollten entscheiden, wo die Rohrleitungen und Kabel geführt werden sollen, wo Zugänge erforderlich sind und in welcher Reihenfolge die Arbeiten auszuführen sind. Koordinieren Sie Ihre Arbeiten mit denen des Installateurs und des Elektrikers, da sich Rohrleitungen und Kabel leichter installieren lassen, während die einzelnen Elemente des Bades gebaut werden. Dieses Problem stellt sich natürlich nicht, wenn Sie die Installationsarbeiten ebenfalls selbst durchführen. Dies ist heutzutage ohne größere Schwierigkeiten möglich, da leicht einzubauendes Installationsmaterial für Wasserzuleitungen, Abwasserrohre und Rohrverbindungen aus Kunststoff zur Verfügung steht. Nach dem Bau der Rahmen und nur vorübergehendem Einsetzen einiger Wände und Verkleidungen sollte es jedoch möglich sein, alle Rohrleitungen auf einmal zu installieren.

Vor Beginn der Ausführung sind jedoch alle Abmessungen sorgfältig zu ermitteln, damit möglichst wenig Fliesen zu schneiden sind und die geschnittenen Fliesen möglichst wenig sichtbar werden. Nach Möglichkeit nur ganze Fliesen verwenden! Stoßen an einer Ecke waagrecht und senkrecht verlegte Fliesen zusammen, so sollten die waagrechten Fliesen immer die senkrechten Fliesen überlappen. Das ist z. B. oben an der Duschwanne der Fall und auch dort, wo die Wandfliesen an den Wannenrand stoßen. Auch ist der Ablauf des Wassers an den Fliesen zu bedenken. So weit wie möglich sollte das Wasser nicht in eine Fuge laufen, sondern von einer Fliese auf die nächste, damit es nicht unnötig in die gefliesste Fläche einsickern kann.

Der gesamte Rahmen wird aus 75 x 50 mm vorgehobeltem Weichholz hergestellt und mit 12 mm starkem, wasserbeständigen Verschalungs-Sperrholz verkleidet. Unsere Fliesen sind 108 mm im Quadrat, eine Größe, die leicht zu bekommen ist und gut zu diesem Rahmen paßt.

Werkzeuge

Stahlbandmaß
Wasserwaage
Anschlagwinkel
Metalldetektor
Schneidemesser und Streichmaß (hilfreich, aber nicht unbedingt nötig)
Elektro-Kreissäge (oder Fuchsschwanz)
Bohrmaschine
Wendelbohrer für Kern- und Senkbohrungen
Steinbohrer, passend zu den verwendeten Dübeln
Senkbohrer
Flachmeißel
Putzhobel
Oberfräse und Fräskopf
Lot und Kreide
Schraubendreher
Hammer
Versenker
Schwingschleifer (oder Handschleifblock)
Fliesenlegerwerkzeug
Silikon-Spritzpistole (bei Bedarf)

Materialien Badewannenrahmen

Teil	Stückzahl	Material	Länge
Oberer und unterer Querträger	4	75 x 50 mm vorgehobeltes Kantholz	Badewannenlänge, plus 2 Fliesenbreiten
Senkrechte Pfosten	8	75 x 50 mm vorgehobeltes Kantholz	Höhe bis Badewannenrand minus 100 mm*
Oberer und unterer Querträger des Stirnrahmens	4	75 x 50 mm vorgehobeltes Kantholz	Abstand zwischen vorderem und hinterem Rahmen
Senkrechte Pfosten der Stirnrahmen	4	75 x 50 mm vorgehobeltes Kantholz	Höhe bis Badewannenrand, minus 100 mm*
Abdeckleisten der Stirnseiten	2	12 mm Verschalungs-Sperrholz; auf Fliesenbreite geschnitten	Abstand von Rückwand zur Vorderseite der Badewannenverkleidung
Hintere Abdeckleiste	1	Sperrholz wie oben; Breite wie oben	Länge der Badewanne
Vordere Abdeckleiste	1	Sperrholz wie oben; auf Fliesenbreite geschnitten, abzüglich einer Fliesenstärke, damit die waagrechten Fliesen die Kante der senkrechten Fliesen an der Frontverkleidung überlappen	Länge der Badewanne
Badewannenverkleidung	1	Sperrholz wie oben; Breite = Höhe des vorderen Rahmens	Länge: wie vorderer Rahmen, ggf. über Stirnverkleidung überstehend

* Nur ungefähre Maße - genaue Maße individuell ausmessen

Bad

Die Rahmen für jede Seite der Badewanne ausmessen und eine Zugabe von 12 mm für die außen anzubringende Sperrholzverkleidung vorsehen. So ergibt sich eine mit dem Rand der Badewanne bündige Abfließfläche, und die Fliesen stoßen bündig an den Rand der Badewanne an, was eine dichte Verbindung leicht möglich macht.

Aus 75 x 50 mm Kantholz nageln Sie die Rahmen so zusammen, daß oberer und unterer Querträger über die volle Länge des Badewannenausschnitts verlaufen und die senkrechten Pfosten dazwischenpassen - einer an jeder Ecke und zwei dazwischen im jeweils gleichen Abstand.

Die Badewanne ruht entweder in einem Gestell oder sie wird mit verstellbaren Füßen geliefert. Die Installationsanweisungen des Herstellers sind sorgfältig zu beachten. Um die Last auf mehrere Bodenträger zu verteilen, kommen die Badewannenfüße auf 75 x 50 mm Latten, die an den Seiten auf den Boden gelegt werden. Bei der Bestimmung der Wannenhöhe ist eine entsprechende Zugabe zu berücksichtigen. Die Badewanne ist in Längs- und Querrichtung sorgfältig aufzustellen, damit das Wasser ordentlich abläuft.

Die Stirnrahmen werden genauso hergestellt wie vorderer und hinterer Rahmen. Sie werden zwischen diese eingepaßt, wo-

Sägen	21
Bohren	23
Schrauben	24
Wandbefestigungen	24

● **Gefliestes Badezimmer**
Badewanne

Montage der Badewanne

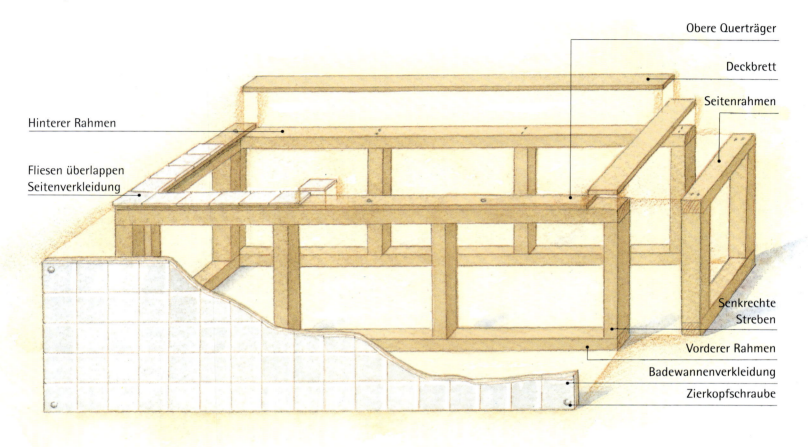

Labels: Obere Querträger, Deckbrett, Seitenrahmen, Hinterer Rahmen, Fliesen überlappen Seitenverkleidung, Senkrechte Streben, Vorderer Rahmen, Badewannenverkleidung, Zierkopfschraube

bei eine Zugabe für die Stärke der vorderen Verkleidung (12 mm Sperrholz) einzurechnen ist. Bei der direkten Montage der Wanne an der Wand oder an Seitenteilen am Fuß- oder Kopfende können diese Stirnrahmen entfallen; Sie brauchen allerdings obere Querträger an den Stirnseiten als Auflage für die Abdeckleisten.

Montieren der Rahmen
Den hinteren Rahmen an der Wand verschrauben; bei Bedarf unterlegen, um genau waagerechte Ausrichtung zu sichern. Durch die Seitenrahmen in die senkrechten Pfosten des hinteren Rahmens und in die Wand oben in ein Seitenteil - sofern vorhanden - schrauben. Die Badewanne ein-

setzen und anschließend lotrecht ausrichten, um einen korrekten Wasserablauf zu gewährleisten.

Den vorderen Rahmen ansetzen und mit den Stirnrahmen oder Seitenteilen verschrauben.

Anbringen der Abdeckleisten aus Sperrholz
Diese Abdeckleisten aus 108 mm breitem (sofern nicht anderes Fliesenmaß) und 12 mm dickem Verschalungs-Sperrholz auf die Breite des Rahmens bis zur vorderen Außenkante abmessen, so daß sie über Kopf- und Fußende reichen und etwas über den Innenkanten des oberen Querträgers überstehen.

Die Abstände an den Stirnseiten des Rahmens zwischen den Längsseiten ausmessen und zwei weitere Sperrholzbretter passend sägen. Die vordere Abdeckung fällt etwas schmaler aus als die anderen, da die Fliesen hier über die Kanten der Fliesen auf der vorderen Badewannenverkleidung überstehen.

An den Innenkanten aller Abdeckleisten bringen Sie ein farbloses Silikon-Dichtungsmittel an und schrauben die Bretter rundherum an die Rahmen, so daß das Sperrholz genau eben am Badewannenrand anliegt. Der Übergang zwischen Badewanne und Abdeckleiste muß mit Silikon-Dichtungsmittel abgedichtet werden, damit kein Wasser unter die Kanten ein-

dringen kann. Diese Abdeckleisten bieten einen guten Untergrund für das Fliesen.

Einpassen der Badewannenverkleidung
Aus 12 mm-Verschalungs-Sperrholz wird die Frontblende ausgesägt und auf den Rahmen und die gegebenenfalls vorhandene Stirnverkleidung aufgesetzt. Die vordere Verkleidung muß abnehmbar sein, um bei erforderlichen Arbeiten Zugang zu den Rohranschlüssen zu haben. Die Platte wird mit Zierkopfschrauben befestigt, die später durch die verlegten Fliesen geschraubt werden.

Gefliestes Badezimmer: Dusche

Materialien

Teil	Stückzahl	Material	Länge
Dusch-Wand			
Vorderer Pfosten	1	75 x 50 mm vorgehobeltes Kantholz	Höhe: Boden bis Decke
Oberer und unterer Querträger	2 pro Seite	75 x 50 mm vorgehobeltes Kantholz	Rückseite des vorderen Pfostens bis Wand
Hinterer Pfosten	1	75 x 50 mm vorgehobeltes Kantholz	Wie vorderer Pfosten, minus 100 mm*
Mittelträger	Nach Bedarf	75 x 50 mm vorgehobeltes Kantholz	Innerer Abstand zwischen vorderem und hinteren Pfosten
Seitenverkleidung	2 pro Seite	12 mm Verschalungs-Sperrholz	Länge und Breite nach Gesamtabmessung des Seitenteils
Dusch-Sockel			
Oberer und unterer Querträger	4	50 x 50 mm vorgehobeltes Kantholz	Breite zwischen Seitenteilen
Seitenträger	4	50 x 50 mm vorgehobeltes Kantholz	Höhe der Duschwanne, minus 112 mm*
Vordere Abdeckplatte	1	12 mm Verschalungs-Sperrholz: Breite nach Innenmaß zwischen inneren Seitenverkleidungen	Höhe des Sockelrahmens
Obere Abdeckplatte	1	Wie oben; Breite wie oben	Maß zwischen vorderer Abdeckplatte und Duschwanne
Dusch-Dach			
Dachplatte	1	12 mm Verschalungs-Sperrholz; Breite der Nische	Tiefe der Nische für Dusche
Vordere Abdeckplatte	1	Wie oben; Breite wie Abdeckplatte für Dusch-Sockel	Höhe der Fliesen, minus 12 mm
Stützleiste für Abdeckplatte	1	50 x 50 mm gesägtes Kantholz	Wie Breite der Dachplatte
Seitliche Stützleiste für Dachplatte	2	50 x 50 mm vorgehobeltes Kantholz	Wie Tiefe der Dachplatte, minus 62 mm*

* Nur ungefähre Maße - genaue Maße individuell ausmessen

Duschwände/Seitenteile

Für den vorderen Pfosten messen Sie die Höhe vom Boden bis zur Decke an genau der Stelle, an der der Pfosten stehen soll. Dann messen Sie die Länge für die oberen und unteren Querträger, die hinter dem vorderen Pfosten angebracht werden, nachdem die Gesamttiefe der Nische für die Dusche feststeht. Pfosten und Querträger werden aus 75 x 50 mm vorgehobeltem Kantholz gesägt. Als nächstes sägen Sie den hinteren Pfosten passend zwischen oberen und unteren Querträger, d. h. Länge des vorderen Pfostens minus 100 mm = Stärke des oberen und unteren Querträgers (genau messen, da 100 mm das Nennmaß und nicht die tatsächliche Stärke angibt.)

Grundrahmen

Vorderen Pfosten mit dem oberen Querträger mit 75 mm Drahtnägeln mit Rundkopf verbinden; dabei mit einer Stützauflage arbeiten (siehe Techniken, Seite 24). Den unteren Querträger in Bodenlage annageln und den hinteren Pfosten von den Enden 12 mm nach innen versetzt einsetzen, um das Anreißen an die Wand zu vereinfachen. (Wenn an der Rückseite Rohrleitungen verlegt werden müssen, so kann der hintere Pfosten auch noch weiter nach innen versetzt werden.) Den hinteren Pfosten sauber einsetzen und nageln; das zweite Seitenteil ebenso herstellen.

Mittelträger

Mittelträger verstärken den Grundrahmen und dienen darüber hinaus zur Befestigung von Auflageleisten und Montageteilen. Sie sind daher in der für die Befestigungen dieser Teile vorgesehenen Höhe anzuordnen.

In unserem Fall wird ein solcher Mittelträger dort gebraucht, wo das Waschbecken und die darüber montierte Ablage an die Seitenwand anliegen (s. Abb. Seite 187). Je nach Art der eingesetzten Dusche werden Sie weitere Mittelträger für die Mischbatterie oder die Halterung des Duschkopfs benötigen (siehe Abbildung 2, S. 202). Schließlich ist ein Mittelträger eventuell dort erforderlich, wo einzelne Platten der Sperrholzverschalung aneinanderstoßen, um die volle Raumhöhe zu erreichen; weitere Mittelträger im Abstand von 610 bis 900 mm anbringen.

An der Rückseite der Anschlüsse sehen Sie eine kleine abnehmbare Klappe (Revisionstürchen), um bei Installationsarbeiten auf die Rohre einen leichten Zugriff zu haben.

❶ Montieren des Grundrahmens für das Seitenteil
Rahmen wie dargestellt aus vorgehobeltem Kantholz mit Drahtnägeln mit Rundkopf zusammensetzen. Vorderen Pfosten erst an den oberen Querträger und dann an den unteren Querträger nageln und hinteren Pfosten um 12 mm zurückversetzen, um Anpassen an die Wand zu erleichtern.

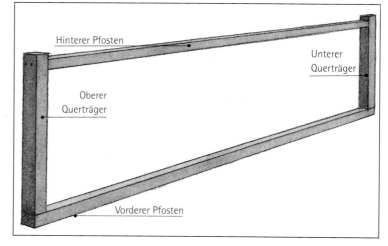

Sägen	21
Schräg nageln	24

Gefliestes Badezimmer
Dusche

Montage der Dusche

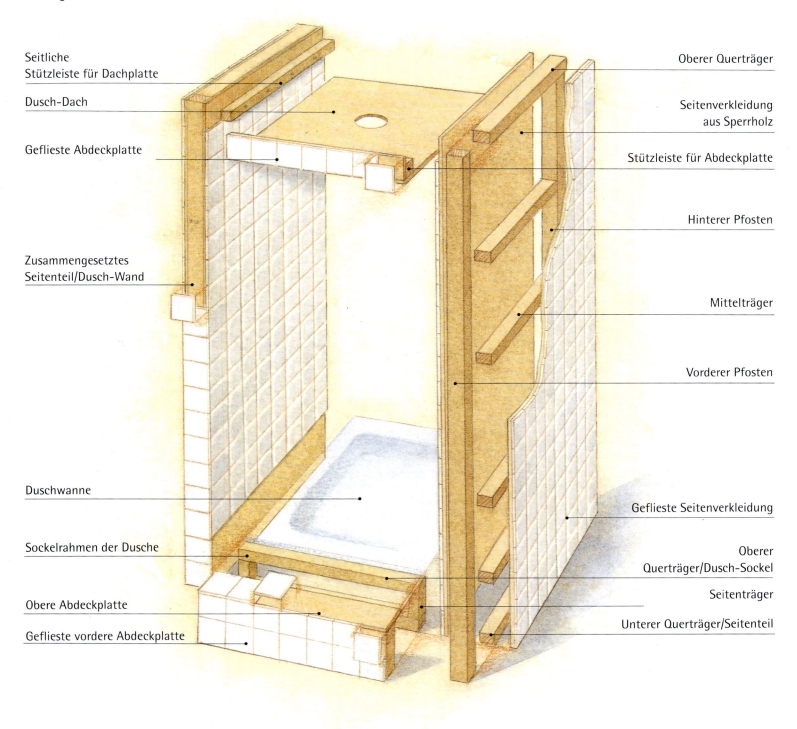

Seitliche Stützleiste für Dachplatte

Dusch-Dach

Geflieste Abdeckplatte

Zusammengesetztes Seitenteil/Dusch-Wand

Duschwanne

Sockelrahmen der Dusche

Obere Abdeckplatte

Geflieste vordere Abdeckplatte

Oberer Querträger

Seitenverkleidung aus Sperrholz

Stützleiste für Abdeckplatte

Hinterer Pfosten

Mittelträger

Vorderer Pfosten

Geflieste Seitenverkleidung

Oberer Querträger/Dusch-Sockel

Seitenträger

Unterer Querträger/Seitenteil

201

Gefliestes Badezimmer: Dusche

Dazu fertigen Sie eine Platte in der Höhe von genau zwei Fliesen (Abbildung 2). Diese wird an zusätzlichen Querträgern im Rahmen befestigt. Eine große Klappe ergibt mitunter leichteren Zugang zur Mischbatterie und zum Duschkopf. Hier sollte der Installateur befragt werden.

Anbringen der Seitenverkleidung

Sind beide Rahmen fertig vernagelt, so werden die Seitenplatten vermessen; sie sollen mit allen Kanten bündig abschließen. Danach die benötigte Anzahl von Platten aus 12 mm starkem Verschalungs-Sperrholz genau winklig aussägen. Die Mittellinien aller Querträger an den Kanten des Rahmens als Führungslinien für ein genaues Aufnageln der Seitenplatten markieren.

Den Rahmen flach auf den Boden legen und die innere Sperrholzplatte oben darauf legen. Die Kante der Platte präzise an den vorderen Pfosten ausrichten, die Teile leimen und im Abstand von etwa 150 mm die Platte mit 38 mm Drahtnägeln mit Rundkopf an die Strebe nageln. Die Mittelmarkierungen an den Kanten des Rahmens sollen als Führung zum Nageln dienen, damit die Nägel genau in die Mitte der Querträger kommen.

Nach dem Annageln an dem vorderen Pfosten ziehen Sie den Rest des Rahmens so in den Winkel, daß er auf die anderen Kanten der Sperrholzplatte ausgerichtet ist. Auf der Oberseite der Sperrholzplatte die Mittellinien der Querträger und des hinteren Pfostens markieren, um Führungslinien für das Nageln zu erhalten.

Nun werden oberer und unterer Querträger, hinterer Pfosten und Mittelträger genagelt; dabei immer prüfen, ob der Rahmen auch weiterhin winkelig ist. Die Platte für die andere Seite jetzt noch nicht befestigen! Diese Arbeitsgänge werden für das andere Seitenteil wiederholt.

Befestigen der Seitenteile

Die Seitenteile werden nun in einem Abstand voneinander aufgestellt, der der Breite der Duschwanne entspricht. Mit Wasserwaage und Lot prüfen Sie, ob die Seitenteile senkrecht stehen. Alle für die Anpassung der Seitenteile an die Wand notwendigen Markierungen vornehmen (Techniken, Seite 31). Diese Anpassung braucht nicht absolut bündig sein, da die Wand letztlich gefliest wird.

Die Seitenteile fest montieren, indem Sie durch den hinteren Pfosten hindurch Schrauben in die Wand schrauben und die Lücken zwischen diesem Pfosten und der Wand im Schraubenbereich mit Holzklötzen unterlegen.

Durch den oberen Querträger Schrauben in die Decke schrauben. Wenn notwendig, in Deckenbalken schrauben (deren Lage läßt sich mit dem Metalldetektor ermitteln, der auf die in diesen Balken befindlichen Nägel anspricht (**Wandbefestigungen, Seite 24**). Wenn das Seitenteil zwischen zwei Balken an der Decke liegt (was wahrscheinlich ist, wenn es parallel zu den Balken steht), so nageln Sie ein Stück 75 x 50 mm Kantholz zwischen die Balken und befestigen das Seitenteil daran. Je nach der Lage des Bades steigen Sie dazu auf den Dachboden oder heben einige Bodendielen in dem Raum über der Dusche ab - falls dies möglich ist. In diesem Fall lassen Sie am besten gleich von einem Elektriker eine Deckenlampe installieren.

Schließlich wird der untere Querträger am Boden verschraubt und bei Bedarf unterlegt, damit er rechtwinklig sitzt. Die äußere Seitenverkleidung wird mit einigen halb eingeschlagenen Nägeln provisorisch befestigt. So ist sie später bei den Installationsarbeiten leichter abzunehmen und die Arbeit am Seitenteil kann zunächst beendet werden.

Dusch-Sockel

Die Duschwanne vorläufig an ihren Platz stellen und ihre Füße so ausrichten, daß die Oberkante in der Höhe einer ganzen Fliese liegt. Aus 50 x 50 mm vorgehobeltem Kantholz fertigen Sie einen Rahmen in der Breite der Nische und der Höhe der Duschwanne mit einer Zugabe für die Stärke der Sperrholzplatte, die aufgelegt wird. Die zwei Querträger dafür sollten über die volle Breite zwischen den Seitenteilen laufen; die senkrechten Seitenträger liegen dazwischen. Den Rahmen an der Vorderseite der Duschwanne anstoßen lassen und durch die senkrechten Seitenträger in die Sperrholzverkleidung der Seitenteile schrauben.

Für die Frontseite fertigen Sie einen identischen Rahmen an, der von der Vorderkante um die Stärke der vorderen Abdeckplatte nach innen versetzt ist. Durch die senkrechten Teile wiederum in die Seitenteile schrauben und das Ganze leimen. Wenn die gesamte Tiefe des Sockelrahmens wie in unserem Fall nur eine Fliesenbreite beträgt, so berühren sich die beiden Rahmen fast. Eine Platte aus 12 mm Sperrholz für die vordere Abdeckung dieses Rahmens passend und bündig mit der Oberkante sägen. Sodann die obere Abdeckplatte zusägen, die oben auf den Rahmen kommt; sie

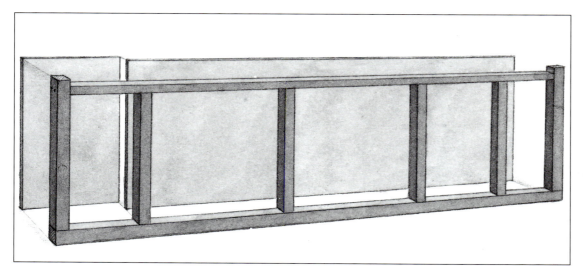

❶ Anbringen der Seitenverkleidung
Mittelträger sind notwendig, wo Badewanne oder Waschbecken, aber auch Duscharmatur anliegen; nicht zu vergessen die Stoßverbindungen von Sperrholzplatten.
Nageln Sie alle 150 mm.

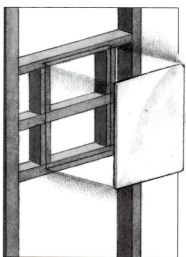

❷ Setzen der Öffnungsklappe
An der Rückseite der Ducharmatur wird am besten eine Öffnungsklappe gesetzt. Die Größe sollte sich nach den Fliesen richten.

Sägen	21	Nageln	24
Sägen von Kreisbögen	22	Anreißen	31
Bohren	23	Senkrechte Rahmen suchen	32
Schrauben	24	Fliesen	36

● Gefliestes Badezimmer

Dusche

stößt bündig an die Vorderseite des Rahmens und der Duschwanne an.

Diese Teile jetzt noch nicht befestigen: Statt dessen zunächst die Duschwanne einpassen und die Installation des Wasserablaufs und der Zuleitungen vornehmen (Sanitär- und Elektroinstallation, Seite 206).

Für Montage und Anschluß der Duschwanne sind die Anweisungen des Herstellers zu beachten. Manche Duschwannen müssen auf stabile Kanthölzer gelegt werden, um die Belastung beim Duschen zu verteilen. In diesem Fall müssen Sie bei der Höheneinstellung der Tragefüße die Stärke der Unterleghölzer berücksichtigen.

Beim Einbau der Wanne oder Dusche in die Rahmenkonstruktion schließen Sie die Fuge am Rahmen mit Hilfe eines transparenten Silikon-Dichtungsmittels sorgfältig. So entsteht eine zweite Feuchtigkeitssperre für den Fall, daß die nach dem Fliesen aufgebrachte, elastische Fuge einmal undicht wird. (Fliesen, Seite 36).

Dusch-Dach

Die Duschennische ausmessen und eine Dachplatte aus 12 mm Verschalungs-Sperrholz sowie eine Abdeckplatte sägen; die Abdeckplatte sollte hoch genug sein, um eine Dusch-Deckenleuchte abzudecken, und sauber an den Fugen des gefliesten Seitenteils und der Wand ausgerichtet werden. Am besten vorab die Lage der Fliesen exakt ausmessen. Andererseits können Sie die Seitenteile jedoch auch erst bis zur vorgesehenen Einbauhöhe des Dusch-Dachs fliesen. Sodann wird das Dach eingesetzt und erst dann weitergefliest.

Die Dachplatte und die Abdeckplatte werden mit einer 50 x 50 mm Stützleiste rechtwinklig miteinander verbunden; die Latte wird geleimt und verschraubt. Sofern keine Sicherheitsbedenken bestehen, sägen Sie ein Loch mittig in die Dachplatte und setzen einen Deckenstrahler nach den Angaben des Herstellers ein.

Nun sägen Sie aus 50 x 50 mm Kantholz zwei Stützleisten, die waagerecht an die Innenseiten der Seitenteile befestigt werden und als Befestigung des Dachteils dienen. Diese Leisten so sägen, daß sie hinter die Abdeckplatte passen; sie werden in dieser Phase ebenso wie die Dachplatte noch nicht fest angebracht, da zuerst die Sanitärinstallation vorgenommen wird.

Duschstange in der Breite der Nische für die Dusche herstellen und anbringen.

❸ **Bau eines Dusch-Sockels in der Höhe der Duschwanne**
Der Sockel besteht aus zwei Rahmen, die mit einer Abdeckplatte verkleidet und durch eine obere Platte in der Breite einer Fliese verbunden werden. Wenn die Duschwanne nur eine Fliese hoch ist, berühren sich oberer und unterer Querträger des Rahmens fast.

❹ **Montieren des Dachs**
Dachplatte passend zusägen. Die Abdeckplatte muß hoch genug sein, um eine dahinter angebrachte Deckenleuchte abzudecken.

Glasregal: Ein Regalboden aus Glas sitzt über dem Waschtisch. Weitere Hinweise auf Seite 207.

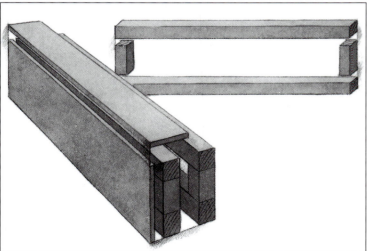

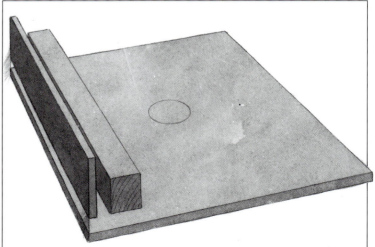

Gefliestes Badezimmer: Waschtisch

Waschbecken

Das Waschbecken wird in eine gefliese Platte eingesetzt; darunter wird ein offener Regalboden angebracht. Die Auflageplatte wird zwischen der Duschwand und einem anderen niedrigen Seitenteil oder zwischen zwei solchen Seitenteilen eingebaut.

Waschtisch-Seitenteil

Die Höhe des Waschtisches und die Tiefe bis zur Wand festlegen; dabei genügend Platz um das Waschbecken herum vorsehen.

Der Rahmen des Seitenteils wird genauso hergestellt wie für die Dusche; jedoch nur mit einem Mittelträger. Diesen in der für die Auflageleisten des Regalbodens vorgesehenen Höhe anordnen. Diese Höhe notieren, da Sie sie später noch brauchen, wenn die Seitenverkleidung montiert ist.

Die Mittellinien der Querträger und Pfosten auf den Kanten des Rahmens als Orientierungshilfe beim späteren Anbringen der Seitenverkleidung anzeichnen. Diese sodann zusägen. Wenn das Seitenteil an einer Wand montiert wird, so genügt eine Seitenverkleidung. Diese zu diesem Zeitpunkt noch nicht befestigen! Wenn das niedrige Seitenteil dagegen nicht an einer Wand anliegt, so wird zunächst nur die äußere Verkleidung (in der größten Entfernung vom Waschbecken) auf die gleiche Weise befestigt, wie auf Seite 200 für die Duschwand beschrieben (zuerst an den vorderen Pfosten leimen und nageln, sodann winkelig ausrichten und fertigstellen).

Wenn das Seitenteil an einer Wand anliegen soll, so rücken Sie den Rahmen 12 mm von der Wand ab und richten ihn senkrecht aus. Bei Bedarf unter den unteren Querträger Unterleghölzer anbringen, bis er genau waagerecht liegt. An den Stellen, wo die Schrauben eingedreht werden (zwischen Rahmen und Wand), werden ebenfalls Abstandhalter angebracht. Bei unterschiedlichem Abstand aufgrund von Wandunebenheiten nehmen Sie die 12 mm als größten Abstand zwischen Rahmen und Wand. Dadurch müssen Sie den Rahmen zur Montage nicht an der Wand anreißen; außerdem reicht der Abstand aus, um die Vorderseite des Seitenteils mit ganzen Fliesen zu fliesen. Innere Verkleidung neu einsetzen und provisorisch an den Rahmen nageln.

Materialien Waschtisch

Teil	Stückzahl	Material	Länge
Vorderer Pfosten / Seitenteil	1	75 x 50 mm vorgehobeltes Kantholz	Höhe des Waschbeckens, minus 12 mm
Oberer und unterer Querträger	2	75 x 50 mm vorgehobeltes Kantholz	Abstand von Innenseite vorderer Pfosten bis Wand
Hinterer Pfosten	1	75 x 50 mm vorgehobeltes Kantholz	Höhe des Waschbeckens, minus 12 mm, minus 100 mm*
Mittelträger	1	75 x 50 mm vorgehobeltes Kantholz	Abstand zwischen Innenseiten der Pfosten
Seitenverkleidung	1 oder 2	12 mm Verschalungs-Sperrholz; Breite wie Rahmenbreite	Rahmenhöhe
Frontblende	1	Sperrholz wie oben; hoch genug, um Unterseite Waschbecken zu verdecken	Abstand zwischen Seitenteil und Duschwand
Waschtischplatte	1	19 mm Verschalungs-Sperrholz; Tiefe entsprechend der Nische	Nischenbreite
Halteleiste für Frontblende	1	75 x 50 mm oder 50 x 50 mm vorgehobeltes Kantholz und Halteleiste zum Sichern	Nischenbreite
Auflageleiste für Waschtischplatte	1	50 x 50 mm vorgehobeltes Kantholz	wie oberer Querträger des Waschtisch-Rahmens
Regalboden unter Waschbecken	1	12 mm Spanplatte mit Melaminoberfläche oder Sperrholz (zum Fliesen); Breite wie Tiefe der Nische, minus etwa 125 mm	Abstand zwischen Innenflächen (nach Verfliesen) von Duschwand und Seitenteil
Blendleiste für Regalboden	1	50 x 25 mm Kiefernholz	Wie oben
Auflageleiste für Regalboden	2	25 x 25 mm vorgehobeltes Kantholz	Wie Breite des Regalbodens
Glasregal	1	gehärtetes Glas nach Empfehlung des Händlers; Tiefe nach Wunsch, plus 12 mm zum Einsetzen in den Wandputz	Breite der Waschtischnische, plus 25 mm
Auflageleiste für Glasregal an Wand	1	12 x 12 mm Hartholz (oder nach Stärke der Putzschicht)	Breite der Waschtischnische, plus 25 mm
Auflageleisten für Glasregal an Seitenwand	1	12 x 12 mm Hartholz (oder nach Stärke der Putzschicht)	Tiefe der Glasplatte, minus 12 mm oder Stärke der Leiste (falls anderes Maß)
Blende für Leuchtröhre	1	19 mm Sperrholz; Höhe = 1 Fliesenhöhe	Breite = Waschtischnische
Blenden-Halterung	2	50 x 25 mm vorgehobeltes Kantholz	Höhe wie Blende, minus 25 mm

*Nur ungefähre Länge - genaue Maße individuell ausmessen

Sägen	21
Nageln	24
Senkrechte suchen	32

Montage des Waschtischs

● Gefliestes Badezimmer
Waschtisch

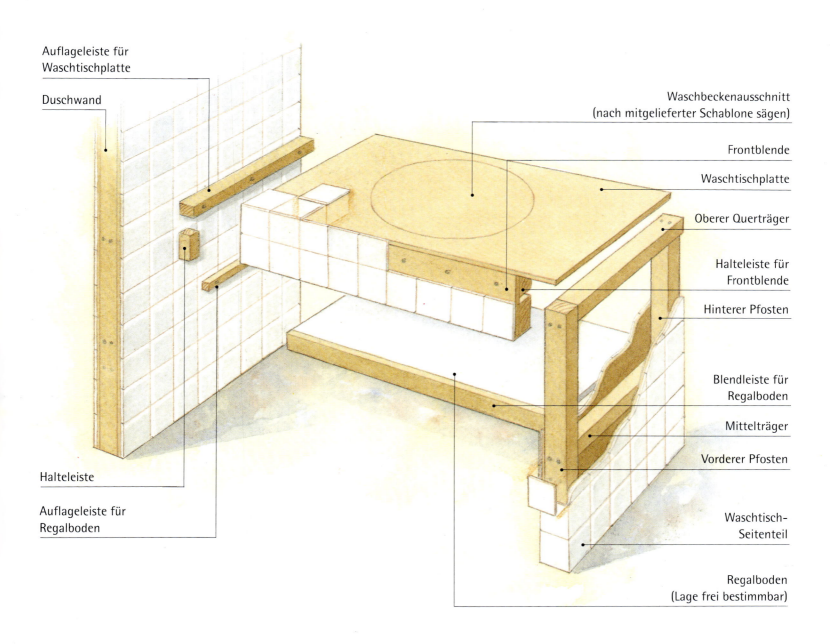

- Auflageleiste für Waschtischplatte
- Duschwand
- Halteleiste
- Auflageleiste für Regalboden
- Waschbeckenausschnitt (nach mitgelieferter Schablone sägen)
- Frontblende
- Waschtischplatte
- Oberer Querträger
- Halteleiste für Frontblende
- Hinterer Pfosten
- Blendleiste für Regalboden
- Mittelträger
- Vorderer Pfosten
- Waschtisch-Seitenteil
- Regalboden (Lage frei bestimmbar)

Gefliestes Bad

Frontblende
Die Breite der Nische von der Innenseite des Seitenteils bis zur Außenseite der Duschwand ausmessen und aus Verschalungs-Sperrholz mit 12 mm oder 19 mm Stärke in dieser Länge ein Brett zusägen. Dieses muß breit genug sein, um die Unterseite des Waschbeckens zu überdecken; mindestens so breit, daß zwei ganze Fliesen darauf verlegt werden können. Wichtig dabei der Kantenanschluß zur Waschtischplatte.

Waschtischplatte
Die Waschtischplatte so ausmessen, daß sie nach Breite und Tiefe in die Nische paßt und mit der Vorderkante des niedrigen Seitenteils bündig abschließt. Die Waschtischplatte aus 19 mm Verschalungs-Sperrholz zusägen. Waschtischplatte und Frontblende verbinden Sie mit einem entsprechend langen 75 x 50 mm Kantholz oder einer 50 x 50 mm Latte rechtwinkelig. Achten Sie darauf, daß die Waschtischplatte über der Frontblende liegt und daß an den Enden der Frontblende genügend Platz bleibt, um die Platte auf das Seitenteil zu legen. Die Halteleisten leimen und durch die zwei Platten verschrauben.

Befestigen des Waschtisches
Der Waschtisch liegt an der Duschwand auf einem 50 x 50 mm Kantholz auf, das auf die entsprechende Länge zugesägt und mit einem Mittelträger in der Duschwand verschraubt wird. Die Auflage muß genau auf der Höhe der Oberkante des niedrigen Seitenteils liegen. Den Waschtisch ansetzen, aber noch nicht verschrauben. Er muß für die Installationsarbeiten später nochmals entfernt werden.

Den Ausschnitt für das einzulassende Waschbecken anhand der mitgelieferten Schablone mittels Stichsäge oder Fuchsschwanz aussägen. Dabei prüfen, ob das Becken in den Ausschnitt paßt, es aber erst befestigen, wenn die Waschtischplatte gefliest ist.

Verschnittstücke eines 50 x 50 mm Kantholzes an der Rückseite der Frontblende verschrauben und diese damit an den Seitenteilen fixieren.

Sanitär- und Elektroinstallation
Jetzt kann der Installateur Waschbecken, Dusche und Badewanne einbauen und die Zu- und Abläufe installieren. Einbauduschen können jetzt montiert und die Installationen für Aufputzmodelle ausgeführt werden, obwohl bei beiden Typen die eigentlichen Duscharmaturen erst nach dem Verfliesen angebracht werden.

Die Elektroinstallation wird ebenfalls jetzt vorgenommen, wobei die Steckdosen, Heizgeräte, elektrisch betriebene Duschen usw. später angebracht werden.

Endgültige Montage von Seitenteilen, Waschbecken und Dusche
An allen Seitenteilen die zweite Verkleidung an die Pfosten und Querträger nageln. Die Waschtischplatte von außen durch Verschrauben mit dem Seitenteil und den Auflageleisten verbinden; seitlich durch die hinten an der Frontblende angesetzten Verschnittstücke schrauben.

Zur Montage des Dusch-Sockels verschrauben Sie die Abdeckleiste am vorderen Rahmen und befestigen die obere Abdeckleiste von oben am vorderen und hinteren Rahmen. Rahmen und Armaturen soweit erforderlich mit Silikon-Dichtungsmittel abdichten.

Für das Dach der Dusche werden die zwei passend zugeschnittenen 50 x 50 mm Kanthölzer an den Seiten angebracht und die Dachplatte an sie geschraubt. Möchten Sie so viele Flächen als möglich bequem fliesen, so befestigen Sie die Dachplatte erst nach dem Fliesen; dabei werden die Fliesen an den Kanten und im Bereich der Schrauben zunächst weggelassen. Dachplatte montieren und zum Schluß im Bereich der Schrauben fliesen.

Fliesen
Zum Schutz der Armaturen während des Fliesens belassen Sie sie am besten so lange wie möglich in den vorhandenen Schutzhüllen. Beim Fliesen (**Techniken, Seite 36**) sind folgende Tips speziell zu diesem Projekt zu beachten.

Zuerst werden die Seitenwände gefliest; notieren Sie sich die Lage der Mittelträger, um später die Auflageleisten für die Einlegeböden richtig anzubringen. Gefliest wird von vorne nach hinten, damit geschnittene Fliesen im Wandbereich liegen.

Die Fliesen am Dusch-Dach können Sie vor der Montage des Dachs anbringen. Die Randfliesen vorerst weglassen, damit die Dachplatte mit den Stützleisten verschraubt werden kann.

Wenn die Dachplatte schon befestigt ist, werden die Seiten bis dahin gefliest.

Als nächstes werden die Vorderseiten der Seitenteile, des Waschtisches, des

❶ Montieren des Waschtisch-Oberteils aus 19 mm Sperrholz
Waschtischplatte auf Breite und Tiefe der Waschtischnische zusägen. Waschtischplatte und Frontblende mit rechteckigem Kantholz so verbinden, daß die Waschtischplatte die Frontblende überdeckt.

❷ Herstellen des Regalbodens unter dem Waschbecken
Der Regalboden wird auf die Breite der Nische zugesägt und von der Vorderkante der Seitenteile leicht zurückversetzt. Eine an die Vorderkante des Regalbodens geleimte und gestiftete Holzblende verdeckt die an den Seitenteilen verschraubten Auflageleisten.

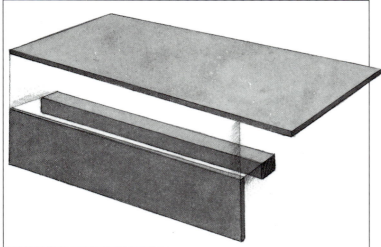

Sägen	21	Schrauben	24	
Sägen von Kreisbögen	22	Nageln	24	
Herstellen von Nuten	22	Wandbefestigungen	24	
Bohren	23	Fliesen	36	

Gefliestes Badezimmer

Fliesen

Dusch-Sockels und der Badewanne gefliest.

Nun fliesen Sie die Oberflächen um die Wanne, das Waschbecken und die Duschwanne. An den Rändern zur Badewanne steht oftmals viel Wasser, so daß es sich empfiehlt, an den Außenkanten dieser Fliesen etwas mehr Fliesenkleber aufzutragen, damit ein leichtes Gefälle zur Badewanne hin entsteht.

Als nächstes werden die Wände und die verbleibenden Flächen der Seitenteile gefliest. Beim Einbau eines Glasregals hören Sie zunächst eine Fliesenbreite unterhalb der Einbauhöhe auf. Dann wird zuerst das Glasregal eingebaut (siehe unten) und anschließend das Fliesen fortgesetzt.

Haben Sie das Dach der Dusche bereits vor der Montage gefliest, so können Sie jetzt die fehlenden Fliesen an den Seitenteilen verlegen - sie wurden ja zuvor weggelassen, um zunächst die Dachplatte mit den Stützleisten zu verschrauben. Sie fixieren diese Fliesen eventuell mit einem Klebeband, solange der Kleber noch aushärtet. Wurde das Dusch-Dach ungefliest eingebaut, so wird das Fliesen mit Hilfe eines einfachen, selbstgemachten T-Trägers aus Kantholz vereinfacht. Dieser wird zwischen Dach und Sockel leicht verkeilt, um jeweils eine Fliesenreihe anzudrücken und zu halten, während der Kleber aushärtet. Diese Stütze wird bei jeder Fliesenreihe nur etwa 15 Minuten lang gebraucht.

Nach frühestens 12 Stunden können Sie die Fliesen mit einem wasserfesten Fugenmörtel verfugen und abschließend die Fliesen säubern.

Die vordere Badewannenverkleidung und weitere Öffnungsklappen werden mit Zierkopfschrauben befestigt. Senkbohrungen werden mit einem speziellen Fliesenbohrer ausgeführt. Nicht mit zu viel Druck bohren und darauf achten, daß die Bohrmaschine nicht auf Schlagbohrfunktion eingestellt ist. Die vorgesehene Bohrstelle auf der Fliese mit etwas Klebeband abkleben, damit der Bohrer nicht auf der Oberfläche abrutschen kann.

An allen Übergängen zwischen Einbauteilen und Keramikfliesen sowie an allen Ecken, an denen Seitenteile auf Originalwände treffen, wird schließlich ein Silikon-Dichtungsmittel aufgetragen. Diese Fugenprodukte sind in Weiß, transparent sowie in vielen Farben erhältlich und werden mit leicht zu bedienenden Spritzpistolen verarbeitet.

3 Einpassen eines Glasregals mit verdeckten Auflagen
In der Stärke der Putzschicht wird in der Wand ein Schlitz für eine an der Rückseite und den Seiten der Nische befestigte Auflageleiste ausgearbeitet. Die Platte aus gehärtetem Glas liegt sauber auf der Leiste auf. Nach der Befestigung Spalte verspachteln und sodann fertig fliesen.

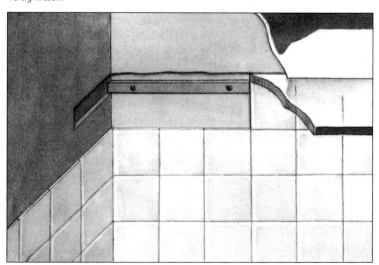

Glasregal

Das Einsetzen einer Glasplatte in eine Wand ist sicher ein ungewöhnliches Befestigungsverfahren; wenn es aber richtig gemacht wird, so ist der Effekt einer unsichtbaren Auflage sehr wohl der Mühe wert. Die einfachere Lösung besteht darin die Glasplatte auf Türstopper aus Gummi zu legen; diese werden nach dem Fliesen in die Wand oder das Seitenteil geschraubt (zwei Stopper an jeder Seite). Bei der verdeckten Befestigung fragen Sie den Glashändler nach der nötigen Stärke des gehärteten Glases im Hinblick auf Ihre Nischenbreite. Bei einer Spannweite von 1100 mm beträgt im gezeigten Fall die Stärke 12 mm. Die Kanten der zugeschnittenen Glasplatte müssen geschliffen werden.

Mit dem Fliesen zunächst eine Fliesenbreite unterhalb der vorgesehenen Glasplatte aufhören. In die Wand stemmen Sie einen Schlitz in der Stärke des Putzes und mit einer Breite von etwa 25 mm. In diesem Schlitz wird eine dünne Auflageleiste in der Stärke des Putzes und der Breite des Schlitzes minus der Stärke der Glasplatte befestigt.

In dem Seitenteil der Dusche fertigen Sie in die Seitenverkleidung in passender Höhe eine Nut in der Glasstärke an. Dazu wird entweder eine Reihe ineinandergehender Löcher im Durchmesser der Glasplatte gebohrt, um den Schlitz danach mit einem Beitel sauber auszustemmen, oder Sie stellen eine saubere Nut mit der Stichsäge oder der Oberfräse her.

Die Glasplatte in die vorgesehenen Schlitze hineinschieben. Sollte es dabei an einzelnen Stellen klemmen, so wird punktuell noch etwas Putz abgetragen. Nachher wird das Ganze mit Füllspachtel oder Fliesenkleber sauber verfugt, um abschließend bis zur Glasplatte hin zu fliesen. Oberhalb der Glasplatte wird entweder ein Spiegel angebracht oder die Wand hochgefliest.

Regalboden unter dem Waschbecken

Dieser Boden wird entweder aus 12 mm starker Faserplatte mit Melaminbeschichtung oder zum Fliesen aus Sperrholz hergestellt. Das Brett auf die Breite der Nische und die erforderliche Tiefe zusägen. Ein von der Vorderkante leicht zurückgesetztes Regal (z. B. 108 mm oder eine Fliesenbreite) bietet eine bessere Optik.

Eine Blendleiste aus 50 x 25 mm Kiefernholz zusägen. Den Regalboden in einen Schraubstock einspannen und die Leiste an die Vorderkante leimen und nageln, so daß die Oberkante der Leiste mit der Oberfläche des Regalbodens bündig abschließt und die Unterkante die Auflageleisten verdeckt. Die Nagelköpfe versenken und die Löcher verspachteln; schließlich die Oberfläche ganz sorgfältig glattschleifen und endbehandeln.

Auflageleisten für Regalboden

Diese Leisten liegen an den Seiten zwischen Blende und Rückwand. Sie werden aus einer 25 x 25 mm Latte gesägt. In jede Leiste kommen zwei Senkbohrungen, durch die in der angezeichneten Höhe in die gefliesten Wände gebohrt wird. Die Bohrungen versenken und die Auflageleisten verschrauben.

Spiegel

Den Spiegel an der Wand mit Zierkopfschrauben befestigen, sofern er mit Bohrungen dafür vorbereitet ist. Sind keine Löcher vorhanden, so wird mit Spiegel-Eckhalterungen gearbeitet. Wenn Sie Zierkopfschrauben verwenden, kommen hinter den Spiegel auf die Schrauben Unterlegscheiben, um den Spiegel etwas von der Wand entfernt zu halten. Unabhängig von der Art der Befestigung den Spiegel nicht zu fest anschrauben, damit das Glas nicht bricht. Vorsichtshalber den Händler befragen.

Lichtblende

Die Leuchtröhre über dem Spiegel in der Waschtischnische wird durch eine Blende verdeckt. Diese Blende wird aus 19 mm starkem Sperrholz in der Breite der Nische und der Höhe einer Fliese gesägt. Zwei Blendenhalterungen werden aus 50 x 25 mm Kantholz 25 mm kürzer als die Blende gesägt und an das Seitenteil der Dusche und an die Wand geschraubt; dann die Blende darauf schrauben.

Getäfeltes Badezimmer

Die einfachsten Ideen sind meist die besten. Das gilt auch im Designbereich. Kennen Sie das scheußliche Gefühl, sich mit einem feuchten Handtuch abtrocknen zu müssen? Um dieses Problem zu lösen, brauchen Sie Platz zum Ausbreiten Ihrer Tücher und eine Wärmequelle. Mein Vorschlag dazu ist die Kombination einer wandüberspannenden Handtuchstange mit einem Heizkörper. In unserem Beispiel ist die Stange, die einer Schiffsreling gleicht, aus verchromtem Rohr. Sie können ebensogut farbige Email- oder Holzstangen nehmen. Sämtliche Installationen sind hinter der Vertäfelung verborgen. Die Wandverkleidung besteht aus gestrichenen Kiefernbrettern mit Nut und Feder. Besonders praktisch an dieser aufgedoppelten Wand ist, daß ein Teil der Vertäfelung herausnehmbar ist. Treten technische Probleme auf, kann dem Handwerker leicht Zugang verschafft werden.

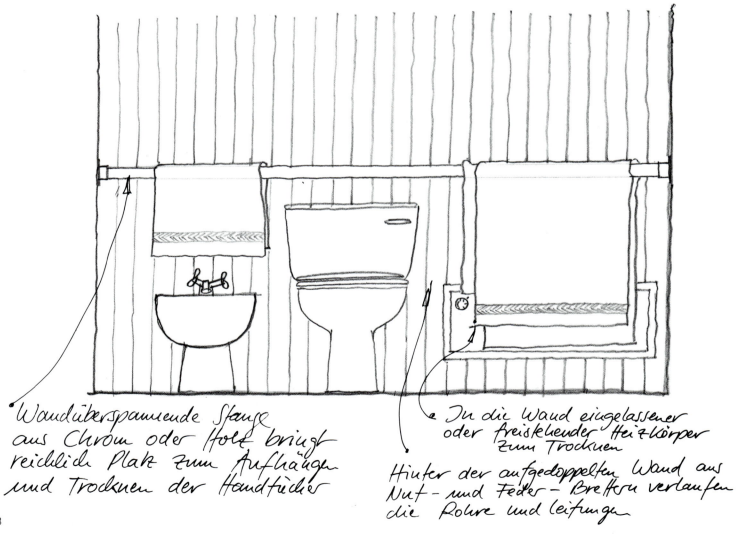

Wandüberspannende Stange aus Chrom oder Holz bringt reichlich Platz zum Aufhängen und Trocknen der Handtücher

In die Wand eingelassener oder freistehender Heizkörper zum Trocknen

Hinter der aufgedoppelten Wand aus Nut- und Feder-Brettern verlaufen die Rohre und Leitungen

Getäfeltes Badezimmer

Durch aufgedoppelte Wände lassen sich optisch störende Leitungen im Badezimmer gut verbergen. Dies ist bei der Neueinrichtung Ihres Badezimmers eine relativ einfache Sache. Ist jedoch die Einrichtung des Bades vorgegeben, so müssen Sie mitunter manche Gegenstände versetzen, um für die neue Wand Platz zu schaffen. Dabei ist zuvor zu prüfen, ob solche Änderungen angesichts der Lage von Zu- und Abläufen überhaupt möglich sind.

Aufgedoppelte Wände werden errichtet, indem auf eine sogenannte Konterlattung Holzbretter befestigt werden. Dabei handelt es sich normalerweise um Nut- und Federbretter, wobei furnierte Sperrholzbretter bis hin zu massiven Kieferholzbrettern der verschiedensten Qualität angeboten werden. Die Bretter werden normalerweise senkrecht auf waagerecht liegenden Latten angebracht.

Für die Lattenkonstruktion genügt einfaches Weichholz; die Hölzer sollten wenigstens 50 x 50 mm stark sein, wenn Sie dahinter Rohrleitungen verlaufen lassen wollen. Sie sind in einem Mittenabstand von etwa 610 mm zu befestigen. Vor der Befestigung dieser Latten braucht eine vorhandene Wandverkleidung nicht abgezogen zu werden.

Der Abstand der Latten ergibt sich in erster Linie aus der Stärke der zu verlegenden Bretter, jedoch auch aus der angestrebten Festigkeit. Eine höhere Festigkeit ist dort vorzusehen, wo eine Berührung der Wand oder höherer Druck nicht auszuschließen sind. Für 9 mm starke Bretter beträgt der Mittenabstand als Richtschnur etwa 400 bis 500 mm, bei 12 mm starken Brettern 500 bis 610 mm.

Die Latten immer mit etwas Abstand zu Boden oder Decke ansetzen bzw. auslaufen lassen, damit die Nägel nicht auf den letzten paar Millimetern der Paneelbretter eingeschlagen werden müssen; in diesem Randbereich besteht die Gefahr, daß das Holz reißt.

Damit die Wandlatten genau eben und bündig liegen, sind manche Verschraubungsstellen mit Sperrholz- oder Hartholzstücken zu unterlegen. Das gilt besonders bei unebenen Wänden. Die Wandlatten mit einem langen Richtscheit und Wasserwaage sorgfältig auf planen Sitz prüfen. Wenn hier Fehler begangen werden, so sind die Paneelbretter kaum ordentlich und sauber zu befestigen.

50 mm starke Latten bieten normalerweise genug Platz zur Aufnahme von Rohren. Reicht der Raum nicht, verwenden Sie stärkere Latten. Sie werden an der Wand angeschraubt und mit den nötigen Aussparungen für die Rohrleitungen versehen. Bei vollkommen glatten Wänden können die Latten auch mit Mauernägeln angebracht werden, sofern diese mindestens 12 mm in das Mauerwerk hineingehen.

Wenn Sie, um bestimmte Effekte zu erhalten, Bretter unterschiedlicher Länge verwenden, so sind zusätzliche Latten erforderlich, die entsprechend der Schnittlänge der Bretter angebracht werden. Die Bretter sind so anzuordnen, daß die Schnittenden auf der Mitte einer Latte liegen und an beiden Enden etwa dieselbe Breite zur Verfügung steht.

Die Bretter können Sie mit Nägeln oder Spezialklammern befestigen, die auf die Feder aufgesetzt und so auf den Latten festgenagelt werden. Am einfachsten und schnellsten werden die Bretter durch Annageln durch die Oberfläche befestigt; in diesem Falle werden die Nagelköpfe versenkt und die Löcher mit Holzkitt verspachtelt. Wenn die Bretter gestrichen werden sollen, müssen die Bretter in Ton und Maserung nicht genau zueinander passen.

Werkzeuge

Stahlbandmaß
Wasserwaage
Schraubendreher
Versenker
Hammer
Fuchsschwanz
Rückensäge (feine Zahnung)
Stichsäge (oder Handstichsäge)
Nut- und Federklemmen
Gehrungsschneidlade
Bohrmaschine
Maschinenbohrer, Forstnerbohrer, Senkbohrer
Steinbohrer

Materialien

Teil	Stückzahl	Material	Länge
Wandlatten	Nach Bedarf	50 x 50 mm gesägtes Weichholz (Mindestmaß)	Breite der Wand
Nut- und Federbretter	Nach Bedarf	Bretter 9 oder 12 mm stark	Nach Bedarf
Aluminiumstange (Chrom- oder Holzstange)	1	Stange aus Aluminium, Chrom oder Holz mit 37 mm Durchmesser	Nach Bedarf
Stangenhalterung	2	18 mm MDF-Platte	

Wenn Sie durch die Federn sehr dünne Paneelstifte ohne Kopf treiben, erhalten Sie eine unsichtbare Befestigung. Diese Stifte werden schräg in die Feder getrieben und durch die Nut des nächsten Brettes verdeckt. Mitunter reißen Bretter an der Feder, da trockenes Kiefernholz ziemlich spröde ist. Das ist jedoch meistens unproblematisch, da die gerissenen Teile entfernt werden können, weil diese Stellen durch die Nut des nächsten Brettes, das über die Feder geschoben wird, verdeckt werden.

Sollen die Bretter angenagelt werden, so befestigen Sie das erste mit der Nut in der Ecke und prüfen mit der Wasserwaage, ob es genau senkrecht steht. Vor der Befestigung dieses Brettes durch Nageln in der Nut wird es ausgerichtet. Nur an diesem einen Brett wird durch die Oberfläche genagelt; die Nägel mit einem Versenker versenken. Die Löcher werden dann mit einem passenden Holzkitt oder -wachs verspachtelt.

Nun verstiften Sie die andere Seite des Brettes, indem Sie über jeder Wandlatte einen Stift durch die Feder nageln.

Das nächste Brett dann über die Feder schieben und, falls nötig, mit einem Hammer bündig anschlagen. Die Feder mit ei-

1 Befestigen von Nut- und Federbrettern durch Nägel
Das erste Brett seitlich an die Wand ansetzen (links); auf genau senkrechte Ausrichtung prüfen. An die Wandlatte durch die Nut hindurch annageln. Das nächste Brett (rechts) über die Feder schieben und durch die Feder verstiften. Dasselbe gilt für alle folgenden Bretter.

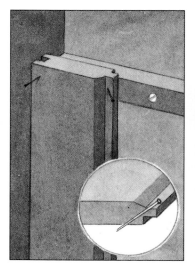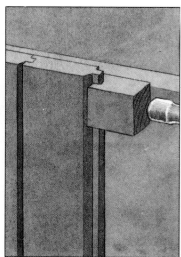

Sägen	21	Schrauben	24
Sägen von Kreisbögen	22	Nageln	24
Bohren	23	Verwenden von Schablonen	31

● **Gefliestes Badezimmer**
Nut- und Federbretter

nem Stück Verschnittholz vor Beschädigung durch den Hammer schützen (siehe Abbildung 1).

Nut- und Federklammern sind praktisch und liefern einen stärkeren Halt als Nägel; sie sind allerdings teurer. Diese Klammern sind so gestaltet, daß sie den unteren Rand der Nut umfassen.

Dabei zeigt die Feder des ersten Brettes in die Ecke, in der Sie beginnen. Die Feder mit einer feingezahnten Rückensäge entfernen. Die Schnittkante in der Ecke anlegen, ausrichten und verstiften oder mit einer Spezial-Anfangsklammer befestigen. Dann die Nutkante mit einer Klammer befestigen. Diese wird von der in die Nut eingesetzten Feder des nächsten Brettes verdeckt.

Wenn Bretter von unterschiedlicher Länge an den Enden stumpf gestossen werden, so führen Sie mit Hilfe einer Gehrungsschneidlade rechtwinklige, besonders genaue Sägeschnitte aus. Die zwischen den Brettenden vorhandene Spalte nicht verspachteln.

Die in dem hier gezeigten Bad verwendeten Bretter enden kurz über dem Boden, wodurch die ganze Verkleidung sehr attraktiv aussieht. Die Unterkante ist dabei mit einer Sockelleiste dekorativ abgeschlossen. Dazu wird zu Beginn in der gewünschten Höhe über dem Boden vorübergehend eine Latte als Anschlag für die Unterkante der Bretter angebracht. Wenn sie nachher entfernt wird, schließen die Unterkanten der Bretter sauber und bündig ab.

Die Sockelleiste wird an die Unterkante der Bretter geleimt und gestiftet. Sie sollten auch in den Ecken und an der Decke Zierleisten befestigen, um vorhandene Spalten zu verdecken. Die Zierleisten grundsätzlich an die Wände oder Decke und niemals an die Bretter nageln. Die Köpfe der Stifte werden auch hier unter der Oberfläche versenkt und die Löcher mit Holzkitt oder -wachs verspachtelt. Wenn Sie keine Nagellöcher haben wollen, so können Sie die Zierleisten auch mit einem Kontaktkleber befestigen.

Es empfiehlt sich, für Wartungs- und Reparaturarbeiten an den verdeckten Rohren und Anschlüssen einen leichten Zugang vorzusehen. Dazu befestigen Sie an entsprechenden Stellen einige Bretter mit Schrauben anstatt mit Nägeln oder Klammern; die Federn werden dabei abgesägt, so daß die betreffenden Bretter sich leicht herausnehmen lassen. Zierkopf- oder Messingschrauben wirken auch optisch nicht störend.

Obwohl Holzbretter sich sehr gut zum Kaschieren von alten oder unansehnlichen Wänden eignen, dürfen sie niemals auf feuchten Wänden angebracht werden. Zuerst müssen Sie die Ursache der Feuchtigkeit ermitteln und beseitigen.

Wenn zur Erhöhung der Wärmedämmung an Außenwänden eine Isoliermatte zwischen den Wandlatten angebracht werden soll, ist die Wand zuerst mit einer Dampfsperre auszulegen, bevor darauf die Latten angebracht werden. Dies verhindert zwar, daß Feuchtigkeit in die Wand eindringt, ist jedoch keine Lösung für eine bereits vorhandene Feuchtigkeit oder einen dadurch entstehenden Gebäudeschaden.

Da Holz bekanntlich bei einer Veränderung der Luftfeuchtigkeit "arbeitet", werden die Bretter vor der Verarbeitung eine Woche lang in dem Raum gelagert, in dem sie auch verlegt werden.

Handtuchhalter

Der über die gesamte Breite des Badezimmers verlaufende Handtuchhalter wird hier zum Gestaltungsmerkmal. Im vorliegenden Fall wurde eine eloxierte Aluminiumstange mit 37 mm Durchmesser gewählt; auch Chrom- oder Holzstangen eignen sich zu diesem Zweck. Bei sehr langen Stangen verhindern Zwischenträger ein Durchhängen.

Stangenhalterungen können Sie selbst aus einer 19 mm MDF-Platte herstellen. Die erforderliche Kreisscheibe wird mit einem Gegenstand von entsprechender Größe angerissen. Dann einfach mit der Stichsäge oder der Handstichsäge sägen (**Techniken, Seite 22**).

Den Durchmesser der Stange in der Mitte der beiden Scheiben anzeichnen und mit Forstnerbohrer, Stichsäge oder Bogensäge herstellen. Mit der zweiten Scheibe in derselben Weise verfahren.

In beiden Scheiben Senkbohrungen vornehmen, die Scheiben auf die Stange setzen und mit Hilfe einer zweiten Person die Stange waagerecht halten, um nun die zwei Schraublöcher an der Wand anzuzeichnen. Stange und Scheiben abnehmen und die Löcher bohren und dübeln.

Die Scheiben wieder auf die Stange setzen und 50 mm-Schrauben Nr. 8 einschrauben, während der Helfer die Stange festhält.

Die Schraublöcher verspachteln; nach Austrocknen des Spachtels glattschleifen und zuletzt die Scheiben mit einer zur Stange oder Wand passenden Farbe lackieren.

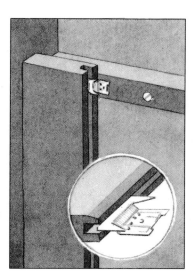

❷ **Verwenden von Klammern**
Feder absägen. Brett über eine Anfangsklammer schieben und auf der anderen Seite Klammer in die Nut einsetzen.

❸ **Anbringen einer Sockelleiste**
Die Bretter werden auf Wandlatten 50 x 50 mm (je nach Stärke der zu kaschierenden Rohre) befestigt. Einen sauberen Abschluß der Bretter über dem Boden bietet die gezeigte Sockelleiste.

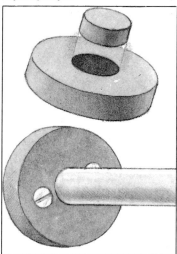

❹ **Stangenhalterung**
Kreisscheiben aus 19 mm MDF-Platte sägen und in der Mitte der Scheibe Loch für Handtuchstange mit Stichsäge oder Bogensäge sägen.

211

Wandschrank mit Klapptüren

Vermutlich träumen viele Menschen bei der Einrichtung des Schlafzimmers davon, eine genau eingepasste Schrankwand für all ihre Garderobe zu bekommen. Sich diesen Wunsch im Möbelgeschäft zu erfüllen, ist kostspielig. Andererseits ist es relativ einfach, sich selbst einen passenden Wandschrank zu bauen.

Kleiderschränke können offenbar niemals groß genug sein, um wirklich alle Kleidungsstücke adäquat unterzubringen. Außerdem gibt es das jahreszeitlich bedingte Hin und Her: die letzte Sommergarderobe wird zwar gerade nicht gebraucht, aber für den kommenden Sommer aufbewahrt. Auch sperrige Gegenstände wie Taschen und Koffer wollen untergebracht werden. Der solide Einbauschrank, den ich Ihnen hier vorstelle, bietet wirklich eine Menge Platz. Der Wandschrank besteht aus einem einfachen Holzrahmen, der an Wand, Decke und Fußboden angebracht werden kann, nachdem deren Unebenheiten ausgeglichen worden sind.

Das rechteckige Relief der hohen Schranktüren wirkt wie ein Wandpaneel. Sie können dort auch Spiegel einsetzen, wenn Sie eine Spiegelwand wünschen. Die oberen, kleinen Türen sind Klapptüren. Eine Hochstellstütze verhindert das Zuschlagen der Klappe während Sie etwas einräumen oder herausnehmen.

Das Innere des Schrankes kann aus einer Garderobenstange, Regalböden aus massivem Holz oder Lattenregalen und einer Schuhablage bestehen. Auch die Innentüren können mit Spiegeln versehen werden.

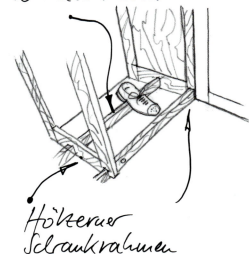

Ein Schuhregal am Boden des Wandschrankes

Hölzerner Schrankrahmen

● Bad und Schlafzimmer
Wandschrank mit Klapptüren

Hochstell-
stütze

Zusätzliches Regal über der Kleider-Stange bei Bedarf

Hinter der leicht zu öffnenden Klapptür können Koffer oder Kleidungsstücke aufbewahrt werden

VORDERANSICHT: Dieser Schrank bietet wirklich viel Platz!

Wandschrank mit Klapptüren

Die gezeigten Wandschränke bestehen aus drei einzelnen Doppelelementen, die erst später miteinander verbunden werden. Jedes Teil ist als freistehendes Element konzipiert, das Sie nach Bedarf mit Seitenteilen abschließen können. Sie können beliebig viele Elemente herstellen, die Konstruktion sieht auch den Bau von Einzelelementen vor, sofern Ihr Bedarf an Stauraum oder Ihr verfügbarer Platz es erfordern. Sie können beide Seitenrahmen oder auch nur einen an der Wand befestigen. Bei an der Wand anliegenden Seitenrahmen ist keine Verkleidung erforderlich.

Kaufen Sie fertige Türen im Baumarkt oder beim Holzhändler. Das Design der Außenfront ist Ihrem persönlichen Geschmack überlassen, wichtig ist jedoch, daß für die obere Klappe eine kleine Version der Tür zur Verfügung steht, oder daß diese passend zu den Haupttüren hergestellt wird. Andernfalls wird eine Standardtür auf die Größe der oberen Türen zugeschnitten.

Die Türen können Sie aus Spanplatten mit Melaminbeschichtung herstellen, die durch aufgesetzte Profilleisten das Aussehen einer Täfelung erhalten. Die Gesamtabmessungen der Rahmen ergeben sich aus der Größe der Türen. Die Türen gehen vom Boden bis zur Decke; unten, oben und in der Mitte, wo Haupttür und obere Tür zusammentreffen, werden jeweils 25 mm hinzugegeben. Die Türen werden etwa 10 mm von der Vorderkante der Rahmen zurückversetzt.

Das zweite wichtige Maß ist die Tiefe des Schranks; sie beträgt 610 mm, da dies das beste Maß zum Aufhängen und Ablegen von Kleidungsstücken ist.

Werkzeuge

Stahlbandmaß
Fuchsschwanz
Rückensäge
Bohrständer
Holzhammer
Bohrmaschine (mit Wendelbohrern)
Wasserwaage
Oberfräse
Schraubknecht
Schraubendreher
Dübel (oder Hohlwandbefestigungen)
Stifthammer und Paneelstifte

Zusätzliche Werkzeuge

Elektro-Stichsäge
Handstichsäge
Raspel

Materialien

Für ein Doppelelement, soweit keine anderen Angaben gemacht werden

Teil	Stückzahl	Material	Länge

Türen

2 große und 2 kleine Türen passend vom Boden bis zur Decke mit einer Zugabe von 25 mm unten, in der Mitte und oben. Die Breite der Türen bestimmt die Gesamtbreite des Schranks.

Rahmen (Angaben für einen Rahmen, für ein Doppelelement 3 Rahmen erforderlich)

Teil	Stückzahl	Material	Länge
Rahmenpfosten	2	100 x 38 mm vorgehobeltes Weichholz	Höhe: Boden bis Decke
Querträger	3	100 x 38 mm vorgehobeltes Weichholz 410 mm, plus 50 mm bei Zapfenverbindungen	

Seitenwände (Angaben für einen Rahmen, pro freistehendem Doppelelement 2 Seitenrahmen erforderlich)

Teil	Stückzahl	Material	Länge
Seitenwände, oben und unten	2	6 mm einfaches oder furniertes Sperrholz; Breite gleich Abstand zwischen den Rahmenpfosten, plus 25 mm	Höhe zwischen oberem und mittlerem und mittlerem und unterem Querträger, plus 25 mm
Zierleiste		12 x 12 mm vorgehobeltes Weichholz	Länge ausreichend für alle vier Kanten der Seitenwand

Kleiderstange

Teil	Stückzahl	Material	Länge
Kleiderstange	2	25 mm Durchmesser Rundholz oder Besenstiel	Abstand zwischen den Rahmen, plus 38 mm

Zwischenraum-Latte

Teil	Stückzahl	Material	Länge
Zwischenraum-Latte	12	50 x 38 mm vorgehobeltes Weichholz	Breite der Tür, plus 4 mm, plus 38 mm bei Zapfenverbindungen

Lattenregal

Teil	Stückzahl	Material	Länge
Regallatten	7	50 x 19 mm vorgehobeltes Weichholz	Länge des Schranks, plus 25 mm

Oberer Regalboden

Teil	Stückzahl	Material	Länge
Oberer Regalboden	2	19 mm Sperrholz, Breite: 580 mm	Abstand zwischen den Rahmen, plus 19 mm

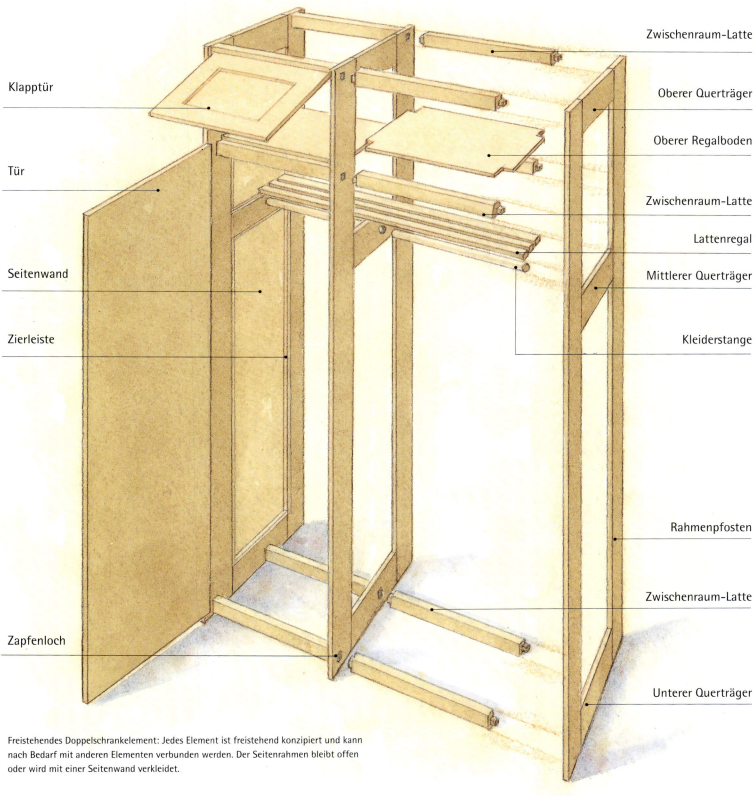

Wandschrank mit Klapptüren
Montagezeichnung

- Klapptür
- Tür
- Seitenwand
- Zierleiste
- Zapfenloch
- Zwischenraum-Latte
- Oberer Querträger
- Oberer Regalboden
- Zwischenraum-Latte
- Lattenregal
- Mittlerer Querträger
- Kleiderstange
- Rahmenpfosten
- Zwischenraum-Latte
- Unterer Querträger

Freistehendes Doppelschrankelement: Jedes Element ist freistehend konzipiert und kann nach Bedarf mit anderen Elementen verbunden werden. Der Seitenrahmen bleibt offen oder wird mit einer Seitenwand verkleidet.

Wandschrank mit Klapptüren

Montage des Grundelements

Montage des Rahmens

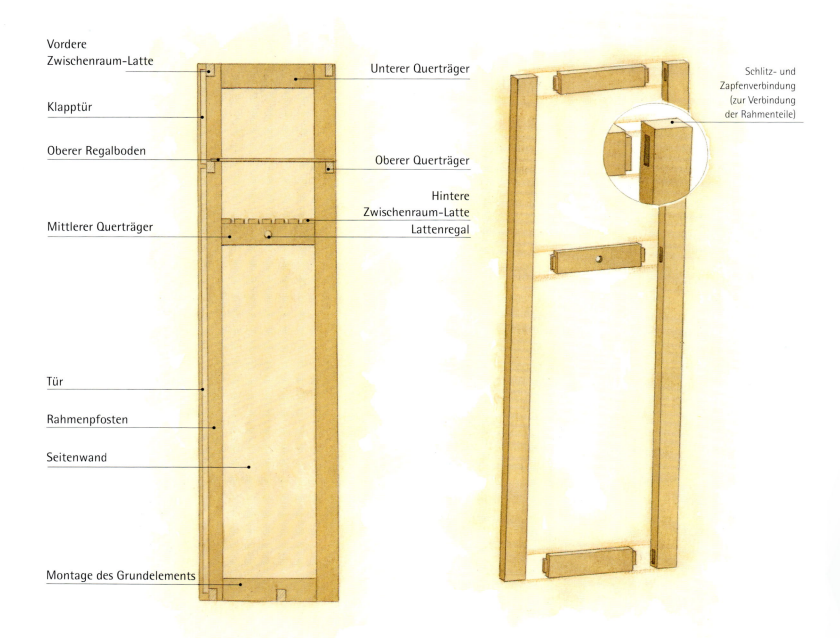

1 Einzelteile des Kleiderschranks im Querschnitt
Der Schrank hat mit 600 mm Tiefe das optimale Maß für Kleidungsstücke. Die hintere untere Zwischenraum-Latte ist nach vorn versetzt und bildet eine Schuhablage.

2 Verbinden der waagrechten und senkrechten Rahmenteile
Zur Herstellung des Schrankrahmens werden drei Querträger zwischen zwei Pfosten mittels verleimter Schlitz- und Zapfenverbindungen oder Dübelverbindungen eingesetzt.

Sägen von Falzen	22
Bohren	23
Schlitz- und Zapfenverbindung	28
Dübelverbindung	30

● Wandschrank mit Klapptüren

Montage der Rahmen

Rahmen

Die Höhe für die Rahmen vom Boden bis zur Decke ausmessen. Bei Unebenheiten werden alle Rahmen nach dem längsten Maß hergestellt und später angerissen (**Techniken, Seite 31**).

Für die Pfosten sägen Sie zwei Kanthölzer (100 x 38 mm) auf das erforderliche Maß. Die Querträger werden zwischen den Pfosten oben, unten und in der Höhe der Kleiderstange mittels verleimter Schlitz- und Zapfenverbindungen oder Dübelverbindungen eingesetzt (**Techniken, Seite 28 und 30**). Die Zapfen oder Dübel sollten etwa 25 mm lang sein.

Die Länge der Querträger zum Einbau zwischen den Pfosten ausmessen (für die Zapfenverbindung etwa 50 mm zugeben) und aus 100 x 38 mm Kantholz drei Querträger sägen. Oberer und unterer Querträger schließen mit den Enden der Pfosten bündig ab. Die Einbauhöhe des mittleren Querträgers, der die Kleiderstange trägt, ergibt sich aus der Anordnung der Türen und der Höhe des größten Kleidungsstückes auf einem Kleiderbügel.

In die Mitte des mittleren Querträgers ein Loch von 25 mm Durchmesser zur Aufnahme der Kleiderstange bohren. Die Kleiderstange wird aus einem Rundstab mit 25 mm Durchmesser oder aus einem Besenstiel gefertigt.

Den Standardrahmen aus Pfosten und Querträger zusammensetzen. Die benötigte Anzahl der Rahmen herstellen. Die Verbindungslöcher an den gewünschten Stellen noch nicht ganz durch die Seitenrahmen, sondern nur bis zur halben Stärke der Rahmenhölzer bohren.

Seitenwände

Die beiden Seitenwände ausmessen. Sie sind auf die Höhe zwischen oberem und unterem Querträger und auf die Breite zwischen den Pfosten plus einer Zugabe von 12 mm an allen Seiten zuzusägen. Für Holzoberflächen verwenden Sie furnierte Spanplatten oder Sperrholz, für lackierte Oberflächen einfaches Sperrholz.

An der Innenseite des Rahmens wird mit der Fräse eine 12 mm breite und 19 mm tiefe Nut gefräst.

Die Seitenwände noch nicht befestigen, da bei der späteren Montage ein Schraubknecht durch die Rahmen gesetzt werden muß. Mit den gleichen Arbeitsschritten setzen Sie alle weiteren Seitenwände ein.

❸ Einpassen von Zwischenraum-Latten in die Rahmen
Diese Latten werden mit den Schrankrahmen durch Schlitz- und Zapfenverbindungen verbunden. Die Zapfen haben die halbe Länge des für die Pfosten und Querträger verwendeten Kantholzes.

❹ Einpassen der Seitenwände
Seitenwände werden in Nuten in dem Rahmen eingepaßt und mit Zierleisten fixiert (unten).

Rahmen und Seitenwand: Der Blick zeigt die hintere Zwischenraum-Latte als Schuhregal und den an die Sockelleiste angepaßten Seitenrahmen.

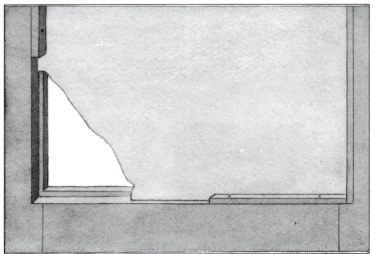

219

Wandschrank mit Klapptüren

Innenansicht des Schranks: Viel Stauraum durch ein Lattenregal und die stabile Kleiderstange aus Holz.

Zwischenraum-Latten

Diese Latten aus 50 x 38 mm Kantholz kommen oben, unten und zwischen den beiden Türen zwischen die Rahmen. Sie werden ebenfalls mit einer Schlitz- und Zapfenverbindung oder mit Dübelverbindungen befestigt (Techniken, Seite 28 und 30). Die Länge der Dübel entspricht der halben Pfostenstärke; so stoßen beide Zapfen von jeder Seite in der Mitte des Rahmens sauber aneinander.

Die Latten auf die Breite der Tür plus 4 mm Spiel an jeder Türseite, plus Länge der Zapfen bei Zapfenverbindungen zusägen. Jeweils 6 Zwischenraum-Latten für je 2 Rahmen auf diese Länge sägen.

Die drei vorderen Latten werden von der Vorderseite der Pfosten um die Stärke der Türen plus 10 mm nach hinten versetzt. Die hintere untere Latte wird um etwa 225 mm von der Hinterkante nach vorne versetzt, um als Halteleiste für Schuhe zu dienen. Die obere und die mittlere hintere Zwischenraum-Latte werden etwa 12 mm nach vorne versetzt, um den Rahmen leicht an die Wand anreißen zu können (Techniken, Seite 31).

Kleiderstangen

Die erforderliche Anzahl von Kleiderstangen auf dieselbe Länge sägen wie die Zwischenraum-Latten, einschließlich einer Zugabe für die Zapfen, so daß sie sich in der Mitte der Querträger treffen. Wenn Sie die Zwischenraum-Latten mit Dübeln befestigen möchten, müssen Sie bei der Länge der Kleiderstangen ebenfalls ein entsprechendes Übermaß vorsehen.

Befestigen der Seitenrahmen

Einen Rahmen aufstellen und zur Befestigung an Wand, Boden und Decke anzeichnen (Techniken, Seite 31). Jeder Rahmen muß mit dem nächsten Rahmen auf genau gleicher Höhe stehen.

Den Rahmen entweder an der Sockelleiste anreißen oder die Sockelleiste entfernen und später wieder einsetzen. Die Stellung eines jeden Rahmens unverwechselbar kennzeichnen. Das erste äußere Seitenteil mit innen angebrachten Befestigungswinkeln an Decke und Boden befestigen (Techniken, Seite 25). Auf senkrechten Stand achten! Befestigen Sie das Teil direkt an der rückwärtigen Wand, so lassen Sie einen Abstand von 25 mm. Hier wird später eine Blende eingepaßt. Der Rahmen kann auch direkt an die Seitenwand verschraubt werden, wobei jedoch eine Latte von 25 mm Stärke als Abstandshalter dient.

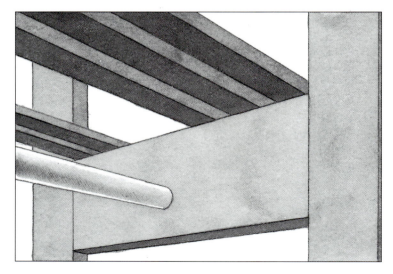

❶ Herstellen des Lattenregals
Die Latten liegen auf den mittleren Querträgern. Bohrungen in den Querträgern dienen zur Aufnahme der Kleiderstange.

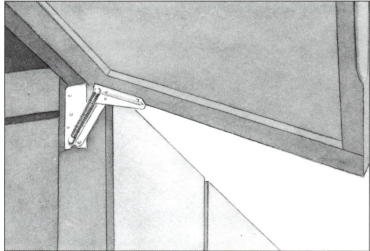

❷ Detailansicht der Scharniere und Griffleisten der Klapptür
Der Mechanismus der Klapptüren wird oben an den Seitenrahmen befestigt.
Durch einen Falz an der unteren Kante der Türklappe entsteht ein praktischer Handgriff.

Befestigen von Winkelverbindern	25	Anreißen großer Längen	31
Stumpfe Verbindung	26	Ermitteln der Senkrechte	32
Schlitz- und Zapfen-Verbindung	28	Anbringen von Scharnieren	32
Dübelverbindung	30	Anbringen von Schnäppern	34

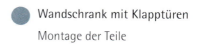

Wandschrank mit Klapptüren
Montage der Teile

Einpassen der Zwischenraum-Latten
Die Zwischenraum-Latten und die Kleiderstange im ersten Seitenteil einpassen und verleimen. Dann das nächste Seitenteil mit bereits eingeleimten Verbindungen aufstellen. Die beiden Rahmen mit Schraubknechten über die gesamte Breite fixieren und den Leim aushärten lassen. Auf diese Weise werden auch alle übrigen Seitenteile montiert.

Einpassen der Seitenwände
Die Seitenwand in den in das Seitenteil gefrästen Falz setzen. Sie wird hier durch Zierleisten gehalten, die auf der Innenseite mit Stiften angenagelt werden.

Lattenregal
Die Latten laufen über die gesamte Breite des Schranks; sie liegen auf den mittleren Querträgern in den Seitenteilen auf. Die vorderste und hinterste Latte liegt jeweils an den Rahmenpfosten an, während die anderen in gleichen Abständen dazwischengelegt werden. Müssen Latten in der Länge gestoßen werden, so geschieht dies im Bereich eines Querträgers. Die Latten werden auf den Querträgern befestigt.

Oberer Regalboden
Die oberen Regalböden aus 9 mm Sperrholz liegen auf Zwischenraum-Latten auf. Sie werden etwas von der Vorderkante zurückgesetzt oder, noch besser, mit einem Falz auf die Zwischenraum-Latten gesteckt. Jeden Regalboden so zusägen, daß er mittig am senkrechten Rahmen eines Doppelelements an den Nachbarboden anstößt. Die Böden an den Ecken um die Pfosten herum passend zusägen. Die Böden an den vorderen und hinteren Zwischenraum-Latten befestigen.

Türen
Die Türen mit 75 mm Klappscharnieren aus Messing befestigen (Techniken, Seite 33). Die Scharniere so einbauen, daß die Türen von der Vorderkante 10 mm nach hinten versetzt sind. Dies bedeutet, daß Sie die Türen nicht weiter als bis zu einem Winkel von 90° öffnen können, da sonst die Scharniere sich lockern oder sogar herausgezogen werden. Notfalls, besonders wenn Kinder den Schrank benutzen, Stopper einbauen, um ein weiteres Öffnen zu verhindern.

Abschließend versehen Sie die Türen mit Griffen und einem dazu passenden Außendekor.

Klapptüren
Die Klapptüren werden an der Oberkante angeschlagen. Es empfiehlt sich der Einsatz von Spezialscharnieren, die als kombinierte Scharniere und Halterungen dienen (Techniken, Seite 34). Durch eine Feder wird die Tür gehoben und offen gehalten.

Durch Fräsen eines Falzes oder Abschrägen an der Unterkante jeder Klappe wird eine Griffmulde geschaffen. Alle Türen werden mit Magnetschnäppern versehen (Techniken, Seite 34).

Rahmenblende
Befestigen Sie die Seitenteile an Seitenwänden, so erzielen Sie einen sauberen und dichten Abschluß durch Blendleisten. Diese werden wie die Türen zurückversetzt (10 mm) und in einer zu den Türen oder zur Wand passenden Farbe lackiert.

Sockelleiste
Ist an der Wand bereits eine Sockelleiste vorhanden, so wird der Abschnitt zwischen den Seitenteilen entfernt. Dann so zusägen, daß die neue Leiste zwischen die senkrechten Teile paßt.

③ Einhängen der Schranktüren
Die Türen werden von der Vorderkante der Rahmen etwas zurückgesetzt an Scharnieren aus Messing befestigt.

Großzügiger Stauraum im Schrank
Bei geöffneten Türen bietet der Schrank bequemen Zugang zu einem massiven oberen Regalboden, zum Lattenregal und zu der Kleiderstange.

Faltbarer Raumteiler

Für einen Wandschirm gibt es in der Wohnung viele Verwendungsmöglichkeiten. Er schafft visuell und physisch wahrnehmbare Abgrenzungen.

Mein Entwurf kann auch zu einer Garderobe für Diele oder Schlafzimmer umfunktioniert werden. Mit einer Stange, Holzknäufen und einem Regalbrett verwandeln Sie den Paravent in eine schlichte, aber elegante Garderobe, die Sie dort aufstellen können, wo Sie sie gerade brauchen.

Das geometrische Grundmuster des Wandschirms können Sie nach Lust und Laune abwandeln. Sie können die Latten unbehandelt belassen, beizen oder farbig streichen. Wenn Sie einen Sichtschutz wollen, bespannen Sie den Paravent auf einer Seite mit hellem, dünnem Stoff.

Ich habe keine Metallscharniere zwischen den einzelnen Flügeln angebracht, sondern eine so althergebrachte wie geniale Methode der Verbindung gewählt: Die Flügel sind mit einem festen Gewebeband verbunden. Der Wandschirm ist schnell zusammengefaltet, wenn Sie ihn gerade einmal nicht benötigen.

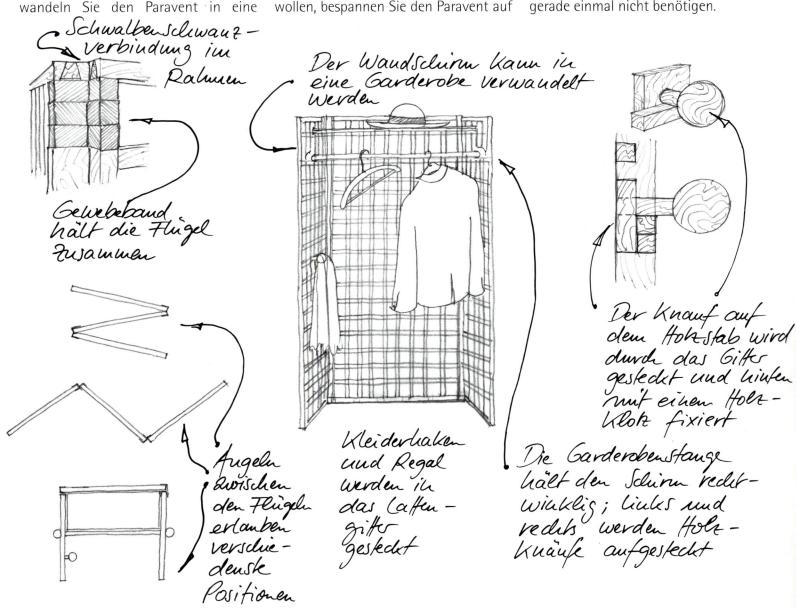

Faltbarer Raumteiler

Faltbare Raumteiler sind Gestaltungselemente, mit denen Sie nicht nur Räume unterteilen, sondern auch weniger schöne Ecken oder optisch störende, bauliche Merkmale kaschieren können. Wird eine Seite des offenen Rahmens z.B. mit einem leichten Tüllstoff versehen, so ergibt sich eine abschirmende Wirkung ohne zu starke Dämpfung des Lichts. Alternativ bietet sich mit einem undurchsichtigen Material die Möglichkeit einer effektiven Abschirmung. Bei dem hier gezeigten Modell wird mit einer spalierähnlichen Lattenkonstruktion gearbeitet.

Werkzeuge

Stahlbandmaß
Anschlagwinkel
Streichmaß (oder Zapfenstreichmaß)
Schmiege
Schneidemesser
Schwalbenschwanzsäge
oder Rückensäge mit feiner Zahnung
Bogensäge
Fuchsschwanz, Kreissäge
(oder elektrische Stichsäge)
Balleisen 12 mm
Bohrmaschine
Zentrierbohrer
Spitzbohrer (oder Maschinenschlangenbohrer bei Benutzung einer Bohrkurbel)
Holzhammer (oder Hammer und Verschnittholz zum Eintreiben von Dübeln)
Schraubknechte
(oder Gurtband oder Schiebekeile)
Stifthammer
(oder ähnlicher leichter Hammer)
Schwingschleifer (oder Handschleifblock)
Tacker und Heftklammern
Pinsel 38 mm

Materialien

Anmerkung: Die Angaben gelten für einen Rahmen; es werden drei Rahmen benötigt.

Teil	Stückzahl	Material	Länge
Rahmen-Pfosten	2	50 x 25 mm vorgehobeltes Kantholz	1730 mm
Querträger, oben und unten	2	50 x 25 mm vorgehobeltes Kantholz	710 mm
Waagrechte Spalierlatten	15	25 x 25 mm vorgehobeltes Kantholz	etwa 660 mm
Senkrechte Spalierlatten	6	25 x 25 mm vorgehobeltes Kantholz	etwa 1680 mm
Befestigungsdübel für Latten	42	6 mm-Rundholz	30 mm
Kleiderstangen nach Bedarf	2	5 mm-Rundholz	etwa 760 mm lang, Abstand zwischen den Raumteilerwänden, plus ungefähr 38 mm
Kleiderstangen-Aufsätze	6 (2 pro Stange)	Holzkugel	75 mm oder 63 mm Durchmesser
Regalboden	1	12 mm Sperrholz	etwa 300 mm tief, ungefähr 760 mm lang
Halteplatte für Garderobenknauf	1	25 mm vorgehobeltes Holz	etwa 75 mm breit, etwa 125 mm lang
Knauf-Anschlagleiste	1	25 x 25 mm vorgehobeltes Holz	etwa 125 mm
Knaufstange	1	25 mm Rundholz	75 mm
Holzknauf	1	Holzkugel	50 mm Durchmesser

Durch die Verwendung herkömmlicher Gurtbandscharniere, die eine Bewegung in beiden Richtungen gestatten, können Sie den Raumteiler in Z-Form oder in U-Form aufstellen; in letzterem Fall kann er durch Einsetzen einer Stange auch als provisorische Garderobe dienen. Auch ein herausnehmbarer Regalboden ist möglich, der über die Hängestange passend gefertigt wird. Weiterhin lassen sich an beliebigen Stellen im Raumteiler Garderobenknäufe anbringen. Wird der Raumteiler nicht benötigt, so können Sie ihn einfach zusammenfalten und verstauen.

Ihr Raumteiler kann aus beliebig vielen Elementen bestehen. Das hier gezeigte Modell besteht aus drei Elementen; jedes hat eine Höhe von 1730 mm und eine Breite von 710 mm. Die Spalierlatten im äußeren Rahmen bilden quadratische Zwischenräume von 75 mm Kantenlänge. Zur Erhöhung der Festigkeit werden die Rahmen mit Schwalbenschwanzverbindungen an den Ecken hergestellt. Dübelverbindungen sind jedoch genauso gut möglich (Techniken, Seite 30). Diese Verbindungen sind absolut zuverlässig, wenn sie zusätzlich noch mit einem modernen Holzleim wie einem PVA-Leim verarbeitet werden.

Herstellen der Raumteiler-Elemente

Der Außenrahmen des Elements wird aus 50 x 25 mm vorgehobeltem Kantholz hergestellt. Für jeden Rahmen werden zwei Pfosten und zwei Querträger (oben und unten) benötigt. Unsere Pfosten sind 1730 mm lang, die Querträger 710 mm. Auf exakt rechtwinkelige Ecken achten!

Sägen	21
Schwalbenschwanzverbindung	29
Dübelverbindung	30

● **Faltbarer Raumteiler**
Montagezeichnung

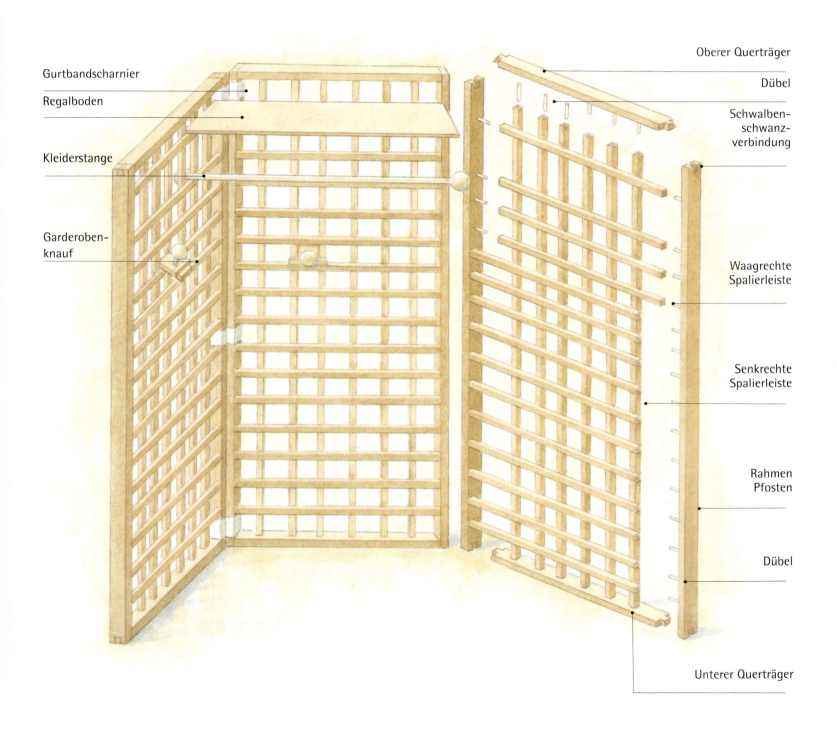

Gurtbandscharnier
Regalboden
Kleiderstange
Garderobenknauf

Oberer Querträger
Dübel
Schwalbenschwanzverbindung
Waagrechte Spalierleiste
Senkrechte Spalierleiste
Rahmen Pfosten
Dübel
Unterer Querträger

Faltbarer Raumteiler

Herstellen der Zapfen an oberem und unterem Querträger

Die Herstellung einer Schwalbenschwanzverbindung ist auf Seite 29 im Kapitel "Techniken" beschrieben. An dieser Stelle werden lediglich projektspezifische Hinweise gegeben. Das Streichmaß auf die Stärke des Querträgers einstellen und dieses Maß vom Ende des Querträgers anzeichnen. Die Linie um beide Vorderseiten und Kanten herumführen. Auf diese Weise wird jedes Ende am oberen und unteren Querträger angerissen.

Form des Zapfens an einem Stück Verschnittholz derselben Stärke anzeichnen und daran die Einstellung des Streichmaßes (oder eines eventuell vorhandenen Zapfenstreichmaßes) festlegen.

Mit dem Streichmaß übertragen Sie die Außenkonturen des Zapfens auf die Außenfläche des Querträgers. Mit Hilfe einer Schmiege wird dann der Zapfen mit einem gespitzten Bleistift auf die Stirnfläche des Querrahmens übertragen. Die Linien an der Unterseite des Zapfens mit einem Anschlagwinkel auf der Innenfläche fortführen (Abbildung 1).

Den Querträger in einem Schraubstock senkrecht einspannen und an den Bleistiftlinien mit einer feinen Rückensäge oder einer Schwalbenschwanzsäge bis auf die seitlich angezeichneten Linien einsägen. Dann den Querträger waagerecht in den Schraubstock einspannen, um die Absätze des Schwalbenschwanzes zu entfernen, so daß nur der Zapfen übrigbleibt; dazu bis zur angezeichneten Linie sägen. Jedes Ende der oberen und unteren Querträger auf diese Weise bearbeiten.

Herstellen der Schwalbenschwänze an den Pfosten

Wie zuvor beschrieben werden die Enden mit dem Streichmaß angezeichnet und die Linien um den Pfosten herumgeführt. Um die spätere Montage zu erleichtern, markieren Sie die entsprechenden Verbindungen. Einen Querträger in Längsrichtung oben auf einen Pfosten legen, um die Stärke des Zapfens anzuzeichnen. Dann wird der Querträger am Ende des Pfostens senkrecht aufgestellt, um den "Schwalbenschwanz" zur Aufnahme des Zapfens auf dem später senkrecht stehenden Pfosten anzuzeichnen (Abbildung 2).

Für alle übrigen Verbindungen wird genauso verfahren. Numerieren Sie die Verbindungen fortlaufend, da sie nicht austauschbar sind. Die Markierungen mit einem Anschlagwinkel auf die restlichen Kantenflächen übertragen. Alle Enden der Pfosten auf diese Weise anzeichnen.

Um die Pfostenenden sägen zu können, muß der senkrechte Pfosten festgehalten werden. Dazu spannen Sie ihn am besten senkrecht in einen Schraubstock, stabilisieren ihn mit langen, seitlich befestigten Latten und benutzen zum leichteren Sägen eine Trittleiter. Gesägt wird innerhalb der Bleistiftlinien (Abfallseite); nach den markierten Linien sägen Sie die Schwalbenschwänze. Das abfallende Holz wird mit einer Bogensäge ausgesägt; mittig bis zur Querlinie herunter und dann zu den Seiten nach außen sägen. Dabei bleiben Sie etwas innerhalb der angezeichneten Linien. Mit einem Balleisen dann exakt bis zu den Seiten ausstemmen. Die übrigen Enden aller Pfosten werden genauso behandelt, um sodann die Verbindungen passend nach ihrer Numerierung zusammenzusetzen. Achten Sie auf die Stirnflächen der Querträger und Pfosten ebenso wie auf die Zapfen und Schwalbenschwänze. Stellen Sie zunächst zur Probe eine Schwalbenschwanzverbindung an einem Stück Verschnittholz her.

Spalierlatten

Ist der Rahmen probeweise zusammengesetzt, so nehmen Sie die Innenmaße auf, um die Spalierleisten aus 25 x 25 mm vorgehobelten Latten auf diese Maße zuzusägen. Im hier gezeigten Fall ergeben sich 15 horizontale und 6 vertikale Spalierlatten pro Wandteil. Danach den Rahmen wieder zerlegen.

Zur Befestigung der Spalierlatten im Außenrahmen wurde hier mit Hartholzdübeln (6 mm Durchmesser) von 30 mm Länge gearbeitet. (Dies entspricht in etwa der idealen Größe. Bei anderer Dübelgröße sind die Maße entsprechend zu korrigieren.)

Mit Hilfe einer Bohrführung werden die Enden aller Spalierlatten mit einem Kernbohrer oder Holzbohrer mit 6 mm Durchmesser auf eine Tiefe von 19 mm gebohrt.

Anzeichnen der Dübellöcher

Die vertikalen Spalierlatten zusammengeschoben auf die oberen und unteren Querträger legen; beginnen Sie dort, wo der Zapfen beginnt. Von der Kante der letzten Latte bis zum Anfang des anderen Zapfens messen und dieses Maß durch die Anzahl der Spalierlatten teilen. Dadurch erhalten Sie den Abstand zwischen den Latten. Diesen Abstand und die halbe Stärke der Latte vom Beginn des Zapfens aus nach innen messen. Die Mitte des ersten Dübelloches liegt an der so ermittelten Stelle. Von dort

① Herstellen der Zapfen an Querrahmen
Die Tiefe rundherum anzeichnen; die Oberseite und die Unterseite des Zapfens bereits markieren. Der Schwalbenschwanz ist auf der Stirnseite zu erkennen.

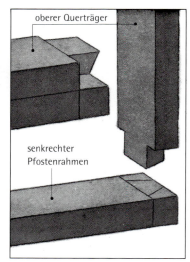

② Anreißen an den Pfosten
Tiefe und Stärke des Zapfens übertragen; danach das Profil des Zapfens auf dem Pfosten anzeichnen.

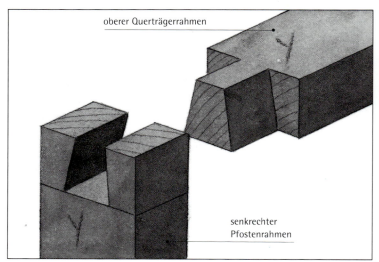

③ Fertigstellen der Schwalbenschwanzverbindung
Zapfen an oberem Querträger mit feiner Rückensäge oder Schwalbenschwanzsäge aussägen. Schwalbenschwanz an senkrechtem Pfosten des Rahmens mit Schwalbenschwanz- und Bogensäge aussägen. Alle Einschnitte mit Balleisen für guten, sicheren Sitz ausarbeiten.

Herstellen von Schiebekeilen	21
Bohren	23
Schwalbenschwanzverbindung	29
Dübelverbindung	30

Faltbarer Raumteiler
Schwalbenschwanzverbindung

aus werden die Mittellinien der Dübellöcher nach dem bereits errechneten Abstandsmaß angezeichnet. Der letzte Abstand muß genauso groß sein wie der erste. Die Lochmarkierungen mittig auf alle anderen oberen und unteren Querträger übertragen.

Um die mittige Lage der Dübellöcher quer auf den Rahmen anzuzeichnen, nehmen Sie die Mitte des Querrahmens und messen Sie von dort aus genau die halbe Stärke der vertikalen Spalierlatte ab. (Dies ist weniger als der Nennwert von 25 mm.) Dann wird eine Längslinie über den Querrahmen gezogen. An den Schnittpunkten der senkrecht zu dieser Linie stehenden Dübellochlinien liegen die Mittelpunkte der Dübellöcher (Abbildung 5).

Genauso zeichnen Sie die Dübellöcher für die horizontalen Spalierlatten auf den Pfosten an. Sie stehen im selben Abstand wie die vertikalen Spalierlatten. Eine Spalierlatte wird von oben her und die übrigen dann von unten her eingemessen. So entsteht zwischen der oberen horizontalen Spalierlatte - auf der der Regalboden aufliegt - und der nächst tieferen ein größerer Abstand.

Zur Markierung der Dübellöcher in der Horizontalen nehmen Sie genau die halbe Stärke der Spalierlatte von der Mitte aus, aber in Gegenrichtung zu den vertikalen Latten. So stellen Sie sicher, daß die horizontalen Spalierlatten genau vor den vertikalen eingepaßt werden.

Alle angezeichneten Löcher mit einem Durchmesser von 6 mm und auf eine Tiefe von 12 mm bohren.

Zusammensetzen der Rahmen

Hierbei gehen Sie wie in Abbildung 5 beschrieben vor. An einem Pfosten werden nun auf einer Seite beide Schwalbenschwanzverbindungen verleimt und zusammengesetzt. Dann leimen und dübeln Sie alle horizontalen Spalierlatten im senkrechten Pfosten. Schließlich werden am zweiten Pfosten Schwalbenschwanzverbindung und Dübel gleichzeitig verleimt und verbunden.

Mit Schraubknechten (oder Gurtband oder Schiebekeilen) über dem Rahmen werden die Verbindungen zusammengezogen. Mit einem Abstandhalter überprüfen Sie, ob alle Abstände gleich sind, bevor Sie die Spalierlatten an ihren Kreuzungspunkten miteinander verstiften. Die beiden übrigen Rahmen genauso zusammensetzen und die Oberfläche nach Ihren Wünschen endbehandeln.

 Ermitteln der Dübellöcher für vertikale Spalierlatten
Vertikale Spalierlatten zusammengeschoben auf oberen und unteren Querträger legen; bei den Zapfen beginnen. Abstand Kante letzte Latte bis anderer Zapfen messen und daraus Abstand der Spalierlatten errechnen.

5 Vertikale Spalierlatten
Dübellöcher an Querträger anzeichnen und bohren. Leimen und Dübel einsetzen. Leim in Löcher der Spalierlatten geben und diese auf die Dübel schieben.

Garderobe aus Raumteiler
Der Raumteiler läßt sich leicht in eine provisorische Garderobe verwandeln. Ist bei unerwartetem Besuch eine praktische Lösung.

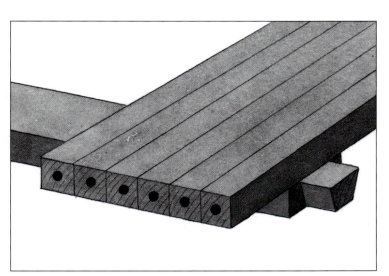

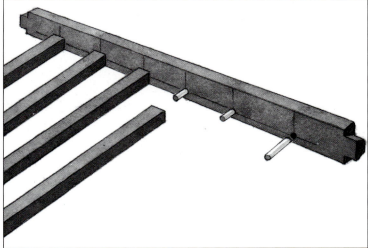

Faltbarer Raumteiler

Detailansicht des Gurtbandscharniers
Das Gurtbandscharnier ermöglicht das Falten des Raumteilers in beide Richtungen; Farbe des Gurtbandes zum Raumteiler passend.

Gurtbandscharniere

Die drei Elemente des Raumteilers werden oben, in der Mitte und unten mit selbstgemachten Gurtbandscharnieren zusammengehalten. Dadurch kann der Raumteiler in jede Richtung gefaltet werden. Jedes Scharnier besteht aus drei einzelnen Streifen aus 25 mm breitem Gurtband (Leinen).

Die beiden äußeren Streifen oben und unten sind identisch und werden zuerst befestigt; auf einen Zwischenraum für den mittleren Streifen achten, der in Gegenrichtung befestigt wird. Der erste oberste Streifen wird gemäß der Skizze an den Rahmen angeklammert oder getackert und mit dem nächsten Rahmen durch einen Achterschlag verbunden; diesen so legen, daß die Enden der Streifen überdeckt sind. Der Gurtstoff kann vorübergehend angeheftet werden, um ihn beim Umwickeln entsprechend zu fixieren. Die letzte Wendung des Streifens am Rahmen anheften und das Ende noch eine Wendung weiterziehen. Dadurch werden die Heftklammern auf beiden Rahmen verdeckt. Der andere Streifen wird genauso befestigt.

Der Mittelstreifen wird gemäß Abbildung 3 befestigt. Dieser Streifen kann nicht so weit herumgewickelt werden wie die anderen, so daß nur die erste Reihe der Heftklammern verdeckt wird. Das Ende wird wie vorher zur nächsten Fläche durchgezogen. Zwischen je zwei Rahmen bringen Sie drei derartige Scharnierverbindungen an.

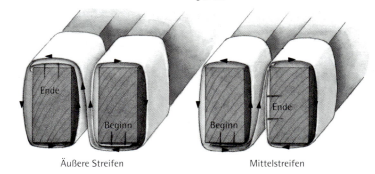

Äußere Streifen   Mittelstreifen

1 Montieren der horizontalen Spalierlatten
Leim auftragen; ersten senkrechten Pfosten in die Zapfen der oberen und unteren Querträger einsetzen; leimen und dübeln.

2 Anbringen des zweiten senkrechten Pfostens
Schwalbenschwänze und Dübel leimen und verbinden; oberste horizontale Spalierlatte nicht vergessen.

3 Herstellen der Scharniere
Gurtstoff in Pfeilrichtung um die senkrechten Pfosten in Pfeilrichtung wickeln, wodurch eine feste Scharnierverbindung entsteht.

Bohren	23
Nageln	24
Dübelverbindung	30

● Faltbarer Raumteiler
Gurtbandscharnier, Kleiderstange und Knäufe

Kleiderstangen
Den Raumteiler in U-Form aufstellen und das Maß für die Kleiderstangen von den Außenkanten der Querlatten plus 19 mm an jedem Ende aufnehmen. Auf die Enden werden Holzknäufe von 75 mm oder 63 mm Durchmesser aufgesteckt. Die erforderliche Anzahl an Kleiderstangen aus 25 mm Rundholz schneiden. Jede Stange ist ungefähr 760 mm lang, wenn Sie sie nach den angegebenen Maßen fertigen.

Jeden Knauf in einen Schraubstock einspannen und mit einem Spitzbohrer (25 mm Durchmesser) auf eine Tiefe von 19 mm bohren.

Die Kleiderstangen werden mit Knäufen verleimt und dann an der gewünschten Stelle in den Raumteiler gelegt.

Regalboden
Soll ein Regalboden eingepasst werden, so wird dieser aus 12 mm Sperrholz hergestellt. Er liegt oben auf zwei horizontalen Spalierlatten auf und läßt sich leicht herausnehmen, wenn der Raumteiler zusammengefaltet werden soll. Regalboden passend sägen (etwa 300 mm tief). Da er nur für den vorübergehenden Gebrauch vorgesehen ist, sollten Sie keine schweren Gegenstände darauf legen. Für Hemden oder andere leichte Kleidungsstücke reicht er jedoch durchaus.

Garderobenknäufe
Die erforderliche Halteplatte aus 25 mm gehobeltem Weichholz in Höhe und Breite so sägen, daß sie in ein offenes Fach zwischen Längs- und Querlatten paßt.

Aus einem 25 x 25 mm Verschnittholz dann ein Stück sägen, dessen Länge von einer Außenkante der vertikalen Spalierlatte bis zur nächsten geht. Diese Leiste wird der Anschlag für die Halteplatte, die in ein Fach eingesetzt wird. Die Anschlagleiste auf die Platte halten, um sie zur Befestigung anzuzeichnen.

In die Halteplatte wird 12 mm tief ein Loch mit 25 mm Durchmesser gebohrt, dessen Mitte von der Oberkante der Anschlagleiste 25 mm nach oben versetzt ist. Von einem Rundholz mit 25 mm Durchmesser sägen Sie ein 75 mm langes Stück ab und leimen es in das Loch ein. Die Anschlagleiste mit der Halteplatte verleimen und verstiften.

In einen Holzknauf (50 mm Durchmesser) ein 19 mm tiefes Loch mit 25 mm Durchmesser bohren. Dann den Knauf mit dem Rundholz verleimen. Diese Garderobenknäufe können Sie überall einhängen.

④ Verstiften der Spalierlatten
Rahmen einspannen und die Abstände der Latten mit einem Abstandhalter prüfen; Latten nun verstiften.

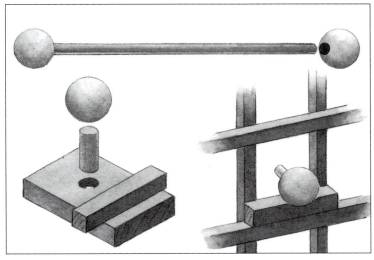

⑤ Herstellen der Kleiderstange und Garderobenknäufe
Die Kleiderstange besteht aus einem Rundholz mit 25 mm Durchmesser und Holzknäufen an den Enden. Die Garderobenknäufe bestehen aus einer Anschlagleiste auf einer Halteplatte, auf der der Holzknauf über ein kurzes Rundholz befestigt wird.

Detailansicht der Garderobe
Als Garderobe bildet der Raumteiler eine geschmackvolle Ergänzung in jedem Schlafzimmer, Flur oder Abstellraum.

Japanischer Wandschrank

Obwohl ich diesen Schrank für ein Schlafzimmer konzipiert habe, passt er auch gut in jedes entsprechend eingerichtete Wohnzimmer. Ich habe versucht, die heiter-ruhige Gelassenheit, die traditionelle japanische Wohnräume auszeichnet, in meinem Entwurf einzufangen.

Wichtig ist, daß der Rahmen, in dem die Schiebetüren laufen, rechteckig ist, daß jede Ecke wirklich im rechten Winkel steht. Mit Leisten, die an den Ecken und der Rückwand des Schrankes angebracht werden, können Sie die jeweiligen Unebenheiten des Fußbodens, der Wand oder Decke ausgleichen.

Die Schranktüren sind mit rechteckigen Flächen strukturiert, deren Größe sich nach der Größe der Wand richtet, die Ihnen für den Schrank zur Verfügung steht. Als Bespannung habe ich einen robusten, elfenbeinfarbenen Baumwollstoff verwendet, anstatt des herkömmlichen japanischen Papiers. Sie können auch andere Stoffe wählen, die zu Ihrer Einrichtung passen.

Einer der Vorzüge eines japanischen Wandschrankes ist – neben dem großen Stauraum –, daß Sie innen Leuchtröhren installieren können. Das Licht wird auf angenehme Weise gedämpft. Ihr Schlaf- oder Wohnzimmer erhält damit einen eleganten, leuchtenden Hintergrund.

SCHNITT DURCH DIE WANDBEFESTIGUNG

Holzklotz gleicht Unebenheiten zwischen Wand, Decke & Rahmen aus

Wand — Dübel — Schiene der Schiebetüren — Schiebetür

Stoff wird unter eine Leiste gespannt, die in die Nut des Rahmens passt

Leiste zwischen Wand und Schrank kaschiert Unebenheiten optisch; Farbe wie Wand und Decke

SCHNITT DURCH DIE DECKENBEFESTIGUNG

DECKE — Schienen der Schiebetür

Abdeckleiste — Eingespannter Stoff

Leuchtröhre, an Rahmeninnenseite angebracht, verbreitet angenehm gestreutes LICHT

● Bad und Schlafzimmer
Japanischer Wandschrank

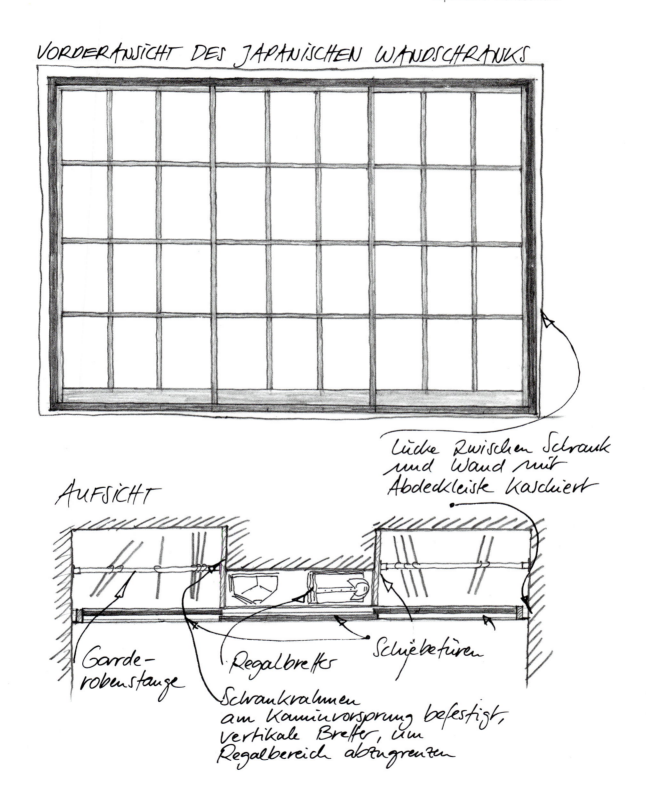

Japanischer Wandschrank

Die leichten Schiebetüren dieses Einbauschranks sind durch einen schmalen, spalierartigen Rahmen unterteilt und erhalten durch eine Stoffbespannung auf der Rückseite den Charakter eines japanischen Möbels. Die Türen sind so gestaltet, daß sie unabhängig von eventuellen Nischen oder Kaminvorsprüngen von einer Wand zur anderen reichen. Hinter den Türen angebrachte Lampen beleuchten das Innere des Schranks und schaffen bei geschlossenen Türen ein sanft gefiltertes Licht im Raum, wodurch eine gerade für Schlafräume angenehme und entspannende Atmosphäre entsteht.

Bei dem hier gezeigten Design liegen die Schiebetüren vor einem Kaminvorsprung und verdecken diese vollständig. An den Seiten des Vorsprungs werden Regal-Seitenteile angebracht, die leicht vor dem Kamin hervorstehen und den Einbau von schmalen Einlegeböden in der Breite des Kamins ermöglichen.

Möchten Sie diesen Schrank an einer plan durchgehenden Wand aufbauen, so sollten Sie dennoch zwei innere Seitenteile vorsehen, um die Kleiderstangen und die tiefen Einlegeböden zusätzlich abzustützen. In diesem Falle gehen jedoch alle Einlegeböden bis nach hinten zur Wand, und es ergibt sich Platz für drei anstatt für nur zwei Kleiderstangen.

Ist an der Wand kein Kamin oder kein anderer Vorsprung vorhanden, so sieht es besser aus, wenn Sie die inneren Seitenteile als Rahmen-Konstruktion mit Sperrholzverkleidung ausführen.

Materialien

Teil	Stückzahl	Material	Länge
Seitenteile	2	19 mm Sperrholz, Tischler- oder Spanplatte, Breite wie Innentiefe des Schrankes (hier 530 mm)	Raumhöhe
Tiefe Einlegeböden	4	Wie oben; 518 mm tief wegen der Stärke der Blendleisten	Abstand zwischen inneren Seitenteilen und seitlichen Wänden
Schmale Einlegeböden	6	19 mm Sperrholz, Tischler- oder Spanplatte, Tiefe wie Abstand zwischen Kaminvorsprung und Vorderkante der Seitenteile, minus 12 mm	Abstand zwischen den Seitenteilen
Blendleiste für Einlegeböden	10	38 x 12 mm vorgehobeltes Kiefern- oder Hartholz	Wie Einlegeböden
Hintere Auflageleisten für tiefe Einlegeböden	4	25 x 25 mm**	Länge wie Einlegeböden
Seitliche Auflageleisten für tiefe Einlegeböden	4	25 x 25 mm**	Tiefe der Einlegeböden, minus 38 mm
Hintere Auflageleisten für schmale Einlegeböden	4	25 x 25 mm**	Länge wie Einlegeböden
Seitliche Auflageleisten für schmale Einlegeböden	4	25 x 25 mm**	Tiefe der Einlegeböden, minus 38 mm
Kleiderstange	2	Chromstange oder Rundholz 25 mm Durchmesser	Breite der Nische
Stangenhalterungen	4	75 x 25 mm**	2 mit 530 mm, 2 mit 610 mm

Türrahmen

Obere und untere Querträger	2	100 x 50 mm**	Raumbreite plus 150 mm*
Senkrechte Pfosten	2	Wie oben	Raumhöhe*
Obere Rahmenblende	1	25 x 30 mm**	Raumbreite*
Seitliche Rahmenblende	2	Wie oben	Raumhöhe*

Türen (Angaben für eine Tür, das hier gezeigte Projekt hat drei Türen)

Türpfosten	2	50 x 50 mm**	Innere Höhe des Türrahmens abzüglich Spiel für Türlauf
Oberer Querträger	1	50 x 50 mm**	Ein Drittel der Innenbreite des Türrahmens
Unterer Querträger	1	100 x 50 mm**	Wie oben
Waagrechte Türsprossen	3	25 x 25 mm**	Innere Breite des Türrahmens, plus 25 mm
Senkrechte Türsprossen	2	25 x 25 mm**	Innere Höhe des Türrahmens, plus 25 mm
Seitliche Tuchspannleisten	2	9 x 9 mm**	Innere Höhe des Türrahmens, plus 100 mm
Obere und untere Tuchspannleisten	2	9 x 9 mm**	Innere Breite des Türrahmens, plus 100 mm

* Maße etwas zu groß angegeben, um späteres Zusägen zu ermöglichen.
** vorgehobeltes Weichholz

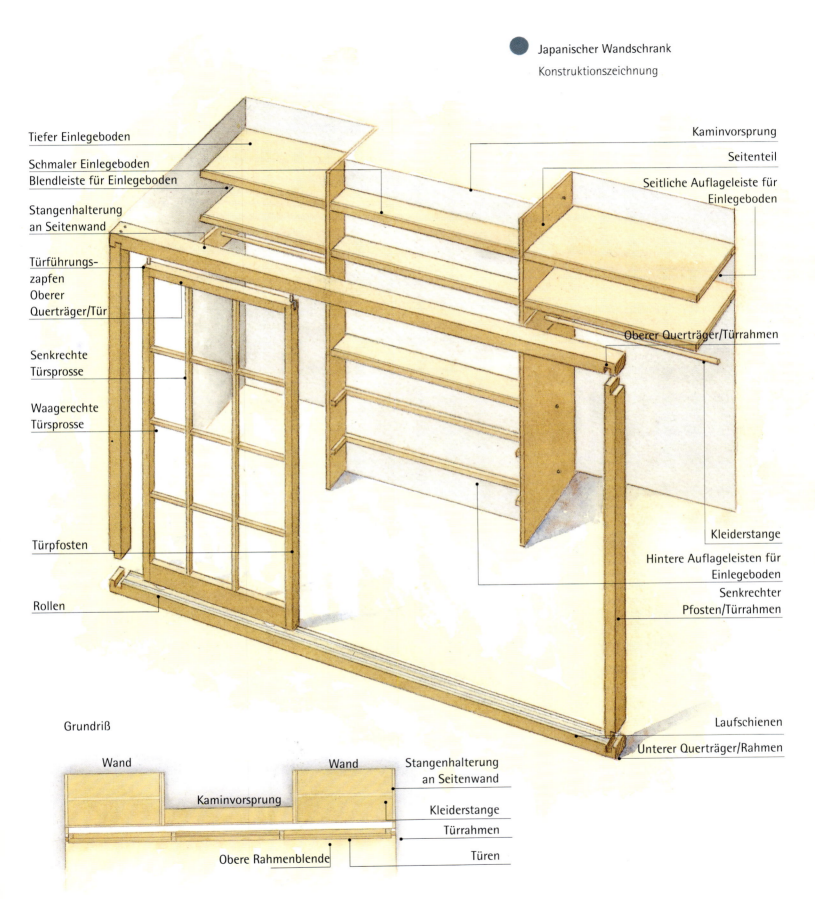

Japanischer Wandschrank

Werkzeuge

Stahlbandmaß
Richtscheit (oder gerade Leiste)
Wasserwaage
Lot mit Schlagschnur
Anschlagwinkel
Schneidemesser
Streichmaß
Zapfenstreichmaß
Kreissäge oder Stichsäge
(oder Fuchsschwanz und Rückensäge)
Gehrungsschneidlade
(nicht zwingend)
Parallelreißer
Bohrmaschine
Wendelbohrer
3 mm für Kernbohrungen,
5 mm für Senkbohrungen
für Schraubenschaft
Spitzbohrer
Senkbohrer
Steinbohrer, passend zu den Dübeln
Oberfräse und Fräsköpfe
Stemmeisen
Schraubendreher
Hammer
Versenker
Putzhobel
Schwingschleifer (oder Schleifblock)
Rahmenklemmen
(Spannweite etwa 200 mm)
Schraubknechte oder Gurtband
(zum Halten der Türen bei Montage)
Pinsel

Vorarbeiten

Zuerst legen Sie die Inneneinteilung des Schranks fest: Höhe der Kleiderstangen, Lage der Einlegeböden usw. Die Einlegeböden des hier vorgestellten Projekts ragen 350 mm über den Kaminvorsprung hinaus. In den Nischen links und rechts vom Kamin werden Kleiderstangen angebracht, und zwei tiefe Einlegeböden sind über den Kleiderstangen angeordnet.

Die Innentiefe des Schranks anzeichnen (in diesem Fall 610 mm, als gute Tiefe für hängende Kleidungsstücke). Dieses Maß überall, an Wänden, Boden und Decke anreißen. Zuerst 610 mm von der rückseitigen Wand entfernt die Seitenwände direkt über der Sockelleiste markieren. Dann an den Seitenwänden mit Lot und Schlagschnur eine senkrechte Linie über diesen Markierungen anreißen. Diese beiden Linien durch einen Kreidestrich an der Decke verbinden. Für den Boden verfahren Sie genauso. Diese Linie bezeichnet die Innenkante des Türrahmens.

Bei Arbeiten in einem alten Haus mit nicht genau rechtwinkeligen Räumen ist die Lage des Türrahmens mitunter nicht durch Messen von der rückwärtigen Wand aus zu ermitteln. Um den Rahmen rechtwinklig zu einer oder beiden Seitenwänden zu montieren, ist hier möglicherweise mit dem 3-4-5-Prinzip zu arbeiten (Techniken, Seite 20). Die Lage des Rahmens auf dem Boden anzeichnen, dann senkrechte Linien an den Seitenwänden und schließlich eine Linie an der Decke anreißen. In alten Häusern können Boden, Wände und Decke auch eine beträchtliche Neigung aufweisen. In diesem Fall sind die unteren, seitlichen und oberen Türrahmenteile zu unterlegen, um alle Unebenheiten auszugleichen. Auf jeden Fall muß der Türrahmen genau winkelig stehen, wie stark Wände, Boden und Decke auch vom Maß abweichen.

Wenn die Innenkante des Türrahmens angezeichnet ist, wird 75 mm dahinter parallel zur ersten Linie eine zweite Linie auf Boden, Wand und Decke gezogen. Diese markiert die Vorderkanten der Einlegeböden und Seitenteile.

Seitenteile

Seitenteile auf Raumhöhe aus 19 mm Sperrholz, Tischler- oder Spanplatte sägen. Diese inneren Seitenteile werden an jeder Seite des Kamins angebracht. Ihre Tiefe entspricht dem Abstand von der rückwärtigen Wand zur zweiten, inneren Linie (in diesem Fall 530 mm).

Die Seitenteile aufstellen und bei Bedarf durch Unterlegen von Keilen genau senkrecht stellen. Seitlich des Kamins in der Wand verdübeln und verschrauben.

Wenn kein Kaminvorsprung vorhanden ist, werden zwei Rahmenelemente mit beidseitiger Verkleidung nach folgender Vorgehensweise hergestellt und eingebaut: Jedes Seitenteil besteht aus zwei 9 mm Sperrholzplatten auf einem Rahmen aus 50 x 25 mm vorgehobeltem Kantholz. Die Platten schieben Sie dabei auf Leisten aus 50 x 25 mm vorgehobeltem Kantholz, die an Wand, Boden und Decke befestigt werden. So erhalten Sie eine stabile und unsichtbare Befestigung. Im Innern der Rahmen sorgen Querträger für zusätzliche Stabilität; diese korrespondieren mit den Leisten für die Einlegeböden und Kleiderstangen.

Einlegeböden

An rückwärtiger Wand und Seitenwänden wird die Lage der Unterkante der Einlegeböden mit Bleistift, Wasserwaage und einem Richtscheit angezeichnet (eine gerade und gehobelte Holzlatte eignet sich hierfür ebenfalls). Auflageleisten für die Einlegeböden aus gehobelten Kieferlatten sägen. Sie kommen an Rückwand und Seitenwände; beim Zusägen die Stärke der Blendleisten an den Vorderkanten der Einlegeböden berücksichtigen. Die Auflageleisten werden aus 25 x 25 mm Latten gesägt (Materialien, Seite 234).

Die fertigen Auflageleisten werden an Rückwand, Seitenwänden und an beiden Seiten der Seitenteile befestigt; auf sauberen, genau waagrechten und korrespondierenden Sitz achten. Für die Befestigung an massiven Wänden brauchen Sie natürlich entsprechende Dübel.

Die Vertiefungen der Senkbohrungen verspachteln und die Leisten passend zur Farbe der Wand streichen.

Die Einlegeböden aus 19 mm Sperrholz, Tischler- oder Spanplatte zusägen und die Vorderkanten mit einer Blendleiste aus 38 x 12 mm Kiefern- oder Hartholz versehen, so daß die Blendleiste bündig mit der Oberkante abschließt und nach unten hin die Auflageleisten verdeckt.

Kleiderstangen

Für die Kleiderstangen kommen sowohl fertig gekaufte Chromstangen und Endlager als auch Holzrundstäbe von 25 mm Durchmesser in Frage. Selbst gefertigte Holzstangen werden in Stangenhalterungen (75 x 25 mm) gelagert, die für die Seitenwände auf die gesamte Schranktiefe und für die Seitenteile auf deren entsprechende Tiefe gesägt werden.

Zur Montage der Kleiderstange werden die inneren Seitenteile und die Stangenhalterungen mittig im Durchmesser der Stange aufgebohrt. Nun die Stangenhalterung mit Dübeln und Schrauben an der Seitenwand befestigen und die Kleiderstange einsetzen. Dann die Stangenhalterung für das innere Seitenteil auf die Stange schieben und an dem inneren Seitenteil verschrauben; dabei mit der Wasserwaage ebene Ausrichtung prüfen. Achten Sie darauf, daß die Kleiderstangen beiderseits des Kamins in der gewünschten Höhe eingebaut werden.

Türrahmen für Schiebetüren

Der Rahmen wird mit 30 mm Luft an Oberkante und Seiten gebaut, um ihn an der Sockelleiste und bei Unebenheiten an Wand und Decke sauber anreißen zu können. Beim Ausmessen müssen Sie diesen Luftspalt berücksichtigen und den Rahmen nach den entsprechenden Außenmaßen herstellen.

Der Rahmen wird aus 100 x 50 mm vorgehobeltem Kantholz hergestellt und an den Ecken mit Nut- und Feder-Verbindungen verbunden (Techniken, Seite 27). Eine derartige Verbindung ist sehr stabil. Der kurze Überstand an der Außenseite der Nuten ist jedoch ein Schwachpunkt, so daß am oberen und unteren Querträger etwa 150 mm stehengelassen werden. Diese Überstände werden nach Fertigstellung der Verbindung abgesägt.

Oberen und unteren Querträger nebeneinander legen und zusammenspannen. Die tatsächliche äußere Breite des Rahmens darauf anzeichnen. Einen senkrechten Pfosten des Türrahmens auf die beiden Querträger legen und die Innenkante an-

3-4-5-Prinzip	20	Wandbefestigungen	24	
Sägen	21	Nut- und Feder-Verbindungen	27	
Bohren	23	Anreißen großer Längen	31	
Schrauben	24	Bestimmen der Senkrechten	32	

● Japanischer Wandschrank

Herstellen und Befestigen des Türrahmens

zeichnen; dann diese Linie rechtwinklig mit einem Anschlagwinkel und einem Schneidemesser rundherum auf oberem und unterem Querträger markieren. Ein Streichmaß auf die halbe Stärke der Pfosten einstellen und von der Innenkante nur anzeichnen, wobei der rechte Winkel im Laufe der weiteren Arbeit immer wieder mit einem Anschlagwinkel und einem Schneidemesser angezeichnet wird.

Mit einer Oberfräse wird der Einschnitt (oder die Nut) wie angezeichnet ausgefräst. Oder Sie sägen an den Innenseiten (Abfallseiten) der Einschnittlinien mit einer feingezahnten Rückensäge die Träger ein und stemmen die Nut in der entsprechenden Tiefe sauber aus.

Die senkrechten Pfosten auf Länge sägen (beachten Sie, daß diese bis unten in die Nut reichen). Mit dem zum Anzeichnen der Nut eingestellten Streichmaß werden die Federn an den Enden der Pfosten angezeichnet, so daß sie in die Nuten passen.

Das abfallende Holz mit einer Rückensäge so absägen, daß die Federn sicher und fest in den Nuten sitzen.

Den Rahmen probeweise zusammensetzen. Prüfen Sie, ob die Außenmaße dem Raum entsprechen, und oben und an den Seiten jeweils 30 mm Luft bleibt. Die Zwischenräume werden mit sauber angerissenen Rahmenblenden überdeckt, so daß ein sauberer Abschluß entsteht.

Den Rahmen wieder zerlegen und den Schiebetür-Mechanismus nach den Anweisungen des Herstellers einbauen. Wählen Sie unbedingt einen Mechanismus, bei dem die Rollen in einer Bodenschiene laufen und nicht an einer Deckenschiene; unser Rahmen ist nur für eine Bodenschiene geeignet! Die Laufschiene am Boden und die Führungsschiene an der Decke sind vor der endgültigen Montage des Rahmens wesentlich leichter einzubauen.

Der Rahmen wird zusammengesetzt, indem Sie die Verbindungen leimen und durch die oberen und unteren Querträger in die Pfosten schrauben. An diesem Punkt der Rahmen rechtwinklig verstreben, solange der Leim noch nicht getrocknet ist. Dazu nageln Sie diagonal zwei Latten nach dem 3-4-5-Prinzip an zwei gegenüberliegende Ecken des Rahmens (Techniken, Seite 20).

Montieren des Rahmens
Den Rahmen so aufstellen, daß die Pfosten mittig zwischen den Seitenwänden stehen und beiderseits ein Abstand von 30 mm bleibt. Mit der Wasserwaage sicherstellen, daß der untere Querträger genau waagrecht liegt und notfalls Holzkeile unterlegen. Solange die diagonalen Verstrebungslatten noch am Rahmen befestigt sind, wird der untere Querträger im Boden verschraubt; zuvor mit Hilfe eines Metalldetektors sicherstellen, daß nicht in Rohrleitungen oder Kabel geschraubt wird, die unter vielleicht vorhandenen Bodendielen liegen. Verschraubt wird mit 75 mm Holzschrauben Nr. 10, die nach Möglichkeit auf die Bodenunterkonstruktion gesetzt werden (diese sind anhand ihrer Nägel leicht zu orten). Bei Betonfußböden wie gewohnt dübeln und schrauben.

Die genau senkrechte Ausrichtung des Rahmens prüfen, dann in Abständen von etwa 610 mm Löcher so in die senkrechten Pfosten und Seitenwände bohren, daß Rahmenbefestigungsschrauben mit passenden Dübeln gleichzeitig eingesetzt werden können. Vor dem Festziehen der Schrauben an den Befestigungspunkten zwischen Rahmen und Wand Holzkeile einsetzen; diese von der Vorderkante des Rahmens 25 mm zurücksetzen, damit später die Rahmenblenden zwischen Rahmen und Wand eingepaßt werden können. Erneut prüfen, ob der Rahmen im Winkel steht. Dazu die Diagonalen vermessen; sie müssen gleich lang sein. Bei Bedarf den Rahmen mit Hilfe von weiteren Keilen entsprechend winkelig ausrichten.

Nun in die Decke bohren und den oberen Querträger mit 100 mm Schrauben Nr. 12 verschrauben; dabei - sofern vorhanden - in die Deckenbalken bohren. Auch hier werden wie bei den senkrechten Pfosten an den Befestigungspunkten Keile zwischen oberen Querträger und Decke gesetzt, bevor die Schrauben ganz festgezogen werden.

Nochmals prüfen, ob der Rahmen rechtwinklig ist, und erst dann die diagonalen Verstrebungslatten entfernen.

Aus 6 mm Sperrholz stellen Sie nun eine Rahmenblende her, die Sie zwischen den Pfosten und Seitenwänden sowie dem oberen Querträger und der Decke einsetzen; dazu sauber Wand und Decke anreißen (Techniken, Seite 31). Die Rahmenblende wird mit den zuvor eingesetzten Holzkeilen verschraubt.

Versenkte Schraubenköpfe verspachteln und nach dem Aushärten passend zur Farbe der Wand streichen.

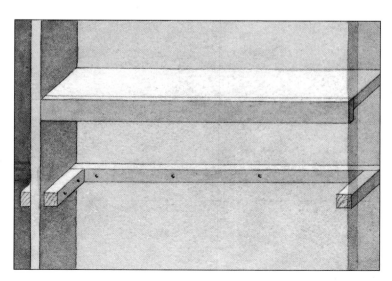

❶ Fertigen der Einlegeböden und Montieren der Auflageleisten
Blendleisten an der Vorderkante der Einlegeböden verdecken die Auflageleisten und verstärken die Böden, damit sie nicht durchhängen. Die seitlichen Auflageleisten in der Stärke der Blendleiste zurücksetzen.

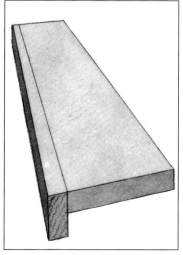

❷ Blendleiste
An der Vorderkante des Einlegebodens aus Sperrholz, Tischler- oder Spanplatte wird eine Hartholzleiste als Blende verleimt und verstiftet.

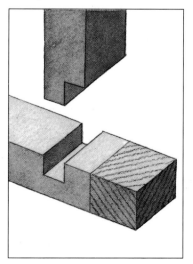

❸ Nut- und Feder-Verbindung
des Rahmens: Die Ecken des Rahmens werden mit diesen Verbindungen zusammengefügt. Achten Sie auf die erst später abzusägenden Überstände.

Japanischer Wandschrank

Schiebetüren

Die Außenmaße der Türen festlegen. Die Türhöhe entspricht der inneren Rahmenhöhe; dabei ist genügend Spiel für den Türschiebemechanismus nach den Anweisungen des Herstellers zu berücksichtigen. Zur Bestimmung der Türbreite dividieren Sie die Innenbreite des Rahmens durch die Anzahl der erforderlichen Türen (in diesem Fall drei Türen). Dabei sollen sich die Türen um die Stärke der senkrechten Türpfosten überlappen.

Aus Kantholz nach den Angaben in der Materialien-Liste (Seite 234) werden die Türpfosten (senkrechte Seitenteile) mit einer kleinen Überlänge gesägt und darauf die Lage des unteren und oberen Querträgers angezeichnet. Die verschiedenen Türenteile verbinden Sie an den Ecken mit Schlitz- und Zapfenverbindungen mit abgestumpftem Zapfen (siehe Techniken, Seite 29).

Oberen und unteren Querträger auf Länge sägen und die Schlitze aus den Pfosten ausstemmen, dann die Zapfen an den Enden der Querträger sägen. Die Überlänge der Türpfosten wird in dieser Phase noch beibehalten, um ein Ausbrechen der Schlitze beim Herstellen zu vermeiden. Türrahmen probeweise zusammensetzen und prüfen, ob die Verbindungen gut passen.

Bei den anderen Türen ganz genauso verfahren.

Zur Herstellung der waagrechten Türsprossen messen Sie die innere Breite zwischen den Türpfosten und sägen drei waagrechte Sprossen mit einer Zugabe von 25 mm auf diese Länge. (Die Anzahl der Türsprossen können Sie entsprechend der Größe der anzufertigenden Tür ändern.) Den Abstand zwischen oberem und unterem Querträger messen und zwei senkrechte Türsprossen auf diese Länge plus 25 mm sägen. (Auch die Anzahl dieser Leisten können Sie je nach Türgröße ändern.) Die Türsprossen werden mit Außenrahmen durch angeschnittene Zapfenverbindungen und an ihren Schnittpunkten durch Kreuzüberblattungen verbunden.

Rahmen wieder zerlegen und die Schlitze für die Gleitrollen an der Unterkante der unteren Querträger herstellen; dabei nach den Anweisungen des Herstellers vorgehen.

Oberer Querträger 50 x 50 mm

Schlitz- und Zapfenverbindung mit abgestuftem Zapfen

Angeschnittene Schlitz- und Zapfenverbindung

Senkrechte Türsprosse 25 x 25 mm

Waagrechte Türsprosse 25 x 25 mm

Türpfosten 50 x 50 mm

Unterer Querträger

Überblattung 25 x 25 mm

Montage der Schiebetür
Bei der Montage werden drei verschiedene Verbindungstechniken eingesetzt: die abgestufte Schlitz- und Zapfenverbindung, die angeschnittene Nut- und Federverbindung und die Überblattung.

Den Abstand für alle Türsprossen festlegen und an den Innenseiten des Rahmens anzeichnen. Das Streichmaß auf die volle Stärke der Leisten (25 x 25 mm) einstellen und eine Linie von der Rückseite des Rahmens zur Markierung der vorderen Lagen der Sprossen ziehen.

Mit einem Vierkantbeitel (ein Lochbeitel wäre ideal, aber auch ein gewöhnlicher Stechbeitel genügt) oder einer Fräse werden dann die Schlitze 12 mm tief und in der halben Stärke und der gesamten Breite der Rechteckstäbe gearbeitet.

Das Streichmaß dann auf die Breite des zum Herstellen der Schlitze verwendeten Beitels oder der Fräse einstellen und so die Stärke des Zapfens an den Enden der Türsprossen anzeichnen. Das Streichmaß auf 12 mm einstellen und die Längen der Zapfen an beiden Enden der Türsprossen anzeichnen. Die Zapfen sägen. Nach der Montage sollten die Rückseiten der Sprossen mit der Rückseite des Rahmens bündig abschließen. An den Schnittpunkten aller Sprossen stellen Sie Kreuzüberblattungen her (siehe Techniken, Seite 26).

Zur Montage werden zuerst die Kreuzüberblattungen geleimt und die Leisten vorsichtig eingesetzt, da sie leicht brechen können. Dann werden alle Rahmenverbindungen geleimt und der obere und untere Querträger mit den senkrechten Türsprossen zusammengefügt.

Die Schlitze und Zapfen auf einer Seite der Tür leimen und dann den Türpfosten auf dieser Seite gleichzeitig mit oberem und unterem Querträger und den waagrechten Türsprossen verbinden.

Der zweite Türpfosten wird genauso eingesetzt.

Auf der Höhe der waagrechten Türsprossen Schraubknechte an die Tür ansetzen oder ein Gurtband um die ganze Tür legen. Prüfen Sie, ob die Tür plan und winkelig ist (die Diagonalen müssen gleich sein).

Wenn der Leim getrocknet ist, die Schraubknechte entfernen und das überstehende Holz an den Türpfosten absägen. Die Vorderseite der Tür mit einem scharfen Hobel so putzen, daß alle Verbindungen bündig sind.

Herstellen von Nuten	22	Angeschnittene Nut/Federverbindung	29	
Überblattung	26	Dübelverbindung	30	
Abgestufte Zapfenverbindung	29	Schwebetüren	32	

● Japanischer Wandschrank
Herstellen der Schiebetüren

Japanischer Wandschrank
Bei eingeschalteter Beleuchtung wird dieser Schrank zu einem interessanten spalierartigen Rahmenwerk. Das sanft gefilterte Licht hinter der Stoffbespannung sorgt in jedem Raum für eine ruhige und entspannende Atmosphäre.

❶ Anbringen der Stoffbespannung hinter der Tür mit Leisten
Damit der Stoff auch straff sitzt, wird in einer Nut an der Rückseite der Tür eine passende Leiste geschraubt. Die Ecken dieser Leiste auf Gehrung schneiden.

Die anderen Türen werden genauso zusammengesetzt.

Zur Befestigung der Stoffbespannung an der Rückseite der Tür wird in den Türrahmen eine Nut gefräst, der Stoff in sie eingelegt und sodann durch eine in diese Nut eingepaßte Leiste fixiert. Die 9 mm breite und ebenso tiefe Nut stellen Sie am besten mit einer Fräse her. Sie wird so in die Rückseite des Türrahmens gefräst, daß ihre Außenkante 25 mm von der Rahmeninnenkante nach innen versetzt ist.

Eine 9 mm quadratische Leiste zusägen und festen Sitz in der Nut sicherstellen; sonst passend hobeln. Die Leiste für die Nutlänge passend und auf Gehrung sägen.

Nach der Einbauanleitung für den Türmechanismus werden die Rollen in die zuvor in die Unterkanten der Türen gefrästen Nuten eingesetzt und die Führungen oben an den Türen angebracht.

Türen in ihrer Einbaulage anbringen und auf korrekten Lauf prüfen. Soweit erforderlich, den Türmechanismus nach den Anweisungen des Herstellers nachstellen. Die Oberflächenbehandlung der Türen erfolgt nach persönlichem Geschmack.

Für die Stoffbespannung wurde hier ein Material aus 50 % Polyester und 50 % Baumwolle eingesetzt. Der Stoff wird ausgemessen und zugeschnitten, indem Sie den Türrahmen auf den Boden und das Tuch darüberlegen. Ein Helfer muß das Tuch gespannt halten. Zunächst eine lange Bahn einpassen und die Leiste verschrauben, um das Tuch zu halten. Dann wird das Tuch auf dieselbe Weise an der gegenüberliegenden Kante angelegt. Anschließend oben und zum Schluß unten den Stoff straff fixieren. Die Leisten besser verschrauben und nicht nageln, weil sie dann leicht abgenommen werden können, wenn der Stoff gereinigt werden muß.

Die Türen einbauen (siehe Techniken, Seite 32).

Kabel für die Innenbeleuchtung verlegen. Für eine gleichmäßige Beleuchtung wurden hier Leuchtstoffröhren verwendet, die an der Rückseite des großen Türrahmens oben und an den Seiten angebracht wurden.

Bett mit ausziehbarem Bettkasten

In den meisten Schlafzimmern mangelt es an Platz: Platz für Laken, Decken und nicht benötigte Garderobe.

Das große Bett, das ich Ihnen als Projekt vorstelle, ist nicht nur schön, sondern bietet auch viel Stauraum. Unter der Matratze befindet sich ein ausziehbarer Bettkasten und hinter dem gepolsterten Kopfteil eine Truhe. Ein weiches Kopfteil macht das Lesen im Bett zu einem wahren Vergnügen.

Das Bett wurde so entworfen, daß es auch ganz einfach wieder abzubauen ist, sollten Sie einmal umziehen. Abbau und Transport können sich bei konventionellen Doppelbetten durchaus als problematisch erweisen.

Die Bettpolster sind leicht zu entfernen, damit sie jederzeit gereinigt werden können. Farbe und Muster des Bezugstoffes wählen Sie in Abstimmung mit den Farben und Stoffen Ihres Schlafzimmers aus.

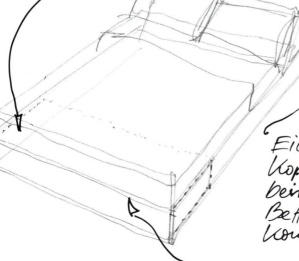

Viel Stauraum an Kopf- und Fußteil des Bettes

Ein schräges Kopfteil ist beim Lesen im Bett sehr komfortabel

Fuß- und Kopfbrett werden mit Schaumstoff (25 mm) gepolstert, dann mit Stoff überzogen

Klettverschluß

Bettkasten auf Rollen, montiert an das Fußende

Bad und Schlafzimmer

Bett mit ausziehbarem Bettkasten

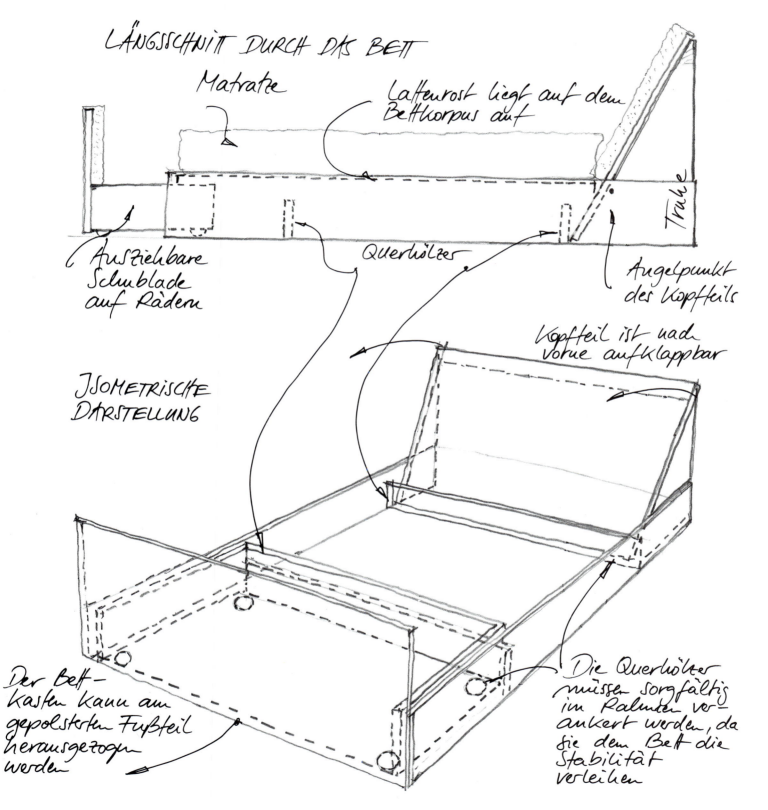